U0553966

汉语方言研究文集

李如龙 著

商 务 印 书 馆

2009年·北京

图书在版编目(CIP)数据

汉语方言研究文集/李如龙著.—北京:商务印书馆,2009

ISBN 978-7-100-06269-5

I.汉… II.李… III.汉语方言—方言研究—文集
IV.H17-53

中国版本图书馆CIP数据核字(2008)第191969号

HÀNYǓ FĀNGYÁN YÁNJIŪ WÉNJÍ

汉语方言研究文集

李 如 龙 著

商 务 印 书 馆 出 版

(北京王府井大街36号 邮政编码100710)

商 务 印 书 馆 发 行

北京市白帆印务有限公司印刷

ISBN 978-7-100-06269-5

2009年12月第1版 开本850×1168 1/32

2009年12月北京第1次印刷 印张15⅝

定价:32.00元

目　录

汉语方言学这片热土(代序)…………………………………………… 1
论汉语方言的类型学研究…………………………………………… 1
声韵调的演变是互制互动的 ……………………………………… 17
关于方言语音历史层次的研究 …………………………………… 34
关于汉语方言的分区 ……………………………………………… 47
晋语读书札记 ……………………………………………………… 72
跳出汉字的魔方 …………………………………………………… 90
汉语方言的接触与融合 …………………………………………… 96

考求方言词本字的音韵论证……………………………………… 112
中古全浊声母闽方言今读的分析………………………………… 134
自闽方言证四等韵无-i-说……………………………………… 151
闽西北方言“来”母字读 s 的研究……………………………… 164
论汉语方言的语流音变…………………………………………… 180
论闽方言的文白异读……………………………………………… 195
建瓯话的声调……………………………………………………… 226

论汉语方言的词汇差异…………………………………………… 245
论“不对应词”及其比较研究…………………………………… 260
从闽语的“汝”和“你”说开去………………………………… 276
闽语的“囝”及其语法化………………………………………… 286
闽南方言的“相”和“斯”……………………………………… 300
说“八”……………………………………………………………… 307

关于东南方言的“底层”研究…………………………………… 312
闽南方言和台语的关系词初探………………………………… 338

方言与文化的宏观研究………………………………………… 350
论语言的社会类型学研究……………………………………… 368
闽南方言与闽台文化…………………………………………… 382

从客家方言的比较看客家的历史……………………………… 402
马来西亚华人的语言生活及其历史背景……………………… 432
地名词的特点和规范…………………………………………… 447
从地名用字的分布看福建方言的分区………………………… 459
四个福建地名用字的研究……………………………………… 480

后记……………………………………………………………… 494

汉语方言学这片热土(代序)

从参加全国汉语方言普查开始，我踏上了汉语方言学这片热土，至今已经整整半个世纪了。这片热土真是风光无限，魅力无穷！自己做调查，总怕机会太少，时间太短；带着年轻人去完成各种课题，则在兴奋之余感到队伍不够大、人手不够用；看到许多鲜活的语言现象正在隐去，就想，若不采取必要措施，待到林深草盛的沃野荒漠化了，热土也就不热，甚至要变成冻土了。为此，在高校任教五十年来，我调查方言、研究方言、教方言课、带学生研究方言，始终没有断过线。不论是学生们还是其他学者所发表的方言调查研究的新成果，都会使我感到振奋，因为这片热土又一次展示了她的娇姿——无论是一片绿叶、一朵小花、一条枝芽或一丛新株。就是为了捕捉这种兴奋，我从来没有后悔过我的选择，没有想过要离开这片热土。我常常自称一介老农，以采集、交流土产为业。如果别人也这样看待我，我会视为一种褒扬。

听说，有的研究方言的学者不喜欢别人尊称他为“方言学家”，必要正名为“语言学家”，好像“方言学家”低了一等。其实，方言不就是语言吗？只是因为方言之间还有“通语”，所以才称为“方言”。完整的方言研究就是语言的研究。从调查记音开始，语音的描写和分析：音值，音类，音节结构和连音变化系统等等；词汇定位和定性：固有的，借用的，继承的，创新的，同义的，反义的等等；词义的说解：本义，引申义，活用义，附加义等等；语法的分析：词的聚合关系——词类及其特征，词与词的组合关系和规律，句式和句法等等。所有这些全面、系统的语言研究，都是方言研究的课题。当然，不论通语和方言，你的研究可以是全面的，也可以只涉及一个方面。如若做了全面的研究，方言研究家是更加难能可贵的。因为他们研究的依据是自己调查得来的第一手材料，而不是像研究通语的书面语的学者那样，所用的材料是前人预先记录下来的。调查研究一种前人不知道的方言，就像披荆斩棘，在没有路的地方走出一条路来。这当中的每一步可能充满着艰辛，却是从过程到结果，始终充满着乐趣。过程的乐趣是发现、认知，为现象作了解释；结果的乐趣是：不论成功或不成功，都获得了新的经验。梁启超说过，人生不能没有乐趣。劳作、游戏、艺术和学问都是"趣味的主体"。然而，只有学问才能使人以趣味始，以趣味终。这是一个真正的学者的切实的体验。

然而，方言学确实是曾经受过歧视的。扬雄的《方言》是第一部根据口语语料编成的比较方言词汇。从它成书的公元 121 年到北京大学成立方言调查会的 1924 年，相隔 1800 年。其间，除了为《方言》作注的郭璞以外，那些续补的仿制之作，就像罗常培说的那样，"始终在'文字'里兜圈子，很少晓得从'语言'出发。能够了解和应用方言本书的条例、系统、观点、方法的，简直可以说没有人。"（《方言校笺及通检·序》，中华书局，1993。）

汉语方言的调查研究一开始就出现了高峰，扬雄的《方言》被誉为"悬诸日月不刊之书"，为什么却是紧接着就走进漫长的低谷呢？这显然与通语的强力影响有关。汉代之后，随着中央集权的加强，书面语获得了显赫的地位，《方言》问世之后，《说文解字》和《切韵》为通语给定了字形、字音、字义，随后便得到了朝廷的认可，成了科举取士和出版业的官方语文标准。从此，"殊方异语"被视为愚民百姓的乡谈、俚语、白话、平话，自是不登大雅之堂。在书面语里，更是成了匡正的对象。文人学士们尽管口里说的都是"时言野语”，若把它写成文字，只能权当打趣，轻易是不能写入诗文的。中国现代语言学虽然跟随着世界的新潮流，逐渐从文献、书面语的研究转向实际口语的考察，但是“五四”之后的现代汉语研究一直是以通语为主，方言只是作为陪衬；在通语的研究中，长期以来也是书面语的研究重于口语。这都说明了文化上的历史传统的影响是很难摆脱的。

方言研究受到某种程度的冷落应该还有另一个原因，这就是，方言存在的形式总是粗糙的、不修边幅的、未经修饰的。经过知名的文人加工过的山歌、故事、传说，像冯梦龙所编的《山歌》以及后来用吴语写成的小说《九尾龟》、《海上花》等并不多见。这一点很容易使人联想到原生态的声乐。原生态的唱法不也是到了近些年才带着几分羞涩和野性，尾随在民族唱法之后，走上了“青歌赛”的舞台吗？原生态音乐确有几分粗犷，但她毕竟是民族音乐的组成部分。既体现了民族音乐的主体特征，也带有自己的几分独特。这些独特的成分和风格有时还会被主体民族音乐吸收。与此同理，衣冠褴褛的方言已经让我们体会到她在体现现代汉民族语言的特征上不但是充分的，而且是多样的。而现代雅言在接纳方言成分上，也是经常可见的、不可缺少的，也是饶有效果的。方言和原生态的音乐，本来就血脉相连、情性相通，二者都生长在山野海陬，并且早就融为一体，形成了一道天然的风景线了。她们虽然不像高贵而洁净的庙堂、工整而繁华的街市那样，被雕琢得工巧别致、金碧辉煌，却保持着一种粗野中的质朴和秀丽，一种杂乱中的洒脱和自然。

在汉语方言学这片热土上，只要你认真地考察就会发现，这还是一座立体的宝库。她的凹凸的地面排列着大大小小、高高低低的山河，地下堆砌着不同时代沉积下来的岩石和泥沙，就像纵横交错的山川和上下叠置的地质层，记录着每一片陆地和水面形成的年代和历史那样，每一种方言都用自己的音和义、词和语记载着当地的民族史、移民史、战争史、垦殖史、交通史、建筑史、文化史。地面上生长的各种林木和花草，则像是方言的口头文学艺术的加工和提炼：山歌、童谣、说唱、戏曲、传说、故事。不论是"杂树生花、群莺乱飞"的江南水乡，或是"天苍苍，野茫茫，风吹草低见牛羊"的北国草场；不论是从"枯藤老树昏鸦，小桥流水人家"发出的缠绵悱恻的交响曲，或是在"白日依山尽，黄河入海流"的荒原上展现出来的雄伟壮丽的图景，都蕴藏着丰富多彩、美不胜收的方言诠释。

在这片热土上耕耘，我是越来越感到自己知识的贫乏和能力的低下。方言调查必须从单点入手，整理音系，记录词汇和语料，这只是地形、地貌、地面物的察看和登录。只有经过不同方言的比较、古今语言的比较，才能真正了解这些地面的特征；而要真正理解这些特征，又非得考察连片的山川，发掘地下的堆积，辨认地面植被所造成的花木果蔬。这就是多视角、全方位的比较研究，这就是方言研究的理论提炼，这就是为方言事实所做的解释。令人欣慰的是，最近二三十年来，方言学者在调查整理音系、编写词典、描写语法的基础上，正在联系汉语语音史、词汇史、语法史，进行历史层次的比较研究；正在运用方言韵书、地方戏曲和小说、民歌等语料以及百年前教会罗马字方言语料进行方言史的研究。在联系历史文化资料进行方言文化研究上，也获得了不少成果。还有些学者正在整合大批量、大面积分布的方言材料，制作大型数据库，进行大规模的比较，乃至和汉藏系诸语言进行类型学和发生学的研究。汉语方言学正在形成纵横交错、内外兼通的整体研究和立体研究。这些新的进展，为汉语方言的热土又开辟了一条条新路。沿着这些路子，一定可以开辟出一层层的新天地。作为一个老农，我为许多年轻人的创举而感奋。我愿意为他们喝彩、加油，向他们学习，和他们一起贡献自己的一份微小的余力。

王福堂在总结20世纪的汉语方言学时认为，80年代之前的汉语方言学只是个草创时期，近二十多年来才进入提高时期。新时期的表现是，方言描写全面和深化了，方言研究的深入则表现在"由现象的描写趋于规律的探求，由纯语言研究进而联系社会原因"。关于描写方言和理论探索的关系问题，他认为，"探求规律只有在描写的基础上才能进行，但从根本上看，描写方言现象只是手段，探究规律才是最终目的。而且，也只有在认识规律的基础上，才能更好地描写方言现象，也才能在描写中不致盲目，不致对某些重要现象视而不见。"（王福堂《二十世纪的中国语言学·二十世纪的汉语方言学》，北京大学出版社，1998。）

关于方言的调查描写和理论探索的关系确实很值得深入研究。我最近形成的想法是，这二者不能切为两段，先做描写再探索规律，而必须是齐头并进，应该并重、互动、互相促进。只是调查描写时，在不同阶段所用的理论方法有别。开头用的是记音、审音、构造语音系统的理论，后来用的是语音、语义纵横两向比较的理论，在探求规律时所作的描写又与起始阶段的描写不同。无论是在初始的调查或后期的比较研究，事实的描写和理论探索都应该是并驾齐驱、互相支持、相互发明、相互促进的。这是我最近读了两本外国汉学家的书得到的感想和启发。我愿意提出来和大家分享。

其一是张卫东翻译的《语言自迩集》（北京大学出版社，2002）的作者威妥玛氏。这位英国人1841年来华，在公使馆当过秘书和公使，教过北京话。他所编的这部汉语课本，非常注重口语和书面语的区别，注意字和词之间意义的关联所造成的便捷和不关联造成的误导，从而强调单音词的教学；看到了词的多功能性（如名词和动词的共用）。他断言，汉语在语法上"不允许屈折变化占有一席之地"。一百多年过去了，许多中国语法学家不是还在为汉语有没有形态变化争论不休吗？有的学者还千方百计在寻找汉语的屈折形式。一个外国人，学习、调查北京话和编写课本的过程中，就探知了这么多重要的汉语的规律。这些理性认识是他在学汉语、教汉语的实践中形成的，也一定促成了他学汉语、教汉语的成功。

另一位使人钦佩的汉学家，是 20 世纪初的瑞典人高本汉。他研究汉语和汉字，研究古今汉语的语音、词汇，调查了数十点的方言，并且拿汉语和泰语、藏语作比较。他不但对汉语的单音词根和复合词的复杂关系，对缺乏形态变化、主要用语序来表明结构关系，不用标点，语句多歧义等有透彻的了解，而且对曾经盛行一时的"单音节孤立语"的中国语是"初等的"落后语言提出了相反的假定："现在单音缀的与无语尾变化的中国语，久已脱离了原始未发展的境地，而为一种最先进的与极省略的语言的代表。其单纯与平衡的现象较之英语更为深进。"(《中国语言学研究》，贺昌群译，商务印书馆，1934，第 9 页。)鉴于汉语和藏语的关系，他看到，古藏语有复辅音群，多音词有形态，推测"原始中国语也是富有双音缀或多音缀的文字"，后来早在纪元前，就与藏语分手，成为单音节孤立语。对于这个推测，他还睿智地提出了原因的说明："中国文字的刚瘠性、保守性不容有形式上的变化，遂直接使古代造字者因势利导，只用一个简单固定的形体以代替一个完全的意义。"(同上书，第 15 页。)高本汉很了解中国的"方言俗语"之间可以用书写的文言来沟通无阻，他还说："中国所以能保存政治上的统一，大部分也不得不归功于这种文言的统一势力。""中国人果真不愿废弃这种特别的文字以采用西洋的字母，那绝不是由于笨拙、顽固的保守主义所致，中国的文字和中国的语言情形非常适合。所以他是必不可少的。中国人一旦把这种文字废弃了，就是把中国文化实在的基础降服于他人了。"(《中国语与中国文》，张世禄，商务印书馆，1931，第 50 页。)

“他山之石，可以攻玉。”这两位智者的诸多言论至今还闪烁着光辉，给我们启发。一个欧洲人，面对着陌生的汉语汉字和汉语方言，如果没有可供考察、可供比较和论证的理论，怎能得出这么深切的认识呢？我们应该大胆承认，中国的人文科学研究是比较欠缺思辨传统的。我们向西方学习，首先就是要学这种思辨的习惯和理论追求的精神。事实上，一百年来的中国现代语言学也正是这样做，并且由此而获得进步的。

历史的经验告诉我们，研究汉语既要坚持务实的精神，又要解放思想，讲究方法。只要我们努力发掘语言事实，经过归纳和演绎，经过内外、古今、南北的比较，我们一定能在自己的故土培植出有自己特色的果实来，这是对国家、民族的贡献，也会是对世界语言学的贡献。汉语方言学者应该有这样的信念，也应该有这样的追求。

论汉语方言的类型学研究

一　必须对方言作全方位、多视角的研究

以往的汉语方言的研究总是从记录字音、词汇入手，描写方言的语音系统时，拿它和中古音以及现代普通话语音系统作比较，说明方言语音的特点；整理词汇、语法材料时则通常只拿普通话作参照系，说明该方言的词汇系统和语法系统的特点。这种研究对于认识单一的方言的特征是有效的。因为中古音（广韵系统）作为书面语的标准音曾经统治中国文坛一千年，在中古时期，这个语音系统是有代表性的；对于各地方言也确实有过长时期的不同程度的影响。而普通话也是影响最大的最有代表性的现代汉语，拿这两种参照系来考察方言材料，确能对该方言的特点获得相当的认识。

随着时间的推移，我们对方言事实的了解越来越广泛，也越来越深入了，考察语言现象也增添了各种新的视角和方法，调查研究汉语方言的这套传统模式就逐渐显出了它的缺陷。

首先，中古汉语并非现代各方言的共同的祖语。应该说，汉语的方言多数在汉唐之际就形成了，像湘、赣、吴、闽、粤诸方言都还可以追寻到先秦时代楚、吴、越、南楚等古方言的源流。还应该指出，正像南北方汉人身上都混有其他民族的血统一样，南北的各种方言在形成和发展过程中也杂有其他原住民族或入主民族的语言成分。因此，中古汉语和现代各方言的关系并非直接的继承关系

或单一的延续关系，而是历史上的一种横向的渗透关系：作为书面的共同语，对于各种方言的口语总是要施加着某种影响。其实，广韵系统究竟是不是中古时期共同语的语音系统，至今还有争议。可见，中古音只能作为参照系，帮助人们了解方言语音系统的特点，而不能作为考察方音流变的出发点。

其次，就横向的渗透说，历史上不但有共同语对方言的影响，而且势必还有方言之间的相互影响。从地理方面说，邻近的方言由于社会生活的接触，甚至通行双方言，方言之间的相互渗透是不可避免的。例如湘方言的北面和西面都是官话，在交通发达的铁路沿线的新湘语已经和官话相差无几，北片吴语和赣语同下江官话相互穿插（例如南通有吴语，九江则有赣语），利用长江密切交往，官话的影响也是很明显的。从历史上说，大多数方言区在发展过程中都经历过辗转和周折。例如客家先民从中原拔足之后，就经过了长江南北、鄱阳湖周围的栖止和闽西赣南的停留，然后进入岭南的。在社会动荡、战乱频仍、灾荒不断的年代，许多方言区都有过人口锐减、迁徙、外移或别方言区的人大量渗入的历史。湘方言区不但有东部长廊十几个县蜕变为赣方言，连腹心地区的老湘语也含有大量赣语的特征，这就是两宋时期赣人大批入湘的结果。某个方言区的人迁往他处，形成方言岛，这也是经常可以发现的事实，在包围方言的影响之下，这些方言岛也难免发生变化。可见，由于横向渗透的普遍存在，任何方言都有一定程度的混合性质。对于汉语来说，纯之又纯的"谱系树"状的方言分化实际上是不存在的。说某方言是某方言的前身，方言间有堂兄弟、叔侄关系等都不是科学的说法。可见，透过方言和中古音的比较来说明方言的特点一定存在局限性，这是历史比较法的先天缺陷决定的。

由于受到方法论的局限，传统的方言研究着重于音韵学关于音类的分合的比较，对方言差异也缺乏科学的认识，好像方言只是一些“殊方异语”，一些或多或少的语音、词汇和语法的差异，把方言和方言差异等同起来。关于“汉语方言的差异主要表现在语音”的说法一直很有市场。结构主义在西方流行之后，中国学者也运用它来研究汉语，但多半用来分析普通话，尤其是书面语的语法，似乎方言口语是不适用这种研究方法的。

诚然，方言和共同语之间，方言与方言之间确是“同中有异、异中有同”的，然而这些同异的成分总是整合成为一个完整的自足的体系，任何方言都可以进行系统的结构分析。就语音来说，方言的语音系统之中不仅有古今音类分合和音值演变的特点，而且有声韵调组合的特定规律。最近十几年来对于方言语音系统的研究还跳出“字音”的框框，揭示大量为了表达语义的需要而发生的音节内外的许多变声、变韵、变调的规律，至于方言词汇和语法，也应该有自己的结构体系，只是我们至今还缺乏深入的研究。只要是还在社会生活中使用着的方言，不论它通行面多大，使用人口多少，它都应该作为一个结构体系来研究。对于语言来说，任何体系的研究价值都是同等的。汉语方言的研究，必须跳出寻求方言差异、概括方言特点的圈子，真正把方言作为一个完整的结构体系来研究。

最近一二十年间的汉语方言学的研究视野确实正在逐渐地扩大着，除了注意到音义间的各种复杂关系以及方言语法的比较外，有些学者还考察了方言的变异：同一个方言区里新老派的差别；有的注意到了方言地区的双方言现象；有的学者探讨了方言地区的移史和方言的形成分布的关系；有的则研究方言词语所反映的地域文化的特征。这些社会语言学、文化语言学的研究是很值得鼓励的。因为汉语的方言历史长、品种多、差异大、情况十分复杂，只有进行全方位、多视角的研究，才能如实地理解汉语方言的真面貌，而多方面的成功研究一定可以为汉语语言学乃至整个语言学的研究提供宝贵的材料，形成崭新的理论。

二　有必要提倡方言的类型学研究

那么，从“历史比较”走出来的汉语方言学怎样才能登上自己的新台阶呢？我以为很有必要提倡对各种方言进行比较的类型学研究。

方言既然是同一语言的地域变异，既然是“同中有异、异中有同”，拿活生生的方言材料作比较，便应该是方言学的基本方法。

从历史方面说，方言是语言分化的结果，不同时期所形成的方言总是直接或间接地反映了不同时代的语言结构特点，因此不同地域的方言差异往往是不同历史时代语言演变的折射。因此，只要把许多方言都作了比较，人们就一定可以获得丰富的语言史知识。“礼之失求诸野”，汉语方言比较研究成绩越好，汉语史的结论就越有说服力。可见，真正的历史比较也不能是只拿一种方言和中古音、中古汉语作比较，而应该是就多种方言作比较。

从共时方面说，方言不但受到共同语的一定制约，而且总要和周边方言发生相互的交流。交流越多，彼此间就有越多的类同。拿邻近的方言作比较，我们便可以了解它们之间的这种渗透关系，探寻方言间相互影响的规律，也才能理解许多方言特点的来龙去脉。

从整个汉语来说，对现代方言所作的比较研究越多，我们对古今汉语发展的历史规律及现代汉语共时结构规律的认识应该就会更加接近事实。试想，关于汉语史的叙述如果未能解释已知的方言事实，关于现代汉语的结构体系的描述，如果未能涵盖已知的方言事实，（例如说“广韵的一等韵不可以有齐齿呼的读法”，说“现代汉语只有 i、u、y 可以当韵头”，这就都已管不住方言事实。）这样的理论研究还有什么可取的呢？就这一点而言，方言的比较研究不光是方言学的事，也是把整个汉语语言学的研究提升到新的高度的关键。

汉语方言材料浩如烟海，全面系统地进行具体字音、词汇的比较不但是办不到的，也未必能够达到揭示汉语的演变规律和结构规律的目的。字音对照表、词汇对照表是可贵的基础资料，有了它，学者可以看到多种方言共现在一个共时平面上的概貌，从中发现进一步比较研究的题目。愿意花时间编制出材料可靠的此类对照表，是值得人们敬佩的，然而如果选点欠妥，条目不当，材料不详，这种对照表也可能使人误入歧途。为了集中有限的人力物力，使方言比较研究更快见效，我主张选择若干要项进行类型比较。前几年关于连读变调的调查和比较以及反复问句的比较研究，就正是这类富于启发性的类型比较研究，并已经为我们创造了很好的经验。

顾名思义，类型学研究着眼于类型。当然，在不同的类型中也要注意不同的数量分布，从而看出不同类型的主次轻重来，但更重要的是把类型差别视为质的差异，对于不同类型的现象要尽力发掘，力求不遗漏。可以说，类型学的方法是一种以简驭繁的方法。这种方法对材料繁多的汉语特别重要，特别有效。当然，如果我们对汉语方言还知之甚少，类型学研究是无从谈起的，勉强地说则难免挂一漏万。但是，如果我们已经发掘了不少的材料，而不及时地转入类型研究，我们就会止步不前，重复简单的劳动。现在来提倡类型研究是必要的、适时的。

比较项目的选取是类型研究成败的关键。选取比较的项目既要符合学科理论框架和方法论的要求，也要运用已有材料作分析，如果已有材料不足，则还必须进行适当的抽样调查。例如句子诸成分的语序是汉语语法的敏感地带，其中动词同时带有宾语和补语的否定式，在不同方言中就发现有多种语序：找不到他/找他不到/找不他到，这就可以作为一个比较的项目。在不同的层面、不同的层次上，为了说明不同的问题，比较项目可大可小。例如有无全浊声母是一种比较，可以从中看到不同方言声母系统的大格局。

全浊塞音清化之后读为送气或不送气,全浊擦音清化后读不读塞擦音,也都是一种比较,是分项的比较。

比较不同的方言事实,最重要是划分类型。从不同的语言事实归纳出不同的类型,这就是研究工作的一大突破。因为它把无序的杂处变成有序的排列,使平面的罗列变成两极的对照,在两极之间还显示了不同的层次。例如"找不到他"等不同说法就可以分出先宾后补和先补后宾两种类型。分出否定词和补语是分离的还是连用的两种类型。

划分类型时必须尽量采取二分法,找到对立的两极,往往才能揭示事物的本质,因为任何事物都是"相反相成"的。当然,在现实生活中,两极之外,还有各种中介现象,在一个大的类型之中可能还有小的类型差异,因而实际上的类型往往又是多样的。平面地列举多样的类型和找出两极后为各种中介定位,这是两种不同深度的认识。例如对于古全浊塞音今读,可以平面地罗列出各种情况:全读浊音(老湘语)、清音浊流(吴语)、全读送气清音(客、赣语)、全读不送气清音(新湘语)、多不送气、少送气(闽、徽语)、平声送气仄声不送气(官话)、平声和部分上声字送气、去入不送气(粤语),这样的类型归纳还只是初级的归纳,还是无序的排列。采用二分法可以作如下排列:

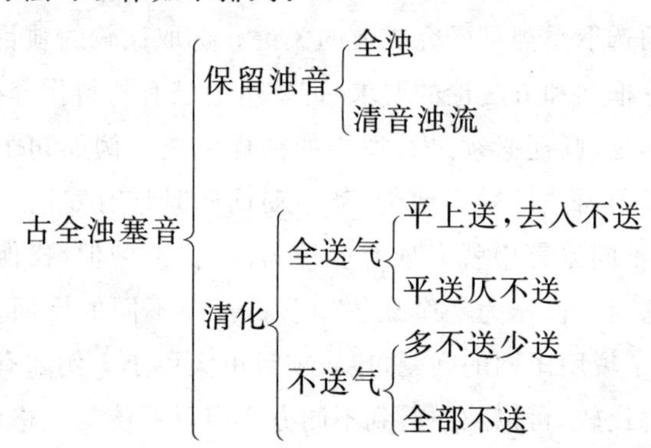

这样的有序排列不但可以看出纵向的流向，而且可以看出横向的亲疏。

下文试罗列几种汉语方言类型比较研究的项目，据所知的部分方言事实作些说明，希望收到抛砖引玉之效。本文所用材料除本人调查之外，还参考了其他学者提到的材料，因未详加罗列一概未注明出处。

三 汉语方言的共时结构类型

先讨论各方言的语音的共时结构类型。

就语音系统的构成说，各方言的声韵调分类的多少有很大的差别。从中就可分出许多不同的类型。例如：

声母类别的多少，显然可分为多声型和少声型。保留浊音声母的吴方言和湘方言声母都在 28 个以上，属多声型，浊音清化而无翘舌音的闽、粤、客、赣诸方言声母通常在 15—17 个之间（粤方言的 j、w、Ø 和客赣方言的 ŋ-之间均无音位对立），其他北方方言介于二者之间。

韵母类别多少也有对立的两极，保留多种阳声韵、入声韵尾的闽粤客赣等方言通常有 60—80 甚至更多的韵类，而鼻音尾合并、塞音尾脱落的南方方言韵类最少，通常在 35 个左右（如温州、双峰、建瓯），北方话加上儿化韵，韵类介于二者之间。

声调的类别闽、粤、吴方言最多，7—10，以 7、8 居多，是为多调型；官话区最少，3—5，以 4 为常，是为少调型；湘、客赣介于二者之间，一般是 6—7 调。

并不是所有声、韵、调类都可以组合成音节。在声韵调的配搭关系中有自由型和限制型之别。自由型的全方位的配搭组合往往是因为声韵调类别较少，语音演变中有几个不同历史层次的成分并存(叠置)于共时系统之中,最典型的是闽北方言建瓯话,15 个声母,34 个韵母,6 个声调,组成音节时不能搭配的空格很少,唇音声母可配合口呼、撮口呼韵母(例如:分 $puiŋ^1$,斧 py^3);舌尖音声母也可拼齐撮呼韵母(例如:除 ty^3,钱 $tsiŋ^5$);鼻韵尾韵可出现在入声调(例如:蛋 $taŋ^7$,这$_{训读}$ $iɔŋ^7$,鬐 $tsiaŋ^8$,状 $tsɔŋ^8$)。限制型的往往出现在声韵调类别多或语音历史层次较少的方言,如带塞音韵尾字一般都只见于入声韵(吴、闽、客赣诸方言如此),浊声母字通常只见于阳调类(吴、湘方言如此),而有 tʂ、tɕ 对立的总是 tʂ 拼开合呼韵,tɕ 拼齐撮呼韵(官话如此)。

近十几年来许多方言工作者总结出来的方言变声、变韵和变调等现象反映了方言结构体系的总体特征,表现了不同方言之间的重要差异,也是进行方言类型研究的重要课题。

两汉以来,联合、偏正、动宾、述补等双音合成词成为主流,不论是共同语或方言,双音词的比例越来越大。变声、变韵、变调等连读音变首先正是在双音词里产生的。正是适应着两个以上的语素意义凝固成一个整体概念的需要,几个音节之间发生了连读音变,把几个音节胶合成一个完整的音组。变声、变韵、变调、轻声、儿化都是这种反映语义整合的语音的胶着。然而在这点上,不同的方言的表现是很不相同的,胶合的程度不同,胶合的方法各异。就胶合程度的不同说,可以归纳为聚合型和离散型。像多数客家话和粤方言,多音连读后声韵调变得很少,是为离散型;像福州话,变声、变韵、变调兼而有之,吴方言的变调规律十分繁复,是为聚合型。就胶合的方式说,北方方言多轻声儿化,变调较为简单,湘赣方言多轻声,少变调,不同方言各有不同的表现。

从词的构成说,汉语方言中有的富于各种词形变化,例如重叠式、半重叠式、附加式(前缀、中缀、后缀),以及由实词虚化而来的黏着的词尾(或称助词)。借用语法的术语说,这类方言可称为黏着型。另一些方言则缺乏这些变化，是为孤立型。相对而言，北方方言属于黏着型，各种重叠式普遍存在：爷爷、个个、头头、好好、怪怪、混混、想一想、想了想、常常、高兴高兴、软绵绵、团团转、稀里糊涂：晋方言还有桌桌、钱钱、豆角角、汤盅盅、牛牛车、绳绳索索等说法。北方话词尾子、儿、头、的（的字结构里）用得十分广泛，晋方言则有常用的词头“圪”（圪台、圪团子、圪吵、铁圪蛋、圪腻、圪吱、圪抽圪扯、水圪泡泡、圪等、圪爬等等）。此外北方话还普遍有虚化的词尾（或称助词）“的、地、得、着、了、过”等。相当于普通话的时态助词，在一些南方方言里不论是吴语的“脱”、赣语的“呱啦”或客家话“稳”、闽语的“着”，意义还没有完全虚化，结构上也不太黏着。功能上并非专用，语音也未必读为轻声。

有些南方方言在局部范围内也有表现为“黏着”的。例如闽语福州话的动词有不少准重叠式：嘟噜（悬挂）、扒啦（扒动）、基铰基噜铰（胡铰一气）。但从总体上说，东南方言是相对“孤立的”。

在方言语音发展的过程中，不同时期的共同语都会对方言施加不同程度的影响。由于这个影响的不同，方言语音的共时体系也有明显的类型差异：有的方言有系统的文白异读，反映了多种不同历史层次的语音的叠置，可以称为叠置型；有的则是个别字的读音不合一般对应，可以称为变读型。闽方言普遍存在着文白两个系统的字音对立，是叠置型的典型，其他一些方言只有局部的字音变读。例如非组字读音在客家则只有局部字有文白 f—p、p^h 的对应（痱、肥、扶、分），又如见系二等字在吴语较多的字有 k、k^h、h—tɕ、$tɕ^h$、ɕ 的文自对应，（家、教、觉、敲、虾、夹、恰、江、讲、取、闲）在北方话里就只有个别字的反映（如地名中刘家庄的家白读 ka）。

在方言词汇的共时系统中，有些方言含有“底层词”、外来词、邻近方言的借用和大量的套用共同语的语词。凡是方言词中各类外来影响少的可称单纯型，外来影响多的则是驳杂型。南方方言中“底层”成分和外来词(英语借词)粤方言最多,这是一种驳杂;沿着长江的吴、赣、湘诸方言点接收了大量官话词语而放弃固有的方言说法(如不说“渠”而说“他”,不说“徛”而说“立”、“站”,不说“着”而说“穿”),这是另一种驳杂。某些内向型的中心城市(如福州)或与外地交往不多的乡间(如闽北、赣东、浙南)方言词汇则比较稳定,不易接受外来影响,因而呈现单纯型的词汇特征。

四 汉语方言的历时演变类型

各方言的语音、词汇、语法的历时演变都有不同的类型。

关于方言语音在历时演变过程中所处的地位和演变的方向可以按声韵调各方面分项区分类型。

就浊音声母的演变说,有清音型和浊音型。正如所知,老湘语和吴语是浊音型,大多数北方话是清音型,不但全浊声母清化了,连次浊声母(微、疑、云,以及日母部分字)也清化为零声母。闽粤客赣诸方言全浊清化,次浊仍多读浊音(例如粤语微母字读 m-,疑母字读 ŋ-;客赣语微、云母字读 v-,疑、自母字读-ŋ、-ɲ);闽语福州话在连读变声中还有清音浊化的新趋向,即除首音节外,后置音节的清声母大多变成了相应的浊声母(例如头先$_{\text{方才}}$ t^{h}a lɛiŋ,旧底$_{\text{以前}}$ ku lɛ)。

就声母发音方法说,各方言有塞音化和塞擦音化两种类型。湘赣方言的一些点把不少知章精组字都读 t、t^{h} 声母(例如双峰粥 tiu、张 tɒŋ,南城竹、粥 tuʔ 杂、察 t^{h}aiʔ),这是塞音型;北方方言、吴方言见系声母颚化,k→tɕ,是塞擦音型。

韵母的元音组合有单元音化和复元音化两种类型。多种高元音(i、u、y、ɯ)充当韵头韵尾,构成了复元音型,大多数北方话属于此型。单元音型的方言或合并、脱落韵头,如湘、赣、客、粤诸方言(长沙:岁 sei 顿 tən,双峰:光 kɒŋ;广州:端 tyn,快 fai,赶 kɔn,翁源:乖挂 kai，宫关 kan，括刮 kat）；或脱落韵尾，如吴方言等（矮、快、招、要，苏州分别是：æ、kʰua、tsaæ、iæ，温州分别是：a、kʰa、tɕiɛ、iɛ）。

古代汉语带鼻音韵尾的阳声韵和带塞音韵尾的入声韵有强化、弱化两种类型。强化型基本保留古音的格局，有-m、-n、-ŋ、-p、-t、-k等韵尾，如客方言、粤方言。弱化型又有两种表现形态，一是合并简化，如官话-m并入-n；吴方言、闽东方言-p、-t、-k并为-ʔ。另一种弱化表现为鼻音尾和塞音尾的脱落。吴语、徽语的古阳声韵走的是经鼻化而脱落的路，闽南方言、闽西赣南客家话、部分湘方言也有阳声韵读为鼻化韵的现象；官话、徽语、湘语则普遍把古塞音韵尾脱落，是入声韵尾弱化消失的典型。

至于古今声调的演变，则有简化型和繁化型两种。官话调类多为四个或不到四个，属简化型；晋语及诸南方方言保留入声调的方言调类都在五个以上，多数按古清浊分为阴阳两类声调，赣方言里有按送气不送气分调，粤方言还有按元音长短分调的，其调类多达9—10个，是繁化的典型。

说汉语词汇的演变古时候单音词多，现代则双音、多音的词越来越多，这大概不会有人反对。就现代汉语诸方言说，有的单音词多，有的单音词较少，姑且称之为单音型和多音型之别。

缺乏词头词尾的方言单音词就比词头词尾多样化的方言多。例如"屋、猴、叔、侄、被、帐、衫、裤、柿、茄、蜂、兔、房、桌"等官话区一般都不单说，而在许多南方方言里都可单说。方言词保留古代汉语的说法的也有不少是单音词，在其他方言里往往已演变为复音词。例如，知（道）、（甘）蔗、尾（巴）、嘴（巴）、（脚）爪、咳（嗽）、（脸）面、味（道）、（气）味、（颜）色、目、眼（睛）、窗（户）、（蚂）蚁、（禾）苗、薸（浮萍）、秆（稻草）、衣（胎盘）、檝（楔子）、过、惹（传染）、惊（害怕）、鼎（铁锅）、索（绳子）、粟（稻谷）、饮（饭汤）、箸（筷子）、鼎（铁锅）。

早年创新的方言词也有不少是单音的,例如,囝(儿子)、崽(孩子)、乇(东西)、靓(漂亮)、啱(合适)。

关于语法,上文提过的黏着型和孤立型的对立从历时的角度看也是不同历史阶段的产物,词头、词尾、助词等黏着型的构词形式,一般认为是宋元以来的近代汉语逐渐产生的。

在句法方面,众所周知,词序是汉语句法的重要区别手段。桥本万太郎教授曾指出,南方方言有不少谓词短语的"顺行结构"的句型,北方方言则更多是"逆行结构",他又指出了名词短语的修饰语有前置后置两种类型,把这二者联系起来可以区分出偏正型和后补型两种类型。

就谓词短语的语序来说,官话属于偏正型,如把他骗了/他先走/快点儿说,把宾语或补语提到动词之前作为动词的修饰成分;南方方言则通常说:骗了他/他走先/说快点儿,把修饰成分置于动词之后作为宾语或补语。桥本万太郎还论证了后补型(顺行结构)是古代汉语传下来的(霜叶红于二月花/劳力者治于人),偏正型(逆行结构)则是后起的现象。

名词性短语在官话方言也属偏正型,都是古代汉语继承下来的(客人、干菜、公猪、中国国之中、中心心中),南方方言多有后补式说法(人客、菜干、猪公)则可能是壮侗语接触影响的结果。

五　联系历史研究方言的文化类型

以上讨论的共时结构类型和历时演变类型都是从语言内部所作的研究。除此之外,对方言的研究还可以从外部考察方言与历史文化的关系,考察社会背景对方言差异的分布、使用和演变的制约,这类考察也同样可以看到各种明显对立的两种类型。从文化的视角考察的这些类型可以称为"文化类型"。

从方言分布的内部差异说，有的方言内部差异较小，形成中心点并对周围小方言发生深广的影响，这是向心型方言；有的方言区内部差异大，并没有形成中心，也没有具备代表性的口音，是为离心型方言。一般说来，人口密集、交通便易，商品经济比较发达并形成了较大城市的地方，其方言往往是向心的；人口稀少的山区，交通不便，自然经济占主体，没有大城市的地方，其方言往往是离心的。除此之外，历史上有没有发生过大规模的人口流动和行政管辖的变化，有没有形成特有的地域文化和富于凝聚力的社会群体，也是决定方言区的向心或离心的重要因素。

粤方言是典型的向心型方言。数千万说“白话”的人都共同以广州话为标准。这种方言不但有完整的口语表达，还可以诵读书面语，写作文绉绉的唱词，还有整套文字书写的系统。除广东省少数地区差异较大外，各地粤语均可通话，至于流传到东南亚、美洲的“白话”，其口音和用词的一致性，简直令人难以置信。

皖南的徽语、浙江南部的吴语和闽中腹地的闽语都是离心型方言，这些地方都是经济较不发达的山区，缺乏大城市作为政治文化中心，未形成有代表性的方言，内部差异比较大。有时一个方言区内部可以向心和离心的两区并存。吴语的北片是向心的，南片则是离心的，客家话南片（粤东）是向心的，北片（闽西赣南）是离心的。

从社会生活中使用的情况说，有的方言是活跃型的，有的则是萎缩型的。活跃型的方言在社会生活中的应用是全方位的，像香港的粤语甚至可以用来写小说、印书。在与其他方言共处竞争中，这种方言是强势方言，往往要扩张自己的地盘和使用者，并使其他弱势方言接受自己的影响。广东省的客家话区和闽语区的人都在学习使用粤方言，就是这种情况。至于与共同语的关系，活跃型方言也难免要经常套用共同语的新词术语，尤其是政治生活和科技领域的用语，但是在语音上、语法上就表现得很保守，固有的方言词也很难放弃。

萎缩型的方言是弱势方言，在社会生活的应用中呈萎缩状态。首先，在许多场合普通话普及了（例如学校、政府机关、企事业、公共场所等），方言便退缩到家庭生活和人们的个别交往的场所。例如闽北地区，城镇里已出现了不少本地人组成的“普通话家庭”（在家里也说普通话），有些青少年说不清本地话了，在农村连老年文盲也可通晓普通话。尚在使用方言的人则大量放弃方言词，套用普通话语词甚至夹用普通话。在与强势方言并用或交往时弱势方言往往让位给强势方言。广东境内不但在闽语、客家话区的市场上充斥着“白话”，连边远的白话县份，例如云浮、封开等地本地口音也只是保留在老年人口中，年轻人说的全是模仿来的说得不太标准的广州话。

像湘赣方言那样，不断放弃独特的方言成分而大量接受普通话的影响，这也是一种方言的萎缩。久而久之，所谓的“新湘语”和湘人所说的普通话就模糊难辨、合而为一了。

纵向地考察方言的演变，可以看到稳固型和变异型之别。稳固型方言不但古今变化慢，继承前代语言成分多，历来受共同语或其他方言的渗透也少；变异型方言则固守少、创新多，容易受共同语或强势方言的影响，同一个时代的人之中，老中青三代人口音以及遣词造句都有明显差异。

一般说来，向心型的大方言区较为稳定，离心型的小方言区多变得快；活跃型的强势方言变得慢，萎缩型的弱势方言变得快。东南方言中，闽、粤、客是稳固的，湘、赣是变异的，吴方言则北片是变异的、南片是稳固的。闽语福州话明朝末年就编有韵书《戚林八音》，其声韵调系统三百多年来并无明显的变化，至今方言曲艺作者还在用它作为合辙押韵的依据。而有些方言岛由于受包围方言和普通话的影响，老年人和青年人的音系可以相差二十多个韵。

六　方言类型学研究的意义

汉语方言的类型学研究有多方面的意义。

汉语方言的类型学研究是汉语方言的综合比较研究，因为各项比较都经过类型的归纳，就使比较的结论带有理论上的穷尽性，各个比较项目的比较结果的综合，便是现代汉语方言的共时系统。就像一个棋盘上所画的诸多纵横坐标，把一种方言在诸多的类型中准确地定型、定位，该方言在整个汉语方言中的地位及其特点便可以准确而全面地展现出来了。如果说用中古音为参照系来描写方言特点就像物理学的投影画像的话，类型比较的定性定位便是全面的化学分析的数据总和。

有了全方位的类型分析，各方言之间（包括区与区之间、点与点之间）的关系便可以显现出不同的层次。同类型之间还有典型的极端、不典型的非极端以及模糊的中介。只有这种立体化的层次关系才能全面地反映出各方言之间的亲疏、远近的关系。可以说，汉语方言类型研究是彻底解决汉语方言分区的根本出路。

方言之间的同异无非是出于纵向的源流关系（同源关系、同流关系），或出于横向的渗透关系（共同语的影响、方言间的影响）。把方言间的类型分析（定型、定位）用古今语言发展的基本结论和最重要的方言区地方史料来加以检验，便不难区别两种异同的性质。这样，全部类型比较的材料又可以纳入纵横两个坐标，为我们提供另外两个方面的结论：一是某方言在历史演变中所处的地位及其与其他方言的源流关系；一是某方言在共处中与其他方言所发生的相互渗透的状况。

方言的类型学研究使我们对各方言的现状、性格特征以及形成这些状况的缘由都有了准确而全面的了解，这样，对于我们按照实际情况制订合理可行的语言计划和语言政策无疑有极大的好处。很明显，对不同文化类型的方言地区应该实行不同的政策和计划，例如已经处于萎缩的方言即使不提倡推广普通话，方言也行将消磨殆尽；而在活跃型的强势方言区，"推普"的口号不宜过于强调，但所采取的措施却必须十分得力。

有了汉语方言的系统的全面的类型学比较，就可以着手于汉语方言学的建设了。汉语方言的历史形成，汉语方言的现实分区，汉语方言的语音结构、词汇系统、语法系统，包括它们的共同规律和方言间的差异，方言与共同语之间的相互作用及其规律，方言的演变与社会历史文化之间的关系，不论哪个课题都可以从类型比较中获得基本的答案。汉语方言不但拥有以十亿计的使用人口，而且品种多、历史长，真有取之不竭的资料。在广泛的材料基础上，运用类型学的方法，同中求异，异中求同，去粗存精，由表及里，这样建立的汉语方言学必能为汉语语言学乃至普通语言学作出巨大的贡献。

[本文1995年6月在美国威斯康星大学举行的第四届国际汉语语言学会议(ICCL)暨第七届北美汉语语言学会议(NACCL)上宣读，后发表在《暨南学报》1996年第2期。]

声韵调的演变是互制互动的

音节是语言的自然单位。汉语的音节是声母、韵母和声调三者构成的，共处在一个整体之中，声韵调是相互依存、相互制约的，是对立的统一。

从共时的关系说，声韵调之间是互制的，因而同一个音位可以有几个不同的变体。例如许多南方方言的见系声母虽未腭化，但逢开口呼韵母读 k、k^h、h，逢齐齿呼韵母读 c、c^h、ç，这是韵头的差异造成声母的不同音位变体；又如客赣方言 u 韵逢 f、v 声母变读为 v，这是声母的条件造成韵母的音位变体。

从历时的发展说，声韵调之间是互动的，因而许多音类的演变都是声韵调互为条件。声母的变化会引起韵母和声调的变化，韵母的变化会引起声母和声调的变化，声调的演变也会对声韵母发生影响。本文着重说明声韵调在历时演变过程中的互制互动。

一　声母对韵母和声调演变的制动

先说声母对韵母变化的影响。

声母对韵母演变的制动主要是由发音部位的因素引起的。不同的发音部位要求韵母相适应，于是造成了韵母的变化。这种作用的方式常见的有三种。

第一是异化。可以举出如下事实。

(1)中古音合口韵逢唇音声母在今北方方言多变为开口呼韵母。

例如北京：杯 *puɒi→pei，发 *pjuɔi→fa，飞 *pjuəi→fei，潘 *pʰuan→pʰan，本 *puən→pan，蜂 *pʰjuŋ→fəŋ。u、ju 的介音发音时把双唇拢圆，与双唇音相近，脱落了介音是为异化。中古音许多唇音字的反切上字开合口字混用，反映了当时的唇音声母开合口字已有相混的趋势。这是因声母而引起韵头的异化。

(2)中古音咸摄合口三等凡韵仅与唇音声母相拼，其韵尾原收双唇音-m、-p，发音时双唇两度开合，造成矛盾。现代汉语方言除闽、客方言的个别方言点外，韵尾大多不读双唇音，例如“凡、法”，北京、长沙：fan、fa，南昌、广州：fan、fat，厦门：huan、huat，福州：huaŋ、huaʔ。这是因声母而造成韵尾异化的例子。

第二是同化。可以举出如下事实。

(1)中古三等韵逢知章系声母在今北方方言和吴湘赣客等方言大多读为洪音，例如：①

	车	超	深	城	事	缩
北京	tʂʰɤ	tʂʰau	ʂən	tʂʰəŋ	ʂʅ	suo
苏州	tsʰo	tsʰœ	sən	zən	sɿ	səu
长沙	tsʰɤ	tsʰau	sən	tsən	sɿ	səu
南昌	tsʰa	tsʰɛu	sən	tsʰən	sɿ	sɔk
梅县	tsʰa	tsʰau	tsʰəm	saŋ	sɿ	suk

三等韵中古音都有-i-介音，这些方言今读逢其他声组也大多为细音，逢知章系声母所以读为洪音，显然是受 tʃ、tʂ、ts 之类声母的影响而使-i-介音脱落。这是声母同化韵头的结果。

(2)客赣方言遇摄字逢精庄组声母今读有些不是合口韵 u，而是和 ts、tsʰ、s 相配的开口呼舌尖元音 ɿ，例如“祖、粗、苏、索、数”等，在梅县、揭西、新余、修水、余干等地均读为 tsɿ、tsʰɿ、sɿ，这是声

① 此处字音材料引自《汉语方音字汇》，文字改革出版社，1989 年。下文尚有引用，不另加注。

母影响韵腹，使之同化的典型例证。

(3)果摄开口一等歌韵在北方方言大多是逢舌齿音读 uo，逢牙喉音读 ɤ，如北京：多 tuo、拖 t^huo、罗 luo、歌 kɤ、可 k^hɤ、河 xɤ。歌韵中古之后必有过 o 的读法，正如湘赣客闽粤诸南方方言的今读，逢舌齿音读 uo，音近于 o，可能是受合口戈韵字感染的结果，逢牙喉音读 ɤ，其舌位与 k、k^h、x 相近，应是受声母的同化。这也是声母同化韵腹的例子。

(4)遇摄和通摄入声的部分字逢明母，在现代方言中多读为 mu，少数方言中读为阳声韵，例如武汉："暮墓木目"均读 moŋ，厦门：墓 bɔŋ。这些字的鼻韵尾显然是声母 m 同化的结果，这是声母影响韵尾的例证。

第三是替代，也可称为脱落。

这类现象比较少见，仅见于明母字，其实也是一种同化现象，最彻底的同化，即保留 m 声母而脱落韵母。例如上述"木、目"，苏北赣榆话读 m，福建诏安客家话(秀篆)读 hm；在闽南话还有一批白读音属于此类同化。例如厦门：媒、茅：hm^2，默~~：不语貌 $hmʔ^8$ 母亲~：亲家母 m^3，莓草~ m^2。否定词"不"在闽、客、粤等方言都说成 m 或 ŋ，通常写为"唔"，其本字应是"毋"(古明母字)，m 是它的保留声母、脱落韵母的变读。遇摄字逢疑母的一些字如"吴误五午"等在温州、梅县、广州读如 ŋ(梅县还有"女"亦音 ŋ)，也是由于声母的影响使韵母脱落的例子。

再说声母对声调的影响。

声母对声调的影响主要表现为发音方法制约着声调的分化和整化。发音方法的动因主要是声母的清浊和送气不送气的差异，分化是使原有的调类一分为二，整化则是使原有的调类合二为一。以下分别举例说明。

第一，先说因声母发音方法的差异造成的声调的分化。这方面可列举如下事实：

(1)古四声因声母的清浊对立而各分阴阳。中古音有平上去入四个声调，各组声母各分清浊，现代方言浊声母清化之后，大多把古四声各分阴阳两调，清声母字在阴调类，浊声母字在阳调类。就调值说，今保留浊声母的方言多是阴调类的调值比阳调类高，很少有例外(下表无阴阳对立者调值标在阴调类处)：

	阴平	阳平	阴上	阳上	阴去	阳去	阴入	阳入
苏州	44	24	52		412	31	4	$\underline{33}$
绍兴	41	13	55	24	44	31	5	$\underline{32}$
温州	44	31	45	34	42	22	323	212
长沙	33	13	41		55	21	24	
双峰	55	23	21		35	33		

发浊音时声带颤动，从喉头流出的气流减弱，音节的频率也随之降低，这就使浊音声母所在阳调类的调值降低。可见，声母的清浊对立不但影响了调类的分化，而且影响着调值的高低，也可以说，正是由于浊音声母使调值变低才造成阴阳调类的分化。

浊声母清化了的方言因为都经历过清浊分调的时期，古四声也都各分阴阳，就多数方言说，也还残留着阴调类的调值比阳调类高的情形。例如：

	阴平	阳平	阴上	阳上	阴去	阳去	阴入	阳入
南昌	42	24	213		45	21	5	21
余干	22	14	213		45	24	21—5	21—1
梅县	44	11	31		52		1	5
武平	45	22	31		452		2	5
广州	55/53	21	35	23	33	22	5/33	22/2
博白	44	23	33	45	32	31	54/1	4/32
泉州	33	24	55	22	31	31	5	23
					(变调 55)	(变调 22)		

可见，不论浊声母是否清化，中古以来清浊分调是普遍发生的，是古今声调演变的基本事实。诚然，现代方言中维持平上去入

各分阴阳的格局的还是少数，少数方言（如粤语）进一步按长短音分化为九类、十类的，多数方言重新整合为七类、六类乃至三类两类的，那是其他原因造成的，不在本文讨论之列。

(2)次浊声母字在清浊分调中的特殊表现。次浊声母都是带声的流音，从带声说，它是浊音；从流音说，其音势又没有浊的塞音、塞擦音强，因而在阴阳调类的分化中，次浊声母字常有阴阳两归的情形。

在客赣方言，这种情形大量出现在入声字。例如梅县话：肉 ȵiuk^{7}—玉 ȵiuk^{8}，六 liuk^{7}—绿 liuk^{8}，膜 mɔk^{7}—莫 mɔk^{8}，袜 mat^{7}—末 mat^{8}，粒 lɛp^{7}—猎 liap^{8}；都昌土塘话：膜 mok^{7}—莫 mok^{8}，浴 iuk^{7}—育 iuk^{8}，肋 lek^{7}—勒 lek^{8}，逆 nit^{7}—日 nit^{8}，月 niet^{7}—热 niet^{8}。①

闽方言这种情形在入声有所表现。例如厦门话：抹 buaʔ^{7}—末 buaʔ^{8}，聂 liap^{7}—猎 liap^{8}，更多的见于上声和去声。例如福州话：妹 muoi^{5}—未 muoi^{6}，面$_{\text{～部}}$ mieŋ^{5}—面$_{\text{～粉}}$ mieŋ^{6}，利$_{\text{～息}}$ lei^{5}—利$_{\text{锋～}}$ lei^{6}，润$_{\text{转～反潮}}$ nɔuŋ^{5}—闰$_{\text{～月}}$ nɔuŋ^{6}，盐$_{\text{以赡切,以盐腌也}}$ siɛŋ^{5}—焰 iɛŋ^{6}，上声字则次浊文读为上声（不分阴阳），白读为阳去：五 ŋu^{5}—ŋou^{6}，老 lo^{3}—lau^{6}，雨 y^{5}—huɔ^{6}，有 iu^{3}—ou^{6}，耳 mi$^{3}_{\text{木～}}$—ŋei^{6}。

(3)声母的送气不送气之别也会引起声调的分化。这种情况多见于赣方言。我在《两种少见的声调演变模式》一文中提到过，福建建阳县黄坑话的平声字和上声字各按声母的送气不送气分读两种声调，就属于此类情形。② 这种“送气分调”的现象显然发源于赣方言。在赣西北有不少同类表现，最常见的是去声字逢古全清和次清声母今读为异调，在修水和都昌，伴随着声母的清浊之别，古全清为不送气清声母，古次清为送气浊声母；在安义只有送

① 本文有关客赣方言材料引自《客赣方言调查报告》，厦门大学出版社，1992 年。

② 参见拙著《两种少见的声调演变模式》，《语文研究》，1992 年第 2 期。

气不送气之别(古全清不送气,次清送气)。例如:

	修水	都昌	安义
拜/派	pai^{5a}/bhai^{5b}	pai^{5}/bai^{6}	pai^{5}/p^{h}ai^{3}
半/判	pɔn^{5a}/bhɔn^{5b}	pɔn^{5}/bɔn^{6}	pɔn^{5}/p^{h}ɔn^{3}
到/套	tau^{5a}/dhau^{5b}	tau^{5}/lau^{6}	tau^{5}/t^{h}au^{3}
冻/痛	tɤŋ^{5a}/dhɤŋ^{5b}	tuŋ^{5}/luŋ^{6}	tŋ^{5}/t^{h}ŋ^{3}
做/醋	tsɿ^{5a}/dzhɿ^{5b}	tsu^{5}/dzu^{6}	tsɤ^{5}/ts^{h}ɤ^{3}
帐/唱	tɔŋ^{5a}/dhɔŋ^{5b}	tʂɔŋ^{5}/ʥ̨ɔŋ^{6}	tɔŋ^{5}/t^{h}ɔŋ^{3}
怪/快	kvai^{5a}/gvhai^{5b}	kuai^{5}/uai^{6}	kuai^{5}/k^{h}uai^{3}
干/看	kɔn^{5a}/hɔn^{5b}	kon^{5}/gon^{6}	kən^{5}/k^{h}ɔn^{3}

在都昌,来自古清声母的阴入调按送气与否分读两调。例如:节 tsiɛl^{7a}—切 dziɛl^{7b},笔 pil^{7a}—匹 bil^{7b},菊 tɕiuk^{7a}—曲 iuk^{7b},滴 tik^{7a}—踢 lik^{7b},骨 kuəl^{7a}—屈 il^{7b}。

关于送气分调问题,何大安曾搜集了广泛的材料,发现在吴、粤、湘、平话和苗、侗诸语言都有类似的反映,并对其成因作了发音学上的分析,认为这是送气声母所引起的喉头下降所造成的连带现象,他的结论颇有见地。①

第二,再看声母发音方法的差异怎样引起声调的整化,这方面也可以列举一些事实。

(1)上海市区方言把与浊音声母相拼的平上去各调的字读为同调,换言之,舒声各调因浊声母整合成为同样的声调。例如:②

zɿ^{13}:	瓷池时/市柿是/自寺事
du^{13}:	图途驼/杜/度渡大
ɦy^{13}:	鱼余愚/愈雨与/遇芋誉
min^{13}:	民/敏/命
guE^{13}:	葵/跪/柜
liɔ^{13}:	辽/了/料
ŋu^{13}:	鹅/我/误

① 何大安《送气分调及相关问题》,《史语集刊》60本4分,1989年。

② 例见许宝华等《上海市区方言志》,上海教育出版社,1988年。

$bø^{13}$：　盘/伴/拌

$dʑiɔ^{13}$：　桥/挢/轿

nu^{13}：　奴/努/怒

vu^{13}：　符/父/附

对比绍兴、湖州、温州的8调，苏州、宁波、温岭的7调，可以说现代上海话是后来才把阳平、阳上和阳去混同起来的，混同的原因显然是浊声母所起的作用。

(2)闽南客家话(平和县九峰镇上坪话)和海南三亚市的迈话都有把舒声韵仄声调的字整合起来，按照古音清浊分为两调的现象，这种"不分上去，但分阴阳"的调名，可称为"阴仄、阳仄"，或称阴上去，阳上去。迈话已有专门报告。兹举上坪话数例以见一斑：①

$tʃa^{21}$ 者蔗——$ʃa^{55}$ 社射	$t^{h}o^{21}$ 讨套——$t^{h}o^{55}$ 道导
$tʃi^{21}$ 止制——$sɿ^{55}$ 士事	ky^{21} 举锯——$k^{h}y^{55}$ 巨具
ku^{21} 古故——xu^{55} 户互	kiu^{21} 九救——$ʃiu^{55}$ 受寿
pin^{21} 禀并——$ts^{h}in^{55}$ 静尽	$tʃ^{h}ɔŋ^{21}$ 厂唱——$xɔŋ^{55}$ 项巷

声母的类别及其演变影响着韵母和声调的变化，这首先是发音原理所使然。声韵调在音节之中是相互矛盾对抗的，韵母和声调适应声母的特点和演变而发生了变化，经过一番调和而达成了新的统一，这是语音历时演变的普遍规律之一。不论是声母的不同发音部位引起韵母的同化和异化，或是声母的不同发音方法造成声调的分化和整化，都可以在发音原理上找到这种变化的依据。

然而，为什么有些现代方言会有这样的变化，在另一些方言则没有呢？南方诸方言见系二等字并不腭化，韵母里也没有长出-i-介音；天津话的阴平最低(11)，阳平最高(55)。可见，不同的方言

① 参见拙著《两种少见的声调演变模式》，《语文研究》，1992年第2期。

的语音演变不可能是同样的模式，它受着另一种规律——个别方言的共时的语音结构规律的制约。共时的语音结构规律是个别方言的特殊规律，是方言语音演变的根据。北京话唇音声母不拼带-u-介音的韵母，所以帮系声母逢合口韵，-u-韵头发生异化，p-声母和-u-介音的矛盾只是异化的可能，经过语音结构规律的作用才成了必然。在闽粤方言，唇音声母可与带-u-介音的韵母相拼，这种异化的可能就没有变成必然。又如，北方方言 ŋ 只用作韵尾而不用作声母，否定词也不用“毋”而用“不”(古代的“勿”)，因而并不发生韵母的脱落，把“毋”读为 ŋ 或 m。赣方言的送气分调往往伴随着古次清声母变浊的现象，没有次清声母浊化的方言就少有送气分调的互动。可见，正是方言的共时结构规律决定着声韵调之间互动变化的方向和方式。反过来说，历时的语音演变的普遍规律必须服从于共时语音结构的特殊规律。不同的方言之间，凡是共时结构规律相近的，其历史音变的途径和结果势必相去不远；反之，共时结构规律相差大的方言，其历时演变的状况则往往有较大差异。因此，研究语音历史的声韵调的互动，必须同时考察声韵调之间的共时的互制。

二　韵母对声母和声调的制动

先说韵母对声母变化的影响。

韵母对声母变化的制动首先表现在韵头上，主要有以下几个方面。

(1)见系声母逢二三四等字腭化、精组声母逢三四等韵也腭化，在官话的大多数地区和吴、湘、赣、客诸方言的部分地区还合流为 tɕ、tɕʰ、ɕ，即所谓“尖团不分”，这是中古以来声母变化的主要事实之一，这条规律不但管的字多，覆盖的地区也广。略举数例如下：

	浆	姜	千	牵	小	晓
北京	tɕiaŋ	tɕiaŋ	$tɕ^h$iɛn	$tɕ^h$iɛn	ɕiau	ɕiau
济南	tɕiaŋ	tɕiaŋ	$tɕ^h$iæ̃	$tɕ^h$iæ̃	ɕiɔ	ɕiɔ
长沙	tɕian	tɕian	$tɕ^h$iẽ	$tɕ^h$iẽ	ɕiau	ɕiau
南昌	tɕiɔŋ	tɕiɔŋ	$tɕ^h$iɛn	$tɕ^h$iɛn	ɕiɛu	ɕiɛu
苏州	tsiaŋ	tsiaŋ	ts^hiɪ	ts^hiɪ	siæ	siæ
上杭	tsiaŋ	tsiɔŋ	$tɕ^h$iẽ	$tɕ^h$iẽ	ɕie	ɕie

中古音三等韵是有-i-介音的，近代以来，这个介音强化为带摩擦的j，因而对声母的影响很大。见系声母的演变过程显然是ki→cj→tɕi，在济南以东有胶东半岛，在上杭以南有梅县，都还停留在cj、c^hj、cj的阶段，便是有力的证明。

古二等韵有没有介音？如果有，是什么样的介音？目前尚有不同看法，可以肯定的是，凡是二等韵逢见系声母也读腭化声母的，其韵母必定是有韵头i。对二等韵来说也是先有-i-再变为-j-的，也是韵头影响声母的表现。

(2)在合口三等，-iu-介音的强化则引起了唇音声母的分化——从重唇音分化出轻唇音来。中唐以来分化出来的轻唇音声母非敷奉微，只见于合口三等，其动因便是-ju-介音的作用，其变化过程是：

piuan→pjuan→p^fuan→fuan→fan

应该指出，正如三等韵逢知系声母tɕi变为tʂ之后，tʂ声母反过来制约着韵母的变化，把i介音吞没了，轻唇音声母形成之后，把-iu-介音的“撮口”作用加之于声母，回过头来使韵母发生了相应的变化：撮口变为开口。这是十分准确意义上的典型的声韵母的互制音变。

(3)合口三等的-iu-介音在少数方言中还会造成章组声母的塞音化，或变为k、k^h、f，或变为t、t^h，这种变化多见于湘赣方言（西北官话也有类似变化）。例如：

	锤	水	准	春	出	顺
醴陵	kʰy	ɕy	kyəŋ	kʰyəŋ	kʰy	ɕyəŋ
平江	gʰɥ	ʃɥ	kuɤn	gʰuɤn	gʰuɤt	sɤn
修水	kʰi	fi	tɤn	dʰɤn	dʰɤt	sɤn
弋阳	kʰui	fi	tɕyɛn	tɕʰyɛn	tɕʰyɛt	ɕyn
吉水	tʰʉ	fʉ	tun	tʰun	tʰuət	fən

(4)三等韵的-i-介音在一些方言里造成来母字的变读为 t 或 d，显然也是韵头影响声母变化的例子。这种现象多见于客赣方言。例如：

	梨	刘	笠	力	六	绿
武平	ti	tiu	tiʔ	tiʔ	tiək	tiək
大余	ti	tiu	tie	ti	ty	ty
南城	ti	tiu	tiʔ	tiʔ	tieʔ	tieʔ
吉水	ti	tiu	tit	tit	tiəʔ	tiəʔ
平江	dʰi	dʰiu	dʰit	dʰiʔ	dʰiuʔ	dʰiuʔ

(5)有些方言，例如闽南话，本来把古明泥疑母字读为 m、l、g 声母，由于鼻尾韵变为鼻化韵，强烈的鼻化影响这些声母，使之又变为鼻音 m、n、ŋ，例如冥，文读音 biŋ，白读音 mĩ；连，文读 lian，白读 nĩ；硬，文读 giŋ，白读 ŋĩ。这也是韵母的变化引起声母变化的例子。

韵母对声调的演变也有制动作用，常见的表现有两种。

(1)由于塞音韵尾的消失，短促的入声调也跟着变成舒声调，进一步便同其他非入声调相混，这就是元明以来的汉语语音的主要演变规律之一——“入派三声”。走完这条路的官话方言又有各自不同的终点，像北京音是浊入字派入阳平，次浊入派入去声，清入字阴阳上去四声都有；而西南官话则是多混入阳平调。从今天的方言看，凡是保留塞音韵尾的，不论是-p、-t、-k 或-ʔ，都同时保留着一个或两个入声调类;凡是没有入声调类的方言都是塞音韵尾脱落了的。换句话说,只有脱落塞音韵尾而保留入声调类(如某些湘赣方言那样);而没有保留塞音韵尾而没有入声调的方言,可见塞音韵尾的脱落在前,入声调的消失在后,前者是因,后者是果。此类情形十分常见,这里不再举例。

(2)另一种韵母的变化引起声调的变化发生在"小称"。

"小称变调"在吴方言比较常见,粤、赣、闽诸方言也偶有所闻。单纯用变调来"表小指爱"的如永康话:tɕʰiã$^{44-324}$(小车儿)、kəu$^{35-52}$(小狗儿)、və$^{13-241}$(佛儿、小人儿)、tʰu$^{52-33}$(小兔子)、lo$^{241-11}$(小路),①赣语宜丰话也有这种变调,不论本调为何调,表小称时均读为超高升变调。

有些方言的小称除了变调之外还伴随着变韵,常见的是韵母加上鼻音韵尾或鼻音化,如吴语温岭话:橘 kyʔ^{55}→kyn^{51}(小橘子),壁 piʔ→隔壁 kaʔ$^{55-53}$ pin^{51},粥 tɕyoʔ^{55}→tɕyuŋ^{51},凿 zoʔ^{11}→zɔ̃^{451}(小凿儿)。② 在闽方言,大田后路话也有兼用变韵(鼻化)和变调来表示小称的,例如鸡 ki^{33}→kɛ̃^{351}(小鸡儿),尾 ŋui^{52}→ŋuɛ̃^{351}(小尾巴),刀 tɯ^{33}→tɐ̃^{351},斧 pu^{52}→põ^{351} 豨 hy^{52}→hø̃^{351}(小猪儿)。

三　声调对声韵母变化的制动

声调对声韵母演变的影响首先集中表现在轻声上。

汉语的轻声现象一般认为是明清以来产生的。它一方面是由于双音词增加,部分常用词双音连读后产生了一重一轻的语音结构形态;另一方面是由于表示语法意义的常用虚词和词缀,往往用

① 材料引自袁家骅等《汉语方言概要》,文字改革出版社,1983 年。

② 材料引自李荣《温岭方言的变音》,《语文论衡》,商务印书馆,1985 年。

轻音来表示意义的虚化。轻声的产生可以说是词汇——语法的发展所带来的语音的变化。轻声音节是语音弱化的音节，其主要特征是“声调幅度差不多压缩到零，其持续时间也相对地缩短”，①它对声韵母的影响也表现为语音的弱化。

在一个音节之内，轻声对声韵母的影响常见的有以下几种情形。

(1)清辅音声母浊音化。例如北京话：篱笆 li^{35} ba^{0}（<pa^{55}）西瓜 ɕi^{55} gua^{0}（kua^{55}）不是 pu$^{51-35}$ ʐʅ^{0}（<ʂʅ^{51}）。浊音化后声带颤动，辅音声母不论是塞音或擦音都由强音变为弱音。

(2)韵母中的元音弱化或脱落。例如北京话：棉花 mian^{35} xo^{0}（<xua^{55}）、窗户 tʂʰuaŋ^{55} xo^{0}（<xu^{51}），前者原是低元音，后者原是高元音，在轻声音节里都弱化为不高不低的混元音。大夫 tai^{51} f^{0}（<fu^{55}）、意思 i^{55} s^{0}（<sɿ^{51}），则是轻声音节里的韵母由于弱化而脱落了。

(3)韵尾塞音化。例如河南获嘉话：政治 tɕəŋ^{13} tʂəʔ^{0}（<tʂʅ^{13}），由于轻声音节短促，混同于入声字（政治、正直同音），②这类轻声引起的韵母变化造成了韵类的相混。

双音连读时，由于轻声，还会造成两个音节合并成一个音节。这类合音现象又有以下两种情形。

(1)卷舌化。例如北京话：花儿 xuɐr（<xua^{55} ər）芯儿 ɕiər（<ɕin^{55} ər$^{35-0}$）灯儿 tɤ̃^{r}（<tɤŋ^{55} ər$^{35-0}$），前音节声调不变，后音节（儿尾）只保留卷舌作用化入前音节韵母并使其韵腹和韵尾发生相应的变化。

(2)其他合音。除了儿尾、子尾的合音之外，许多方言还有一

---

① 参见赵元任《汉语口语语法》，19页，商务印书馆，1979年。

② 参见贺巍《获嘉方言韵母的分类》，《方言》，1982年第1期。

些常用词或语素由于轻声而合音，只是范围和合音方式各不相同。例如北京话：俩 lia^{214}（<liaŋ$^{214-21}$ kɤ$^{51-0}$）、仨 sa^{55}（<san^{55} kɤ$^{51-0}$）实际上是减音，轻声音节省了，连前音节的韵尾也脱落了。河南获嘉话：路上 luɔ̃^{13}（<lu^{13} ʂɔ̃^{0}）装起来 tʂuɔ̃^{33} tɕ^{h}iɛ^{53}（<tɕ^{h}i^{53} lai^{0}），轻声音节只使前音节增音变读。闽语厦门话：行出去 kiã^{24} ts^{h}ui^{0}（<ts^{h}ut$^{32-0}$ k^{h}i$^{21-0}$）、徛起来 k^{h}ia^{33} k^{h}iai^{0}（<k^{h}i$^{53-0}$ lai$^{24-0}$）、惊死侬吓死人 kiã^{44} siaŋ^{0}（<si$^{53-0}$ laŋ$^{24-0}$）则是两个轻声音节的合音，前字留声母、介音，后字留韵腹和韵尾。

此外，声调对声韵母的制动还表现在“变韵”上。

如果说轻声对声韵母演变的影响是语音的弱化的话，“变韵”则是语音的强化。

有些方言的某些调类会使韵母发生变异：把较高的元音变为较低的元音或增加较低的元音变为复元音，以增大元音的响度。这就造成了语音（元音）的强化。发生这种强化作用的调类，往往是些低调、短调或曲折调，其调值的音势较弱，引起元音的强化，显然是一种补偿作用，用以保持音节强度的平衡。通常人们把这种现象称为“变韵”，实际上它是不同声调的韵母变体，造成这种变体的条件是特定的调值——音强较弱的调值。就已经发现的方言材料有以下两种情形。

（1）闽语福州话的变韵发生在三个调类，这三类声调和其他不变韵的声调有显然不同的调值。

不变韵调类	变韵调类
阴平 44	阴去 213
阳平 52	阳去 242
上声 32	阴入 $\underline{23}$
阳入 5	

可见，凡高调、平调、降调不发生变韵，而低调、曲折调则发生变韵。陶燠民的《闽音研究》称这种现象为“变其元音之音质轻

重”，音质的轻重也就是元音的强弱。

福州话发生变韵的韵母包括韵腹为 a 以外的全部韵母。具体规则有三：①韵腹为高元音的变为复元音，增加开一度的元音为韵腹；②两个高元音复合的韵母也增加开一度元音为韵腹；③其余元音一概变为更开一度元音。阴声、阳声、入声三类韵母的变韵如下表。①

阴　声　韵

i 基——ei 记	u 姑——ou 故	y 居——øy 锯
o 高——ou 告	ɛ 西——a 细	œ 初——ɒ 絮丝瓜
ie 鸡——iɛ 继	uo 锅——uɔ 过	øy 催——ɔy 碎
ɛu 沟——au 够	ui 辉——uoi 会	iu 秋——ieu 笑

阳　声　韵

iŋ 宾——eiŋ 并	uŋ 春——ouŋ 寸	yŋ 斤——øyŋ 近
ieŋ 颠——iɛŋ 电	uoŋ 光——uɔŋ 倦	yoŋ 香——yɔŋ 献
ɛiŋ 灯——aiŋ 垫	øyŋ 冬——ɔyŋ 洞	ouŋ 缸——ɔuŋ 杠

入　声　韵

iʔ 极——eiʔ 吉	uʔ 物——ouʔ 屋	yʔ 育——øyʔ 郁
ieʔ 捷——iɛʔ 接	uoʔ 局——uɔʔ 国	yoʔ 若——yɔʔ 约
ɛiʔ 拢——aiʔ 八	øyʔ 或——ɔyʔ 角	ouʔ 滑——ɒuʔ 骨
oʔ 学——ɔʔ 桌		

(2)闽语沙县话的异调变韵，从声调说发生在两个低而短的调类：阴上 21、入声 212。另外四个不变韵的调类是：阴平 33、阳平 31、阳上 53、去声 24。从韵母说，变韵发生在元音韵和鼻化元音韵中非 a、ɔ 韵腹的韵母，共有 16 个韵：

ɿ 资字——ɤ 子执	i 西戏——e 死息
u 姑故——o 古角	y 居锯——ø 举菊

---

① 参见李如龙等《福州话语音演变概说》，《中国语文》，1979 年第 2 期。

iu 抽柱——io 丑　　ui 追罪——ue 嘴卒

yi 威围——yø 伟熨　　o 波报——ɔ 保剥

io 腰摇——iɔ 舀约　　e 排拔——ɛ 摆八

ie 倪业——iɛ 椅聂　　ue 赔焙——uɛ 尾发$_{\text{头发}}$

ye 吹税——yɛ 血决　　ĩ仙线——ẽ 险

uĩ翻痕——uẽ 粉　　yĩ根建——yẽ 卷

福州话和沙县话两类声调和两类韵母是互相配合的，在多音词连读中如果发生变调，韵母也随着发生变化。例如福州话：

事故 sy^{52}(＜søy^{242})kou^{213}　　故事 ku^{52}(＜kou^{213})/(s＞)løy^{242}

又如沙县话：

四角 se(＜i)$^{13-21}$ ko^{213}　　角四 ku(＜o)$^{213-5}$ si^{13}

声调对声韵母影响还可以把两个音节合并为一个音节，或者把一个音节分裂为两个音节。如果说前者是合音的弱化，后者则是一种分音的强化。“分音强化”的现象见于某些客赣方言的特殊调——中塞调。就已发现的两种情形介绍如下。

(1)赣语余干话两个入声调单念时都是中塞调，发音时用塞音把字音分成两个音节，后一音节是和塞音相应的鼻音。阴入调值为 21－5，阳入调值为 21－1。和入声调相配的入声韵则是同部位塞音、鼻音并存的“双韵尾”。例如：

pat^{21} n^{5} 八　　hot^{21} n^{1} 合　　tʃət^{21} n^{5} 汁

pit^{21} n^{5} 必　　tɕiet^{21} n^{5} 接　　ɕiət^{21} n^{1} 实

t^{h}uot^{21} n^{1} 夺　　k^{h}uət^{21} n^{1} 屈　　ʃak^{21} n^{1} 石

t^{h}ɔk^{21} ŋ^{5} 托　　tɛk^{21} ŋ^{5} 得　　nik^{21} ŋ^{1} 逆

luk^{21} ŋ^{1} 六　　tɕ^{h}iak^{21} ŋ^{5} 吃　　tɕ^{h}iɔk^{21} ŋ^{5} 雀

niuk^{21} ŋ^{1} 玉　　kuɛk^{21} ŋ^{5} 国　　k^{h}uɔk^{21} ŋ^{5} 扩

当然，被塞音隔开的两个音节是紧紧相连的，和两个字的两个音节依然有别，所以记音时也可以写成 patn$^{21-5}$ 八、hotn$^{21-1}$ 合等等。多音连读处于非末音节时，入声韵的鼻韵尾脱落，入声调的塞音之后那一部分也消失了，阴入阳入相混，例如：脱去＝夺去 t^{h}uot^{21} k^{h}iɛ^{345}。

（2）粤北韶关客家话的老派读音阴平调也是个中塞调。“阴平是一个降升调，例如：边 piŋ^{213}、知 tai^{213}，老派读音在降升之间声门紧闭，略呈停顿，这就是韵母中间夹着个 ʔ，好像整个音节分为两个部分似的。例如：苏 ʃɛʔu$^{21-3}$ 桑 ʃuʔŋ$^{21-3}$ 烧 ʃiʔu$^{21-3}$ 三 ʃaʔa$^{21-3}$（调号是引者加的。）……这种现象几乎遍及各类韵母。”①

据郑张尚芳调查，粤北客家话中塞调也是一种小称变调。例如曲江话：茄 k^{h}ɔʔo^{33} 夜饭 zo^{11} foʔŋ^{33} 鸡春$_{（蛋）}$ ki^{213} ts^{h}uʔen^{11}；老韶关话：房 fɒŋʔ^{213} 钱 ts^{h}ɛŋʔ^{213} 巷 hɒŋʔ^{213} 镬盖 voʔ^{3} kuiʔ^{213}（所记应是新派音）。②

另据黄家教先生相告，海南省澄迈闽语也有类似的中塞调。例如：惨 saʔam$^{11-5}$，爽 taʔaŋ$^{11-5}$，产 saʔan$^{11-5}$。

从以上材料可以得出三个结论：①声调对声母的影响小，只有引起声母的弱化，而对韵母的影响大，既可引起韵母的弱化，也可造成韵母的强化。②声调对声韵母的影响可发生在音节内部，也可以作用于音节的连读之中；影响的结果可以造成两音节并为一音节的合音，也可以造成单音节变成两个紧连音节的分音。③从声调对韵母的影响看，声调不但表示音节的音高，还表现一定的音长和音强，而且音高、音长、音强这三者对声韵母都会发生影响。

四　余　论

声韵调各音类的历时演变除了互动之外，还有“自动”的一面。

---

① 参见黄家教等《韶关方言新派老派的主要差异》，《中国语文》，1983 年第 2 期。

② 参见郑张尚芳《广东韶州土话简介》，全国汉语方言学会第四届年会论文。

例如北方方言微母的 ɱ→v→w→Ø,疑母的 ŋ→g→ɣ→Ø,以母的 j→Ø和影母 ʔ→Ø,这几个次浊声母最终合流了,几个声类合并为一个声类。吴方言阳声韵的变化 an→ɛn→ɛ→ᴇ 和阴声韵的变化ai→ɛ→ᴇ 最终也混同了,闽方言的次浊声母的变化显然经历过 m、n、ŋ(福州)→b、d、g(厦门)→p、t、k(莆田)的过程。凡此种种,都是声韵调各自的垂直的音类演变,而不是三者之间互动的结果。音类的垂直演变比起声韵调之间的横向互动应该是更加常见的音变方式。从古今音类的对应来看,"自动"的音变构成古今音的基本对应,是音变的常例;"互动"的音变则构成古今音的条件对应(声韵调互为条件),是音变的变例;若是只有个别字的互动,那便是古今音变中的特例了,也就是一般所说的例外。可见,只有研究声韵调之间的互动,我们才能全面地认识古今语音的发展,才能分清音变的常例、变例和特例;也才能正确地理解和合理地解释各种历史音变的内部原因。

[本文部分内容在《语言教学与研究》1990 年第 1 期发表过(《声调对声韵母的影响》),部分内容 1993 年在台湾声韵学会上宣读过(《声母对韵母和声调的影响》),1995 年整理成本文。]

关于方言语音历史层次的研究

关于汉语方言语音的历史层次，已经引起了越来越多的学者的关注。汉语方言大多有千年以上的历史，各种方言的形成和发展都有自己独特的过程。造成这些不同的过程、形成不同的特点的因素是多方面的。从社会外部因素说，形成的时代不同、移民的来源地不同、经过的地区不同、融合的民族不同，以及人口多少、分布地域大小、经济文化发展程度的高低、历史演变过程的复杂性等等，都会影响方言语音的层次构成。从语言的内部因素说，方言受不同时代通语的制约度有不同，方言自身演变速度不同，相处的周边方言和语言不同，和它们接触中所受的影响度也不同。作为现代的共时结构系统，不同的方言还有不同的整合力，语音演变与词汇、语法的演变之间的相互作用力也不同（例如词义延伸是否引起字音的异读，词的多音化与语法化是否造成音值的变异和音类的分合）等等。这些因素则是影响方言语音历史层次的不同表现得更为直接的因素。

由于这些内外因素的差异，不同的方言的语音历史层次的形成往往有各种不同的类型，有的单纯、层次少，有的复杂、层次多；不同的层次的构成也往往有不同的方式，有的相互取代或覆盖，有的相互叠置而共存。可见，研究方言语音的历史层次不能从单一的视角出发。例如只与上古音、中古音作比较，只参照通语不参照方言和外族语言；也不能用单一的模式作分析，例如就语音论语音，只考虑历时演变不考虑共时整合。本文试就这些问题着重于联系闽方言的事实提出若干看法，求教于方家。

一　纵向发展与横向变化

应该说，任何语言的演变都有两种动因，一是同一种语言的自身的演变，一是不同语言的接触造成的外来影响。前者是必有的动因，经常是起主要作用的，后者的作用有大有小，但却是不容忽视、不可漠视的。就汉语方言说，民族迁徙中往往有不同民族的融合，移民形成新方言时常常有经停地，形成方言之后也不可避免要接受通语、不同民族语或周边方言的影响。任何纯之又纯的单一方言的“祖语”的流变的构拟都是不符合历史事实的。南片吴语所以和北片有异主要是与闽语纠缠多；客方言曾被描写为纯正的“中原古音”，后来被证明了与唐五代西北方音、宋代通泰方音有关，在赣时与赣语同行共变，入粤后又与粤语相互影响，早就不纯正了。有人构拟过“原始闽语”，用来解释现代闽语的种种差异，多数学者也正是认为该理论无视语言接触的影响而不能接受。例如闽北方言中有一些清塞音（主要是帮端二母）变读为浊音声母，据近年来研究显然与吴、赣、粤等方言里时隐时现的从紧喉音（前喉塞音）ʔb、ʔd 蜕变而来的浊声母是相关连的。在海南闽语，帮端二母字大多都还读为 ʔb、ʔd，这是闽方言中残留的古越语底层现象的确证。又如闽东方言部分常用的从母字白读音为 s- 声母；闽北方言部分常用禅母字白读音则为 ø 声母：

福州：贱 siaŋ^{6}　坐 sɔy^{6}　餈 si^{2}　脐 sai^{2}

　　　前 sɛiŋ^{2}　静 saŋ^{6}(止哭)　稠 sɛu^{2}(经常)　在 sai^{6}(放置)

建瓯：城 iaŋ^{3}　薯 y^{3}　匙 i^{3}　常 iɔŋ^{3}

　　　社 ia^{8}　属 y^{8}　实 i^{8}　上 iɔŋ^{8}

　　　邵(邵武) iau^{8}

这两项少数常用字的特殊读音显然都是受北边邻界的吴方言影响的结果。前者的变化过程是 dz→z→s,后者则是 ʑ→j→∅,而在距吴语较远的闽中、闽南则没有这类对应。在闽北方言的西片(建阳、武夷山)还有把古清从初昌等母字读为 t^h(如建阳:青草=生炒 $t^haŋ^1t^hau^3$),把透定彻澄等母字读为 h(如建阳:兔腿 ho^5hui^3,柱头 $hiu^5həu^2$),则和武夷山两侧的赣东方言(南城、抚州一带)类似,这显然是受赣语影响的结果。

不论是古民族语的"底层"或周边方言的影响,横向作用的语音变异,都可能造成不同的语音历史层次的并存。上文所述帮端母字在闽北方言的浊音化,禅母字在建瓯话读为零声母,从母字在闽东方言读为 s-声母,都只出现于部分常用字,作为白读音与其他未发生这种音变的字并存叠置。

由此可见,探讨方言语音的历史层次不能把思路局限于单一古今语言的纵向演变上,也要注意考察因语言接触造成的横向变化如何构成不同的语音历史层次。

二 继承和创新

在研究方言语音的历史层次的时候,还有一种思维定式,就是只注重发掘前代语言的继承和留存,而忽略考察方言语音的变异和创新;只注重作音类分混的比较分析,而忽略音值的具体演变过程的考察。事实上,语言的演变过程中,继承和创新本来就是相依存、相对立、相消长的。没有继承,语言就难以世代相传;没有创新,也无法适应社会生活的需求,无法前进。继承的习惯对创新是排斥、抵制的;而创新的需要对继承是冲击、反抗的。语言的发展是渐变的,又继承,又创新,二者并存是常态,其结果便是新旧历史层次的成分的叠置。继承的习惯势力强大,有时也会排除创新,然而更多的情况是创新的积累形成了优势，使继承的成分成为残存的少数，于是造成了方言的分化或使语言演变划出新的时期。可见，研究方言语音的历史层次，必须采取动态的考察方法，既注意考察前代语言的继承和留存，也分析后代语言的变异和创新，把二者结合起来，才能得出语音史的真切结论。

中古音止摄四个重韵中，闽方言支韵字的读音引起了许多研究者的兴趣，而最引人注目的是少数字在闽语中白读音为低元音a，反映了上古音歌支同部的史实。事实上，如果拿各地闽方言的不同表现作一番比较分析，人们还可以看到支韵字在古今演变中的完整的过程，对体现其中的历史层次有更多的理解。且看若干例字在五种闽语中的各种读音（凡有文白异读的只取白读音）：

	皮	被~子	糜粥	避	紫	刺	徙
福州	p^{h}ui^2	p^{h}uoi^6	mui^2	piɛ^6	tsie^3	ts^{h}iɛ^5	sy^3
建瓯	p^{h}œ^5	p^{h}œ^6	mi^3	p^{h}i^6	tsu^3	ts^{h}u^5	su^3
永安	p^{h}ue^2	p^{h}ue^8	mue^2	pe^5	tsɿ^3	ts^{h}ɿ^5	si^3
泉州	p^{h}ə^2	p^{h}ə^4	bə^2	pi^6	tsi^3	ts^{h}i^5	sua^3
厦门	p^{h}e^2	p^{h}e^6	be^2	pi^6	tsi^3	ts^{h}i^5	sua^3

	池	纸	施洒落	寄	徛立	蚁	倚
福州	tie^2	tsai^3	sie^1	kiɛ^5	k^{h}iɛ^5	ŋiɛ^5	ai^3
建瓯	ti^3	tsyɛ^3	si^1	kuɛ^5	kuɛ^8	ŋyɛ^8	uɛ^3
永安	te^2	tsya^3	sɿ^1	kya^5	k^{h}ya^8	ŋya^3	i^3
泉州	ti^2	tsua^3	sua^1	ka^5	k^{h}a^4	hia^4	ua^3
厦门	ti^2	tsua^3	sua^1	kia^5	k^{h}ia^6	hia^6	ua^3

从以上各种读音可以看到支韵字的韵腹音值有三种类型：①低元音的 a：a、ia、ua、ya，这些字从谐声关系说与果假摄有关（声符"也、可、我"），上古音是歌、支合部的。这显然是保留上古低元音的残迹，牵涉的字也较少。②中高元音 e、ɛ、œ、ə，这些字的声旁与上类相似，只是元音高化了，反映的是上古韵腹到中古普遍表现为高化的趋向，属于后起的中古层次。③高元音 i、u、y，这些字大

体与上古歌支合韵无关，反映的是中古以后的语音变异。从地域表现看，a、ia、ua、ya 的读法主要见于闽中、闽东、闽北的语音变化上则有不同的进程。由此可见，就某个音类系统地考察多种方言的语音历史层次，只要能兼顾继承和创新的全面分析，就能得到多方面的信息。

在声母方言，匣母字在闽语的不同历史层次的读音也是引人注目的。其中也包含着继承和创新。

中古音匣母和群母互补，上古音匣、群母通谐，关系密切。闽方言的匣母字中有些常用字普遍读为 k、kʰ 声母，和群母相同。另一些常用字则读为零声母，应该是从中古音的 ɦ-清化而来的许多不大常用的书面语用字则读为 h 声母，是 ɦ-清化后与晓母混同。这就明显地分为三个不同的历史层次。例如：

	猴	厚	鹹	寒	行走
福州	kau^2	kau^6	$k\varepsilon i\eta^2$	$ka\eta^2$	$kia\eta^2$
建瓯	ke^3	ke^8	$kei\eta^3$	$kue\eta^3$	$kia\eta^3$
永安	$k\text{ø}^2$	$k\text{ø}^8$	$k\text{ɯ}m^2$	$ku\tilde{\imath}^2$	$ki\tilde{o}^2$
厦门	kau^2	kau^6	$kiam^2$	$ku\tilde{a}^2$	$ki\tilde{a}^2$

	鞋	解晓也	下	话	旱	黄	画	丸
福州	ε^2	a^6	a^6	ua^6	$a\eta^6$	$uo\eta^2$	ua^6	$uo\eta^2$
建瓯	ai^3	o^8	a^8	ua^8	$ue\eta^8$	$ua\eta^3$	ua^8	$ye\eta^3$
永安	e^2	e^8	ɒ^8	$u\text{ɒ}^8$	um^5	m^2	$u\text{ɒ}^5$	$y\varepsilon i\eta^2$
厦门	ue^2	ue^8	e^6	ue^6	$u\tilde{a}^6$	η^2	ue^6	$\tilde{\imath}^2$

在沿海闽语，读为 k 声母和零声母的字还多，和闽中相比，闽北也略多。例如：

	悬高	下低	汗	含	糊	滑
福州	$k\varepsilon i\eta^2$	kia^6	$ka\eta^6$	$ka\eta^2$	ku^2	$kou\text{ʔ}^8$
建瓯			$kue\eta^6$	$kai\eta^3$		
厦门	$ku\tilde{a}i^2$	ke^6	$ku\tilde{a}^6$	kam^2	$k\text{ɔ}^2$	kut^8
永安	$ky\varepsilon i\eta^2$					

	馅	闲	活	学	红	后	换
福州	aŋ^6	ɛiŋ^2	uaʔ^8	ɔʔ^8	øyŋ^2	au^6	uaŋ^6
建瓯	aŋ^6	aiŋ^3	uɛ^8	ɔ^8	ɔŋ^3		
厦门	ã^6	iŋ^2	ua^8	oʔ^8	aŋ^2	au^6	uã^6
永安							

在闽中、闽北，水稻说“禾”，建瓯音 o^5、永安音 ue^5。可见，常用字留存早期层次的音多，沿海比山区留存旧音多，这是可以成立的。很显然，读 k 的字是匣、群尚未分工时留下的旧层，读为零声母是中古匣母的 ɦ 刚脱落浊音时的音，而更多的读为 h 声母的不常用于口语的字则是中古匣母清化与晓母合流后的近代音，是最晚的层次。例字如：侯、鹹、函、洽、嫌、协、韩、苋、辖、贤、玄、穴、痕、很、恨、桓、还、患、魂、混、换、杭、航、鹤、皇、巷、项、杏、幸、形、宏、鸿、获。

三　主流和支流

方言语音的演变有主流，也有支流。对于纵向发展和横向变化来说，古今语言的纵向流变通常是方言语音演变的主流；通语、民族语和周边方言的横向作用则往往只能是支流。如果支流的流量大、影响广，有时也会伤筋动骨，使整个方言语音的面貌变得模糊不清。例如海南岛上的多种语言，不论是临高话、海南闽语，或是儋州话、迈话，都有类似的情形。前两者的壮语和闽南语的性质已经引起了一些人的怀疑，后两者如何确定其方言属性则有更多争议。这是支流冲击主流的例子。类似的情况还常见于一些远离本土的方言岛，由于包围方言的影响大，支流淹没了主流，造成方言性质的模糊。在统一语言的古今演变上，对于继承和创新来说，更常见的则是，继承是主流，创新则往往只是支流。在特定的情况下，例如移民的大规模变动，也会造成创新压过继承的结果。粤语的四邑片和广府片原本应该是相当接近的同类方言，后来可能是由于宋代珠玑巷移民带来的方言在珠江三角洲的覆盖力度太大，造成两片之间的不小差异。广府片继承早期粤语的特点显然是少了。这是支流冲击主流的另一种情况。

所谓主流就是古今语言演变中的基本对应，就音类的演变说往往是管字多的大音类的主要对应。所谓支流则是外来影响或自身变异创新的次要对应。主流和支流的并存也就是方言语音存在着不同的历史层次的基本原因。由于主流、支流的不同，方言语音的历史层次也有主要层次和次要层次之别。

研究方言语音的历史层次必须区分主要层次（主流）和次要层次（支流）。前代语言的特征被后来的语言事实取代、淹没了，留下的残迹有时并不容易被发现、被理解，一旦被发现了，就受到很大的关注，这是容易理解的。关于汉语方言语音的历史层次的研究往往就是从这类发现开始的，这种研究对于了解古今语音的变化过程和观察方言的语音特点都是十分重要的。但是，我们还是必须保持清醒的头脑，分清主流和支流，分清主要层次和次要层次，不能片面夸大那些次要的特征，漠视主流变化和主要层次，甚至模糊了我们对方言基本性质的视线。下文仍举两个闽方言的例子说明。

山摄开口四等先韵字在闽方言有几种存在着对应的不同历史层次的读音（凡有文白异读的只取白读音）：

	肩	茧	牵	筅	先	填	莲
福州	kɛiŋ^{1}	kɛiŋ^{3}	k^{h}ɛiŋ^{1}	ts^{h}ɛiŋ^{3}	sɛiŋ^{1}	tɛŋ^{2}	lɛiŋ^{2}
建瓯	kaiŋ^{1}	kaiŋ^{3}	k^{h}aiŋ^{1}	t^{h}iŋ^{3}	saiŋ^{1}	taiŋ^{5}	laiŋ^{2}
永安	kĩ^{1}	kĩ^{3}	k^{h}ĩ^{1}	ts^{h}ĩ^{3}	sɛiŋ^{1}	tĩ^{2}	nɛiŋ^{2}
泉州	kuĩ^{1}	kuĩ^{3}	k^{h}an^{1}	ts^{h}uĩ^{3}	suĩ^{1}	tuĩ^{2}	nuĩ^{2}
同安	kãi^{1}	kãi^{3}	k^{h}an^{1}	ts^{h}ãi^{3}	sãi^{1}	tãi^{2}	nãi^{2}

	砚	天	边	年	见	眠	怜
福州	ŋiɛŋ^{6}	t^{h}ieŋ^{1}	pieŋ^{1}	nieŋ^{2}	kiɛŋ^{5}	miŋ^{2}	lɛiŋ^{2}
建瓯	ŋieŋ^{6}	t^{h}ieŋ^{1}	pieŋ^{1}	nieŋ^{3}	kieŋ^{5}	meiŋ^{5}	leiŋ^{3}
永安	ŋĩ^{5}	t^{h}ɛiŋ^{1}	pɛiŋ^{1}	ŋɛiŋ^{2}	kɛiŋ^{5}	mã^{2}	nã^{2}
泉州	hĩ^{5}	t^{h}ĩ^{1}	pĩ^{1}	nĩ^{2}	kĩ^{5}	bin^{2}	lin^{2}
同安	hĩ^{6}	t^{h}ĩ^{1}	pĩ^{1}	nĩ^{2}	kĩ^{5}	bin^{2}	lin^{2}

从上面这些白读音看，除了个别字，都有洪音的读法，但是其中“眠、怜”二字多与前面各字不同韵而与臻摄的“民、邻”同韵，应是保留了谐声时代的读音（属上古的真部而非寒部），其余各字如果联系文读音来考察，则出现了三种不同情况。在闽东（福州）闽南（泉州、同安）大多数字都有 ieŋ 或 ian 的文读音；在闽北（建瓯）只有个别字有文白两读（如先 sieŋ^{1}—saiŋ^{1}），其余字都分别归入洪细两种读音（如片 p^{h}ieŋ^{5}，电 tieŋ^{6}、千 ts^{h}aiŋ^{1}、前 ts^{h}ieŋ^{5}、坚 kieŋ^{1}、研 ŋaiŋ^{3}、现 hieŋ^{6}）；在闽中（永安）则是唇、舌、齿字除个别字外都读洪音，牙喉音反之多读细音（如片 p^{h}ɛiŋ^{5}、电 tɛiŋ^{5}、千 ts^{h}ɛiŋ^{1}、前 ts^{h}ɛiŋ^{2}、练 lɛiŋ^{5}、见 kɛiŋ^{5}、坚 kɛiŋ^{1}、研 ŋɛiŋ^{2}、贤 ʃiɛiŋ^{2}、现 ʃieiŋ^{5}、烟 iɛiŋ^{1}、燕 iɛiŋ^{5}）。从上述材料可以看到：①闽方言的先韵字确实普遍存在着少数口语常用字读为洪音的白读音，这应该是反映了唐代以前四等韵读为洪音的特点，是最古老的历史层次。永安话读为洪音的字较多是因为唇、舌、齿的声母的类推同化的结果。②先韵的韵母原是 an、ian，从现代闽语的读音看来，其韵母的变化沿着韵腹的高化、复化和韵尾的鼻化而转化两个方向：an→aiŋ→ɛiŋ→iŋ；an→ãi→ũi→ĩ。ɛiŋ、iŋ、uĩ、ĩ显然是后起的变化，是属于较晚的历史层次。③从整体来说，读为细音 ian（闽南）ieŋ（闽东、闽北）的字还是占大多数。（福州、泉州音大体上都可以读出文读音）这应该是宋元以来通语语音强大影响的结果。④不同的历史层次中，最主要的层次还是文读音 ian、ieŋ，正是它反映了后起的创新取代了早期的传承的历史事实。

还可以再举一个声母的例子。以母字中有一些口语常用字的白读音在各地闽方言中有读为 s 或 ts、tsh 声母的，显然反映了上古谐声时代以母字和邪母字通谐的现象：余—徐，以—似，由—袖，延—涎，羊—祥，甬—诵。然而这类字覆盖比较广的只有 8 个字（含 9 个音）：

	蝇	翼翅	痒	檐	盐腌	盐食～	赢引诱	耀炫耀，照耀	叶姓
福州	siŋ^{2}	siʔ^{8}	suɔŋ^{6}	sieŋ^{2}	sieŋ^{6}	sieŋ^{2}	siaŋ^{2}	sieu^{6}	
建瓯	saiŋ^{5}	siɛ^{6}	tsiɔŋ^{8}	saŋ^{5}					tsia^{8}
永安	sã^{2}	ʃiɒ^{8}	tsiam^{8}						tsia^{8}
厦门	sin^{2}	sit^{8}	tsiũ^{6}	tsĩ^{2}	sĩ^{6}	sĩ^{2}	siã^{2}	tsʰio^{6}～路	

在厦门话还有另外 7 个字：液 sioʔ^{8} 手～：手汗，恿 siŋ^{6} 宠爱，延 tsʰian^{2} 延宕，跃 tsʔiɔk^{8}，扬 tsʔiũ^{2} ～粟：扬谷，疡 siũ^{2} 起～：溃疡，养 tsiũ^{2} 头～：头胎。

从以上材料看来，这类字表现最充分的只有三个字，各地表现参差的总共也只有十来个字，各点大多对不齐，完全是一种残余状态。用它来说明闽语与上古音的某些联系是极好的材料，但是要用它来说明当代闽语的特征，就显得乏力了。因为以母字就在收字不多的《方言调查字表》中也有 115 个字，这十几个字只是大桶中的一勺。

可见，分清不同历史层次的主流和支流，主要层次和次要层次还是十分必要的。

四 演化和整合

语言的发展，从纵向的观点看是一种变化。有的音类一分为二，有的合二为一，有的是不同历史层次的音类或音值的共存叠置；不少音值则有或多或少的变异和迁移、转换。不论是音类的分合、叠置或音值的迁移、转换，都不是杂乱无章的堆积，而是经过不同力度的共时整合的。整合是从横向的观点看的另一种演化：把不同历史时期传承下来的成分和发生的变异整合成的一个新的系统。历时的演化与共时的整合是语言存在和发展的两种基本形式。这两种形式交替进行，相互作用，使语言既能承传不断，也能结构不散，表现了语言系统生生不息的生命力。

研究方言语音的历史层次的时候，学者们更多地关注不同的音类分合和音值表现是如何演化的，孰先孰后，先后之间经历过什么样的变化过程。诚然，这是研究方言语音历史层次的基础工作，是十分重要的，在这样的基础上，我们也应该研究，这些不同历史层次的语音现象是如何整合成一个共时的结构系统的。

从共时的结构系统看，历时的叠置表现为结构的重合。在共时的系统中，占主流地位的层次是常用的内层，处支流地位的层次是不常用的外层。任何语言的共时结构系统都是用常用的内层和若干等级不同的外层有机组成的。在语音上，有大小音类和主次语音结构规律构成的不同内外层；在词汇上，有核心词、基本词、一般词构成的内外层。上文所分析的主流、主要层次在共时系统中当属于重要的内层，支流、次要层次则是次要的外层。

如果进一步考察不同历史层次的语音在共时整合的过程中有哪些方式和手段，我们也不难发现，闽方言的事实也为我们提供了许多有益的启发。下文也试举数例说明之。

现代通语的影响和音类的条件制约可以区分不同的历史层次的语音。方言的共时系统把这些不同历史层次的读音组成了常用与不常用、基本对应和条件对应的“内”与“外”的共时层次。例如蟹摄一等字，在开口咍韵闽语各点有如下读音（有文白异读的只取白读音）：

	胎	台	戴姓	袋	戴~帽	来
福州	t^{h}ai^{1}	tøy^{2}	tai^{5}	tɔy^{6}	tai^{5}	li^{2}
建瓯	t^{h}o^{1}	to^{3}	tuɛ^{5}	to^{6}	tuɛ^{3}	le^{5}
永安	t^{h}a^{1}	t^{h}a^{2}	ta^{5}	ta^{5}	tui^{5}	la^{2}
泉州	t^{h}ə^{1}	tai^{2}	tə^{5}	tə^{6}	ti^{5}	lai^{2}
厦门	t^{h}e^{1}	tai^{2}	te^{5}	te^{5}	ti^{5}	lai^{2}

	灾	才	菜	开	改	爱
福州	tsai^{1}	tsøy^{2}	ts^{h}ai^{5}	k^{h}ui^{1}	kui^{3}	ɔy^{5}
建瓯	tsuɛ^{1}	tso^{3}	ts^{h}ɛ^{5}	k^{h}yɛ^{1}	kai^{3}	o^{5}/uɛ^{5}
永安	tsa^{1}	tsa^{2}	ts^{h}a^{5}	k^{h}a^{1}	ka^{3}	a^{5}
泉州	tsə^{1}	tsai^{2}	ts^{h}ai^{5}	k^{h}ui^{1}	kue^{3}	ai^{5}
厦门	tse^{1}	tsai^{2}	ts^{h}ai^{5}	k^{h}ui^{1}	kue^{3}	ai^{5}

在合口灰韵有如下读音：

	杯	胚	配	妹	推	罪
福州	pui^{1}	p^{h}ui^{1}	p^{h}uei^{5}	muei^{5}	t^{h}øy^{1}	tsɔy^{6}
建瓯	po^{1}	p^{h}o^{1}	p^{h}o^{5}	mo^{5}	t^{h}o^{1}	tso^{8}
永安	pui^{1}	p^{h}ui^{1}	p^{h}ui^{5}	mui^{5}	t^{h}ui^{1}	tsui^{8}
泉州	pue^{1}	p^{h}ə^{1}	p^{h}ə^{5}	bə^{6}	t^{h}ə^{1}	tsə^{4}
厦门	pue^{1}	p^{h}e^{1}	p^{h}e^{5}	be^{6}	t^{h}e^{1}	tse^{6}

	碎	回	灰	腿	对	块
福州	ts^{h}ɔy^{5}	hui^{2}	hui^{1}	t^{h}øy^{3}	tɔy^{5}	k^{h}uai^{5}
建瓯	ts^{h}o^{5}	o^{3}	xo^{1}	t^{h}o^{3}	to^{5}	k^{h}uɛ^{5}
永安	suɒ^{5}	xui^{2}	xue^{1}	t^{h}ui^{3}	tui^{5}	k^{h}ui^{5}
泉州	ts^{h}ui^{5}	hə^{2}	hə^{2}	t^{h}ui^{3}	tui^{5}	k^{h}uai^{5}
厦门	ts^{h}ui^{5}	he^{2}	he^{1}	t^{h}ui^{3}	tui^{5}	k^{h}uai^{5}

在哈韵，福州、厦门都有文读音 ai，是通语影响的主流层次；在白读音，福州的 øy/ɔy，建瓯的 o、uɛ，永安的 a，泉州的 ə，厦门的 e 是方言特有的次要层次；开、改和来的 ui、i、ɛ 的音则是更为少见的出现在个别语音条件下的外层读音。在灰韵，福州、永安、泉州、厦门的 ui、ue 和建瓯的 o 都是主流的内层，福州的 øy、泉州的 ə、厦门的 a，则是白读的中层，而"块"的读音因为方言另有用字和读音

(福州 tɔy^{5}、建瓯 t^{h}iɛ^{6}、泉州 tə^{5}、厦门 te^{5})，这里的音显然是通语读音的借用，是外层的特殊读音。这些不同的内外层读音都可以从字数的多少和方音的演变过程和条件制约得到解释。限于篇幅，这里不再作具体分析了。

在闽语，文白异读的分配更是区别不同语音历史层次的主要方式。例如闽南话把一些次浊声母字读为 h 声母，这可能是上古音 m̥ n̥ ŋ̊ 的残留或百越语的底层，这种读音都只见于白读并大多与文读音对立，各自分布在不同的词里。例如(泉州话)：

	迎	燃	额	肉	耳	诺	默	棉
文	giŋ^{2}	lian^{2}	giaʔ^{8}	liɔk^{8}	nĩ^{3}	liɔk^{8}	bik^{8}	bian^{2}
	～接	～烧	～数	～体	木～	～言	～～无闻	木～
白	hiã^{2}	hiã^{2}	hiaʔ^{8}	hiak^{8}	hi^{4}	hiauʔ^{8}	hmʔ^{8}	hĩ^{2}
	～佛	～火	头～	牛～	～空	应答辞	～～(无言状)	～综(织具)

有时同样两个字，用文白两种读音构成了书面通语词和方言口语词，表达的是不同的意思。例如(泉州话，不标变调)：

行动 hiŋ^{2} tɔŋ^{4} / kiã^{2} taŋ^{4}(走动)　　数目 sɔ^{5} bɔk^{8} / siau^{5} bak^{8}(账目)

诚实 siŋ^{2} sit^{8} / tsiã^{2} tsat^{8}(很紧密)　　世界 se^{5} kai^{5} / si^{5} kue^{5}(到处)

糊塗 hɔ^{2} tɔ^{2} / k^{h}ɔ^{2} t^{h}ɔ^{2}(沾上泥)　　空间 k^{h}ɔŋ^{1} kan^{1} / k^{h}aŋ^{1} kuĩ^{1}(空房)

前方 tsian^{2} hɔŋ^{1} / tsuĩ^{2} paŋ^{1}(上回)　　大寒 tai^{6} han^{2} / tua^{6} kuã^{2}(严寒)

有时，不同历史层次的读音还可用来区别其他不同含义的方言词。例如闽南话的匣母字，以泉州话为例：

糊：kɔ^{2} 米～，粘上(主动)；　khɔ^{2} 沾上(被动)；　hɔ^{2}～塗

下：ke^{4} 低；　k^{h}e^{4} 放置；　he^{4}～决心；　e^{4}～底；　ha^{4}～消：下贱

解(胡买切，晓也)：ue^{4} 会做人；e^{4} 可以，会；　hai^{4}～数

含：am^{2}～咧算(合起来算)；　kam^{2}～糖仔粒；　ham^{2} 含伊煞来(连他也来)

闽北的来母 s-声字也一样分配在文白不同的词里，以建瓯话为例：

螺 lo^5～丝/so^5 田～　　露 lu^6～骨/su^6～水

雷 lo^5～电/so^5 起～　　郎 $lɔŋ^5$ 新～/$sɔŋ^5$ 女婿

李 li^5 姓/$sɛ^6$～子　　老 lau^3～师/se^6～了

篮 $laŋ^5$～球/$saŋ^5$～子　　卵 $lueŋ^3$～生/$sɔŋ^6$ 生～

在不同的方言，即使是同一种大方言中的小方言之间，整合的方式可以不同，整合的力度也有差异。众所周知，闽中、闽北文白读的对立少，闽南则比闽东多，而在闽南方言，越往南对立越少。可见，研究方言语音的历史层次不能只注意历时的变化，也要注意共时的整合。

参考文献

王福堂　2004　《原始闽语中的清弱化声母和相关的"第九调"》，《中国语文》第 2 期。

李如龙　1996　《方言与音韵论集》，香港中文大学中国文化研究所吴多泰中国语文研究中心出版。

李如龙　2001　《汉语方言学》，高等教育出版社。

———　2001　《汉语方言比较研究》，商务印书馆。

陈忠敏　1995　《作为南越语底层形式的喉塞音在今汉语南方方言里的表现和分布》，《民族语文》第 3 期。

陈章太、李如龙　1991　《闽语研究》，语文出版社。

[本文原载于 Bulletin of Chinese Linguistics 2006。]

关于汉语方言的分区

一　汉语方言的分区是汉语方言学的重要课题

关于汉语方言的分区问题，从中国现代语言学兴起时就受到关注了。现在看到的最早为汉语方言分区的是1900年刊行的章太炎的《訄书》。章太炎是中国传统小学到现代语言学转折发展中的大家，他的《新方言》是继承扬雄《方言》传统的两千年后的力作。稍后的黎锦熙、赵元任、李方桂等都为此做过努力。

为什么关于方言的分区会得到第一代现代语言家们的关注呢？

从客观上说，由于中国人口众多，地域辽阔，在悠久的历史中经历过无数次的征战、分合、流徙、移垦，却又未曾分裂为不同的国家，反倒是诸多民族相互融合，民族间还形成了统一的书面共通语，然而在口语中则存在着品种繁多，差别巨大的方言。十里异音，一地多语的现象，随处可见。现代语言学从古代语文学的书斋里解放出来，致力于现实生活的语言研究，学者们自然要关注方言的研究。究竟汉语有多少种方言，这是人们首先要回答的问题，这便是"方言研究必从分区开始"的道理。

然而殊异的方言区古已有之，何以先前就不关注呢？这便是学者们的主观意识所使然。汉代之后的语文学，以书面语为正，以古代语为雅，方言口语不过是粗鄙的俚俗，自不足论。没有学术观念的变革，人们是不会关注方言的。

经过百年的实践，随着方言调查研究的不断广泛和深入的开展，学者们对汉语方言的分区也进行了反复的修订，每次修订都标志着研究水平的提高。可见，关于汉语方言的分区的思考和修正是方言调查研究的重要推动力。为汉语方言分区，自然不只是为了回答“汉语有多少种方言”的问题，换言之，并非为分区而分区。方言之间有语音、词汇和语法的差异，方言的分区是就方言差异进行比较和归类，这正是方言学研究的基础工作和基本任务。因此，对汉语方言的分区又是汉语方言研究的总结和检验。

有时，基于同样的方言事实，可以得出关于方言分区的不同结论，这是由人们对于方言现象有不同的理解，也由于不同的语言的方言及其与通语的关系有不同的状况。例如差异多大才算是不同的方言，乃至算是不同的语言，这就必须结合不同国家、不同民族、不同的地域的历史文化特点来考虑。可见，方言分区的研究，并不是纯粹的方言研究，还应该进行普通语言学的理论研究，才能解决问题。

共时的方言差异总是语言的历史演变的结果。这其中包括：语言的分化造成方言差异；方言差异以及分化后的方言创新经过整合形成了方言独特的系统；在某种方言的基础上形成了民族的共通语；通语一旦形成之后又对于各种方言施加着程度不同的影响；各方言之间由于强弱势的差异也会发生不同力度的相互作用；在通语和周边方言乃至外族语的影响之下，方言也会发生质变——从古方言变为现代方言。凡此种种都是历史语言学的研究内容。可见，研究方言差异和讨论方言分区，还必须和历史语言学相结合。关于汉语方言的研究必须和汉语史的研究相联系、相呼应、相促进。事实上，汉语方言差异和分区的研究已经为汉语史的研究作出了不少贡献。

除此以外,方言差异的比较,方言分区的研究还必须和语言教育,应用语言学结合起来,以实现它的应用价值。上个世纪50年代的方言普查的直接目标有二,一是调查方言的差异和特点,摸清方言的分区和分布,一是找出方言差异、方言特征和通语的对应规律,编写学习普通话手册,为语文教学和推广普通话服务。现在看来,由于整个语言学界对于应用研究的忽视,这些年来后一个任务完成得并不好,但是初步的实践给我们留下了深刻的启发。实际上按照不同方言区的特点不但可以设计出不同的普及普通话的方案,还应该设计出整套语言普及教育和规范教育以及制定适当的语言政策的方案。在这方面,方言学工作者是大有可为的,关于方言分区的研究是很有实用意义的。

由此看来,关于汉语方言的分区问题,历来为语言学家所注目,其中确有深刻的学术理念和社会原因。研究汉语方言的分区问题不但是汉语方言学的基本任务,对于汉语史、汉语语言学以及汉语应用研究也有重要的意义。

二 汉语方言分区的原则

1. 要注重考察方言与通语的不同关系

为汉语方言分区,最重要的固然是对诸多方言的差异进行科学而细致的比较,提取各方言的主要特征,然而却不能就方言论方言,而应该在方言的整体的本质特征上有充分的考虑。长期以来关于方言分区的研究普遍忽略了这一点。

什么是方言的整体的本质特征呢?

方言是一个历史的概念。在远古时期,并没有方言,各个部落都有分布在一起的地域方言,这时的方言也就是部落语言。只有诸多的部落形成了联盟,出现了民族共同体之后,各部落之间的交往才出现了共通语，这时部落语言就是真正的方言。从这个意义上说，方言和通语是个相对的概念，没有通语，也就无所谓方言。到了高度现代化的未来社会，统一的民族语言高度发展，方言差异逐渐消亡，个别残存的方言差异已经不能够构成系统，这种方言差异就真正下降为社会方言，和职业、文化、性别的差异相类似的现象，方言区的对立也就濒于消亡了。如今的一些国家和地区已经出现了这种苗头。可见，方言的整体的本质特征就在于它和共同语的对立。

迄今为止，我们所知道的民族共同语都是在一种方言的基础上形成的。确实，共同语可以是异民族利用政治、经济的势力强行推行的，如早期的殖民者所做的那样，但不可能是天上掉下来的，也不可能是各方言区的人协议筹建的。于是，不同的方言和通语之间就有了不同的差异和亲疏关系。作为共同语的基础方言，方言和通语亲和力最强，差异小，相互交流和吸收也多，它们是嫡传的血亲，最具有特权。在其余的方言中，那些使用人口多，分布地域广的，又处于经济相对发达地区的强势方言，它们具备保持相对独特性的资本，有时还会与通用语相抗衡。民国初年制定“注音符号”时，吴语区的官员和学者鉴于吴语有全浊声母，就制定了一批浊声母的国音字母。改革开放之后的所谓“粤语北上”，也是这种现象的表现。至于那些使用人口少，分布地域不广，又处于经济落后地区的方言，或者直接吸收通语的成分来改造自己，或者就近向强势方言靠拢，它们在语言竞争中是弱者，方言特点消磨得很快。

事实上，方言的整体（或者称为群体）和通语又组成了一个更大的整体。我们所说的现代汉语就是应该包含着作为标准形式的民族共同语和诸多的方言。在这个更大的整体中，通语和方言有着错综复杂的关系。李荣先生曾经说过：“普通话在方言之中，又在方言之上。”这就是方言和通语的复杂关系的概括。通语就是某种方言的基础上形成的，它对方言有一定的制约和影响，但它又不断吸收着方言的成分来充实自己。方言和通语就是这样相互矛盾、对立，又相互转化、统一的关系。方言之间的种种差异都是在这样的关系中展现出来，并且也不断地发生着变异、互动，不断地调整、演变着的。在这个动态的变化中，通语的成分逐渐进入方言，方言的成分也以不同程度和不同方式被通语接收。

从这样的整体的本质特征来考察方言差异和方言分区，我们显然应该把现代汉语的方言首先分成官话方言（作为通语的基础方言）和非官话方言两大类；在非官话方言中又应该按照与基础方言差异的大小分为近江方言和远江方言。所谓近江方言就是北部吴语和赣、湘、徽等方言，它们地处长江中下游两岸，和官话方言连片，接触多，受影响也大；所谓远江方言则是南部吴语和闽、客、粤诸方言，也可称为东南方言。它们显然与官话差异大。

这种分区法和罗杰瑞用 10 条标准把汉语方言分为南、北、中三大区是大体一致的。这不是偶然巧合，而是用两种不同原则考察的结果的重合。正好可以相互论证。

从这一点出发回顾历来为汉语方言新作的分区，上个世纪 50 年代之前把几种官话方言和其他非官话方言并列起来分区显然是不妥的。50 年代之后把官话作为一个大区与各种非官话并列是一大进步。1987 年《中国语言地图集》另立晋语与官话并列目前尚有争议，关键是要论证，晋语与其他官话方言之间的差异究竟有多大。

2. 要兼顾纵向演变和横向作用，对方言差异作整体的、系统的分析

中国历史悠久，汉语方言源远流长，封建社会停滞不前，地方行政区划历代相因少有变动。加上语文方面，用表意的汉字作为构词材料，汉字的官音又具有极高权威，汉字的形音义在相当程度上限制着方言语音和词汇的变化。于是用古籍中有限的关于古方言的零星记载乃至诗人们或宽或严的用韵和现代方言作比较，长期以来在考虑方言分区时就形成了一种定式思路，以为现代方言都是从某个单一的古方言发展而来，方言差异的比较就只有一条路子：拿广韵系统作比较。

古代社会发展缓慢，汉语方言形成早（大多已有千年的历史），后来也很保守，变化慢，这只是历史事实的一方面。在另一方面，在数千年的中国历史中，战乱不断，灾害频仍，一统的国家多次分裂，多个民族轮流主政，每次改朝换代，几乎都伴随着社会动荡和大规模的移民潮。各种汉语方言形成以来，表面维持着唐宋元明清的统一国家，实际上包藏着无数的军阀混战、农民起义、民族征讨、百姓流徙，因而所有的汉语方言几乎都是人口来源复杂，语言源流叠加的"多来源，多层次"的状况，而不是纯之又纯的从古代到现代的一对一的蜕变。唐代科举制度之后，官方推行的书面共通语对方言有强力的影响（不同的地区其影响力又有强有弱）。宋元之后城市兴起，手工业作坊和交通、贸易逐渐发达，晚清以来商品经济不断发展，各方言之间的交往和人口的迁移明显加剧了。近代汉语的口语系统（近代白话）正是在这个时期形成并成为现代汉语的前身。与此同时，古方言之间不可避免地经历着竞争、吞并、融合和调整。这便是汉语方言发展过程中的另一种动因——横向的作用。研究汉语方言的形成、发展所造成的方言差异及现实的分区，一定要兼顾纵向演变（自变）和横向作用（他变）这两种考察方向。

诚然，某种汉语方言早先一定有一个主要的源头，从现代方言追寻古方言也是很有意义的研究。发掘这类材料，有时少少的几条就能说明许多问题。《尔雅》郭璞注："水中浮萍，江东谓之薸，音瓢。""今江东呼浦澳。"现代吴语浮萍不少地方还说"薸"，浙江的许多水边地名则以“墺(岙)”为通名。然而,如果以为由现代方言都是从同样的古方言一脉相承传下来的,就往往不符合事实。闽方言不但有古吴语的传承,如“薸、澳、鲑、侬、健”,也有古楚语的留存,如《方言》:“盛多……楚魏之际曰伙。”今闽语中,福州“几多”说“若夥 nuo uai”,泉州“无多”说“无夥 bo ua”。“差,愈也……南楚谓之差。”今福州话病情好转正是说“差”。这就是闽语有楚语来源的极好证明。可见,各种方言古时候可能有不同的源头,后来也可能有不同时代不同来源的成分的叠加或覆盖。闽语的文白读之中不但有汉魏六朝的古音,也有唐宋的层次,甚至有元明之后的变异,这已经是许多学者指出过的了。研究粤语的学者喜欢说现今的粤语源于秦始皇五十万戍卒入粤,至少也可以推到两汉之交赵佗的治理南粤,其实秦汉古音在现代粤语已经很难寻觅了,广州音系显然是北宋末年珠玑巷来人带来的口音覆盖过的。

一定要充分估计横向影响对形成方言差异和方言特征的作用。论历史,江皖的吴语区是古吴地,现代湘赣语分布的是古楚地,那里都是战国时期的形胜地,比闽粤的开发早多了,可是现代的吴、赣、徽、湘诸方言却比闽、粤、客更加接近官话方言,这当然是宋元之后江淮官话横向作用的结果。随着方言调查的深入,学者们从大城市转向边远山村,从方言区的核心地带转向边界处,于是发现了大量“归属未明”的“乡谈,土话,本地话,白话,土白”,不论是单点或成片,都在为划分定性而发愁。其实,这都是些不同方言区交界地带双语、多语并用地区的小方言,由于通语和多种方言的相互作用变成“四不像”了,如果我们真正理解了横向接触的巨大作用,就不会为之大惊小怪了。

只有兼顾纵向演变和横向作用,才能对方言差异和方言特征作全面系统的考察。任何方言都是一个完整、自足的系统,只有从系统出发,才能提取到真正的方言差异和特征。已有的研究由于只注重纵向演变而忽略横向作用，因而所提取的方言差异和特征，往往是片面的、局部的。

那么，为什么人们会或多或少地低估方言的差异来自通语和异方言的横向作用呢？究其原因，中西的因素都有。西方19世纪的历史比较法的旨趣在于追寻原始母语，勾画“谱系树”，用发生学来解释语言的演变。这个理论不能说都没价值，也许对于解释印欧语的分化流变是很适合的，但它绝对不是放之四海皆准的唯一方法。直到20世纪末叶还有不少学者热衷于构拟原始闽语和原始吴语，却一直走不出狭小的胡同。就中国传统来说，有两点很值得重新反思。一是以古为雅，唯古是重，一是离不开广韵系统的标杆准绳。凡是保留了上古时期的某个音类或音值，哪怕只有几个无足轻重的字，也要把它列为最重要的方言特征，作为区分方言的标准。客赣方言有十几二十个浊上字读归阴平，立刻被捧为至宝，用作区分客赣的标准。闽方言有些现象是不合广韵系统的规矩的，于是有了“超广韵”之说，并把它作为最早形成的方言的依据。其实，这些少数字的独特表现乃至某几个特字的读音，只是方言演变过程中某个阶段的某种特点的留存，用它来说明方言的发展过程中的一个单项记录是可以的，作为现实方言系统的特征就不合适了，正如人的躯体上的某个小疤痕，可以说明他何时曾经历过什么，受到损伤，并不能用来识别人的整体特征。

3. 要如实地对汉语方言作多层级和非穷尽的划分

各种方言之间，不论是语音、词汇、语法，彼此的差异有大有小，不同方言之间亲缘关系有远有近。有的特点是多区共有的，有的是一区独有的。换言之，方言间的差异和关系是分层级的，不可能都是一个平面上的并列关系。为方言分区必须反映出这种层级关系。正如朱德熙说的：“方言区实际上是方言亲缘关系在地理上的分布，划分方言区是给现代方言分类，可是划分出来的类要能反映亲缘关系的远近。”(朱德熙,1986)1963 年出版的《福建省汉语方言概况》(讨论稿)把福建境内的方言按“群— 区—语—音”分为四个层级。1988 年出版的《中国语言地图集》分为“大区—区—片—小片—点”五个层级,李荣说:“其中区、片和点是最基本的。区底下一般分成若干片,片有时分成若干小片。有些区可以总括为一个大区。”(李荣,1985)比起 50 年代以前的一个平面上的一次分区,这也是一大进步。

在区分层级的问题上,我们所面临的问题是方言区的范围有大小,区内各小方言之间的关系有亲疏远近,每个区分为几层,具体的处理不无困难。看来,必须有统一的原则——以方言差异和方言特征为依据,也应有灵活的尺寸。分布地域广,内部分歧大的可多分几层,分布地域狭,内部分歧小的区则宜少分几层。官话方言和客家方言分布地域广,但是内部差异较小,徽语和赣语分布地域较窄,但差异不小。据此,方言的区片都可以有大小,不能强求一致。同一个区的分片有时也有难处。还是应该按照分层级的原则,先从大处着眼,层层往下分。例如吴方言显然是苏、沪、宁、绍的一致性多,与通语较为接近;温、处、衢的差异大,与通语相差大,与闽语关系深,应该先区分北片吴语和南片吴语。(游汝杰,2004)闽语可能先分三片为宜:福建境内西片(闽北、闽中)受客赣方言影响大,可与沿海的东片分立,雷琼闽语受壮侗语影响深可以并列为一片。粤语的东片(珠江三角洲)特点鲜明,内部较为一致,西片从四邑到广西内部差异大,应先分东片和西片。凡是内部差异大的片,下层的分片和小片可以多区并列或多层分立,例如南片吴语可考虑按古时的州分为台、温、处、衢、婺、严等小区,沿海闽语可分闽东、闽南,闽南再分泉、漳、潮三片。

为方言分区和划分行政区域是不相同的。为了管理的方便,行政区划大体应该有统一的级别系统,如现行的省、市、县、镇

(乡)、村的五级管理,每一个自然村都应该有它的归属。方言的分区不必求得各区所分的层级都相同,每一级的辖区大小也可以悬殊。而且,并不是每一个点都得归入某个区片。换言之,方言的分区应该可以有“余额”,应该允许有归不进区片而又不宜独立为区片的点和面。

不宜归入区片也不宜独立成区片的方言主要有两种类型。

第一种类型是方言区的边界地带常有的两种方言之间的渐变过渡区。方言区的交界地带可能有三种情况,一是因山岭、河海阻隔或其他原因没有交往,而出现断然的界线。例如长江下游,江南是吴语,江北是江淮官话;武夷山北段的西侧是赣东的吴语和赣语,东侧是闽语。二是双语过渡区,例如湘南就有大片湘语(南部土语)和西南官话的双语区,漳州地区西沿有一个狭长的闽南话和客家话的双语过渡区。三是渐变过渡区。例如闽西北的闽方言与赣方言之间,沙县是典型的闽语,光泽、建宁是典型的赣语,从顺昌、将乐至泰宁、邵武是二者之间的过渡区。顺昌的赣语特点和邵武的闽语特点最少,将乐、泰宁则是二者兼有,逐渐增减。(李如龙,2001a)这种类型可以称为过渡型的方言点片。

第二种类型可以称为混合型方言。这种方言有的是处于两种方言区的交界处的集镇,由于两种方言区的人的混居,两种方言混杂,形成了一种新的系统,归入哪一区都不合适,例如建阳与邵武交界处的黄坑镇,兼有建阳闽语和邵武赣语的特点,主次难辨。(李如龙,2001b)有的混合型方言是因为在历史上经过长期迁移,混杂不同方言区的人,后来形成了兼有几种方言特点的新系统。例如海南三亚市的迈话,就兼有海南闽语、粤语和客家话的特点。(李如龙,1996)近些年来,边界方言和混合型方言发掘得不少了,如果把这些新材料放在一起加以分析和归纳,一定可以为这些不宜划入某个区的方言作一个比较准确的界定。

游离于方言区之间的方言是不同方言区之间的“中介”，两种事物之间存在着中介现象，这是许多事物常见的，为方言划区并不是划分选民区，让每个人都有投票的地方，大可不必分得穷尽。这是尊重客观实际，而不是马虎偷懒。

4. 要适当运用历史文化背景资料进行参考性的论证

方言是分布在一定的地域的，为方言分区自然要考察方言所分布的地域。然而方言是人文、历史的现象，它的形成和发展是受到历史文化的因素制约的。因此，为方言分区也不能不考察各方言的历史文化背景。为方言分区是学者们比较、分析方言差异和特征的理性行为，然而方言又是方言区人民世代相因，口口相传的交际工具，人们都有实践中形成的感性认识。感性认识和理论分析有时未必十分密合，但总体上说应该是可以互相论证的。

参考历史文化背景的材料来为方言分区主要可以从三个方面入手。

首先，要注意搜集移民史的材料。大批量的移民不论对方言的形成或演变都会起很大的作用。不同时期的批量移民都从出发地带来了自己的方言母语，如果先后来自不同地区的方言，往往先到者为主，后到者让步汇入。如闽南方言区宋元之后也有客家人进入，但客家方言特征并未大量进入闽南话，因为年代不同，批量也不同。有的也可能是叠加的，例如闽南话形成过程中就有六朝、中唐等时期的南下汉人掺入。从现状看，几个不同历史层次的特点是叠加的。还有的是覆盖式的，例如珠江三角洲至少汉代就有一些中原移民进入，初唐开通五岭之后也有人南下定居，但是批量最大的是宋元之交经由珠玑巷南迁的汉人。从今天广州话的语音系统看，显然是第三次把前两次移民带来的母语覆盖了。移民史的材料，历史有记载，但往往不详；族姓的谱牒常有详细记录，但明代以前的往往不实；而民间口口相传的说法有时倒是十分可靠。从潮州到雷州到海南都有“祖上来自福建莆田荔枝村”的传说。查证史书上的人口记录，确实宋代之后莆田人口外流不少，而潮、雷、琼则不断增加。对照方言特点看，也可发现不少常用方言词是莆田话越过泉漳而和潮、雷、琼闽语相通。（例如桌子说床，开水说沸水，肥肉说白肉。）对于方言区的“飞地”和方言岛，移民史的材料就更加重要了，这种方言的形成往往有十分具体的历史原因和年代及来源地。例如粤北、粤东的客家人清初移居四川是官方组织的。闽南人到闽东、浙南则是清初前往捕鱼和烧瓷的。

其次，是行政区划和经济交通的历史状况。汉语的方言大多在唐宋之后定型的，那以后的州府设置长期相承，少有变动，自然经济又把人们束缚在土地上，州府内部交往较多，经过明清两代，各方言区的疆界更加稳定下来，许多方言的现代分区和分片大多与当年的州府相符合。这一点在浙江和福建表现最为充分。经济和交通是人民交往的最主要条件，对于方言的分布和方言差异的形成的影响也是不言而喻的。粤语之所以东片内部差异小，西片差异大，就是由于这一点不同。珠江三角洲是河网地带，早有商品经济的发展，交往频繁，所以内部差异小；西片的交通和经济发展相对迟缓，所以方言差异大。闽南方言区沿海的泉、漳、厦宋元以来就发展了航运和商品贸易，所以差异小；西部山区的大田、龙岩、尤溪因为交通阻塞，经济落后，所以方言分歧大。

第三，还要适当参考方言区的通话情况和人们的语感及认同感。一般说来，本地人称自己话是什么话，和哪些地方相通，和什么话不同，这种感性认同和科学分区的情况通常是相一致的。赣南和粤北地区都有本地话和客家话的不同语感，这和当地的两种差别较大的口音相应。雷州半岛有闽、粤、客三种方言，闽语叫黎话，粤语叫白话，客家语则称“大侄、小侄”，民间语感和调查结果也相符。不过，方言的语感和区片是否形成经济文化中心和有无代表性的权威方言有关。在福建北部，因为福州成为经济文化中心，福州话有较大权威性，所以闽东人都认同“福州话系统”，而闽北人则缺少闽北方言的认同感，问他们说什么话，都按县名甚至乡镇名来称呼。关于方言的通话度也有另外的制约的因素。经济文化交往多的，即使方言差异大，也较易通话，在穷乡僻壤，由于交往少，哪怕大同小异的方言之间通话度也低。到闽西连城县一问，都说县内有几十种不能相通的方言，实际上大多是各有差异的客家话。

以上所说的各种历史文化背景因素中，究竟哪一项是主要的，哪一项是从属的，在不同的方言可能是有区别的，不能一概而论。移民史、经济史、文化史乃至通行什么地方剧曲，都可能成为重要的考察内容，必须从实际出发具体分析，而且这些外因总是通过方言差异的内部整合的内因起作用的。为方言分区的最重要依据还是方言差异和方言特征，最艰巨的工作还在于方言事实的比较分析，从中提取合理的划分标准。

三　汉语方言分区的标准

1. 宜采取综合性标准

这里说的综合性标准包括以下几点：①不以语音标准为限或为主，而应该包括词汇和语法。②不论是语音或是词汇语法都不能用一条或少数几条标准，而应该精选一批条目作标准。③必须充分注意字音的文白异读和多音词连音变读的差异，包括连读变调、轻声、儿化、小称、变韵、合音等。下文就此简单说明。

以往关于汉语方言的调查研究都以语音为主。在方言的结构体系中，语音系统性强，也最容易提取方言差异。因此，已有的分区以语音为主是可以理解的。但是如果以为本来就应该如此，就不对了。因为：第一，方言是一个完整的语音、词汇和语法相结合的体系，汉语方言的差异不仅在语音，词汇上的差异也很大，近些年来"方言语法差异不大"的提法遭到越来越严厉，也越有力的批评。我们对方言词汇和语法研究得不够是应当改进的，但以此来论证，方言分区应以语音标准为主则是不妥的。第二，事实上，多年来方言词汇语法的研究成果辉煌，也有了许多新的理论。例如关于方言的基本词、核心词、特征词的研究，关于若干封闭性词类的研究，关于方言虚词的研究和若干常用句型的比较，都有重大的进展。词汇语法也有系统性，并非无从捉摸。如果根据常用性、重要性和构词能力强的标准提出一个核心词表，经过比较提取一批鉴别词，时至今日已经不难做到。罗杰瑞提出的10条分区标准中就有8条是属于词汇语法的（名词：儿子、房子、母鸡，动词：站、走，代词：他，助词：的，否定词：不），应该说是很有见地的，所选取的条目也很能展示方言差异。我主张制定一个100—200的核心词表，包括适用于汉语的斯瓦迪士200词①和各地多有差异的"万能"动词、副词、量词和最常用的虚词，用它来为汉语方言分区，想必有很大的效能。第三，方言差异在语音方面和词汇语法方面未必是相应的，客赣方言之间语音差异小，词汇差异大，已经有许多专家论证过了。湘语和吴语的语音差异也可能比词汇语法差异小，而几种闽南方言中词汇语法的共性则可能比语音的共性多。第四，就感性常识说，不同方言间的学习和沟通，难的也是词汇语法而不是语音。闽粤方言词汇差异大，改革开放后许多外地人都想学，学会的却很少，多半是词汇难学。可见，方言间的词汇、语法差异是不

---

① 斯瓦迪士核心词列表（Swadesh list）是美国语言学家莫里斯·斯瓦迪士（Morris Swadesh）于19世纪四五十年代总结出的一个词汇列表。斯瓦迪士用统计学的方法分析不同的语言（主要是印欧语系语言），从而总结出二百多个核心词。他认为，全部语言的词汇大都包含这二百多个词，人们只要掌握这二百多个词，相互的交流也就没有什么问题了。

容忽视的，以语音标准作为区分方言的唯一标准或主要标准是片面的、不科学的。

用一条或几条语音或词汇标准来区分方言，只能说是简便，易于操作。如果这少数几条标准是经过大量的比较之后从许多标准选取最重要的条目，也可能切中方言差异的某些要害，但总是容易造成以偏概全，不能完全切合实际。如果提取十来条重要的语音标准，选用100条最能体现方言差异的词汇和20种语法例句，就这些小批量的条目进行比较，对于其中的主次轻重作适当的加权，进行量化统计，也许就可以比较准确地展示方言差异，区分不同方言的主要特征。

关于连音变读，近二十年间发掘了大量的方言差异，这是方言研究的可喜收获。连音变读是多音词大量扩充、语法化的步伐加快之后带来的变化，是现代汉语有别于古代汉语的重要特征。由于多音化和语法化的进度不一，方言间在连音变读上的差异是十分明显的。看来，轻声、儿化在官话方言是普遍存在的特征，连读变调和小称音变在吴方言最发达，粤方言有语素变调，客方言则偏于保守，连音变读还在酝酿之中。而在闽方言，闽东的花样最多，有变声、变韵、变调，闽南有普遍的变调和某些轻声，闽北则基本没有各种连音变读，用这一条来区分三片闽语十分有效。连音变读并非单纯的语音现象，而与词汇的构成和语法意义的形成有关，应该说这是最具"综合性"的方言差异。此外，文白异读的现象也是现代汉语方言的重要特征。它反映了语音的不同历史层次是如何整合成一个完整的系统的，也体现了同样的语素在词汇意义上的不同分工，体现着词汇的历史层次。文白异读多，是晋语和闽语的重要特征，在闽方言之中各地又有许多不同的表现，闽南有文白读的字最多(大体过半)，闽北最少，在潮、雷、琼方言则白读多文读少。文白异读最少的是粤方言，它可能是宋元的文读层覆盖了先前的白读音的结果。

2. 反映历史和现状的统一

关于区分方言的语音标准，丁邦新(1982)在他的著名论文里提出了："以汉语语音史为根据，用早期历史性的条件区别大方言；用晚期历史性条件区别次方言，用现在平面性的条件区别小方言。"二十多年以来，这个理论已为学者们所熟知，也得到不少学者认同。它的特点是为各种分区标准分出了不同的历史层次，并发现这种历史层次正是和方言的发展过程相配合的，既有应用价值，也有理论意义。汉语的方言多数是在汉唐之际打下基础的，在它们的形成阶段，各方言都反映了当年的不同语音特征。分道扬镳之后，各自又有创新，这大体上是符合事实的。丁先生所列举的"历史性"条件多是管字多的音类，"平面性"的条件则多为音值的变异。音值的变异总是经常发生、迅速变化的，往往是音类分合的前奏。区分方言的标准无疑是应该更注重音类的变迁。

关于这个问题，我想到两点，似乎可以做一点"微调"。一是提法问题，还是说"区分方言的标准应该反映历史和现状的统一"较为概括。"历史性条件"和"平面性条件"并用，其实也就是历史和现状的统一，但是两种历史条件有时很难分出早晚，有的勉强分开再与平面性条件一道定性分等并且和方言区的大小层级一一对齐，就会显得生硬而缺乏灵活性。事实上，汉语方言形成年代有先后，形成之后的演变速度有快慢，近期的种种变异也有大小，一刀切地把语音的不同层次和分区的不同层级直接对号入座，有时难免与复杂的情况不相适应。例如，有无入声韵和入声调是官话和非官话区之间的差异，但是江淮官话和晋语又还保留着入声韵和入声调，而官话区的各个小区之间，有的是不分清浊都归入阳平(如西南官话)，有的是先分清浊而后派入平、上、去三调，"入派三声"的表现显然不是两次分化的结果。又如全浊塞音清化，是多区方言的共同走向，但有的是先清化为送气清音而不论平仄，有的先清化而后按平仄再分送气与不送气，从历史层次来说也有差别。此外，近期的平面性差异未必比早期的历史性变异更不重要，也未必是小方言之间的差别。例如多音词语的连读音变，按时间说是清代之后的近期演变，但是轻声、儿化显然是官话和非官话之间的差异；小称的有无和不同形式则是各大区之间的差别，而变声、变韵则是次方言之间的识别标准。这些多音词连读音变已经是现代方言的结构性、系统性的音变，并与语音、词汇和语法特征相关联，显然应该把它列为区分方言的重要标准。

由此可见，关于语音分区标准问题，还是应该反映历史和现状统一，这样的提法可能会更概括，也更灵活些。历史和现状的统一是各方言共同的，但在不同的方言，有的变化慢，存古多，有的发展快，创新多，存古和创新如何整合成共时系统，还得就不同的方言作具体的分析。

此外，关于历史性的语音标准及其历史层次的认定也有些条目值得进一步讨论。轻唇音读为重唇，舌上音读为舌头，这是初唐以前的现象的留存，除此之外，精、庄、章（部分）不分（东南方言中有继承上古音不分的，如吴、闽语；也有精与庄章分后再合的，如客、粤语）。全浊塞音的清化和阳声韵尾、入声韵尾的脱落（有分合并简化或鼻化乃至脱落几种模式）都是《中原音韵》之后的层次，再后来是舌根音的腭化，效、蟹摄元音韵尾的脱落都是些有区别作用，覆盖面也比较大的特征。

总之，语音特征的分区标准既要重视早期语音特征的留存和演化，也要重视晚近的变异和创新。既然是为现代方言分区，还应该立足于现代的方言状态，考察继承、留存和变异、创新是如何整合的。努力做到历史和现状的统一，用词汇、语法的情况来检验上述关于语音分区标准的分析，也是完全切合的。一般说来，古词语在东南方言多些，官话区少些。例如“食—吃，拍—打，寒—冷，惊—怕，行—走，曝—晒”，但也有不少古今词并存于官话的次方言中。例如“晏、迟、晚，寻、找，(粥)稀、清，择、选、拣、挑”等。可见，不宜提倡用古词语来划分大区，用后起词语来划分小区。单音词“鼻、耳”，只有个别方言说，大多数方言已经加了后缀，说“鼻子、鼻哥、鼻头、鼻团、鼻公，耳朵、耳公、耳仔、耳空、耳头、耳团”。分区条目就应该多收此类古今并存，新旧兼有，能显示大小区片的特征的条目，还是以“厚古而不薄今”为妥。

3. 合理处理普遍性和局部性的标准

丁邦新先生在他的论文中还把分区标准分为普遍性和独特性两类。普遍性标准是涵盖面广的，不同的方言多有不同的表现；独特性标准是只反映个别区的特点的。前者用来作为分区的主要依据，后者则是对个别区所作的补充条件。从理论上说，这种区分反映了方言差异中的共性和个性，是合理的。从应用上说，精简了大面积比较的项目，却又不遗漏个别性的区别性特征，也是很有价值的。其实，某个区独有的特征是很少的，“独特性”的说法还是改作“局部性”更为准确。例如舌上音读为舌头音，丁先生作为闽语独有的特征，其实在湘语也有反映，在客家话里也有个别字的表现(如“知”读 ti)，关中方言的 pf，pf^h 声母，在潮汕闽南话里也曾发现，边擦音 ɬ 则见于闽语莆仙话和粤语四邑话。

词汇和语法的分区标准中也有普遍性和独特性之别，大部分基本词汇和语法形式都是各方言共有的，只要发现有可用来区分方言区的条目就可作为鉴别的标准，例如三身代词分单复数是普遍的，第一人称复数式分包括式和排除式是局部的；指代词分近指、远指是普遍的，中指是局部的；被字句是普遍的，把字句是局部的(已经发现有些方言没有把字句，把宾语提前作为受事主语)；有些常用词在一些方言区没有相对应的方言词，也不能作为普遍性的条目作比较。例如"回家"在一些方言要说成"回来"或"回去"；"早饭、晚饭"在一些方言不单说；闽南话的"有影、无影"(有这事，没的事)也是一区独有的词目。东南方言中不少地方手和臂合称为手，腿和脚合称为脚，和其他方言也不能对齐。可见，大面积的比较分区只能选取普遍性条目，局部性条目只能作为同区的小区间的比较条目。提取词汇语法条目可以从普通话出发，但一定要经过其他区的初步检验，把那些对不齐的局部性条目删去。已有的词汇语法调查表格都是从普通话出发拟定的，不少条目到了方言区就问不出来，有些多义词用作比较条目意义和用法没有经过限定，调查后对不齐，成为废条，例如"打"在普通话可以是量词、动词、介词，作为"万能动词"，"打伞、打听、打滑、打住"等等在一些方言很少说。反之，有许多很有特色的方言词却因没有机会出场，调查不出来。例如个子"高"，吴语说"长"，闽东说"悬"，闽南说"䠷"。天气"凉"、"冷"、"冻"则在粤语很难分得清。

看来，这个普遍性和局部性的理论还应该做一点引申。语音分区条目和词汇分区条目不也是应该多提取在字、词上涵盖面大的条目吗？而那些覆盖面窄但又很有特色的也可以作为局部性条目备用。

正如上文所说过的，由于厚古薄今、以古为雅的传统影响，在研究现代方言分区问题的时候，对于语音、词汇上与古代汉语相同、相似的一些方言特点，虽然在熟悉古汉语的专家看来很显眼，很容易引起关注，因而被列为重要的分区标准，其实那些管的字少的语音特征，以及未必很常用也未必很具构词能力的古语词在整个语言系统之中，在本地人的日常交际之中并没有什么特别之处，简直是微不足道。把这些条目突出出来与那些管字多的音类特征以及那些牵连到全局的变调规律之类的特征并列在一个平面上是很不合适的。例如古浊塞音声母字、阳声韵字、入声韵字都是管字多的大音类，而客赣方言的归入阴平的浊上字，闽方言读为群母的匣母字，读为塞擦音、擦音的以母字，客粤方言读如晓母的溪母字等等就都是字数不多的小音类。甚至十分著名的闽语的“轻唇读为重唇”，其实辖字也不多，据厦门话统计，《方言调查字表》非组字151个，读为重唇音的字非敷奉和明母各占一半(38个字)，不计明母(其他方言读如明母的也不少)，则只占四分之一。

词汇和语法方面的分区标准也必须精选那些口语常用的构词能力强的核心词和那些常见的虚词和句式。例如“脸—面”的区别就连带着一系列合成词“脸色、脸皮、脸形、脸毛、丢脸、白脸、红脸”等等。兼用为给予义的动词和被动义的介词“给”也十分常用，词汇意义和语法意义并存，而且各大方言之间区别明显：官话说“给”，吴语说“拨”，湘语说“把”，赣语说“搦、畀”，客语说“分”，闽语说“乞”，粤语说“畀”。

如果不把普遍性和局部性的分区标准区别开来，就会造成方言分区上的误判。闽赣交界处的邵武、光泽话被定为闽语就是一个典型的事例。在语音方面，邵武话确实也有些闽语老底的特征，例如清唇读为重唇，舌上读为舌头(字数均已减少)心邪书禅等擦音读塞擦音，来母字读 s-等，但都是字数不多的带残余性质的局部性特征，而与赣语相同的则多是普遍性的特征，例如全浊声母字读为送气清音，轻唇音含晓匣合口字，古咸、山、蟹一二等字韵母有别，透定母字读 h-，清从母字读 th，等等。在词汇语法方面，我们比较过250条常用词，闽赣多数无别的20条，邵武同闽不同赣的31条(如厝、囝、箬)，同赣不同闽的则有97条，再加上许多儿尾词，那些古老的闽语特征词已处于被淹没的状态。(李如龙，1991)正是基于这些比较，我们给邵武话的定性是已经赣语化的闽语。

根据综合性的要求，历史和现状的统一的原则和处理普遍性和局部性的关系的方法，拙作《汉语方言学》关于区分方言的语音标准、词汇标准和语法标准都有一些比较具体的方案,例如语音方面的普遍性,独特性标准各 10 条,词汇语法方面开列了 100 条参考词目和 50 条语法例句,可供参考,此处不再列述。

4. 正确理解分区标准的特征性

为方言分区,从汉语整体说是要对现代汉语的方言差异进行科学的分类,并且把这些类型和方言的地域分布联系起来;从方言个体来说是要展示该方言的特征。因此,提取区分方言的标准时都必须密切注意并充分体现方言差异的特征性。这是大家一致的看法。然而对"特征性"的理解似乎还有些歧异,因而在调查、比较的过程中也就有不同的方法,即使用的同样的材料也会有不同的取向,下文对此作三点讨论。

第一,分区标准是应该突出体现方言的特征,但是也必须能体现方言的系统。任何方言都是一个自足的系统,选取分区标准不能只顾系统,而应该从系统中抽取特征,用有限的特征体现完整的系统。例如语音方面,汉语的语音系统是多层级的,有音位(音值及其区别性特征)系统,音节结构系统,音类演变系统,字音分布系统和连音变读系统。分区语音标准可以把重点放在音类演变和连音变读上,但必须努力兼顾对别的层级有所反映。例如声韵调的组合规律和文白读的分布规律可能对二级分区有重要意义。

第二,所谓特征性并非独特性,分区标准可以是独有的,也可以是多区共有的。独有的特征展示单区方言的个性特征,两区或多区共有的特征则展示几个区的共性,但对其他区来说仍然是个性。例如语音标准中,全浊皆读为送气清音,从关中方言到通泰方言到客赣方言,总体上是相同的,但具体的分类也还有彼此的差异。尤其是客与赣,因为有这一共性(其实还有差异的,赣西北就有次清混入全浊的)有些学者就据此力主把客赣合为一个区。在讨论方言区的特征词的时候,也常常听到对多区交叉共有的特征词的非议。如“拿”，福州话、宁波话都说“驮”；“桌子”，广州话说“台”，上海话说“台子”，这种交叉现象不但说明它与通语是对立的，与其他方言有别，只与一两处方言共通，正是如实地展示了它与通语及诸方言的多层多样的关系，不但是可用的区别标准，从某种意义上说更有它的特殊价值。因为方言之间的亲缘关系有远有近，方言差异及方言特征自然也就有独有的和共有的，这本来就是正常的现象。

第三，为了确保体现特征性，对分区标准的掌握是否应该严之又严，越少越好呢？讨论分区标准的学者多半主张标准越少越好，这是传统的定性研究的风格。从计量研究的需要说，则应该有一定的批量。定性研究是任何时候都不能没有的，但定量研究的优点也不能漠视。看来还是应该走定性和定量相结合的道路。通过定性研究开路、定向，通过定量研究做周密的检验。各得其所，各显神通，取长补短，以臻科学，何乐不为呢？我主张不要为了便于操作而力求其少，也不要追求缜密而力求其多。太少不能反映系统性，也不能反映方言间多种多样的亲缘和地缘关系；太多则又难于区分主要特征和次要特征，计量结果难免走样。总之，多到便于区分主次和权重，少到能反映系统和方言间的多层关系。至于有人甚至还鼓吹过只用一条标准（一个语音特征，一个词）来分区，不说它形同儿戏，招来挂一漏万、矛盾百出的非议怕是难以幸免的。

四　结　语

汉语方言的分区是一个重要的课题，眼下又还没有获得一致的意见，今后便应该继续研究下去。只有经过长期的努力、多次的反复，才能贴近语言实际，得到科学结论。

最近的二三十年间，汉语方言的研究有长足的进步，如今发掘的语言事实多了。方言间、方言与古今通语间乃至方言与民族语言间的比较也多起来了，不但有单点的描写，也有面上的综合和整体的比较。关于理论问题的探讨也逐渐引起了重视。但是，关于汉语方言的分区目前还难以做出大家都满意的结论。因为在三个方面的工作我们还有欠缺。

在语料方面，由于以往的调查表格有明显的缺陷。语音方面多停留于单字音，对于语音结构的考察和分析不够，无字可写的许多方言词记录不多。词汇调查表格历来是从通语出发拟定条目的，许多富于方言特色的词汇就调查得不够。方言语法现象的调查近些年来引起许多学者的关注，但深入的研究刚刚开始，我们对各方言的语法特征还认识得很少，语法例句的调查就更没有把握。此外，对于方言边界点的调查，小地方的怪方言的调查还有不少空白。在语料不足的情况下，分区结果自不可能完善。

在比较研究方面，我们的经验也还很不够。语音的纵向比较，由于有音韵学成果可供借鉴，成果较多；横向的共时结构特征的比较还没有很好地开展。词汇语法差异如何比较就更是心中无数，还没有摸索出较为规范的比较模式。由于比较研究的欠缺，许多展示方言差异的重要方面，我们还若明若暗，更未能了解它们的重要性，因而干脆就把这些现象的考察排除在分区的依据之外。例如变调的模式有多少种？轻声、儿化及其他小称的发展过程如何？声韵的组合方面，古今南北的差异有哪些类型？在各区方言都无法提取出特征词表的情况下，如何比较方言的词汇差异？近代以来，各方言的语法化进程明显不同，其演变类型和发展阶段怎样，目前也未能解答。为方言分区是对方言差异、方言特征的比较，比较上不去，分区怎能有大进展？

在理论方面，有关分区问题还有许多尚待探讨的课题。比如，方言的分类和分区究竟是不是同一回事？有的学者说，方言的比较和分区是属于历史语言学的范畴的，对不对？对于共时的结构系统来说，早期的发展和晚近的变异，何者更为重要？语音的发展和词汇、语法的发展是否同步的？如不同步，又是如何关联的？是否只有洋泾浜、皮钦语那样的不同民族语言的混合才算混合语？汉语方言如果有混合语，如何界定？能否用语音分区、词汇分区、语法分区、文化分区等不同角度对方言作不同的分区？

可见，关于汉语方言的分区问题，现在还不必急于分清是非，作出结论。关键在于扩充语料、加强比较和探讨理论。过了一个阶段可以来一番梳理，肯定共识，提出问题，再分别去深入研究。提出新的论点，都要针对不同的方言区进行检验。任何科学的分区都要经过检验。在研究方法上，应该提倡百花齐放。运用多种方法去研究同样的问题，只有好处没有坏处。在这方面不同流派的学者要互相尊重、互相学习。前人做过的同言线研究，还是有效的方法，关于语音的结构，可能还用得着实验语音学的成果。建立方言字音、词汇和语法的可供比较的数据库显然是一个十分重要的措施。只有在大面积比较的基础上，才能经过提纯、浓缩，制定出合理的分区标准来，这是不言而喻的。

参考文献

丁邦新　1982　《汉语方言区分的条件》，收录于丁邦新(1998)《丁邦新语言学论文集》，166—187，北京：商务印书馆。

王福堂　2005　《汉语方言语音的演变和层次》，北京：语文出版社。

罗杰瑞　1995　《汉语概论》(张惠英译)，北京：语文出版社。

袁家骅等　1989　《汉语方言概要》，北京：文字改革出版社。

李　荣　1985　《官话方言的分区》，《方言》第1期。

——　1989　《汉语方言的分区》，《方言》第4期。

北大中文系　1989　《汉语方音字汇(二版)》，北京：文字改革出版社。

——　1995　《汉语方言词汇(二版)》，北京：语文出版社。

何大安　1988　《规律与方向:变迁中的音韵结构》,台北:台北中研院。

朱德熙　1986　《在中国语言和方言学术讨论会上的发言》,《中国语文》第4期。

游汝杰　2004　《汉语方言学教程》,上海:上海教育出版社。

李如龙　1991　《闽语研究》,北京:语文出版社。

———　1996　《方言与音韵论集》,香港:香港中文大学中国文化研究所吴多泰中国语文研究中心。

———　2001a　《汉语方言学》,北京:高等教育出版社。

———　2001b　《汉语方言比较研究》,北京:商务印书馆。

*其余关于闽语、客赣语的专著和论文恕未另列。

［本文原载于《山高水长:丁邦新先生七秩寿庆论文集》中研院语言学所(台湾)2006。］

晋语读书札记

在晋语深入调查研究的基础上,学者们提出了把晋语从官话里分立出来作为一个大方言区的观点。十几年来,这种提法受到一些学者的质疑,至今还没有一致的看法。应该说,为方言分区的目的不在于分区本身,而在于认识方言的特征,弄清楚一种方言和其他方言的异同及远近关系。晋语是否应该分立,关联到为方言分区的原则和标准的理论,但是最重要的还取决于如何准确概括和科学分析晋语的特征。做到这一点,怎样理解晋语的属辖应该是可以逐渐取得共识的。

本文不想参与晋语是否分立的争论,只想就读到的晋语的调查研究报告,对晋语的若干特征作一番疏理和分析。试着讨论四个问题,所依据的材料是已发表的各种晋语材料,词汇方面更多的是取自温端政、张书祥所发表的几部专著。下文所引的语料除了注明出处的外都采自温端政的《忻州方言志》,温端政、张书祥的《忻州俗语志》和张光明、温端政的《忻州方言俗语大词典》。

一　关于晋语的入声

第一次明确把晋语从官话方言中独立出来的是李荣 1985 年的《汉语方言的分区》一文,文中用“晋语”来指称“山西省以及毗邻地区有入声的方言”,后来主张晋语独立的学者也用“有入声”来作为晋语的主要特征和区分标准。不主张晋语独立的学者则以“江淮官话也有入声”为主要理由之一。

究竟“有入声”在晋语中具体表现如何，是否具有特征意义，可否作为区分晋语的标准？看来这还有讨论的必要。

古入声字在大多数晋语和江淮方言中保留塞音韵尾，读为短促调，这是两种方言共同的特点。

除此以外，还有不少与入声有关的具体情况在两区方言中有明显差异：

1. 晋语分立阴入、阳入两类的入声的点多于只有一个入声的，据《山西方言调查研究报告》，前者为41点，后者为35点。（侯精一、温端政主编，1993:36）而就江苏境内情况而论，江淮官话则只有一个入声调的明显多于两种入声调的。据《江苏省志·方言志》所列江淮官话14个点，分立阴阳入的只有4个点。（鲍明炜主编，1998:205—206）

2. 分立阴、阳入的晋语“大部分阴入调型与平声或阳平的调型一致，阳入的调型与上声或阴平的调型一致”。（侯精一、温端政，1993:37）而在江淮官话就没有这种情况。

3. 在晋语，“通摄合口一等与合口三等入声字今读音有分别”，“一等字读入声洪音，三等字读入声细音”。（侯精一，1999:3）而在江淮官话没有这种区分（足、俗均读洪音）。

4. 在晋语，“部分入声音节分为表义和不表义两部分”，“不表义入声音节在构词上具有系统性”，（温端政，1997:6）在不表义的入声音节中，“表音音节词缀‘圪’在晋语区相当普遍存在”。（侯精一，1999:21）相当于普通话的名词后缀“子”在多数晋语点也读为入声。这几种情况说明，晋语还是利用入声音节来作为构词手段。此类材料在已有的晋语论著中随处可见，不需列举。

5. 古舒声字今读作入声的现象在中区的一些点比较明显。在口语中读作入声的常见字有婴（～媳妇）、子（词尾）、五（数字）。忻州方言也有一些例字：

妮子 niəʔtəʔ 闺女

取灯子 tɕ'yɔʔtəŋ^{313} təʔ

蚂蚍蜉 mɑʔ^{313} p'iʔ fu^{31}

指 tsəʔ ～头，～甲

去 k'əʔ 口语中的白读

处 ts'uəʔ（用作方位后缀时读。如人往高～走，水往低～流；有话说在明～，有药撒在痛～）

喉咙 xuəʔ luəŋ^{31}（喉字韵变合口，调变促）

以前 iəʔ iɐr^{31}（"前"字声变）

针对这些情况，我在《汉语方言学》中曾经写道："这种种特征充分说明了入声在晋语并没有表现出弱化的趋势。如所周知，从纵向说，自从《中原音韵》以来，入声就明显走向弱化了；从横向说，现代方言中不但大多数官话入声消失了，在湘语中大多只有入声调类而没有塞音韵尾，甚至连闽语和客语这些比较保守的方言里也有一些点入声消失了……而在晋语，入声不但没有消磨减弱，反而呈扩大的趋势：舒声促化，词头词尾（圪、子）入声化，部分入声音节不是简化而是繁化（别义不别义两分，及通、曾、梗的部分入声音节韵母变读都是一种繁化）。这说明了晋语的入声不但没有弱化、简化，反而还在强化、繁化着。这种情况不但与江淮官话的入声有别，甚至和其他东南方言的入声也有区别。"（李如龙，2001：42）

不过，和舒声促化相反，晋语口语中也有一些入声舒化的字。仅就忻州的语料就有以下各例：

勺子 ʂɔ^{31} tə^{1}　　曰（读书音）yɑ^{31}

别 pɛ^{31} 言轻～劝人，力小不拖架

计划 tɕi^{53} xuɑ^{53}　　白菜 pæ^{31} ts'æ^{53}

割肉 kɔʔ ʐəu^{53}　　贼点子 tsei^{31} tiɛ̃$^{313-42}$ tɛ^{1}

（以上变为阳平）

萝卜　lɛ^{31} pei^{53}

压 iɑ^{53}，吓 xɑ^{53}　　力是压大的，胆子是吓大的

六 liəu^{53}　　三十六计，偷跑为高计

翼 i^{53}　　不怕虎生双～，就怕人起二心

（以上变为去声）

挖 vɑ$^{313\text{-}33}$　　帕 p'ɑ^{313}　手～（妇女裹在额前的饰品）

塞 sa$^{313\text{-}33}$不够～牙缝　　给 kuei^{313}（动词）

撒 sa$^{313\text{-}42}$～娇　　卡 k'ɑ$^{313\text{-}42}$～车

萨 sɑ^{313}菩～　　约摸 iɔ^{313} muɔʔ（揣测）

（以上变为阴平）

这些入声舒声化究竟是出于什么原因，很值得探讨。“划、肉、翼、六、吓”普通话读去声，“塞、挖”普通话读阴平，“撒、卡、给”普通话读上声，“勺、白、别、贼”普通话读阳平，若说是受普通话影响，又还有些字不是这个原因（曰、萨、压、帕）。如说是语音发展的不同历史层次，又很难找出制约的条件来。

二　关于别义异读和文白异读

侯精一曾有专文讨论过晋语的异读别义。他指出：“变读是晋语的一种特殊构词手段，是一个值得晋语研究者重视的问题。”（侯精一，1999：20）所谓异读别义是指用改变字音的声母、韵母或声调来表示另外一种词汇意义或语法意义。

在忻州词汇中也可发现不少异读别义的现象，有时，同一个字出现在不同的语词里可以有四种、五种不同的读音。例如：

婆　p'ɛ^{31}～～（媳妇对婆婆的背称），小～子（妾），收生～（接生婆子）

p‘ε^{313} 阳～(太阳)

p‘ε^{53} 老～(妻子,丈夫称“老汉”,“婆”的声调可能受“汉”字的去声类化)

pε^{313} ～啊(媳妇对婆婆面称),～(母亲背称),呀～呀(成年人面称母亲),～～呀 pε^{24} pε$^{313-31}$ iɑ^{31}(母亲面称),干～(干妈)

爹 tɑ$^{313-35}$ ～～(父亲面称,阴平字重叠,前字变 35,后字变 31,合律)

tɑ^{53} ～～(伯母面称,去声字重叠,后字变 31,合律)

头 t‘əu^{31} 拳～,舌～,摇～(读阳平原调)

t‘əu^{53} 指～,骨～(读去声变调)

指 tsɿ^{313} ～～划划

ts‘ɿ^{31} 六～子(六指儿)

ts‘ɿ$^{313-42}$ 戒～子(戒指)

tsəʔ^{2} ～头

tɕiəʔ^{2} ～甲

钱 tɕ‘iε^{31},tɕ‘iε^{53} 本～(读阳平原调,指存款本金,与利钱相对;读去声变调,指做生意的本钱)

梆 pɑ̃^{313} ～子(文读,本地剧种名)

pε^{313} ～子(白读,乐器名)

炉 ləu^{31} ～子(读阳平原调)

ləu^{53} 香～(读去声变调)

担 tɑ̃^{313} ～心(引申义,读原调)

tɑ̃^{53} 担～,扁～(本义,读变调)

喜 ɕi^{313} ～欢(本调,普通话转借词)

ɕi^{53} 欢～(变调,方言固有词)

姨　i^{31}～～（姨妈，读本调）

i^{313}婆～（妻子，读变调）

家　$tɕiɑ^{313}$～庭（泛指，读原音）

$iɑ^{313-31}$亲～（特指，声母变读，声调变读）

$iɑ^{313-33}$王～庄（本地地名，声调变读为阴平）

$vɑ^{313-33}$刘～庄（本地地名，声母变读）

（以上引自《山西方言调查研究报告》。）

气　$tɕ‘i^{53}$（一般读法）

$ɕi^{53}$客～

白　$pæ^{31}$文读音，～面（面粉，面条）～事（丧事）

$p‘iɛʔ^{2}$白读音，～面（精粉），～面（地名），～吃

$p‘iər^{313}$～儿（白天）

$p‘iɛʔ^{2}$～净

要　$iɔ^{53}$重～（原调为去声）

$iɔ^{31}$不待～（不愿意，变调为阳平）

可　$k‘ɛ^{313}$副词，稍为（读原调，上声）

$k‘əʔ^{2}$副词，很（读变调，入声）

六　$liəu^{53}$一般读法，去声

$luəʔ^{2}$～指子（六指儿）

入　zuəʔ 出～（一般读法，入声）

zu^{53}～草（往铡口下送草）

块　$k‘uæ^{53}$一～钱（原调，去声）

$k‘uæ^{313}$一～儿走（变调，阴平）

$k‘uæ^{31}$掉了～糖（变调，阳平）

$kuæ^{53}$一～人（变声，不送气）

（据《山西方言调查研究报告》，太原、清徐、平遥、孝义、文水，“一个人”说“一块人”，声母有 k、k‘、x 三种读法，见该

书 388 页。）

上　ʂɑ̃⁵³（文读，韵母鼻化）～等

ʂɛ⁵³～学（白读，韵母鼻音脱落）

xɛ⁵³俺舅家～（我舅舅家，白读，声母变读）

xɛ³¹他～（他家，白读声母、声调均变读，下同）

xɛ³¹³俺～（我家），井～（井那边）

（据《山西方言调查研究报告》，表方位的"上"，和顺、清徐、太原、平遥、孝义、文水均读 x 声母。）

处　ts'u⁵³用～（读原调，去声）

ts'uʔ²低～（表方位，读变调，入声）

侯精一还指出："变读不同于文白异读，文白异读是成规律的变音现象，变读是不成规律的变音现象。"（侯精一，1999:20）

从更广泛的事实来看，"别义异读是较之文白异读更为广泛的字音异读，从古代汉语到现代汉语，从共同语到方言，都普遍存在，而且古今有别，南北相异。""把古今南北的此类异读联系起来，从语言的系统上来考察它的性质和演变，还是一个值得提倡的新课题。""文白异读有时并不别义，或者最多是语体色彩有所不同，但有时也可别义……如果是别义的，也就是别义异读。可见文白异读和别义异读二者有交叉。从音的角度考察别义异读，这种异读也不是随心乱造的，而是含着一定的规律的。"（李如龙，2001:65）

晋语的异读别义从语音方面看也有一定规律性，例如声母常常是"旁转"送气不送气互变就是最常见的一种；韵母则有"阴阳对转""舒促互变"等类。（详见以上各例）如果说文白异读和别义异读有别的话，应该说，文白异读是存在一定对应条例，可以类推出一批字来的，而别义异读则是根据别义的需要，一个一个发生，往往不能成片类推的。

别义异读有时是用文白异读来别义的。如上例中的"上[ʂɑ̃⁵³]

等”的“上”是文读，“上[ʂɛ⁵³]学”的“上”是白读。

晋语存在文白异读的字和官话相比是比较多的，这一点已有许多学者做过研究。但是已有的研究大多集中于文白对应规律的描写和文白反映的不同语音历史层次，也就是说还是从语音方面作研究。现在看来，文白异读在词语中的分布规律也很值得深入探讨。用文读音，或用白读音的词语各有多少，从中可以看出文白的增减方向，哪些词语用文读音和白读音，则可以看出方言词语的历史层次。有了词语的巨量搜集和记录，这项工作就大有可为了。这里仅就《忻州方言俗语大词典》所列的材料，把“上、下”二字文白读在方言俗语中的分布作一番简单的统计和分析。该书所收词语中，上、下文白读分布如下表：

上		下	
文读 ʂɑ̃⁵³	白读 ʂɑ̃⁵³	文读 ɕia⁵³	白读 xa⁵³
5条	53条	20条	24条

从具体词语看，用文读音的大多是动词，而用白读音的则包括动词、方位词、动词补语和量词（一下）。而动词中哪些用文读，哪些用白读，就值得从动词的历史层次作分析了。例如“下火、下棋、下车（卸车）、下阴、下注（下赌注）”用 ɕia⁵³，“下山、下雨、下蛋、下雪、下米（行贿）”用 xa⁵³，前者多行业用语，后者多生活用语。“上坟、上堂（上课）、上粪”用白读，“上嫖、上僭（积极主动）、上话（对人说话）”用文读，可能是前者常用，后者用得少。这里只是浮光掠影地谈一点读书体会，细致地分析还有待于研究晋语的专家深入比较。

三　关于晋语的特征词

谈到晋语的分区时，侯精一说：“单从语音方面着眼是不够的。我们的目光应该兼及词汇问题，就是说不仅注意用语音作划分的标准，词汇方面，特别是区别特征明显的、历史久远的核心词，也可以而且应该作为区分晋语的标准。”（侯精一，1999：7）温端政说：“我们必须同时承认，晋语在语音、词汇和语法上确有许多不同于官话方言的特点。就拿同是李荣先生主编的几部方言词典来比较，《忻州方言词典》所收不同于官话方言的词语数量，超过了《长沙方言词典》和《苏州方言词典》，而接近于《厦门方言词典》——从这一点来说，晋语与吴语、闽语、湘语等并列为独立的方言区似无逊色。”（温端政，2001：7）

侯精一曾列出18条晋语相当一致而与周边官话有明显差别的特征词：（侯精一，1999：8）

山药蛋（土豆儿）	壁虱（臭虫）	红薯（白薯）
得脑（头）	圪嘟（拳头）	黑夜饭（晚饭）
茅子（厕所）	跑茅子（泻肚）	圪蹴（蹲）
毛巾巾（毛巾）	年时（去年）	启子（屁股）
蚂蚍蜉（蚂蚁）	月明爷（月亮）	风匣（风箱）
土墼（土坯）	龙床（白读，蒸笼）	炭（煤）

“各种方言都应该有自己的特征词。”这种提法已经被越来越多的人接受了。我主张，“方言特征词必须是具有一定批量的、在本区方言中普遍存在、在别区方言比较少见的方言词。”（李如龙，2001：119）为什么方言特征词不能是少数几个，而应该有一定批量呢？因为“方言之间不但有‘异地传承’和‘异地同变’，还有相互影响、相互借用，因而有些方言特征词就会内部覆盖不周遍，外部却又有所牵连”。（同上书，119）侯精一所列18条特征词中，山药蛋、红薯也见于许多北方官话，“龙床（笼床）”也见于许多闽语。看来，关于晋语特征词还必须继续努力，开展大规模的比较研究，才能有更加到位的认识。

《山西方言调查研究报告》的“词汇对照表”比较了34点晋语

的116条常用方言词。除了以上所引的18条之外，还可以找出一些多数点一致并与多数官话不同的特征词来。例如：

冷弹(子)，冷子(冰雹) 22点；草鸡(儿)(母鸡) 34点；黑老哇(乌鸦) 23点；大娘(伯母) 20点；娘娘(祖母) 16点；吃烟(抽烟)28点；扁食(饺子) 23点；夜来，夜里，夜儿(昨天) 30点；玉茭(子)，玉茭儿(玉米) 24点；茭，茭茭，茭子(高粱) 19点；手巾(子)，手巾儿(毛巾)32点；辣角(子)，辣角角(辣椒) 22点；扳不倒(儿)(不倒翁)29点；红活(热闹，"活"应是"火"的促化)25点。

若把已经发表的晋语各点的有特色的方言词作一番比较，一定还可以抽出一批晋语各方言大多一致，而于其他官话较为少见的特征词。笔者读了温端政、张书祥所编《忻州俗语志》及《忻州方言俗语大词典》，认为它们是所见晋语词汇中收录方言词最多，标音释义最清晰细致的好书，是研究晋语特征词最好的基础材料。因此，下文再列举一批忻州的词汇调查材料中所有，而在外地官话中较为少见的方言词，以供提取晋语的特征词时参考：

味素(味道)｜眉所(相貌。"所"su³¹，《忻州方言志》记为"□"，《忻州方言俗语大词典》记为"鼠"。阳平连上声，后字变阳平，本字应是"所")｜梗(性格倔。梗摄字的白读为ε，如火炕 k'ε)｜哽(打饱嗝)｜管待(招待)｜施礼(行礼。谚曰："见人不施礼，多走二十里"，宋元白话有此口语)｜来年(明年。在普通话是书面语，在晋语为口语)｜冬腊(冰。方言创新词)｜行霜(下霜)｜年象(年景)｜天每(每天。逆素词)｜春期(春天)｜沫涕(鼻涕)｜沫唾(唾沫)｜絮(棉，～袄，～衣裳)｜聘(闺女)(嫁女。使动用法)｜动弹(干活)｜启(订婚时男女家互赠定亲礼物，是为婚事之起始)｜睡说(说梦话)｜挤菜(搛菜)｜打帮(劝说)｜挨结(相处)｜出相(出丑)｜店(旅店。可能开旅店是最早的经商活动)｜瞎汉(文盲)｜告诉(交谈)｜说给(带口信)｜嚷(骂)｜溜达(巴结)｜寄(藏。一人～十人寻)｜不善人(不叫人喜欢)｜约预(猜想)｜朝闹(准备，预备)｜像见(预料)｜着手(专门负责)｜闷(害怕，担心)｜上紧(抓紧，加紧)｜精明(懂了)｜折力(卖力)亲(疼爱)｜日能(能干)｜日脏(肮脏，弄脏)｜舁(抬)挽(拔草)｜脑头(上面)｜兀儿(那里)｜兀个(那个)边前

（旁边）｜别怪（特别）｜灰（坏，指人）｜各自（从来）坏（坏，指物）｜吸人（长相好）｜耐（指器物结实耐用）｜人景（长相，模样）｜清（粥稀）｜肉（胖）｜鬼祟（吝啬）｜异气（新奇，稀罕）｜张急（忙碌）｜勤谨（勤劳）｜入法（听话）｜爬长（穷困潦倒）｜齐楚（整齐）｜专心（故意）典礼（结婚）｜风发（伤风）｜庄户（庄稼）｜草麦（大麦）儿马（公马）｜儿狗子（公狗）｜儿猫（公猫）｜错见（或许）情长（有礼貌）｜爽整（干净，漂亮）｜姑儿（老鼠）｜跌（丢。吃烧饼怕～芝麻）｜蛾（蝴蝶）｜记心（记性）｜宅子（房子）｜谋数（谋划，算计）｜栅子（篱笆）｜灯篓（灯笼）难活（难受）｜锅灶（灶）｜倒腾（说）｜出水（表汗）解数（本事）｜緻气（标致，精干）｜猫腻（挑逗）｜故惯（熟悉）｜黑（得罪）｜招架（帮助，小心）｜待见（喜欢）｜详情（估计）｜拍打（聊天）｜调容（性格）｜含耍（开玩笑）｜捣打（吵架）｜进眼（顺眼）｜般数（齐全）｜好合（享受，舒服）

从忻州语料中还发现了一批古汉语承传下来、在其他方言中少见的语词。这批语词有悠久的历史，既说明了晋语“存古”词汇较多的事实，也可作为比较提取晋语特征词的参考：

稙《集韵》 竹力切，早种也。忻州音 tsəʔ², 正是指早种或早熟的庄稼。

抪《广韵》 博故切，忻州音 pu⁵³, 意指抢持。谚曰：用时～到怀里，不用撂到崖底。

眊《集韵》 莫道切，俯目细视谓之～。《说文》：低目视也。忻州音 mɔ³¹³, 泛指看。

囤《广韵》 徒损切，小廪也。忻州音 tuəŋ⁵³, 指家用小粮仓。谚曰：打不到～子里不能算收成。

僭《广韵》 子念切，《说文》：假也。《穀梁传·隐公五年》：初献六羽，始～乐矣。忻州音：tɕʻiɛ⁵³, 声母变读，如说“上～”，意为积极主动，超越身份做事。

瓷《集韵》 才资切，陶器之緻坚者。忻州音 tsʻɿ³¹, 意用引申，结实，硬实。

荷《广韵》 胡可切，又户哥切，负荷也。忻州音 xɛ³¹³, 读为上声，意为负荷。俗语曰：拿轻～重，古诗“戴月荷锄归”即此义。客家亦谓挑担为荷。

砑《广韵》 吾驾切，碾砑。明·李实《蜀语》：“碾物使光曰～。”

床《释名·释床帐》：人所坐曰～。忻州音 tsuɛ^{31}，小～子是小板凳。床古义指床又指凳子。闽语潮州、莆田亦谓桌子为床。

鞈《集韵》 历各切，引《说文》曰：生革可以为缕束也。忻州入声变读为去声，音 lɔ^{53}，用作动词，指套住、罩住。

飖《集韵》 卑遥切，引《说文》曰：扶摇风也。又旌旗飞扬貌。忻州音 piɔ^{313}，用以形容人仗着钱势而傲慢。

约《集韵》乙却切，引《说文》曰：缠束也。忻州音 iɔ^{53}，入声转为去声，约子是捆住庄稼的禾秆。

挽《广韵》 无远切，引也。忻州音 vɑ^{313}，拔草谓挽，音义俱合，谓挽为拔还见于闽南话。《俗语志》误为“绾”。

噇《集韵》 传江切，食无廉也。忻州“日噇”音 ʐəʔ^{2} sɛ^{31}，是斥责义的“吃”。闽语福州话亦谓暴食为噇。

舁《广韵》以诸切，对举。忻州音 y^{31}，意为抬，音义俱合。

禬《广韵》 古外切，神祭。忻州音 kuei^{53}，音合，～献(ɕiɛ̃$^{53-31}$)，意为供神。此为本字，《俗语志》误为“供”。

豚《广韵》 丁木切，尾下窍也。又有俗字为启。忻州音 tuəʔ^{2}，～子：屁股，音义合。～擦：臀着地移动。

写《说文》：置物也，又《广雅》：除也。忻州音 ɕiɛ^{313}，“写架子”是挑担时放置货物的架子；“写光”是除得精光(菜叫猪吃个写光)；“写开门窗”是除开门窗。方言中两种古义兼有。俗语大词典作“擷”，误。

搣《集韵》 私列切，侧击也，忻州音 ɕiɛʔ^{2}，～，～捉，都是击打的意思。《俗语大词典》作“揳”，音义未合。

踅《集韵》 似绝切，旋倒也。忻州音 ɕyɔʔ^{2}，意为来回走动，盘旋地飞。又说“～摸、～拨(寻找)，～瞭(窥探)、～簸(摆动簸箕)”,音义俱合。

鼩《广韵》 古禄切,~,鼠名。忻州老鼠谓~儿,音 kurə³¹³,调为读为阴平。

还有一些是常见的文言词。在共同语只见于书面语,在晋语则用于口语,也是存古的一种表现。仍以忻州俗语为例:

言 有理不在高~。言语也。

语 江湖话走遍天下,黑首~寸步难行。黑首语即黑话。

惊 常骂不~,常打不怕。

贤 若要子孙~,明算伙食钱。

然 只用于否定“不然”,意为不对。

寡 清汤~水,~油淡水,意为清淡汤水。~淡,意为知识质量差。~情,指缺乏感情。

其 应付~场,排乎~场,野~失教。常见文言虚词,用于口语。

悉 ~寡没味。~数,全部也。

盗 偷猫~狗(小偷小摸)。

青 黑~乌牛,黑~闷棒:形容又黑又粗的身体。青,黑色。

趋 ~奸避懒:形容干活应付。《俗语志》误为“趣”。

但 不看碗畔子,~看脸蛋子。但:只要,只是。

至 重阳~十三,不下一冬干。气候谚。

与 宁~千人好,不~一人仇。

阅 观前~后(瞻前顾后)。

四 关于晋语的四字格俗语

侯精一曾对晋语的四字格俗语作过研究,他指出:“四字格俗语在口语中使用得非常多,常用的条目约在一千条以上。”(侯精一,1999:339)他还对平遥方言的四字格俗语作了结构分类。

已经发表的忻州俗语有了更大规模的材料,就《忻州俗语志》

所收俗语,四字格所占比例如下:

单、双音俚语:222 条,占 16%

三字习语:269 条,占 19.42%

四字成语:894 条,占 64.6%

规模更大的《忻州方言俗语大词典》共有 1000 页,所收俗语约 3 万至 4 万条,仅就前 10 页作统计,共收俗语 442 条,有 168 条,占 38%。如果按 35000 条总量的 38%计算,该书四字格俗语应该有 13000 多条。估计穷尽地就一个点搜集晋语的四字格俗语应有万条以上。

为什么晋语的四字格俗语的数量和相对比例会这么多呢?读了忻州的这两本书,我的直感有三条原因:

第一,晋语的四字格俗语大量的是口语化。侯精一说:"有些四字格俗语虽然比较接近书面语,听起来文绉绉的,但也都是口语中常说的。"《忻州俗语志》所收的 894 条四字格俗语就都是口语中常说的方言词语,古代传下来的书面语、成语一概未收。如果拿普通话作比较,一定有很大差异。《现代汉语词典》(1983 年版)收了 4363 条四字格词语,其中来源于口语的有 668 条,占 15.31%;来源于书面语的有 2763 条,占 62.69%。(余桂林,2002:8)共同语的词语从书面语中取材的多同,书面语对口语的影响也大,而汉语方言大多是缺乏书面语加工的,只能从口语搜集,书面语对方言口语的影响也肯定小些。

第二,晋语的四字格俗语同义条目非常多。这一方面是由于晋语四字格表达方式的习惯,就是晋语的个性;一方面,也由于方言里缺乏书面语来规范和约束,这是所有方言的共性。就在普通话里,"糊里糊涂,稀里糊涂,糊糊涂涂,糊里八涂",各种说法也是同时存在的。这里举几组形异义同的忻州四字格俗语以见一斑:

笨嘴拙舌:笨嘴扬舌/笨嘴舀扯/笨嘴扬扯/笨嘴笨扯

呆头呆脑：痴眉憎眼/痴眉鼠眼/痴茶愣憎/痴茶瞪股

潮湿难受：湿潮忽难/潮忽难难/潮圪难难/潮潮忽忽/潮依忽难

饭菜烫嘴：烧人扑来/烧人马怕/烧人动地/烧人不擦/烧人热地

纠缠不清：缠缠绊绊/缠缠捣捣/缠缠绞绞/缠脚绊手

赤身裸体：赤启启儿/赤启露叉/赤启打片/赤启打蛋/赤不溜子

第三，晋语的四字格俗语形成了许多固定格式，可以类推出许多条目来。例如：

少X没X或没X倒X：

少轻没重/少墙没壁/少钱没货/少心没事/少心没意/少衣没裳/少儿没女/少盐没醋/少秧没气/少守没摺/少人没亲/少人倒样、少家没教/少精没神/少穿没戴/少做没弄/少说没道/少调没和/少皮没毛/少铺没盖/少风没水/没钱倒火/少牙没口/没秧倒水/没精倒神

不X不X或不X半X：

不跑不跳/不方不便/不稳半重/不打不算/不当不正/不迭不断/不凉不热/不时不晌/不中不上/不实半全/不长不圆/不知不来/不爽不整/不知不拉/不朝不理/不精半明/不焦不炬/不瞧不搁/不亲不疼/不接不救/不心不事/不香不臭/不羞不臊/不引不诱/不荤不素/不红不绿/不依不让/不看不觑/不歇不住/不斜不起

不少没有实义或只有某种色彩义的类似准词缀的成分也可以见到许多类推：

X不XX：

麻不涩涩/光不溜溜

X七X八：

砍七弄八/拐七趔八/张七李八/鬼七倒八/十七大八

七X八X：

七红八黑/七拆八凑/七闪八岔/七杂八华/七抽八扯

XY 八带(气):

圪松八带/软鸡八带/水鸡八带/山里八气/水里八气

XX 马爬:

嘶气马爬/噎人马爬/瞌睡马爬/隔调马爬/圪蹴马爬

XX 马怕:

丢人马怕/无鲁马怕/损德马怕/受罪马怕/鸡精马怕

关于晋语的四字格俗语的结构方式,我曾就《忻州俗语志》所收894条中作了另一种分类,现将各类条数及所占比例和例词列表如下:

<table>
<tr><th colspan="2">类别</th><th>条数</th><th>占百分比</th><th>俗语举例</th></tr>
<tr><td rowspan="6">重叠对比
384
42.95%</td><td>叠字叠词</td><td>60</td><td>6.71%</td><td>斤斤计较 毛毛草草 圪咕圪咕 圆裹圆裹</td></tr>
<tr><td>主谓</td><td>16</td><td>1.78%</td><td>嘴尖毛长 眉秃眼瞎 猫捣狗戏 鞋歪脚踩</td></tr>
<tr><td>动宾</td><td>182</td><td>20.35%</td><td>知古通今 丢三撂四 有要夫紧 少人没手</td></tr>
<tr><td>偏正</td><td>162</td><td>18.1%</td><td>三般两样 黑蹄黑爪 凉汤剩水 小眉碎眼</td></tr>
<tr><td>后补</td><td>9</td><td>1%</td><td>翻死倒活 眼干熏塌 踏深舀浅 朴整朴打</td></tr>
<tr><td>并列</td><td>15</td><td>1.67%</td><td>小头大尾 家人父子 精明了亮 稀松破肚</td></tr>
<tr><td colspan="2">嵌音衬字</td><td>305</td><td>34%</td><td>二里八气 受罪马爬 圪里圪捣 灰不处处
叽哩哇啦 叽啾咋咋 白不溜丢 圪扭圪捏</td></tr>
<tr><td rowspan="5">重新构词
86
9.62%</td><td>主谓</td><td>20</td><td>2.23%</td><td>猪毛拢嘴 老牙圪祭 乱人插手 好精扬怪</td></tr>
<tr><td>动宾</td><td>18</td><td>2.01%</td><td>不走时运 踢断门限 假装疯魔 排乎其场</td></tr>
<tr><td>偏正</td><td>27</td><td>3.02%</td><td>呢嘴老虎 老实圪瘩 隔望邻居 省油灯盏</td></tr>
<tr><td>后补</td><td>11</td><td>1.23%</td><td>热火没耐 热火没奈 悉底精明 黑青闷棒</td></tr>
<tr><td>并列</td><td>10</td><td>1.11%</td><td>热日火天 抢叉棍棒 胡拿拾掇 临梢末尾</td></tr>
<tr><td colspan="2">其他</td><td>21</td><td>2.34%</td><td>百十多个 黑头早晚 大放心意 时分八节</td></tr>
</table>

从上表可以看出,五类之中重复对比类最多。这一类前后两部分要么是同样的意思(如猫捣狗戏),要么是不同意思加以对比(如大头小尾),两部分连成四字俗语后得到强调的效果。其次是嵌音衬字,用无意义的音节组成四字格,这部分占三分之一强,和叠字叠词合起来可以理解为类似印欧语的中国式的形态变化构词

法。这三类合起来就占83.66%。是四字格俗语的主体了。可见，晋语的四字格俗语绝大多数是在原有单、双音的方言词的基础上加以重叠、加缀和重复构成的，重新构词的只是少数。和大量带“圪”的方言词、分音词联系起来，完全可以说，词形变化（或者是有些人常说的“形态变化”）的大量存在，正是晋语构词法的一大特色，这一特色不仅比起官话方言来显得特别突出，就是许多南方方言也是少见的。

和这个特点相关的还有晋语的儿化。赵元任说：“卷舌韵尾‘儿’-r或更确切地说从‘里’‘日’和‘儿’派生出来的三个同音后缀，是官话中仅有的非音节语素。”（赵元任1979：32）晋语的“儿”除了来自“日”和“里”之外，还有来自“的”和方位词“边”的。例如：

> 肚儿（肚里：眼泪咽在～）｜手儿（手里：掬在～怕漏了）｜篮子儿（篮子里：拣到～就是菜）｜家儿（看戏不识戏，不如在～睡）｜腰儿（腰里：营生在手，气力在～）｜白儿（白日：白天）｜夏儿（夏日：夏天）｜明儿（明日：明天）｜后儿（后日：后天）｜些些儿（些些的：小小的，～毛驴不吃草）｜凉凉儿（凉凉的：～坐，黄黄儿饿）｜伤伤儿（伤伤的：饿哩～哩，吃哩多多儿哩）｜四月儿（四月里：～有雨五月儿旱，六月儿连阴吃饱饭）｜一牙儿（从前）

看来，儿尾词也是晋语比普通话有更多来源，也是语法化带来的非音节语素，属于词形的复杂化的内容。

可见，晋语的构词法的特点还是值得进一步发掘的。

上文所略述的晋语的特点涉及了语音、词汇和语法各个方面，这些特点在晋语内部有较普遍的表现，对于官话和其他方言来说也是相当明显的。在晋语的特点的全面深入比较研究的基础上，关于晋语的归属应该会有比较一致的看法。

参考文献

侯精一、温端政主编　1993　《山西方言调查研究报告》，山西：山西高校联合出版社。

侯精一　1999　《现代晋语的研究》,北京:商务印书馆。

温端政　1985　《忻州方言志》,北京:语文出版社。

温端政、张书祥　1986　《忻州俗语志》,北京:语文出版社。

温端政、张光明　2002　《忻州方言俗语大词典》,上海:上海辞书出版社。

余桂林　2002　硕士研究生论文,未刊。

赵元任　1979　《汉语口语语法》,北京:商务印书馆。

乔全生　2000　《晋方言语法研究》,北京:商务印书馆。

温端政　2001　《晋语的分立与汉语方言分区问题》,《语文研究》第1期。

———　1997　《试论晋语的特点和归属》,《语文研究》第2期。

李如龙　2001　《汉语方言学》,北京:高等教育出版社。

———　2001　《论汉语方言特征词》,《中国语言学报》第10期。

[本文原载于《语文研究》,2004年第1期。]

跳出汉字的魔方

——40年来汉语方言研究的重大突破

新中国成立以来，汉语方言的调查研究是我国语言学研究中最有成绩的领域之一。上世纪50年代的全国汉语方言普查积累了资料，训练了队伍。近十数年间，《方言》创刊、全国汉语方言学会的活动、绘制方言地图、编纂方言词典和各地编写方言志又把方言研究推上了新阶段，在广度和深度上出现了新局面。

科学的发展关键在于观念和方法的更新。40年来方言研究的最大收获，我认为是突破了“字音”的框框，从语言实际出发，全方位、多视角地考察方言语音现象及其与词汇、语法之间的复杂关系。

20世纪50年代前的方言研究大多侧重于语音，而且往往只是就单字音去归纳静态的声韵调系统，然后和《广韵》系统作比较。这样归纳出来的语音系统常常是残缺不全的，由于方言语音结构的复杂现象反映得不充分，语音的历史比较也不能过细。

方言语音的共时体系包含着几个不同的层面：①元音、辅音及声调的音位系统；②声母、韵母、声调的音类系统（音类与音位未必等同，例如韵母往往是由几个音位组成）；③音节系统，即声韵调的组合类别及其在实际语言中的分布——各音节管字的多少；④音段组合系统，即词语内部的音节之间的结合关系，例如许多方言的多音词语中常常都有变声、变韵、变调、轻声、儿化、合音等组合规律，有时还有新的音类出现；⑤语调系统，即组词成句的语音规律。

一个个的单字大多是语素，但是方言口语之中常常有些语素无字可写，而且正是这些音节找不到同音字。只凭单字音归纳出来的音节系统往往就把这些特殊的音节组合遗漏了。因此，凭单字音制作的同音字表再详尽也不可能是完整的。

大多数汉字是多义的语素。单字在不同方言里的音读不仅有音值、音类的差异，而且有许多不同的异读。在不同的语词里有辨义异读，由于方言词形成的时代不同或语体色彩的差异，多数方言又有不同范围的文白异读。异读现象是使用汉字的汉语特有的语音现象，也是汉语方音差异的重要方面。方言中有辨义异读的字一般占十分之一左右，有文白异读的字在有些方言多达半数以上。文白异读里有反映方音变化中不同时代的音值的，也有受不同时期的共同语或其他方言的影响造成的。它是不同历史层次方言语音的叠置，也是用来引申、区别词义的手段。例如闽南方言泉州话的“下”（胡雅切）就有一种文读音[ha]，四种白读音：he，～愿（向神明许愿）；ke，低下；k^he，放置；e，下方。从中不但可以看到语音发展的历史层次，也可看到字义引申的过程。全面地反映文白异读不但是认识方音共时体系所不可缺少的，又是考察方言形成和发展过程的重要途径，对于研究汉语语音、词汇发展过程及规律也是十分有益的参考。

还有一种异读是新老派的异读，早先的做法是选定发音人之后悉依其例，近年来不少学者就新老派异读作了专题调查，这是很有意义的。因为方言语音的共时变异是历时演变的酝酿，量的积累往往要引起质的飞跃，共时差异的研究正是历时演变的现实考察。从初步揭开的新老派口音差异，我们已经可以看到许多耐人寻味的问题。例如客方言长汀话老派的 tʃ、$tʃ^h$、ʃ 逢今细音在新派又分化出 tɕ、tɕʰ、ɕ，这可以理解为受共同语影响的结果；而福州话、广州话的 n、l 从老派的分立到新派的合流则显然和共同语的发展方向背道而驰。由此看来，不同方言的共时差异可以有不同的方向和过程。究其原因，有内部矛盾的因素，也有外部渗透的因素。外部的渗透可以是共同语的影响，也可以是方言间的横向作用。论其形式可以是整个音类的交替变化，也可以是部分语词先变而后逐步扩散。关于这方面的研究，不但可以探索语言演变的规律，还可以为语言预测和制定语言规划提供重要的参考。

有些字用作方言词的语素时或语音特殊，或字义一再引申，字形和实际音义的联系不易理解，于是不论有没有异读，便有考查论证的必要，这就是许多学者多年来所做的“考本字”。方言音类的演变有常例、变例和特例。常例是古今音类变化的主流，或可称为基本对应；变例是古今音类变化的支流，或称条件对应；特例是古今音变化的例外。方言词本字的音韵考释往往就是寻求古今音演变中的各种对应，可以为古今音变例提供得力的论证。例如闽方言普遍存在的古匣母今读 k、kʰ 的对应，像“寒、汗、咸、厚、猴、糊、滑、行、环、县”等常用字，字义没有什么变化，这是比较容易发现，也比较容易理解的，而“悬꜁kuãi 厦门音，下同（高也）、鲑꜁kue（鱼菜）、陉꜁kiã（山背）、会 kue꜅（易也）、峡 kʰueʔ꜇（山峡）、涸 kʰoʔ꜇（渴）、含꜁kʰã（牵连）”等就需要一番音韵和词义的论证，而一旦经过论证，便又反过来为音变规律充实了更多的例证。

方言词的本字中，有的字的今义和古义是一脉相承的，有的则发生了较大的变化，根据古今字义相关的不同程度，可以把方言词本字分为广义和狭义两种。广义的本字可以理解为一种同源词。仍以闽方言为例，前者如“悬꜁kuãi（胡涓切，高也）、徛 kʰia꜅（渠绮切，立也），喙 tsʰui꜄（昌芮切，口也）”；后者如“舷꜁kĩ（胡田切，船舷，引申为边缘）、齐 tsue꜅（在诣切，齐和，引申为多）、絮 tsʰue꜄（息据切，敝绵也，引申为丝瓜瓤，丝瓜）。”①有些字同时用在几个方言区，经过音韵论证和字义考释能够对齐的，便可以互相论证，并从而说明方言之间的历史联系。例如吴方言和闽方言就有不少共有的本字：晏（晚）、伊（他）、佮（合伙）、睏（睡）、煠（清水中煮）、盪（涮）、嗽（吮吸），邻近吴方言区的闽东方言和吴方言共有的本字就更多了，这种情况当然不会是偶然的。

总之，考本字把方言的共时研究和历时研究结合起来，把语音的研究和词汇的研究结合起来，把单点方言的调查研究和多点方言的比较结合起来，实在是方言纵深研究的一个重要途径。今后，这方面工作还应该加强。

多年以来，方言研究最可贵的突破还在于连读音变的研究。很显然，连读音变是汉语多音词大量增加之后带来的现象。几个语素结合成词，几个词组合成短语，语义上的浑然一体要求语音也“胶合”成一个“音段”。就像有些印欧语的重音那样，汉语的连读音变就是多音词的语音胶合形式。现在看来，各方言的连读音变有不同的项目，同样的项目则有不同的形式，在这方面，许多学者已经陆续发掘了许多语言事实，其中有些是前所未闻、十分引人入胜的。不少方言连读音变之后增加了新音类，例如儿化韵、轻声调、合音音节，有些方言连调中出现了新调，有的方言同一单字调连读时分为两调，应该说，只有把这些音类都包括在内才是完整的方言语音系统。许多连读音变现象，不但语音形式表现着复杂的规律，和词汇语法也有密切的关系。例如儿化现象，或有或无，或多或少；儿尾化入词干后，有的卷舌化、有的鼻化或鼻尾化，有的则是声调的变读（即所谓小称变调）；从意义上说，儿化的语法作用又往往各有不同。又如连读变调，不论是单词内或语词间的变调，变

① 参阅拙作《考求方言词本字的音韵论证》，载《语言研究》，1988 年第 1 期。

不变，怎么变，与语素间、语词间的结构关系有无关系，也各不相同。轻声则有规定性和非规定性之别，有的只是声调不同，有的连带发生了声韵母的变化。闽方言中福州话多音词连读之后，非末音节普遍发生变调，非首音节则不少要变韵和变声。连读后是否发生变声、变韵和变调又往往受多音节音段是否成词或属于何种结构关系所制约。例如“做风”说 tsɔ$^{213-44}$ huŋ^{55} 是动宾词组，意为“刮大风”，说 tsɔ$^{213-44}$ uŋ^{44} 则是动词“发火，发脾气”。由此可见，语音系统虽然是一个自足的系统，却又不是一个孤立的系统，只有走出单字音的框框，把语音和语法联系起来研究，才能对方言的结构体系有真切的了解。

如果说，对于方言语音系统的第四个层面——音节组合系统是这些年来才开始研究的话，第五个层面——语调系统的研究则还没有很好的触及。然而正是这两个层面才最具方言特色。人们对异类方言语音的最初感受是语调（包括句调和语气词）。例如，人们听不懂粤方言，但并不难感觉到那种把句末的语气词拖得很长的语调是“粤语腔调”，其次则是变调、轻声、儿化、变声之类的连读音变。拙作《论闽方言内部的主要差异》一文（载《中国语言学报》第 2 期）曾经提出，用连读音变的差异来为方言分区与其他方言特点的比较有异曲同工之妙，甚至更简便、更准确、更有效。闽方言的五个区之间的差异表现在连读音变上就是最充分的，请看下表（表中＋表示有，－表示无，＋ －是少有表现）：

分区 音变项目	闽东（福州）	莆仙（莆田）	闽南（厦门）	闽北（建瓯）	闽中（永安）
变声	＋	＋	－	－	－
变韵	＋	－	－	－	－
变调	＋	＋	＋	－	＋－
轻声	－	＋－	＋－	－	－

可见，继续调查方言的连读音变，进一步作类型的归纳，探讨其古今和共时系统的制约关系，对于深入认识汉语的特点以及就汉语的实际总结语言结构和语言演变的规律，一定是大可获益的。

汉字对于汉人是一个奇妙的魔方，人们用已有的汉字随时创造着社会交际生活中所需要的新词，不同地方的人用同样的字可以造出不同的方言词，不同方言区的人又可以用它来绕开语音差异的障碍进行交际；古人用它来标音，分析记录当年的语音系统，为我们准备了丰富而珍贵却又带着几分玄虚费解的语言文献资料；书法家用它来制作艺术品；阴阳家用它来预卜未知……至今为止，它还是记录语言的工具。研究方言不但不能回避这个魔方，还要学会解开这个魔方之谜。但是如果被它缠住手脚，未能走进语言这个更大的魔宫，去探寻音义组合的更多奥妙，汉语方言研究的现代化、科学化是没有希望的。40 年的方言研究在这一点上有了可喜的突破，这正是我国语言学的希望所在。在本世纪的上半叶，方言研究曾为我们建立现代语言学开过路，今天，好好总结方言研究的新成就和新经验，也必将对我国语言学的新发展提供有益的启发。

[本文在 1992 年 4 月中国社会科学院语言研究所和《中国语文》杂志社召开的“中国语文研究四十年”学术讨论会上宣读过，后来发表于《中国语文研究四十年纪念文集》，北京语言学院出版社，1993 年。]

汉语方言的接触与融合

一 汉语方言历史上的频繁接触及其原因

汉语方言历史久远，两汉之交早有扬雄的《方言》这样的“悬诸日月不刊之书”。对不同语言之间的相互接触和影响，也早有明确的论述。《方言》问世300年后郭璞为之作注就曾有方言词通行地域变动的记录，如“晞，晒，干物也。扬楚通语也。”注：“亦今北方通语耳。”“贺，担也，关西陇冀以往谓之贺。”注：“今江南语亦然。”可见南北方言早有沟通。南北朝的鸿儒、参订《切韵》的颜之推说得更明白：“南染吴越，北杂夷虏，皆有深弊，不可具论。”初唐的刘知幾主张修史记实应以“方言世语”为据，不宜“勇效昔言”，并指《十六国春秋》“讳彼夷音，变成华语”是“华而失实，过莫大焉”。清代段玉裁注《说文》，也有不少此类古今南北之“转语”的记录。《说文》：“鬻，炊釜鬻溢也。”段注：“今江苏俗谓火盛水鬻溢出为铺出，鬻之转语也。”

汉语方言有过频繁的接触是多方面的历史原因造成的。

第一，汉语方言存在分歧的历史长，使用人口多，覆盖的地域广泛，这就为人口的流动和方言的分化与整合、接触与融合提供了漫长的时间和广阔空间。

第二，在数千年的历史上和辽阔的大地上，由于战乱频仍，灾荒不断，以及生态环境和生产、生活方式的变迁，人口的流动也是从未间断，只是批量大小、迁徙远近的不同。

第三，中华民族本来就是数十种民族组成的大家庭，许多民族历史上有过矛盾和抗争，还有更多的合作和共处。在几经征战、联合和同化的过程中，不同的民族语言也经历过许多接触和融合。

第四，虽然汉语分化出不少差异很大的方言，但也早就形成了颇具权威性的通语，历代的通语和诸多方言之间并非互不往来，而是相互相成，你中有我、我中有你的。

第五，中国历来不乏域外的交往，几度还是大规模的开放和深度的接触，与多种外国语言的接触也在汉语方言中留下一些印记。

以上各项都是历史上造成方言接触的原因。应该说，在现代社会里，方言的接触不但没有减少，反而更加频繁、更加强烈了。新形势下的方言接触不但引起了现代社会里的方言的渗透和融合，也促成了方言的萎缩和消磨。造成这种情况也有多方面的原因。

第一，由于交通便利，经济不断发展，行政运作的加强，以及旅游业的繁荣，人口的流动远比旧时代更加频繁了。不过这种流动是零散的、个别的，和先前由同一出发地到达目的地的批量移民不同，这种人口的流动不但不会形成方言反而会消磨方言。

第二，城乡聚落特征的变化。农村人口流入城市，城镇又向都市集中，现代化大城市天生需要通语而排斥方言。由于青壮年离乡进城逐渐把子女也迁入城市，原来活跃在农村的方言只有留守在故土的老人们使用着，有的已经出现濒危状态。

第三，社会生活内容发展急剧变化。传统生活内容不断消退，时尚生活内容滚滚而来。旧时的方言又难于表达新的生活内容，而新的社会生活的用语总是用通语包装的，新词语正在大批地、快速地涌入方言。

第四，通语不断普及，大批年轻人学习和掌握外语，造成了普遍的多语现象。网络的发展也加速了这种变化，使用方言的场合和频度正在被通语和外语所取代。因为方言缺乏书面形式，和网络是无缘的。这是现代科技的发展对方言的最大冲击。方言即将缩进家庭生活的狭小天地，成为幽雅、玄妙而微弱的袅袅余音。

近些年来，有些学者热衷于提倡保护方言，甚至发出“保卫方言”的呼吁，若能体会方言在新时代所面临的这四大冲击，便会认识到新时代的方言在接触中不断萎缩，这种“无可奈何花落去”的状况是不可逆转的。

二　汉语方言接触的途径和融合的类型

一个方言和别的语言和方言有接触(contact)就会发生相互的影响，这种影响可以称为“融合”(coalescence)。这里说的“融合”是广义的。由于接触的途径不同和方式不同，相互影响的程度也不一样，轻度接触、浅度影响可以只是造成了若干借词，密切的接触和深度的影响则可能产生二者都不是的一种新的混合语(mixed language)。

以下依次讨论汉语方言接触的途径、类型、方式和效果。

就已经了解的情况说，汉语方言的接触有以下六种途径，不同的途径的接触形成了不同的融合的类型。

1. 与原住民族融合，汉语方言在同化民族语言的同时留下了原住民语言的底层

考古发掘证明，汉族早期居民中人口多文化发达的群落居住在黄河流域，长江以南、秦岭以西、渤海以东及大漠以北则是其他少数民族居住地。秦汉以后，汉人逐渐扩大住地，汉唐以后多批渡江南下，明清之后又先后实边到达西南、西北，还有秦晋的“走西口”和齐鲁的“下关东”。就语言接触说，东南诸方言和古吴语和古楚语以及百越诸语言因为接触时间长，早期原住民比例大，虽然南下汉人带来熟练的农业耕作技术和先进文化，定型已久的语言文字也占有绝对优势，民族同化和语言同化是同时进行的，但是在南方诸方言也留存了数量不等的“底层语言成分”(substratum)。在南方的少数民族语言中，壮侗语和汉语的接触最为深广，壮侗语不论其发生学来源如何，目前语音的结构方式和数量庞大的借词都和汉语有最明显的相似性。这和壮侗语族先民早先是居住在长江下游和东南地区的古吴越地，后来才逐渐西移有关。其次是苗瑶语族诸语言，也是受汉语影响甚大的，苗瑶人早期居住地是南楚，古楚语是最早同化为汉语的。

就东南诸方言说，粤语大概是吸收壮侗语的底层最多的方言。有人估计，底层词在常用词中占有半数以上，以至认为粤语应是壮侗语的一支。但是这个观点没有得到多少人的认同。另一些学者认为东南方言是壮侗语学得不像的汉语，或者说是壮侗语和汉语融合的“古南方汉语”。虽然关于东南方言的底层成分的研究尚未深入，过细发掘还可能会有更多发现。但是，由于接触的年代长短不一，双方人口比例不同，肯定是有的方言保存的底层成分多，有的则保存得少，从整体结构来看，不论是语言结构规律、核心词和基本的语法特点，这些方言的汉语性质和它们在语言结构和基本词汇上与上古汉语的对应都是无法怀疑的。除了粤语之外，底层现象留存较多的应是闽方言和客方言，湘、赣、吴诸方言几经磨洗则可能较少。但是片面地强调底层现象，以至怀疑东南诸方言的汉语性质，显然是不合适的。壮侗语的核心词有一批南岛语的同源词，但受到更多的汉语的影响，不少人认为已经质变为汉藏语了，这就是一个有力的反证。

2. 多来源、多层次的移民层层相加，形成了叠置型的方言

在中国历史上，黄河流域的汉人向南方进行大规模的迁徙有七次：一是 3 世纪初东汉末年到三国鼎立之间的分裂；二是 4 世纪初“永嘉之乱”后的东晋南迁；三是6世纪中叶“侯景之乱”后的南朝南迁；四是8世纪中叶“安史之乱”后的中唐时期；五是10世纪初五代更替，十国纷立的南北朝对峙时期；六是12世纪两宋之交；七是14世纪中叶元明更替时期。现在的东南诸方言的形成大多同这几次大迁徙有关，并且都不是一次移民就定型的，而是多次移民叠加的。例如吴方言的形成和发展就与三国、东晋、五代、两宋这几次迁徙都有关系，闽方言则主要与东晋、南朝、五代三次迁徙相关；客赣系方言是三国时期先在“吴头楚尾”的赣北平原奠基，历经六朝时期多次充填，于唐代形成早期赣方言，唐末五代大乱又从赣北拔足向闽西、赣南迁移，两宋之交再从赣南、闽西入粤。后两次转徙形成了客方言。湘语的前身应是最早汉化的楚语，经过六朝的反复补充，中唐批量移民到达湘北时老湘语应该是形成了。粤语的形成最早可能与秦兵南征有关，但批量开发应是开通南雄梅关古道之后的中唐。对现代粤语影响最大的则是两宋之交自南雄转向珠江三角洲的珠玑巷移民。

同样是多次移民叠加的，有的次数多，有的次数少，几次叠加的移民也有大小主次之分，不同时期的移民则有出发地和经停地的不同。例如许多学者都认为赣客系方言最早到原是中原西部关中一带全浊声母最早读为送气清音的方言，后来经停过江北的扬州、泰州一带，而后渡江入赣又辗转到闽粤的。移民史和全浊送气的方言特征的分布合若符节。入闽移民到达东南海陬的丘陵地之后，与外界联络不便，后来沿着东海岸南下，越过海峡远渡南洋。历次移民带来的上古、中古汉语的特征，至今还有明显的留存。有时从几个字的文白异读（如石 sik꜇、siaʔ꜇、tsioʔ꜇）就可以判断出东晋、南朝和唐宋的三个层次。闽语可以说是保守而典型的多层叠置式方言。而珠三角粤语虽有秦代征战史的记载（所谓五十万大军），西汉就设有南海、苍梧、合浦、郁林四郡，唐代还有岭南节度使和广州市舶司，但是并无像闽方言那样保存着大量上古音的痕迹，整个方音面貌是中古音的架构，（古音只留有个别痕迹，如"番禺"音"潘"，"浮"音 phou）经过珠玑巷的移民的音系覆盖过的。粤语是覆盖式叠置的典型。

3. 历代通语对方言的垂直影响和融合的类型

汉语的通语由来已久。先秦就有"雅言"，汉代扬雄编《方言》时就经常指明某种说法是当时的通语。汉代以后通语的语音发生了重大变化，口语里的双音词也大量增加，但是书面语借助着形音义一体的汉字形成了完整而强力的表达体系。在"独尊儒术"之后，崇尚经典，又使文言带上几分神圣。唐代科举取士，以统一的韵书作为作诗押韵的依据，文言诗文便从读音到用词、章法都凝固下来，结合着官方文书成为生活中占着绝对统治地位的语言规范。虽然当时的方音分歧十分明显，但是读书识字吟诵诗文还得按照这套规范，这就是所谓的"洛生咏"。从《切韵》《广韵》《礼部韵略》到《平水韵》《中原音韵》《洪武正韵》《佩文韵府》都是一脉相承只作若干调整的各个朝代的官韵。

历代通语对方言的垂直影响所带来的变异大体有两种方式，一是双轨制的异读型，一是竞争制的替换型。前者就是许多方言里常见的文白异读。方言口语沿用固有的"白读音"，读书识字则模仿"官音"的"文读音"。若是方言与官音无别，自是不必改口学发音，既有差别便需另学。已经知道的文白异读在闽方言最为普遍，闽南话里有文白异读的字在半数以上（无异读的字中还有不少方音和官音相同的，如衣 i、因 in、安 an）。此外，南方的吴语和北方的晋语也是文白异读较多的。前者如 100 年前的苏州话（丁邦新，2003）有声、韵、母对应的 10 项异读。声母、韵母有异读的各五条，包括照三字文 tʂ/白 ts，微母字文 v/白 m，见系字文 k/白 tɕ，梗摄字文 ən、əʔ/白 ã、aʔ 等对应。晋语平遥话（侯精一，1999）声、韵母有异读的也是10项，其中的白读大多是方言固有的，文读则绝大多数是从不同时期的通语移借的。前者如日母字（ȵ—ʐ），微母字（m—v），见系二等字（k—tɕ），梗摄二等字（ã—ən）；后者如全浊平声字（不送气—送气），宕摄字（uə、yə—aŋ、iaŋ），梗摄字（ei、iᴇ—iŋ、əŋ），蟹摄四等字（ei—i）等等。

其他文白对应少的方言大体是口语的常用字采用方言固有的白读，书面语的非常用字用文读来替换，没有造成“异读”。例如：

鸡—饥：梅州꜀kɛ—꜀ki，潮州꜀koi—꜀ki；缚—服：梅州p‘iɔk꜆—fuk꜆，温州ɦo꜆—Vu꜆；菜—蔡：温州ts‘e꜄—ts‘a꜄，潮州ts‘ai꜄—ts‘ua꜄；镜—敬：广州kɛŋ꜄—kiŋ꜄，建瓯kiaŋ꜄—keiŋ꜄。

这种替换式的文白读不是异读而是“分读”。从这一点说“文白异读”和其他别义异读、新旧异读有性质上的不同，称为“异读”是不合适的。

然而不论是文白异读和文白分读，都证明了它的基本性质是相同的，都是不同时代的通语对方言的垂直影响造成的。文读是通语的影响，白读是方言固有的音。自然，文白读和字在词里的意义以及词的语体色彩、语用特点也有关系。文读词多是通语来的书面语，白读词则是方言的口语词。这是一体两面的特征重合。

4. 不同方言间的接触和相互影响的不同向、度及类型

东南部的汉语方言大多已经有千年以上的历史。一千年来，中国的经济中心逐渐向东南部转移，政治文化方面也形成了与北中国抗衡的局势。东南部虽然山多平地少，但多为丘陵地带，加以水系发达，不同方言区之间还是有不少交往，因而彼此的接触和影响是不可避免的。当然，方言接触的多少在古代社会里还和地理环境，尤其是交通状况有密切的关系。吴方言的北片是苏南和杭嘉湖平原，历史上曾有东晋迁都建康、南宋迁都临安的官府移民，因而与江北的中原官话就有密切的接触。北部吴语显然没有浙南吴语保留的古吴语多。湘语北片也是中原移民叠加得多,接触也很频繁,因而旧湘语的特征(如保留浊声母等)就只是保存于南片。在赣语地区,鄱阳湖四周地平人稠,古来征战不断,人口流动多。又有九江官话的楔子,因而深受官话的影响。而武夷山西侧的赣东地区和西北部临湘地带则显然留存着较多老赣语的特征。

方言之间的接触和相互影响一般是双向的,但是也总有强弱不同的"向"。一般说来,地广人稠、经济发达的大方言区对小区方言影响大些;方言的中心地带对方言的边缘地区也会影响较大。例如珠三角的粤语(广府片)对粤北土话和客家话的影响一直较为强烈。赣东临川、南城一带是赣语中心区之一,对闽语西北边缘地区(邵武、光泽一带)的影响也较大。

方言区之间的接触和影响造成方言的变异有不同的"度"。一般说来,开始总只是量变和积累,从借词开始,进而在某些语音特点上受同化。如果有明显的强弱势,经历的时间又长,也可能发生系统的更替,造成质变。例如闽语西北角的邵武、光泽话,如今全浊声母都已清化,不但非组声母读 f、v,晓匣合口字也读为 f、v;还有清从母读 t^h,透定母读 h 等等,语法上还兴起了"儿"尾,显然已经蜕变为赣方言。闽北边缘的浦城话由于与吴语处衢方言连界,移民多、接触也多,也已经蜕变为吴方言。

还有一类方言是经历过多边和多次的接触而形成特殊变异的。海南岛上有几个小方言都属于这种类型。儋州村话就是这样的方言。丁邦新做了深入调查和认真研究,于 1986 年出版了《儋州村话》,他认为"儋州村话的白话音代表的是早期赣客语的一种类型","文读音可能是早期从粤语区传到儋州和白话音混合的"。儋州话使用人口只有 20 万,处在海南闽语的包围之中,从音系上看,白话音和海南闽语的整体构架和主要特征是相似的,而这些特点又是和先登上海南的临高人所说的壮侗语的一支相类似,如有

ʔb、ʔd 两个紧喉音，无送气音 t^h、ts^h，心母等擦音读为 t 等等，都可以认为是语音系统中的底层现象。这样说来，它的形成包容着临高壮话、海南闽语和客赣语、粤语的四方面接触和影响。从历史层次上看，客赣方言的特点可能是最先有的，后来也许是经过粤地，掺入了粤语成分，闽语和临高壮语则是上岛之后才受的影响。海南省三亚市郊外还有个万把人说“迈话”，与儋州话很像。我做过调查，曾就 21 条语音特点与海南闽语文昌话、粤西粤语台山话和赣东赣语临川话做比较，其中的 19 条都可以从三种方言材料处找到旁证，与文昌话相似略多。经过比较，认为是“一种在特定的条件下混合了海南闽语、粤语和客赣方言的一些特点而形成的混合型方言”。（黄谷甘、李如龙，1987）

5. 方言的区外流播及其接触和融合

汉语的不少方言还有形成了完整的合流后由于集体迁徙而流播到区外，甚至境外的。这些大大小小的方言岛由于受到外方言和其他民族语言的包围，在频繁的接触中也会受到程度不同的影响。

汉语方言在国内外流播的方言岛陆续发掘出来的已经不少。这些方言岛地域大小、人口多少不一，保存原有母语的程度也各不相同。从流播的原因说，大致有两种：第一种是经济原因，外出谋生。例如客家人清代中叶后流入湘东、川中，渡过台湾海峡参加垦发台湾，渡过南海到东南亚定居；广府人从港澳出发，经由东南亚或直接越过太平洋到达旧金山，而后更流播欧美各地；闽人因烧瓷和捕鱼自闽东向浙南、苏南也撒下了一串大小方言岛。下南洋在东南亚形成闽南方言岛的更多。第二种是军事原因。明清政府为防御地方“作乱”，在东南沿海设置“卫、所”，派官话区兵员进驻留守，形成了不少官话方言岛。也有农民起义失败后逃散他乡聚居新地的。闽南话在赣东北上饶地区的方言岛大概就是跟随太平军兵士失散后落籍的。分布在中亚吉尔吉斯和哈萨克斯坦的十几万

“东干人”，是 16 世纪 60 年代西北陕甘回民反清起义失败后逃往俄国定居的。

方言岛能否形成，取决于人数多少和是否聚居，也有内部凝聚力和经济生活方面的因素；能否存活则取决于与当地（包围方言地区）原居民的关系。过于紧张的对立和过于密切的融合都可能使方言岛成而复失；若即若离、有相对独立性最便于存活。由于社会交往是必不可少的，存活下来的方言岛都要与包围方言接触，受其影响而发生种种变异。变异的大小则取决于经济、政治和文化的综合因素，和地域大小、人口多寡也有关系。境内的方言岛后一个因素更重要。有一些小方言岛由于人少地狭，已经濒于失传。例如福建长乐琴江官话方言岛。在江西的一些小型闽南方言岛也是如此。像川中（成都附近）的客家话有十几万人口，内部又有足够的凝聚力，至今还存活得很好。至于流播境外的汉语方言情况就比较复杂，大概有两种情况。

第一种是活跃型的。保存完好照样流通的如欧美各地中国城里的粤方言，因为有集中的街市作为商业用语，一直经久不衰，同时有些地方由于台湾和大陆商人的入市，已经同时通行着华语。菲律宾华人社区的闽南话也一直保存着晋江口音，也是因为人口集中，商业繁荣，经济实力强。在马来西亚不论是闽南话（如滨城）广府话（如吉隆坡）和客家话（如新山）也都存活得不错，主要原因是集中聚居，有浓厚的文化传统，原来的民情风俗也保存得很好。2003 年曾有陈晓锦所著《马来西亚的三个汉语方言》出版，做过详细描写。书中所记录的这些方言的 2000 条常用词中大多各有近百条马来语借词，百余条英语借词，其他常用词仍与大陆方言相同，语音也并无大的变异。

第二种是萎缩型的。正在逐渐收缩通行面，方言语音、词汇、语法也发生了重大变化。在东南亚，新加坡是以英语为官方语言、教学语言，少数华校也只教华语，因而在青少年中，方言已经相当陌生，多数无法交际。印尼由于长时间禁止华校和华文书刊，各种汉语方言也处于严重的萎缩之中。在中亚的东干语，据林涛主编的《中亚东干语研究》(林涛，2003)介绍，在吉尔吉斯斯坦、哈萨克斯坦和乌兹别克斯坦一些地方通行的东干语，目前只通行于本族人聚居的农村，使用对象多为老人和妇女。"随着东干人新老交替，农村人口的不断走向城市，东干语在东干族人群中的使用范围更会逐渐缩小。"目前在老年人中保存的东干语"以中国近代汉语西北方言基本词汇和语法结构为主体，以甘肃话语法为标准"，"融合了中亚地区常用的俄语，突厥语及波斯、阿拉伯语的某些成分，在语言要素上发生了一定变异"。看来，萎缩型的方言岛必定同时存在着掺杂，发生较大的变异。

三　研究汉语方言的接触和融合的意义

汉语方言在形成之后，历史上普遍发生了广泛的接触和多种形式的融合，到了现代社会又出现了明显的萎缩的趋势。面对这样的现实，方言研究有必要加强接触和融合的历史考察和现实研究。这方面研究是有多方面的意义的。

1. 开展对于方言历史上发生过的接触和融合的研究，才能正确地理解方言的来历，为之作科学的定位，从而为研究汉语史和划分方言区域提供有益的参考。

方言的研究必须从共时的平面调查入手，但是一定要对各种共时的系统进行全方位的纵横两向的比较，才能对方言的现状作出合理的解释。这种考察至少应该包括如下几方面的内容：方言形成时包含了哪些来源？主要来源是什么？有哪些不同层次的叠加？有无早期民族融合的底层？后来与哪些方言有过接触，接受了哪些影响？和历代通语(上古、中古、近代汉语)的关系如何？如果所在的地区有过与全民族通语不同的区域共同语，它和这种共同语关系如何？在流播的过程中和哪些外方言或外族、外国语有过接触？有了这些考察，便可以为该方言作出历史的定位。各个方言都有了这样的定位，不同方言之间的亲疏远近的相互关系就显示出来了，为方言作分区也便水到渠成。目前，关于闽语是否从吴语分化出来，客家是否从赣语分化出来，粤语应该如何定位都还有些不同看法，就是因为比较研究还做得不够。

各方言定位了，与几个不同时代的通语的关系也摸清了，汉语的语音史、词汇史和语法史也就明朗化了。

2. 全方位地研究方言的种种接触便可以归纳出方言接触的不同方式和方言融合的不同程度。

就已经知道的接触方式说，大体有三种：局部借用式、双语并用式和替换整合式。局部借用是个别词语的借用或字音(音类或音值)的同化。词汇的借用是最常见的，借用的数量有多有少；语法方面的虚词的借用比句型的借用容易发生。语音的同化有浅度和深度之别。像闽南话西沿的龙岩话因受周边客方言影响，一些全浊声母字从不送气变为送气(曹、图、钱、球、强、情)。福建长乐琴江的“旗下话”(官话方言岛)受闽东方言的影响，丢失了 f 、zh、ch、sh、r 等声母和-n 韵尾，应该还算是轻度的同化；海南的各种汉语方言，大体都没有 p^h、t^h、k^h 声母，p、t 变读为 ʔb 、ʔd，s 变为 t，牵涉到较大格局的变化，应该算受临高话等影响的深度变化。

双语并用在边界方言和方言岛是十分常见的。它既是方言接触的外部变化(言语应用)的结果，也是内部(语言结构)变化的动力。闽南方言和闽西客话交界处从龙岩、南靖到平和、诏安四县市，有一条双方言长廊，闽语区的人都会“讲客”，客话区的人兼通“福佬”。这种双语状态，在词汇方面很容易造成两种方言词“并用"或"重组合用"。例如"喙须/胡须，正手/右手，潭/塘，瘸骹/拐脚，硋/瓷"并用，前者是闽南话，后者是客话。闽东、闽南之间的莆田所说的"书册、糜粥、桌床、物乇"则是把闽东闽南各自的同义单音词合成双音词，这就是"重组合用"。

替换整合采取的不是双语并用的方式，而是强势方言不断向弱势方言输送语音、词汇、语法特点，在不知不觉中，量变不断积累就会发生质变。质变的结果可以分为两类，质变不彻底的或为混合型方言（mixed dialect），质变彻底的是替换型方言（changement dialect）。

混合型方言在闽粤两省不少，不同方言区的交界处经常可以看到。例如浦城县的临江话是吴语和闽北方言混合的，南平市的夏道话则是闽东、闽北混合而成方言的。这些混合型方言因为处于两区之间，是由两种方言混成的。在广东韶关、连州一代所通行的粤北土话（《中国语言地图集》称为"韶州土话"）历来面目不清，性质不明，其归属有不同看法。庄初升就两个片（韶州片和连州片）的 20 个方言点的材料进行了详细比较分析，最后作出了这样的结论："粤北韶州片和连州片土话是两宋以来江西中、北部的方言为主要来源、逐渐融入了明清以来粤北的客家方言、粤方言或西南官话的一些成分和特点而形成的一类混合型方言。"（庄初升，2004）这是处于多方言地区所混成的混合型方言。在双方言地区，由于双语并用也会产生混合型方言。据潘家懿调查，海陆丰闽南话包围中的南塘镇的两姓七村客家人中，最早迁入的改口说闽南话了，新近迁来的仍保留祖籍地的客家话，迁入一二百年的汤湖、沙溪两村钟姓客家则说着"非闽非客、亦闽亦客"的混合型方言。

混合型方言使用久了，强势的一方势必不断挤压弱势方言，最后便发生蜕变，由强势方言替换弱势方言。上文提到的浦城的吴方言和邵武的赣方言原来都是闽方言地区，后来由于吴、赣方言区的人口的大量流入才蜕变的。详细材料可参阅陈章太、李如龙的《闽语研究》的有关篇目。罗杰瑞调查过浙江省江山方言，也认为浙江西南部古代与福建同属一个大方言区，后来浙北和苏南的吴语逐步渗入，吴语的特征渐渐取代了闽语的特征。这种情况和浦城县的吴方言是完全相同的。

3. 就语言接触和融合进行微观的考察，还可以发现语音、词汇、语法在融合过程中所表现的规律性。

应该说，我们所调查的方言接触、融合、混合、蜕变的事实已经不少，可惜的是还没有把这些材料放在一起进行比较分析和理论综合。这是今后应该进一步努力去做的。这里只简单介绍李如龙、庄初升、严修鸿合著的《福建双方言研究》(1995)在分析了福建境内种种双方言现象后，就方言融合所作的一些规律性阐述(限于篇幅，只列纲目，不再列举语言事实，详细材料可以参阅该书)。

(1)语音方面的接触、渗透和融合：

①音类因接触而合并的多，分裂的少；

②声韵调中韵母最易受影响，声母和声调较为稳固；

③韵母之中韵尾最易变，韵头韵腹较为稳固；

④因音值受影响而发生的音类归并是用类推法使整类变化，音值未变的字音音类转移则是通过词汇扩散的方式一个个、一批批地变，可以半途而废；

⑤连读音变的规律(如轻声、儿化、变声、变韵、变调)不易受外方言影响。

(2)词汇语法方面的接触、渗透和融合：

①最常用的核心词(如斯瓦迪士的二百词)不容易受影响而发生变化；

②向外方言借用的词什么词类多？依次是名词、形容词、虚词

和动词；

③就义类说，日常生活基本词比较稳固，不易借用，风物词、文化词容易借用；

④语法比词汇难以借用，相对而言虚词较易借用，句法上则往往是采取并用的同义句型。

4. 就现代社会里方言的接触和萎缩进行调查研究，既可预测方言未来发展的动向，也可提供制定语言规划和语言政策的参考。

如上所述，现代化社会带来了语言生活的许多重大变化：通语的普及，外语的加强，双语现象的普遍化，方言的萎缩，传媒语言、网络语言的时尚化，都是无法回避和难以抗拒的时代潮流。在这种新形势下的语言接触和融合和早期有什么不同的规律？根据目前的特点能否预测未来的动向？面对这种现状和未来的可能趋势，语言规划和语言政策要不要有新的思路和调整的举措？这是有待于结合方言调查进行社会语言学研究的新课题。

参考文献

李如龙　2007　《汉语方言学（第二版）》，北京：高等教育出版社。

游汝杰　2004　《汉语方言学教程》，上海：上海教育出版社。

李如龙　2001　《汉语方言的比较研究》，北京：商务印书馆。

侯精一　1999　《现代晋语的研究》，北京：商务印书馆。

丁邦新　1986　《儋州村话》，台湾中研院史语所印行。

———　2003　《一百年前的苏州话》，上海：上海教育出版社。

陈晓锦　2003　《马来西亚的三个汉语方言》，北京：中国社会科学出版社。

李如龙、庄初升、严修鸿　1995　《福建双方言研究》，香港：汉学出版社。

庄初升　2004　《粤北土话音韵研究》，北京：中国社会科学出版社。

陈章太、李如龙　1991　《闽语研究》，北京：语文出版社。

林涛主编　2003　《中亚东干语研究》，香港：香港教育出版社。

潘家懿　1993　《广东南塘客家话的历史演变》，《方言》第3期。

黄谷甘、李如龙　1987　《海南岛的迈话——一种混合型方言》,《中国语文》第4期。

［本文在“关于语言接触的研讨会”上宣读过,后发表于《汉藏语学报》,2008年第2期。］

考求方言词本字的音韵论证

——兼评闽方言本字58例

为方言词考求本字，一方面是运用音韵学原理来加深理解方言现象，另一方面又是运用方言事实来论证音韵现象，这是音韵学和方言学相互为用的集中表现。近几年来，这项工作受到许多学者的重视，也得到很大的成绩。在学习前人经验的基础上，本文试以闽方言为例，谈谈考求方言词本字的音韵论证的意义、要求和方法，并对前人考过的闽方言本字做一些评论。

一

为什么有些方言词需要考求本字呢？常见的原因有三。

第一，有些方言词本字生僻，虽见于古代字书，但在现代共同语和其他方言已经不用或少用，本地人又没有把这些写法传下来，而是写了训读字或另造俗字。例如闽方言管“脚”叫 k^ha^1，本字是“跤”(又作骹，下详)，福州话韵书《戚林八音》收了“跤”，但未通行；泉州话韵书《汇音妙悟》写了训读字“足”(旁注“解”，“土解”)，民间则一向写成“脚”。又如“鲑”，《广韵》佳韵户佳切：“鱼名”，《集韵》：“吴人呼鱼菜总称。”福州话这个字有两读：“鲑油”xa^2iu^2 是杂鱼发酵后熬成的汁料调味品，“咸鲑”$k\varepsilon i\eta^2$ kie^2 是盐渍小杂鱼。《戚林八音》收了“鲑”，同时列出俗写“鲭”，现在通行的是“鲭”。

第二，有些字在方言词里的读音不是常例，而是变例或特例，人们按音另造俗字。例如福州话“餈”读 si^2，古从母字读 s 声母只有少数几个字，人们以为 si^2 不是餈的音，另造了形声字“粿”，福州街头的“粿粿店”就是卖汤圆、餈巴、年糕的。又如福建常见的地名用字“墘”本字应是“舷”，《广韵》先韵胡田切：“舷，船舷。”苏轼《前赤壁赋》有“扣舷而歌之”句。因为古匣母字读 k 声母也是变例（“猴厚寒汗滑”等也读 k），本字也罕用，于是另造了“墘”。比较建瓯话“边舷”$piŋ^1$ $xaiŋ^5$（边缘）的说法，这个本字就更明确了。

第三，有些字或古代有异读，或现代方音有异读，一般人不明底细也另写别字。例如“长”在《广韵》有直良、直亮两个反切，前者注“久也，远也，常也，永也”，后者注“多也”。闽方言沿用了这两种读音，读去声：$tuoŋ^6$（福州），$tiɔŋ^6$（厦门）表示“剩余”，许多人就不知道这个音的本字也是“长”。又如《戚林八音》所收俗字“樹”字也流行很广（福州火车站旁有地名“樹兜”，曾写上公共汽车站牌）。“樹”读 ts^hieu^5，本是“树”的白读音，意思并没有不同，因为它和文读音 $søy^6$ 声韵调都不同，这个俗字就应运而生了。再如泉州话里“含”有六读，各表示不同的意思：

ham^2　包含，含汝五个（连你算在内五个）

kam^2　金含（蜜饯），含蜀喙水（含一口水）

am^2　含咧算（合着算），含咧食（合伙吃）

$kã^2$　本含利翻（本金加利息翻，驴打滚）

$k^hã^2$　无相交含（不相牵连，互不关涉）

$ã^2$　引兄含小弟（哥哥袒护弟弟）

其中好些音很少人知道是“含”的异读。

考求方言词本字并不是为了给方言词提供书写的规范。从前，闽方言地区流行过的民间唱本、地方戏戏文在书写方言词时或采用同音字，或写训读字，或造俗字，因为约定俗成，也能在本地流通。闽南话 tsa¹ bɔ³ 写“查某”(妇女)是同音字,ta¹ 写“乾”是训读字,kʰit⁸ 写“杙”(木钉、木桩)是俗造会意字。我们考求方言词本字是为了认识方言语音和古代语音的演变关系,为了了解方言词语的含义和来历,在理论著作和实际应用中都不必强求推广。方言著作中也可以使用俗字、训读字、同音字。文学作品吸收方言词语应该强调意译,少用生僻字,人地名用字则要照顾历史习惯,也要注意通用性,控制用字总量,这都是另外的研究课题了。

然而,方言论著不强求为方言词标注本字,并不等于不需注意审核字音。不注本字而采用同音字、训读字、俗字都应加以说明或标注符号。不注意区别本字读音和训读、同音现象,就会误记字音,在归纳方音和古音的对应、方音和普通话语音的对应或方言文白异读时就会误立条目,调查方言词汇时也会造成粗疏。罗常培先生的宏篇巨著《厦门音系》就有一些这类瑕疵。例如误 ke⁶(下)为“低”的白读,kʰŋ⁵(园)为“藏”的白读,laŋ²(农)为“人”的白读,tʰai²(治)为“杀”的白读。其实,ke⁶ 是“下”的白读,也是匣母字白读为 k 的例证。我们常说技术有高下,这“高下”就是“高低”。kʰŋ⁵ 是“园”的音,是常例,管“藏”叫“园”也见于吴方言。laŋ² 的本字是“农”,tʰai² 的本字是“治”,黄典诚、罗杰瑞两先生已作过论证。① 由于误认了训读音,也就误列了一系列古今音对应和文白对应的条例(端母白读 k,真韵白读 aŋ,入声白读阳平),“杀”suaʔ⁷ 和“治”tʰai² 的词义差异也无法反映出来。

可见,考求方言词本字对调查方言来说,并不是分外事,而是为保证调查质量的分内事。

---

① 参见黄典诚《闽语人字的本字》,《方言》,1980 年第 4 期。又见罗杰瑞《闽语里的治字》,《方言》,1979 年第 2 期。

二

考求方言词的本字应该音义并重。论证方言词的实际读音和本字的音韵地位之间的对应关系，这是考本字的音韵论证；解说方言词的实际含义和本字字义之间的继承或变异的关系，这是考本字的词义论证。有些方言词的本字不但见于古代字书，而且在古代文献中也能找到旁证。具备这种古代的书证，所考本字就会有更大的说服力。

关于词义论证和古文书证，本文暂不多加分析，这里着重讨论音韵论证的要求和方法。

论证方言词的实际读音和本字的音韵地位之间的对应关系必须做到声韵调三方面都能通过，这是音韵论证的基本要求。所谓本字的音韵地位指的是该字在广韵音系中的声韵调，一般以《广韵》或《集韵》所注反切为依据。《广韵》的音类和现代方音之间的对应有常例、变例和特例。常例是基本对应，管的字多，变例是条件对应，管的字少，特例则是个别对应，往往是有具体原因的异读、误读或变读。词义转移会造成异读，偏旁类推会造成误读，避讳或受其他方言影响则会发生变读。当具体原因不明时，不能轻易地立下变例的对应。在声韵调三项对应中更不能留下空项，或用“音近”“一音之转”之类的借口搪塞了事，这种缺项往往就是音韵论证无法成立的隐患。这里举些前人提过的本字加以说明。

先举主要因声母对应不符而误定的本字：

(1) 徛　闽方言“站立”曰“徛”，有人认为是“企”。《广韵》“企”有两读，去智切：“望也”；丘弭切：“企望也”。和闽方言的说法意思不同，声母也不合。福州音 $k^hiɛ^6$，泉州音 k^ha^4，厦门音 k^hia^6 均属阳调类，应来自古全浊声母。古群母读 k^h 在闽方言是常例。

从泉州的阳上调可断定是古上声字。“企、徛”都是纸韵字，读 iɛ、a、ia 是白读变例。《广韵》纸韵渠徛切：“徛，立也。”各地闽方言的说法与此音义相合。粤语的“站立”也说“徛”，音 k^hei^4，阳上调，音合。闽西客家话“立”也说“徛”，如长汀话 $tɕ^hi^1$，只有古浊上字才能读阴平调。这些都可作为旁证。

（2）粟　闽方言管稻谷叫“粟”。福州音 $ts^huoʔ^7$，厦门音 ts^hik^7，有人认为是“谷”，谷，古禄切，见母字闽方言不可能读 ts^h，韵母也不合，福州 uoʔ，厦门 ik，相对应的是三等烛韵的常例（“绿、烛、局”福州 $luoʔ^8$、$tsuoʔ^7$、$kuoʔ^8$，厦门 lik^8、$tsik^7$、kik^8）。《广韵》烛韵相玉切：“粟，禾子也。”心母白读为 ts^h 是闽方言的变例（如“笑髓碎鬚鳃栖”），可见“粟”和闽方言的说法音义俱合。

（3）喷　厦门音 pun^2，福州音 $puŋ^2$，意为吹气。本字见于《集韵》魂韵蒲奔切：“喷，吐也”，声韵调均符合常例对应。有人误认为“歕”。“歕”在《广韵》为普魂切：“吐也，又吹气也。”义同而音不合。“喷”为并母，“歕”为滂母，闽方言均读阳平，当是来自并母。

（4）宿　瓜果成熟闽方言说“宿”，并引申指人的成熟、老到。福州音 $søyʔ^7$，厦门音 sik^7，有人以为就是“熟”。《广韵》宿，息逐切，熟，殊六切，都是通摄合口三等屋韵字，一是清音心母字，一是浊音禅母字。从闽方言读音看，øyʔ—ik 是三等屋韵白读常例（“竹、叔、菊”福州 $tøyʔ^7$、$tsøy^7$、$køyʔ^7$，厦门 tik^7、$tsik^7$、kik^7），都读阴入应是清音心母。古汉语“宿疾、宿愿、宿将”的说法中，宿也有久远、成熟之义，可见只有“宿”才是音义相符的。

（5）燿　闽南话儿歌《天乌乌》有“火萤担灯来 ts^hio^6 路”，有人以为 ts^hio^6 就是“照”。“照”在《广韵》为去声笑韵之少切，是章母字，厦门音文白读 $tsiau^5$、$tsio^5$ 均为阴去。ts^hio^6 是阳去，应来自古浊声母，本字是“燿”。《广韵》笑韵弋照切：“燿，熠燿，《说文》照也。”与“耀”同音，义亦相关：“光耀。”弋属以母，以母字闽南话白读有 ts、ts^h 的变例，如痒 $tsi\tilde{u}^6$，檐 $ts\tilde{i}^2$，扬 $ts^hi\tilde{u}^2$（扬粟：扬场），延 ts^hian^2（延宕），翼 sit^8，液 $sio?^8$（骹液：脚汗）。《诗经·豳风·东山》有"町畽鹿场，熠燿宵行"。闽南话的儿歌和《诗经》的说法可谓一脉相承。

（6）哭　厦门话白读 k^hau^5，有人以为本字是"号"。"号"在《广韵》有两读，胡倒切："号令，又召也，呼也，谥也"；胡刀切："大呼也，又哭也。"两读的声母都是匣母。匣母字厦门话白读有 k^h 的变例（如下 k^he^6：放置，糊 $k^h\textipa{O}^2$：粘，峡 $k^hue?^8$ 山峡，环 k^huan^2），但声调应在阳调类。k^hau^5 读阴去，不能来自匣母，而是来自溪母。"哭"，空谷切，正是溪母，屋（沃）韵和铎韵字的文白对应中有 ɔk^7—au^5、ɔk^8—au^6 的变例。如：毒 tɔk^8—t^hau^6（毒死）、乐 lɔk^8—lau^6（莲花乐：一种民歌舞蹈）、恶 ɔk^7—au^5（恶臭：腐烂发臭）、落 ɔk^8—lau^6（落脸：丢脸）。可见 k^hau^5 的本字就是"哭"，这是因韵母和声调在白读的变例而使人不明本字的一例。

下列例字主要由于韵母对应不符而误定本字：

（7）悬　闽方言管高叫"悬"，福州音 kɛiη^2，泉州音 $ku\tilde{i}^2$，厦门音 $ku\tilde{a}i^2$。有人以为本是就"高"。"高"是豪韵字，不可能读鼻尾韵或鼻化韵，韵母首先不合。"高"是见母字虽可读 k 声母，不能在阳平调，它应是群母或匣母字。《广韵》悬，胡涓切，匣母白读变例可读 k，先韵合口也符合以上对应。"县"福州音 kaiη^6，泉州音 $ku\tilde{i}^6$，厦门音 $ku\tilde{a}i^6$，都和"悬"只有声调不同。"高、悬"字义也相关，"悬崖"不就是高崖吗？以"悬"为"高"还有"悬河"之说。《晋书·郭象传》有"悬河泻水，注而不归"，"悬河"也就是高处向低处流的水。

（8）趁　闽方言赚钱的"赚"说"趁"。福州音 t^hɛiη^5，厦门音 t^han^5，潮州音 $t^ha\eta^5$。《广韵》震韵丑刃切："趁，趁逐。"彻母字读 t^h 在闽方言是常例，震韵白读也有以上对应之例（"陈、鳞、衬"福州音

$tiŋ^2$、$liŋ^2$、$ts^hɛiŋ^5$，厦门音 tan^2、lan^2、ts^han^5，潮州音 $taŋ^2$、$laŋ^2$、$ts^haŋ^5$），清声母去声今闽方言读阴去也是常例。可见各点都合“趁”的音韵地位。“趁钱”就是“逐利”，自有“趁逐”之义，以趁为赚是闽方言的词义引申。闽南话把禽类赶走也说“趁”，有人认为本字就是赚。《广韵》陷韵：“赚，重买。”《集韵》又有“市物失实”的注释，本义应是“亏损”，后来义为“赢利”是反义相训。赚，伫陷切，澄母字在闽方言应读阳去调，声母不合，陷韵在福州、潮州读后鼻音韵尾可通，在厦门陷韵应读 am，只有个别字（站、馋）读 an 都是后起书面语用字。

（9）乞　闽方言“给予”和“求取”都可说“乞”，和古代汉语一样，同一个字表示相反二义。“乞伊赢去”是“给他赢了”，“乞其囝”是“要来（或买来）的儿子”。《广韵》未韵去既切：“气，与人物也……今作乞。”又迄韵去讫切：“乞，求也。《说文》本作气，音气，今作乞取之乞。”这说明在《说文》时代，“给予”和“乞取”二义都读去声，到了《广韵》时代有了分工。但唐诗中李白的“好鞍好马乞与人”句中“乞”是“给予”，姚合的“不将钱买将诗乞”句中“乞”则是“求取”之意，这种分工还未必明确。闽方言作“给予”用可读去声也可读入声（福州话 $k^hɛi^5$、$k^høyʔ^7$，厦门话 k^hi^5、k^hit^7），作“求取”用只能读入声（如说“乞囝”：求子，“乞食”：讨饭，“乞雨”：祈雨）。有人认为这个“乞”的本字是“给”，给，居立切，见母没有 k^h 的读法，缉韵也没有 øyʔ、it 的读法，声韵都不相符。

（10）推　闽方言管刨刀叫“推刀”。“推”福州音 $t^høy^1$，厦门音 t^hue^1。推，《广韵》灰韵他回切。透母、灰韵平声均符合以上对应，例如“杯、退”，福州音 pui^1（唇音下 øy 变 ui）、$t^hɒy^5$（去声的 øy 变 ɒy），厦门音 pue^1、t^hue^5。使刨刀正是用推，字义亦相合。有人以为本字是“抽”。抽，丑鸠切，声母声调可合，但尤韵字白读在福州厦门没有 øy、ue 的对应。字义也不相符。

(11) 篷　闽方言把帆说成"篷"。福州音 p^{h}uŋ^{2}，厦门音 p^{h}aŋ^{2}。《广韵》东韵薄红切："篷，织竹夹箬覆舟也。"并母白读为 p^{h} 是常见的变例（如"皮、稗、瓢、薄、鼻"），东韵读 uŋ、aŋ 则是常例（如"东、葱、董、铜、公"等），浊平字读阳平调也是常例。古闽地多有蜿蜒于山间的溪流，船上应先有篷，后来出海才有帆，所以篷、帆不分，以篷称帆。一般都以为这个音本字就是"帆"。帆，符芝切，在闽南话，凡韵字不可能读 ŋ 尾，泉州老年人还有读为 lam^{2} 的。还有人认为本字是"航"，航，胡郎切，匣母字不可能读 p^{h}，唐韵在福州音只能读 ouŋ，和东韵 uŋ 有严格对立，声韵都不相符。

(12) 伫　闽南人把"在"读为 ti^{6}（厦门），tɯ^{4}（泉州）。其实这是训读而不是白读。"在"《广韵》昨宰切，从母字读 t^{h} 的只发现过一个特例（蚕 t^{h}am^{2}），而且只见于部分老年人，海韵字在厦门话有个别白读 i 的（如苔、鳃），但在泉州话不能读 ɯ，可见它的本字不是"在"。《广韵》语韵直吕切："伫，久立也。"澄母上声字在厦门为 t 声母、阳去，在泉州为 t 声母阳上都是常例。鱼、语韵字也不乏 i、u 对应的白读，例如"猪、去、箸、徐"厦门 ti^{1}、k^{h}i^{5}、ti^{6}、ts^{h}i^{2}，泉州 tɯ^{1}、k^{h}ɯ^{5}、tɯ^{5}、sɯ^{2}。从字义说，"久立"和"在"也是相关的。

下列各例主要由于声调不符对应而误定了本字：

(13) 解　"会、不会"在闽方言的读音：福州 a^{6}，ma^{6}；泉州 ue^{4}，bue^{4}；潮阳：oi^{4}，moi^{4}。一般人都误解其本字就是"会"（"不会"是合音，写为"𫖃"）。会，黄外切，各点声韵母的对应都没有问题，但在分阴阳上的泉州、潮阳话里，声调通不过，这个十分常用的动词在闽方言里声韵地位相当一致，其本字应是"解"。《广韵》蟹韵胡买切："解，晓也。"和它同一小韵的"蟹"在各地闽方言大多同音：福州 a^{6}，泉州 hue^{4}，潮阳 hoi^{4}（匣母字读 h 是常例，读零声母是变例）。这个胡买切在普通话应折合为 ɕie^{5}，就是"解数"的解。"解"在唐宋间是常用口语词，字义正是"会、晓得"。白居易诗："水能性淡为吾友，竹解心虚即我师。”韩愈句：“不解文字饮，惟能醉红裙。”“解”都是“能”的意思。张相的《诗词曲语辞汇释》曾引有唐宋间数十个用例。

（14）褪　闽方言脱衣裳说“褪”，福州音 $t^hou\eta^5$，厦门音 $t^h\eta^5$，漳州音 $t^hu\tilde{\imath}$。有人以为是“脱”的白读，“脱”是入声字，“褪”是阳声韵去声字，声调和韵母均不相合。《古今韵会举要》收了这个字，褪：“吐困切，卸衣也”，字义也相合。在熊忠、黄公绍的家乡邵武如今已说“脱”$t^hɯ^2$，但它的邻县顺昌话还说“褪”$t^hu\varepsilon^5$，也许当年的邵武话也说“褪”的。闽方言各点读法和吐困切均合对应，透母读 t^h，声调为阴去，都是常例，韵母的对应有旁证：“顿、损”福州音 $tou\eta^5$、$su\eta^3$（uŋ 和 ouŋ 是同一韵母的声调变体）厦门音 $t^h\eta^5$、$s\eta^3$。

（15）世　动词“承续”闽方言说“世”，福州 $si\varepsilon^5$，厦门 sua^5。有人以为它是“续”的白读，《集韵》遇韵有辞屡切：“续，连也。”字义相合，但邪母字读阴去，声调不合对应。遇韵字也没有发现 ie、ua 的读法。世，《广韵》舒制切，福州音只有 $si\varepsilon^5$ 一读，声韵调都是常例，厦门音书母读 s，清声母去声读阴去都是常例，祭韵白读 ua 则是变例，有旁证如下：

逝，时制切：“往也，行也，去也”——闽南话：“一行”就叫 $tsua^5$，“犁逝”lue^2 $tsua^5$ 是犁耕过的行迹。

誓，时制切：“誓约”——闽南话：“咒誓”$tsiu^5$ $tsua^5$，就是赌咒、发誓。

曳，馀制切：“牵也，引也”——闽南话：“曳头”ts^hua^6 t^hau^2，领头；“曳农”ts^hua^6 $la\eta^2$，娶亲；“曳囝”ts^hua^6 $ki\tilde{a}^3$，带孩子。

从谐声说，祭泰两韵经常相谐（祭—蔡，滞—带），泰韵字闽南话白读也是 ua（蔡 ts^hua^5，带 tua^5），这也说明祭韵白读为 ua 是可信的，反映了谐声时代的音类关系。

（16）喙　闽方言管嘴巴叫“喙”，福州音 ts^huei^5，厦门音

ts^hui^5，建瓯音 ts^hy^5。有人以为就是“嘴”的白读。《广韵》纸韵即委切：“嘴，喙也。”原属上声字，各点闽方言均读阴去，上去两调文白极少交混。精母字未有读 ts^h 之例，声母也不合对应。其本字应就是《广韵》互注的“喙”，废韵许秽切：“喙，口喙，又昌芮切。”《集韵》祭韵充芮切：“喙，口也。”昌母去声字读 ts^h 声母，阴去调在闽方言是常例，祭韵合口还有“赘”可作各点对应的旁证：福州 $tsuei^5$，厦门 $tsui^5$，建瓯 ty^5，废韵的“吠”也如此：福州 $puei^6$，厦门 pui^6，建阳 py^6。

(17) 狭　“狭窄”闽南话说 $ueʔ^8$，有人认为本字是“隘”。隘，乌懈切，属影母、去声、卦韵。卦韵字有读 ue 韵的（如稗 p^hue^6，卖 bue^6），但去声字不能读入声，影母字也不读阳调类，声调和声母均不合。$ueʔ^8$ 的本字应是“狭”。狭，候夹切，匣母字白读为零声母是常见的变例（如话 ue^6，闲 $iŋ^2$，学 $oʔ^8$），洽韵字白读也有 ueʔ 的对应（如峡 $k^hueʔ^8$：山峡，夹 $kueʔ^7$：夹被，瞌 $k^hueʔ^7$：闭目），声调读阳入则是常例。

(18) 吼　闽南话出声地哭还说“吼”，各地都读 hau^3。有人认为这是“号”的白读。“号”只有平声胡刀切和去声胡到切两读，hau^3 是上声，声调不合对应，又匣母字不能读阴调类。其本字应是“吼”。《广韵》厚韵呼后切：“吼，牛鸣。”晓母上声字读 h 声母、上声调都是常例，厚韵读 au 也是白读常例（如厦门音厚 kau^6，狗 kau^3，走 $tsau^3$，楼 lau^2），闽南话字义扩大，牛鸣、人哭、物响都可说“吼”。

三

考求方言词的本字要做到严密可靠，单就一个方言点作声韵调对应关系的论证，有时还不够，而必须经受姐妹方言的检验。同一个方言区的姐妹方言往往有许多来源相同的方言词，它们的语音是成对应的，意义是相一致的。对于这类方言词来说，就甲方言考出来的本字必须能够在乙方言也得到音韵论证。如果在甲方言理出了对应而在乙方言通不过，这个本字就依然是个疑案。上文所举例字中已经涉及这一点，为了更好地说明问题，再就前人考过的本字中举出一些例子进行验证和校正。

下列五字误考，其声母无法通过姐妹方言的验证：

(19) 搦　闽南话“抓捕”说 liaʔ^{8}，有人认为本字是“录”。录，力玉切，来母入声字。闽南话声母 l、阳入调是符合对应的，但烛韵白读没有读 iaʔ 的。又有人认为是“掠”。掠，离灼切，除声母、声调符合对应外，药韵也有白读作 iaʔ 的（如削 siaʔ^{7}，勺 siaʔ^{8}），因此，对闽南话来说，“掠”白读 liaʔ^{8} 是可以论证的。但是，同样的意思在福州话说 nieʔ^{8}，福清话说 niaʔ^{8}，原来这个字是泥母字，闽东方言可分泥来才能反映如实，闽南方言泥来不分就把真相掩盖了。它的本字应是“搦”。《广韵》陌韵女白切：“搦，捉搦。”泥母入声字闽东 n，闽南 l，声调为阳入都是常例，陌韵白读为 iaʔ，ieʔ 也是符合对应的。例如“屐、隙、额”福州 k^{h}iaʔ^{8}、k^{h}ieʔ^{8}、ŋiaʔ^{7}，福清 k^{h}iaʔ^{8}、k^{h}iaʔ^{8}、ŋiaʔ^{8}，厦门 k^{h}iaʔ^{8}、k^{h}iaʔ^{8}、giaʔ^{8}（数额）、hiaʔ^{8}（头额）。掠，《广韵》注：“抄掠，劫人财物。”字义和“捉搦”显然有别。

(20) 过　闽方言管病害的传染说“过”。厦门话说 e^{5}，漳州音 ue^{5}，泉州音 ə^{5}，有人认为本字是“秽”。秽，《广韵》废韵於废切：“秽，恶也。”影母去声字闽南话读零声母阴去调是常例对应，废韵白读也是符合对应的（如柿，斫木札也，方废切。厦门 p^{h}e^{5}，漳州 p^{h}ue^{5}，泉州 p^{h}ə^{5}）。但是，比较福州话就通不过了。福州话说 kuo^{5}，显然不是废韵字，而是过韵字。过韵字在闽南话也有以上韵母对应（例如“果、火”厦门 ke^{3}、he^{3}，漳州 kue^{3}、hue^{3}，泉州 kə^{3}、hə^{3}），问题是闽南话把这个见母字读成零声母，这是少见的变例，但有得力的旁证：“锅”泉州音 a^{1}，厦门音 e^{1}，漳州音 ue^{1}。这种变例在闽北方言反映较多,比如,建瓯话:锅 ua^{1}、狗 e^{3}、稿 ɔ^{3}(稻草)、菇 u^{3}、高 au^{3}。

(21) 锅　和上条可以互相参证。闽南话“锅”说 e^{1}(厦门),ue^{1}(漳州),ə^{1}(泉州),有人以为本字是“鍡”,此字未见于《广韵》《集韵》,也可能是俗字。其实它就是“锅”的白读。戈韵合口闽南话有 e、ue、ə 的对应,见母可以脱落读零声母,已如上述,福州话“锅”读 kuo^{1} 也是旁证。

(22) 岸　闽南话“河岸、海岸”的“岸”说 huã^{6},有人认为本字是“垾”。《广韵》翰韵侯旰切:“垾,小堤。”这个反切和闽南话的 huã^{6} 是常例对应,同一小韵的字“扞”(以手扞,又卫也)也说 huã^{6},闽南话说 ts^{h}an^{2} huã^{6}(田埂)倒可能是“塍垾”,因为“田埂”和“小堤”比较相近。福建地区本是溪流交错、海岸曲折的,不可能“堤、岸”不分。这个 huã^{6} 的本字应就是“岸”,福州话说 ŋaŋ^{6} 和岸的“五旰切”完全相符。疑母字在闽南话有读 h 的白读变例。如厦门音“蚁、瓦 hia^{6},鱼 hi^{2},砚 hĩ^{6},危 hui^{2}”。可见闽南话的 huã^{6} 本字应就是“岸”。

(23) 箬　闽方言管叶子叫“箬”。在闽南话读 hioʔ^{8},有人认为本字就是“叶”。叶,与涉切,与此音声韵调都不合对应。对照福州话 nuoʔ^{8} 就很明朗了。《戚林八音》所写的“箬”就是本字。《广韵》药韵而灼切:“箬,竹箬。”日母药韵在福州话读 nuoʔ^{8}。是常例对应,在闽南话药韵白读 ioʔ 是常例(如“着 tioʔ^{8},芍 sioʔ^{8},脚 kioʔ^{7},药 ioʔ^{8}”)日母字读 h 声母则是变例(如“燃 hiã^{2},肉 hik^{8},耳 hi^{6}”),参考了福州话的对应之后,回过头来论证闽南话的对应就容易得出正确结论了。

下列五字误考,其韵母无法通过姐妹方言的验证:

(24) 成　闽方言最重要的基本词之一,“厝”(房子)只是民间的俗写,并非本字。《说文》:“厝,厉石也。”这和《诗经》里的“他山之石，可以为厝”同样指的是磨刀石；《广韵》暮韵仓故切：“厝，置也”，这和《列子·汤问》中的“一厝朔东，一厝雍南”一样用作动词：放置。这两种意思和“房舍”关系很远。从字音说，仓故切的音韵地位和各点声母声调合乎对应，韵母则不合。有人认为它的本字是“庛”，《广韵》置韵七赐切：“庛，偏舍也。”字义是相关了，就闽南话的潮州和漳平龙岩一带说，声韵调也符合对应，但对于其他点则韵母不能对应。“厝”的本字应是遇摄三等的伤遇切“戍”。只有这个音韵地位才能使各点符合对应。看看下列字音对照表就清楚了：

	福州	福清	厦门	龙岩	潮阳	浦城①
醋仓故切	ts^hou^5	ts^hu^5	$ts^hɔ^5$	ts^hu^5	ts^hou^5	ts^ho^5
戍伤遇切（厝）	ts^huo^5	$ts^hiɔ^5$	ts^hu^5	ts^hi^5	ts^hi^5	$tɕ^hye^5$
注之戍切	$tsuo^5$	$tsɔ^5$	tsu^5	ts^5	ts^5	$tɕye^5$
刺七赐切	$ts^hiɛ^5$	ts^hi^5	ts^hi^5	ts^hi^5	ts^hi^5	$tɕ^hie^5$

戍，伤遇切。书母字在闽方言有读 ts^h 的变例，如“鼠试翅手深”等字闽方言各点多读 ts^h。从字义说，“戍”《广韵》：“遏也，舍也。”《尔雅》：“遏也。”郝注：“戍守所以止寇贼。”《说文》：“守边也，从人荷戈也，从人荷戈也。”戍的本义是守边，后来又引申为戍所、房舍。“厝”常用作地名通名，在福清有时写为“朱”（如东朱），在浦城常写作“处”（如吕处），“朱、处”都是三等字，也是很好的旁证。②

（25）齐　闽南话“多”说 $tsue^6$（厦门）$tsoi^6$，（潮州）tse^6（漳州），本字显然不是“多”，声韵调均不合。有人以为是“载”。载在《广韵》有三种反切，作亥切：“年也”；作代切：“年也，事也，则也，乘也，始也，盟辞也，又姓”；昨代切：“运也”。字义均不相符。从字音说，昨代切在闽南话可能读 $tsue^6$，但是在闽东方言通不过。福州

① 浦城城关话是吴方言，但“戍”这个词还沿用闽方言词。

② 关于厝字为戍，罗杰瑞也作过考证。参见他的《三个闽方言的词源》（*Three Min Etymologies*），第17届国际汉藏语学会论文。

话 sa⁶，福清话 sɛ⁶，从各点对应看，只有齐韵能通得过。《广韵》霁韵在诣切："齐，齐和。"闽方言的"多"是从"齐和"引申出来的。请看下列对应：

	福州	福清	厦门	漳州	潮州
齐徂溪切	tsɛ²	tsɛ²	tsue²	tse²	tsoi²
齐在诣切	sa⁶	sɛ⁶	tsue⁶	tse⁶	tsoi⁶
细苏计切	sa⁵	sɛ⁵	sue⁵	se⁵	soi⁵
替他计切	tʰa⁵	tʰɛ⁵	tʰue⁵	tʰe⁵	tʰoi⁵

从母字在闽东白读有 s 的变例（下详）。

（26）组　缝衣服在沿海闽方言都说"组"，有人以为是"紩"。《广韵》至韵直利切："紩，刺紩，针缝也。"义合而音不合。闽南话"组"读 tʰĩ⁶，鼻化韵 ĩ 有来自止摄的，但仅限于明、泥、疑、日、以等声母，是条件变读，（如厦门话"尼 nĩ²，耶 nĩ³，椅 ĩ³，异 ĩ⁶"）不能任意类推。联系福州话的 tʰieŋ⁵ 来考察，它的本字应属山摄。《广韵》裥韵丈苋切所收三个字都是"缝"。"袒，衣缝解，又作绽"；"组，补缝。"历史上"袒、组、绽"的用法曾有过分工。《说文》段注："古者衣缝解曰袒，今俗所谓绽也；以针补之曰组，引申之不必故衣亦曰缝组。古《燕歌行》曰'故衣谁当补，新衣谁当绽？赖得贤主人，览取为我组。'"在《集韵》"绽绽"又有"堂练切"，义同。闽方言 ĩ、ieŋ 都是三四等的读法，合于此切。

（27）絮　闽方言区的人把晒干的丝瓜瓤用来洗碗、刷锅，厦门、泉州说 tsʰue⁵ 或 tsʰau³（草）tsʰue⁵。漳州一带说 tsʰe⁵，有人以此认为本字是"脆"。脆，此芮切，在泉州话读 tsʰə⁵，在厦门话读 tsʰe⁵，均与 tsʰue⁵ 不同。字义也不相符。联系福州话，它的本字就清楚了。闽南话的 tsʰue⁵，福州话说 tsʰœ（←ɒ）nouŋ²，而把"丝瓜"叫 tsʰɒ⁵，其本字应是"絮"。《广韵》御韵息据切："絮，《说文》曰敝绵也。""败絮其中"指的就是"瓤"。心母字闽方言可读 tsʰ 已如前述,御韵字有符合以上对应的。如"镳",福州 $lɒ^5$,泉州厦门 lue^5,漳州 le^5。

下例也误考,其声调无法通过姐妹方言的验证:

(28)舐　闽南话舔说"舐",厦门、漳州一带读 tsi^6,有人以此认为本字是"哜"。《广韵》霁韵在诣切:"哜,尝至齿也。"字义相关,字音在漳厦也符合对应,但在上声分阴阳,浊上浊去未混的泉州话,"舐"读 tsi^4,显然和"神纸切"相合,而不和"在诣切"相合。《广韵》纸韵神纸切:"䑛,以舌取物","舐"是"䑛"的后起俗字。

用姐妹方言来验证考求的本字不但可以使音韵论证防止差误,而且可以帮助我们认识方言之间的亲缘关系和对应关系。在考求方言词本字时,我们应该尽量做到这一点。

四

怎样为方言词考求本字呢?常见的具体方法有三种:排除法、类推法和比照法。

排除法

在记录方言词汇时,有些音节一时写不出合适的汉字,考求这类方言词的本字通常可以使用排除法。所谓排除法就是首先考察该音节的声韵调可能有几种古音类的来源,然后根据古音和方音各自的音节结构规律,排除一些可能性,再按仅存的几种可能性逐一到韵书里找出字义相通或相关的字。这里也举几个闽方言的例字来说明。

(29)过　闽方言菜老了叫"过",厦门音 kua^1。就声母说 k 可能来自见母、群母(常例)和匣母(变例);就韵母说 ua 可能来自果摄的歌、戈韵(歌 kua^1、破 p^hua^5),假摄麻韵文读(瓜 kua^1),蟹摄的泰、佳韵(盖 kua^5、挂 kua^5)和止摄的支韵(纸 $tsua^3$);声调只能来自古平声。在这些可能性中,由于方音为阴平,应当来自古清声母，群匣母可以排除；麻韵是文读，佳韵合口见母无字，泰韵只有去声，也都可以排除，只要在歌、戈、支三韵查见母字。《广韵》戈韵古禾切："过，经也，又过所也。"闽南话 kua^{1} 有两种意思，一是动词，意为"经过而停留"，如"顺路过骹"sun^{6} lɔ^{6} kua^{1} k^{h}a^{1}（顺途歇脚）；另一用法是形容词，即"瓜果老化"。陆游诗句"鲍箨纵横过笋余"，说的是笋壳散落满地时，剩下的是老笋了。这正是闽南话后一种说法。

（30）泛　闽方言常用的形容词"空虚不实"说"泛"，民间俗写作"冇"。以福州话 p^{h}aŋ^{5} 为例，其声母 p^{h} 可能是滂或敷母（并母白读也有读 p^{h} 的，但与阴去调矛盾，可排除），声调是去声，韵母 aŋ 未见于唇音，庚耕韵唇音字也没有字义相合的。原来其本字是"泛"。《广韵》孚梵切，属敷母去声，轻唇读重唇后韵母依洪音读 aŋ，"空泛"就是空虚不实之义，闽方言常指实体不实，如说"泛樵"（松软的木头）、"泛粟"（秕谷），也引申说"泛讲"（闲聊）。

（31）趆　闽南话"跟随"说"趆"。以泉州音 te^{5} 为例，声母 t 可能来自端、知母（定母也有读 t 的，但与阴去矛盾，可排除），声调是去声，韵母 e 的读法见于祃（蛇 t^{h}e^{5}）、代（戴 te^{5}）、卦（债 tse^{5}）、霁（帝 te^{5}）、祭（滞 t^{h}e^{5}）诸韵，其中祃、卦、祭韵端知母无字。在《广韵》霁韵都计切可找到："趆，趋走貌"，音义俱合。有人误认为"带"，韵母不合对应，字义也不符。

（32）填　台湾闽南话的泉州腔"还钱"说 tuĩ^{2}，有人以为本字是"还"，声母不合，匣母不可能读 t。其声母 t 只能来自定、澄母，声调是平声，韵母则可能是山（间 kuĩ^{1}）、删（关 kuĩ^{1}）、先韵（骈 puĩ^{2}，佃 tuĩ^{4}，莲 nuĩ^{2}，前 tsuĩ^{2}，肩 kuĩ^{1}，县 kuĩ^{6}）。查山、删韵定、澄母均无字，先韵的"填"，《广韵》徒年切："填，塞也，加也，满也。"音义可合，应是本字。同样的意思，在福州话说 tɛiŋ^{2}，读音是为常例，可作旁证。

类推法

在完成方言语音调查，整理出方言和古音的对应关系之后，不论是古今音变中的常例或变例，都可以作为依据，顺藤摸瓜，探求方言词的本字。这种方法最适用于查寻自己所熟悉的方言的本字。具体做法可以从对应规律出发，检查在方言中可能有几种读法，哪种读法和所注字义相通。只要古今音对应规律做得合理，通读一遍《广韵》或《集韵》，一定会有许多重要的发现。这里也举几个例子说明。

庄组声母闽方言白读有 t、t^{h} 的变例，例如：

庄　滓　tai^{3}（福州、厦门），榨 ta^{5}（福州），te^{5}（厦门）

初　钗　t^{h}ue^{1}，窗 t^{h}aŋ^{1}，创 t^{h}ɔŋ^{5}（创治：作弄）（厦门）

崇　事　tai^{6}（福州、厦门），锄 t^{h}y^{2}（福州），t^{h}i^{2}（厦门），tɯ^{2}（泉州）

生　筛　t^{h}ai^{1}（福州、厦门），馊 t^{h}ɛu^{1}（福州）

根据这一对应，检查庄组字后可推出下列本字：

(33) 缩　福州话 t^{h}øyʔ^{7}，如“头～底”（脑袋缩进去）。《广韵》屋韵所六切，心母白读 t^{h}，屋韵白读 øyʔ^{7}。前者是变例，后者是常例。

(34) 铲　厦门话 t^{h}uã^{3}，如“～草”（锄草）。《广韵》产韵初限切：“铲，平木器也。”初母读 t^{h}，产韵读 uã，均白读对应，字义有引申。有人以为其本字是“剫”，《广韵》旱韵党旱切：“剫，割也。”义合声不合。

(35) 耖　厦门话 t^{h}a^{5} 指第二遍翻犁水田。《广韵》效韵初教切：“耖，重耕田也。”初母读 t^{h}，效韵读 a，均合对应，字义亦同。

(36) 森　厦门话“阴险”说 im^{1}　t^{h}im^{1}，本字就是“阴森”。森，所今切，心母白读作 t^{h} 是变例，侵韵读 im 是常例，音义俱合。

(37) 婌　厦门话 t^{h}ik^{7} 就是“美好”。《集韵》烛韵叉足切：

"婖,婧也。"《博雅》:"婧,好也,一曰嫔婧,鲜好貌。"初母读 t^h,烛韵读 ik,均白读对应。

在韵母对应中,效摄二等肴韵在闽方言白读为 a,常用字如"饱 pa^3,搅 ka^3,炒 ts^ha^3,胶 ka^1,教 ka^5(福州、厦门音同)"。根据这条对应也可以考出一系列本字。

(38) 敲 福州、厦门白读 k^ha^5,合于《广韵》效韵苦教切:"敲,击也。"有人误以为"扣",扣,苦候切,韵母不合对应。

(39)疨 福州、厦门音 ka^3,《广韵》巧韵苦巧切:"疨,腹中急痛也。"音义俱合。

(40) 铰 福州、厦门音 ka^1,"铰刀"就是"剪子",《广韵》肴韵古肴切:"铰,铰刀。"是为本字。

(41) 骹 福州、厦门音 k^ha^1,指脚又指腿。合于《广韵》肴韵口交切:"骹,胫骨近足细处,又作跤。"

(42) 脬 福州、厦门音 p^ha^1,"卵脬"指阴囊,"尿脬"(福州)指膀胱,《广韵》肴韵匹交切:"脬,腹中水府。"闽方言义有扩大。

(43) 捎 福州、厦门音 sa^1,意为随意乱抓。合于《集韵》肴韵师交切:"捎,《说文》自关以西,反取物之上者为挢捎。"

(44) 齩 福州、厦门 ka^6,泉州 ka^4,咬也。合于《集韵》巧韵下巧切:"齩,齧骨。"匣母白读 k 为变例。

(45) 漖 厦门话 ka^5,粥稀曰漖。《集韵》效韵居效切:"漖,水也。"音义俱合。

(46) 犃 厦门话 t^ha^5,意为以尖具挑物,如说"犃刺"。合于《集韵》效韵敕教切:"犃,以角挑物。"彻母读 t^h,是为常例。

再以福州话为例,古从母字一部分白读为 s,常用字如"坐 $s\text{ɔ}y^6$,脐 sai^2,餈 si^2,槽 $s\text{ɔ}^2$,前 $s\text{ɛ}i\text{ŋ}^2$,晴 $sa\text{ŋ}^2$"。记得这条对应,见到有关的反切时,就容易联系起具有方言特色的白读词。

(47) 贱 《广韵》线韵才线切:"轻贱。"福州话 $tsie\text{ŋ}^6$,用于

“贫贱”“下贱”,又有 siaŋ^{6},指价钱低。“线”白读就是 siaŋ^{5}。

(48) 遒 闽方言“齐全”曰遒,福州音 sɛu^{2},又引申为“经常”。《广韵》尤韵自秋切:“遒,尽也。”“齐全”和“穷尽”意义相关。《诗经·商颂》“百禄是遒”就是言百禄齐集。尤韵读 ɛu 是常见的变例,如“愁 ʦ^{h}ɛu^{2},馊 t^{h}ɛu^{1},否 p^{h}ɛu^{3},谋 mɛu^{2}”。可见 sɛu^{2} 就是“遒”。

(49) 荠 闽方言管荸荠叫“莓荠”,福州音 mui^{3} li^{2},通常写为“尾梨”,莓,《广韵》贿韵母罪切:“草名”。读 mui^{3} 是常例对应。荠,《广韵》脂韵疾资切,与“餈”同音读 si^{2},因不单用,在双音词后音节受前音节韵尾影响 s 变为 l,si^{2} 就成了 li^{2}。厦门话 be^{3} tsi^{2} 是同样来源。

(50) 静 福州话 tsɛiŋ^{6} 指“寂静”,又音 saŋ^{6} 专用于“止哭”。如“啼艙静”。(啼哭不止)“静去!”(莫哭)《广韵》静韵疾郢切:“静,安也,谋也,和也,息也。”tsɛiŋ 是“安也”,saŋ^{6} 是“息也”。静韵读 aŋ 是白读变例。如“井 tsaŋ^{3},省 saŋ^{3},姓、性 saŋ^{3}”。

比照法

有些对应在甲方言是常例,容易发现,在乙方言是变例或特例,就较难认识;有一些异读现象在甲方言比较容易识别,在乙方言则较难识别;有时甲方言音类分得细,易于辨认,乙方言则合流而难以辨识。遇到这些情况,可以用比照法来考求本字。这种方法适应于调查了两种亲近的方言后的比较研究。例如:

闽北方言口语中把一部分古来母字读为 s 声母,比照这一对应,可以发现闽南方言中有几个这样的字。

(51) 濑 《广韵》泰韵落盖切:“湍濑。”闽方言“浅滩”曰“濑”,闽南话又引申作形容词表示“溪流湍急”。建瓯话 suɛ^{5},厦门话用作名词“落濑”(下浅滩)读 lua^{5},用作形容词“溪水濑”(溪流急)读 sua^{5},本字相同。

(52) 㝗 《集韵》宕韵郎宕切:“㝗,空也。”建瓯话 sɔŋ^{5} 指稀疏。在厦门话说“疏宧”sue^{1} laŋ^{5}～sue^{3} saŋ^{5}。厦门话又用作动词，“宧缝”laŋ^{5} p^{h}aŋ^{5} 是“空出缝儿”。

(53) 貍　《广韵》之韵里之切：“貍，野猫。”建瓯话说“猫貍”miɔ^{5} sɛ^{5}，厦门话说“貍狗”se^{2} kau^{3}。

(54) 泪　《广韵》至韵力遂切：“泪，涕泪。”厦门话用作名词“蜡烛泪”说 lui^{5}，用作动词“蜡烛泪泪落来”音 lui^{5}～sui^{5} 两可。

关于别义异读，举福州话和泉州话可以互证两条：

(55) 缺　《广韵》屑韵苦穴切：“器破。”福州音 k^{h}ieʔ^{7}，泉州音 k^{h}iʔ^{7}，如“碗缺蜀缺。”(碗缺了个口子)又薛韵倾雪切：“少也。”福州音 k^{h}uɔʔ^{7}，泉州音 k^{h}əʔ^{7}，意思是“短缺”。

(56) 跪　《广韵》纸韵去委切：“拜也。”福州音 k^{h}ui^{3}，泉州音 k^{h}e^{3}，意为“跪拜，拜求”。又渠委切：“跜跪。”福州音 kuoi^{6}，泉州音 kui^{4}，就是叫“屈膝于地”。

关于一方分类，一方合流，以前者比照后者以考求本字，再举福州话和厦门话的两个例字：

(57) 鲜　厦门话“菜肴新鲜”说 ts^{h}ĩ^{1}　ts^{h}ioʔ^{7}，“味道鲜美”说 ts^{h}ĩ^{1} tĩ^{1}，“鲜”读 ts^{h}ĩ，与“生”(不熟)同音。“生”，所庚切；“鲜”相然切，厦门话“生、心”在此均读 ts^{h}，庚、仙在此都读 ĩ。福州话“生”读 ts^{h}aŋ^{1}，“鲜”读 ts^{h}ieŋ^{1}，由此可比照，厦门话上述二词也是用“鲜”构词的。

(58) 㪇　福州话“覆盖”说 k^{h}aiŋ^{5}，有人认为本字就是“盖”，声韵母均不合对应。福州话 aiŋ 韵来源太多，例如“店 taiŋ^{5}(㮇韵)，办 paiŋ^{6}(裥韵)，慢 maiŋ^{6}、惯 kaiŋ^{5}(谏韵)，垫 taiŋ^{6}、县 kaiŋ^{6}(霰韵)，邓 taiŋ^{5}(嶝韵)，硬 ŋaiŋ^{6}(映韵)”，用排除法考证费时太多，如用鼻韵尾区分较细的厦门话比照，“覆盖”之意说 k^{h}am^{5}，范围就很明确了：溪母咸摄一二等去声。《集韵》陷韵口陷切：“㪇，物相值合。”音义皆通。

五

方言词并非“字字有来历”，不可能都考出本字来的。

汉语社会历史长、地域广、人口多，方言差异古来就很严重，文献里所能反映的是很有限的。整部《集韵》为闽方言收入的字只有两个，一是狝韵九件切：“囝，闽人呼儿曰囝。”看来，这个“囝”在唐代就流行了，顾况的诗还以它为题，中有“囝别郎罢，心摧血下”的句子，“囝”和“郎罢”就是当时的闽方言，至今福州话“父子”还说“郎罢囝”$louŋ^2$ pa^6 $kiaŋ^3$。又，旨韵之诔切：“林，闽人呼水曰林。”其实这还只是反映了语音差异（书母字读 ts），而未必是方言词。这些方言差异，文人写入作品，字书收了，于是方言词有了可考的本字。可以想象，早期的闽方言和中原地区的汉语就有许多差异了，否则就不会被人讥为“南蛮鴃舌”，然而详尽的字书和浩瀚的文献所能反映的毕竟还是有限的。方言俚语历来就是不登大雅之堂、不入经传的，这是许多方言词语考不出本字的原因之一。

除了方言的创新，方言词中还会有兄弟民族语言的底层和外族语言的借用，这是方言考不出本字的另一个原因。漳州话韵书《十五音》有“畓”字，音 lam^5、$lɔm^5$，意为“烂泥”或“陷入烂泥”，其语源应是壮侗语的 $lomB_1$，①这是“底层”的典型例证。闽南话里有一批印尼语的借词，是历代华侨出洋后带来的，例如，sap^7 bun^2-sabun（肥皂），$tɔŋ^6$ kat^7-tongkat（手杖）。还有一些英语借词，是近百年来产生的，例如，k^hut^8（大衣，coat）、gim^3（比赛局，game）。这

---

① 参见李方桂《台语比较手册》(*A Handbkook of Comparative Tai*)第 275 页有“mud, to sink in ud: Siamece: lom B_1, lungchow: $lumc_1$, Po-ai: $lɔMb_1$”，正与闽南话的 $lɔm^5$ 的音义相同。

是外来词的例证。

方言的演变在语音上通常有一定的对应关系，在语义上则有一定的关联，然而语音的对应有个别的例外，字义也可能一再转移而难以识别。例如闽南话里豪韵的“早”(tsa³)字和肴韵一样白读为a韵母，此外别无旁证，但音义又十分确切，若字形生僻，字义迁移，这种例外的孤证就很难作为考求本字的根据了。上文所举例字中也有一些字义引申转移跨度较大(如“泛—不实，过—菜老”)，不作仔细比较就难以辨识。这也是考求方言词本字难以穷尽的原因之一。

由此可见，我们在为方言词考求本字时应该谨慎从事，宁缺毋滥，绝不能以为“无一字无来历”，用“一音之转”勉强凑数，把不确切的“本字”强加给方言词是没有任何好处的。

参考文献

罗常培　1956　《厦门音系》，北京：科学出版社。

王天昌　1969　《福州语音研究》，台北：正中书局。

张振兴　1983　《台湾闽南方言记略》，福州：福建人民出版社。

张盛裕　1979　《潮阳方言的文白异读》，《方言》第4期。

——　1984　《潮阳方言的训读字》，《方言》第2期。

吴守礼　1985　《综合闽南方言基本字典·绪言》，台北：文史哲出版社。

梁猷刚　1984　《琼州方言的训读字》，《方言》第2期。

李如龙、王升魁　2001　《戚林八音校注》，福州：福建人民出版社。

《汇音妙悟》　清光绪甲午年重刊本(文德堂)。

[本文1986年在桂林的中国音韵学会第二届年会上宣读过，后来刊登于《语言研究》，1988年第1期。]

中古全浊声母闽方言今读的分析

《广韵》系统的全浊声母"並定澄从崇群"等在现代闽方言读清音声母塞音、塞擦音，其中多数字不送气，少数字送气。① 这种不送气和送气之分，并不以《广韵》的韵类或调类为条件，这是其他方言所少见的情况，成为闽方言语音的重要特点之一。究竟送气与不送气分化的条件是什么，许多学者都在进行探索，也提出过种种解释。作者思索多年，对已有的几种说法尚未敢苟同，又深感这一现象虽不容易解释却是涉及许多方面的重要问题。本文拟对此试作一番分析，提出自己的看法。

一　古全浊声母闽语今读送气音的字的特点

属于古並定澄从崇群等声母的字约有四分之一在今闽方言多数点读为送气清音，②陈章太先生与我合写的《论闽方言的一致性》③一文已经罗列了一些材料。本文加以补充，得出下列 40 个字，这 40 个字是口语中比较常用的，能单用，而且各地读音比较一致。现将福建境内有代表性的六个点的读音列表对照如下（若有

---

① 中古全浊声母在闽方言中也有读擦音的，这部分字不存在送气不送气的区别，不在本文讨论范围之内。

② 周长楫在《中古全浊声母在厦门话里的读法再证》一文中统计了厦门话並定澄群从崇六母 498 字，其中读送气或送气、不送气两读的字 177 个，占 1/3 强。多数点读送气的例比略小。（参见《厦门大学学报》社会科学版，1981 年第 4 期。）

③ 参见《中国语言学报》，1983 年第一期。

文白异读的只列白读音）：

	福州	泉州	莆田	建瓯	建阳	永安
皮	꜁pʰui	꜁pʰə	꜁pʰue	pʰœ꜄	꜁hui	꜁pʰue
漂	꜁pʰiu	꜁pʰio	꜁pʰiau	pʰiau꜄	꜁pʰiɔ	꜁pʰiu
稗	pʰa꜄	pʰue꜄	pʰe꜄	pʰai꜅	pʰai꜅	pʰĩ꜄
被棉～	pʰuoi꜅	꜃pʰə	pʰue꜅	pʰœ꜅	hui꜅	꜃pʰue
鼻	pʰei꜄①	pʰi꜅	pʰi꜄	pʰi꜅	pʰɔi꜅	pʰi꜄
彭	꜁pʰaŋ	꜁pʰĩ	꜁pʰa	pʰaŋ꜄	꜁pʰaŋ	꜁pʰã
篷	꜁pʰuŋ	꜁pʰaŋ	꜁pʰaŋ	pʰɔŋ꜄	꜁pʰoŋ	꜁pʰaŋ
曝	pʰuoʔ꜇	pʰak꜇	pʰoʔ꜇	pʰu꜅		꜃pʰu
雹	pʰau꜄	pʰau꜄	pʰau꜄	pʰau꜅	pʰau꜄	꜃pʰo
浮	꜁pʰu	꜁pʰu	꜁pʰu	꜃e	꜁iu	꜁paɯ
缝一条～	pʰouŋ꜄	pʰaŋ꜄	pʰaŋ꜄	pʰoŋ꜅	pʰoŋ꜅	pʰaŋ꜄
啼	꜁tʰie	꜁tʰi	꜁tʰi	tʰi꜄	꜁hie	꜁tʰe
苔	꜁tʰi	꜁tʰi	꜁tʰi	tʰai꜄	꜁hai	꜁tʰa
桃	꜁tʰo	꜁tʰo	꜁tʰo	tʰau꜄	꜁hau	꜁tʰau
头	꜁tʰau	꜁tʰau	꜁tʰau	tʰe꜄	꜁heu	꜁tʰø
谭潭	꜁tʰaŋ	꜁tʰam	꜁tʰaŋ	tʰaŋ꜄ / tʰaiŋ꜄	꜁laŋ	꜁tʰõ
糖	꜁tʰouŋ	꜁tʰŋ	꜁tʰuŋ	tʰɔŋ꜄	꜁hɔŋ	꜁tʰɒm
桐	꜁tʰøyŋ	꜁tʰaŋ	꜁tʰaŋ	tʰɔŋ꜅	꜁loŋ	꜁taŋ
叠	tʰaʔ꜇	tʰaʔ꜇	tʰɒʔ꜇	tʰa꜅	ha꜇	꜁tʰɒ
槌锤	꜁tʰui	꜁tʰui	꜁tʰui	tʰy꜄	꜁hy	꜁tʰui
柱	tʰiu꜅	꜃tʰiau	tʰiu꜅	tʰui꜅	hiu꜄	꜃tʰiau
治②	꜁tʰai	꜃tʰai	꜃tʰai	tʰi꜄	꜁hɔi	꜁tʰi
蛇	tʰa꜄	tʰe꜄	tʰɒ꜄		tʰa꜄	tsʰɒ꜄
虫	꜁tʰøyŋ	꜁tʰaŋ	꜁tʰaŋ	tʰɔŋ꜄	꜁hoŋ	꜁tʰaŋ
杖	tʰuoŋ꜅	꜃tʰŋ		tʰiɔŋ꜅	hiɔŋ꜄	꜃tiam
蚕	꜁tsʰɛiŋ	꜁tsʰam	꜁tsʰaŋ	tsʰaŋ꜄	꜁tʰaŋ	꜁tsʰam
簟	tsʰieʔ꜇	tsʰiʔ꜇	꜁tsʰi	tsʰiɛ꜅	tsʰie꜇	꜃tsʰe
贼	tsʰeiʔ꜇	tsʰat꜇	tsʰɛʔ꜇	tsʰɛ꜅	tʰe꜇	꜃tsʰa
锄	꜁tʰy	꜁tʰu③	꜁tʰy	tʰy꜅	꜁hy	꜁tʰy

① 作名词（鼻涕、鼻子）送气，作动词（嗅）不送气。

② 杀也，俗写作“刣”。

③ 作动词用（锄草）送气，作名词用（锄头）不送气。

柴(樵)	꜁tsʰa	꜁tsʰa	꜁tsʰɒ	(tsʰau꜄)	(꜁tʰau)	(꜁tsʰo)
床	꜁tsʰouŋ	꜁tsʰŋ	꜁tsʰuŋ	tsʰɔŋ꜅	꜁tʰɔŋ	꜁tsʰam
柿	kʰei꜅	꜃kʰi	kʰi꜅	kʰi꜅	kʰi꜄	꜃kʰi
钳	꜁kʰieŋ	꜁kʰĩ	꜁kʰiaŋ	kʰiŋ꜄	꜁kʰieiŋ	꜁kʰɛiŋ
臼	kʰou꜅	꜃kʰu	kʰu꜅	kʰiu꜅	kʰiu꜄	꜃kʰiau
虹	kʰøy꜅	꜃kʰiŋ	kʰɒŋ꜅	kɔŋ꜄		꜃kʰiam
瘸	꜁kʰuo	꜁kʰə	꜁kʰue	kʰiɔ꜄	꜁kʰiɔ	꜁kʰiɯ
徛	kʰiɛ꜅	꜃kʰa	kʰyɒ꜅	kyɛ꜇	kye꜅	꜃kʰya

从这个字表可以看出以下几个特点：

(1)40个字中，各点都读送气音的(包括建阳读为h的，下详)占33字，个别点读不送气的只有7个，可见各点读音确有一致性而不是偶合。

(2)40个字中，声调的分布：平声25个，上声6个，去声4个，入声5个；其韵母分布在14个摄，其中开口字28个，合口22个；一等字12个，二等字5个，三等字22个，四等字1个。送气不送气的分化既然不以《广韵》的韵类或调类为条件，可见它不是单纯的语音历史变化。

(3)所列例字大体上都是单音词，反映的是日常生活中的重要概念，在口语中也比较常用。看来，这正是我们考察分析的重要出发点。

二　全浊送气字反映的是上古音的特点

对于闽方言的这一现象，余蔼芹和平田昌司都认为反映了方言语音的不同历史层次，不送气清音代表较古的一层(余说是壮台语的底层)，送气清音则代表晚近的一层(余说是北方方言影响的结果)。[①] 我很赞赏他们考察问题的方向，但是在同一方向上我得出了同他们相反的结论。

---

① 参见平田昌司《徽州方言古全浊声母的演变》，《均社论丛》，1982年11月。

闽方言把古全浊声母读为送气清音的词应该是早期定型的方言词，它的送气音反映的应是了《广韵》以前的上古音的特点。这个结论是从下列四点分析得来的。

第一，在同一音韵地位上，如果有送气、不送气的对立，读送气音的总是历史悠久的常用字，读不送气音的虽然也有古老的常用字，但有更多的一般用字。下面所举 10 个小韵中的字带括弧的各地读送气（注音见上文），不带括弧的都读不送气：

	福州	泉州	莆田	建瓯	建阳
（皮）脾	꜁pi	꜁pi	꜁pi	꜂pi	꜁βɔi
（被）婢	pei꜅	pi꜅	pi꜅	pi꜅	
（鼻）备	pei꜅	pi꜅	pi꜅	pi꜅	꜁βɔi꜅
（啼）题蹄	꜁tɛ	꜁tue	꜁te	ti꜄/tai꜄	꜁lɔi/꜁tai
（桃）逃陶	꜁to	꜁to/꜁tɔ	꜁to/꜁tɒ	꜂tau	꜁lau
（头）投	꜁tɛu	꜁tau	꜁tau	꜂te	꜁leu
（糖）唐堂	꜁touŋ	꜁tŋ	꜁tɔŋ/꜁tuŋ	꜂tɔŋ	꜁lɔŋ
（叠）谍蝶	tieʔ꜇	tiap꜇	tɛʔ꜇	tiɛ꜇	lie꜇
（杖）仗丈	tuoŋ꜅	tiɔŋ꜅	tyɒŋ꜅	tiɔŋ꜅	tiɔŋ꜅
（徛）妓技	kei꜅	ki꜅	ki꜅	ki꜅	ki꜅

反例有两种情形：

读送气清音的字中有少数后起的非口语常用字，显然是因为和早期常用字同偏旁而类推的，例如：皮→疲，彭→膨，曝→瀑，读→牍，篷→蓬。

还有一些地区读送气清音的少数平声字不是早期的口语常用字，它们是受普通话影响由不送气清音变来的，或送气不送气两读并行。例如：

福州话　檀꜁tʰaŋ　呈꜁tʰiaŋ　驰꜁tʰi

厦门话　材~料꜁tsai～꜁tsʰai　脾~气꜁pi～꜁pʰi

传宣~꜁tuan～꜁tʰuan　填~充꜁tian～꜁tʰian

第二，同一个字，如果文读白读以送气和不送气分，往往是白读送气，文读不送气，而白读显然是早期形成的方言词的音。以福州话和泉州话为例：

例字	用词	福州话	泉州话
被	～动/～单	pei꜅/pʰuoi꜅	꜃pi/꜃pʰə
暴	～露/～日	poʔ꜇/pʰuoʔ꜇	pok꜇/pʰak꜇
鼻	～息/～涕	peiʔ꜇/pʰei꜅	pit꜇/pʰi꜅
桐	梧～/～油	꜁tuŋ/꜁tʰøyŋ	꜁tɔŋ/꜁tʰaŋ
叠	重～/～上	tieʔ꜇/tʰaʔ꜇	tiap꜇/tʰaʔ꜇
杖	仪～/锤～	tuoŋ꜅/tʰuoŋ꜅ （～～：拐杖）	꜃tiɔŋ/꜃tʰŋ （锤～：棍棒）
柱	～石/大～	tsøy꜃-/tʰieu꜃	꜃tsu/꜃tʰiau
贼	盗～/做～	tseiʔ꜇/tsʰeiʔ꜇	tsik꜇/tsʰat꜇
凿	确～/～刀	tsouʔ꜇/tsʰøy꜇	tsɔk꜇/tsʰak꜇
骑	～缝/～马	꜁ki/꜁kʰie	꜁ki/꜁kʰa

必须说明的是，在闽南话里有些送气不送气的异读都见于口语，很难说是不同历史层次的文白读，应该说是为了区别字义而采取异读。以泉州话为例，举常见的如下：

盘	꜁puã（茶～）	꜁pʰuan（～腿）
平	꜁pĩ（～路）	꜁pʰĩ（单音词：平整）
	꜁piã（～声）	꜁pʰiã（～本：捞回老本）
跳①	꜁tio（吓一跳）	꜁tʰio（多次弹跳）
毒	tɔk꜇（有～）	tʰau꜅（～死）
锄	꜁tɯ（～头）	꜁tʰɯ（～草）
槌	꜁tui（～死）	꜁tʰui（～仔）
存	꜁tsun（～钱）	꜁tsʰun（尊～：尊重）
糊	꜁kɔ（浆～、～纸）	꜁kʰɔ（～涂：涂上泥）
穷	꜁kiŋ（～家）	꜁kʰiŋ（～实：究其实）
忌	ki꜅（～辰）	꜁kʰi（～尅：忌讳）

第三，方言字音如果还反映其他声韵母演变中的不同历史层次的话，全浊声母字读送气音的字总是和老的声韵特征相联系的。试举数例：

---

① 《广韵》萧韵徒聊切："跳，跃也。"

古知彻澄母字，多数读 t、tʰ，反映了上古无舌上音的特点，少数后起字读 ts、tsʰ 显然是受中古知、庄、章合流的影响，反映了中古音的特点。凡澄母字读“齿音”的，没有送气的，例如：

	柱	住	站车～	术白～	浊
福州	tsøy꜅	tsøy꜅	tsaŋ꜅		tsouʔ꜇
泉州	꜃tsu	tsu꜅	꜃tsam	tsut꜇	tsɔk꜇

其中最典型的是“柱”字，文读 ts，白读 tʰ。

上文所举崇母字“锄、柿”在各地闽方言都读 tʰ、kʰ。从谐声看，这种特殊读音也是上古音的残留。锄从助得声，助可以谐筯(箸)，箸，中古澄母，上古定母，锄读 tʰ 是上古崇、定相谐的反映。柿从朿，得声，朿阻束切，属庄母，可与跡相谐，止姊切，是为章母，章母字在闽方言有 k、kʰ 的读法(如齿 i 读꜂kʰi，痣读 ki꜄)。可见柿子 kʰ 是上古庄章通谐的反映。

在韵母的演变关系中，中古的支韵字部分来自上古的歌部，部分来自支部。来自歌部的往往白读韵母的元音较低，逢全浊声母则送气，来自支部的元音较高，逢全浊声母则不送气。试比较：(下列例字中前字来自上古歌部)

	皮—脾	被—婢	骑—岐	徛—技
福州	꜁pʰui ꜁pi	pʰuoi꜅ pei꜅	꜁kʰie ꜃kie	kʰie꜅ kei꜅
泉州	꜁pʰə ꜁pi	꜃pʰə pi꜅	꜁kʰa ꜁ki	꜃kʰa ki꜅

第四，有不少古全浊声母的字在其他方言不用或少用，在闽方言则是富于方言特色的常用词。这些从方言词考出来的本字常常读送气清音。就泉州话略举数例以见一斑：

甓 pʰiaʔ꜇　瓴瓦，又大又厚的装饰用瓦。《广韵》锡韵扶历切：“甓，瓴甓。”

跸 pʰut꜇　跳跃，挣扎。《集韵》物韵符勿切：“跸，跳也。”

豚 ꜁tʰun　小动物曰豚，如“鸡～仔，猪～仔”，也可引申指人(侬～)并可作为形容词“～～：不大貌”。《集韵》魂韵徒浑切：“豚，

《说文》:小猪也。”

槌 tʰui꜄　以绳悬物。《广韵》置韵驰伪切:“缒,绳悬也。”

沉 tʰiam꜅　没于水底,如“～江,～海”。《集韵》沁韵直禁切:“沉,没也。”

豸 ꜃tʰua　小虫,如说虫～,生虫生～。《广韵》纸韵池尔切:“豸,虫豸。”《尔雅》:“有足曰虫,无足曰豸。”

袒 tʰĩ꜅　缝补的通称。(缝,专指密缝)。《广韵》裥韵丈苋切:“袒,衣缝解。”

在 tsʰə꜅　寻找。《集韵》海韵尽亥切、代韵昨代切两读:“在,居也,存也,察也。”泉州话前二义读阳上,后者读阳去,察就是寻找。厦门音 tsʰe꜅,漳州音 tsʰue꜅ 均相合。

渴 kʰiat꜇　甘蔗无汁而发硬称为渴。《广韵》薛韵渠列切:“渴,水尽也。”此字另有文读音 kiat꜇。

屈 kʰut꜇　动物尾短谓屈,尖物不尖亦称屈,人无后亦称屈。《集韵》迄韵渠勿切:“屈,《博雅》短也,一曰无尾。”

橛 kʰit꜇　墙上木钉、地上小木桩均称橛。《广韵》薛韵渠列切:“橛,木钉名。”

三　全浊声母字音的古今演变

闽方言把古全浊声母的字读为送气清音既然是和较早的词汇层次相结合的语音形式,那么,应该怎样说明古今全浊声母的读音变化呢?

关于广韵系统全浊声母的实际读音,陆志韦和李荣用了多方面的材料有力地论证为不送气的浊音。① 这个结论和闽方言的文

---

① 参见陆志韦《古音说略》,哈佛燕京学社,1947 年;李荣《切韵音系》,科学出版社,1956 年。

读系统把全浊声母字读为不送气清音是完全一致的，正如所知，闽方言的文读系统比较完整地反映了广韵系统的特点。

至于上古的全浊声母，一般都认为在送气不送气上应是从上古到广韵一脉相承的。王力、董同龢都拟为送气浊音，李方桂则都拟为不送气清音，他说："我们既然认为中古的浊塞音是不吐气的，就没有理由说是从上古吐气的浊塞音来的。"①

问题在于拟测上古全浊声母时要不要考虑解释闽方言这种旧层送气、新层不送气的情况。

对此，我们可以有四种假设：

1. 闽方言的全浊送气是闽越语的底层，与上古汉语无关。

2. 上古全浊声母分为送气不送气两套，闽方言清化后反映了这种界限。

3. 上古汉语有方言差别，全浊声母有的读送气浊音，有的读不送气浊音，闽方言兼收了不同方言的特点。

4. 在漫长的上古时期，全浊声母曾是送气的，后来逐渐变为不送气浊音。

闽方言所分布的福建地区东汉以前是百越杂居之地，闽方言可能有闽越语的底层。如果全浊声母分读送气和不送气在其他汉语方言都没有反映，在古代汉语也找不到痕迹，第一种设想也许是合理的。事实是这种情形在徽州方言、湖南瓦乡话、山东方言以及龙州壮语的汉语借词里都有类似的反映。例如休宁话"拌 puə，伴 pʰuə，投 tiu，头 tʰiu，独 tau，读 tʰau，tɕy，柱 tɕʰy，旗 tɕi，骑 tɕʰi"。其余点的情况下文还会提到，在上古谐声关系中也可找到一些线索（下详），看来第一种假设是无法论证的。

高本汉曾为上古音拟过送气不送气两套浊音声母，但那是为了解释喻四等另有来源的声类，不是把并定从澄等各分两类。如

① 李方桂《上古音研究》，商务印书馆，1980年，第13页。

果上古全浊声母分为两套，为什么在中古音和多数现代方言中都没有反映？为什么梵文的对音要用同一个“茶”或“陀”去译成 da 和 dha?① 第二种假设显然也是没有意义的。

上古汉语既分布在广阔的地域，又经历过漫长的年代，当时的方言差异可能比今天更大。如果那时有的方言全浊声母不送气，有的方言送气，现在也无从证实了，因此第三种假设也就落空了。还是第四种假设即上古的全浊声母不同阶段有不同的读音更为合理，因为考虑到闽方言的送气与不送气是同词汇的历史层次直接相关的，如果解释为上古音的较早阶段全浊声母曾是送气的，可能是比较合理的。

闽方言的声母是以保留着更多的上古音的痕迹著称的。除了全浊声母清化之外，无轻唇、无舌上、庄组精组不分、匣群相混（糊、厚、猴读 k）、泥娘日合流、以邪定交叉、章组与端组相关等等都和《说文》所反映的谐声关系一脉相承。如果说闽方言把部分全浊声母字读为送气清音是反映了上古汉语的较早时期至少把部分全浊声母字读为送气浊音的这个特点，看来还是顺理成章的。

从《说文》的谐声和《广韵》的又读，我们可以找到支持这种假设的线索。

陆志韦的《古音说略》以《说文》谐声材料为依据，讨论了上古全浊声母的实际音值。他说：“谐声系统里，切韵的不送气清音最近乎浊音，比 k 等跟 k^h 还来得接近。k^h 等跟浊音最不接近。只有‘都他徒’组跟‘方芳特’组显然是例外。”②这就是说，《说文》中切韵的並、从、崇、船、群与帮、精、庄、章、见相谐比滂、清、昌、溪相谐的次数多，他由此推论上古全浊声母是不送气浊音，但是在端、非两组，情况恰好相反，根据他的统计资料（→前是声符声母，后是谐声字声母）：

---

① 参见罗常培《知彻澄娘音值考》，《罗常培语言学论文选集》，中华书局，1963 年。

② 参见陆志韦《古音说略》，哈佛燕京学社，1947 年。

都→徒 35　都→他 17　他→徒 21　佳→都 10　他→都 2

徒→他 40，

方→符 112　方→芳 58　芳→符 21　符→方 37　芳→方 7

符→芳 32

怎样解释这种现象，陆志韦觉得“一时无可解决”。① 其实，这也正是不送气说的隐患。让我们顺藤摸瓜进一步探讨这个例外。

根据管燮初重新整理过的《说文》谐声关系，②全浊与次清通谐比全浊与全清通谐次数更多的有：

定→端	8次	<	定→透	36次	船→端	1次	<	船→透	2次
→知	0次	<	→彻	1次	群→庄	0次	<	群→初	1次
→章	3次	<	→昌	4次	禅→见	0次	<	禅→溪	3次
澄→知	6次	<	澄→彻	9次	匣→帮	0次	<	匣→滂	1次
→端	3次	<	→透	1次	→端	1次	<	→透	3次
船→章	3次	<	船→昌	4次	→知	0次	<	→彻	1次

值得注意的是，次浊声母也有与次清相谐次数多于与全清相谐次数的：

明→帮	2次	<	明→滂	5次	日→见	0次	<	日→溪	3次
来→端	0次	<	来→透	2次	云→端	0次	<	云→透	2次
→知	1次	<	→彻	5次	以→端	6次	<	以→透	25次
日→端	0次	<	日→透	3次	以→知	3次	<	以→彻	1次

清声母作声符也有次清比全清更多地与浊声母通谐的例子：

帮→疑	0次	<	滂→疑	2次	精→崇	6次	<	清→崇	7次
端→以	3次	<	透→以	4次	→邪	0次	<	→邪	1次
→日	0次	<	→日	1次	→来	1次	<	→来	4次
知→以	0次	<	彻→以	1次	→疑	0次	<	→疑	4次
→泥	3次	<	→泥	9次	章→邪	2次	<	昌→邪	3次

次清声母作声符也有与全浊通谐比与相应的次清声母通谐更多的：

---

① 陆志韦《古音说略》，第298页。

② 参见管燮初《从〈说文〉中的谐声字看上古汉语声类》，《中国语文》，1982年第1期。

滂→透	0次	<	滂→定	1次	透→滂	4次	<	透→并	15次
敷→非	7次	<	敷→奉	21次	清→溪	0次	<	清→群	1次
透→彻	1次	<	透→澄	6次	初→清	4次	<	初→从	5次

从以上材料可以看出,《说文》谐声关系中全浊声母和次清存在密切的关系并不只是表现在非组和端组,而是唇舌齿牙喉都有,不过在唇音(包括帮组和非组)和舌音(包括端组和知组)更为突出罢了。我们不妨假设上古汉语全浊声母是一种"浊音浊流",至少在唇音和舌音中明显地读为 bɦ、dɦ,因此bɦ-ph、dɦ-th 的相谐比 bɦ-p dɦ-t 的相谐更为频繁。

至于唇舌音的次清和次浊的相谐较为频繁,则使人的推想到上古时期的唇舌音次清有更强的流音 h,因为各类次浊声母也都是一种流音。

如果我们进一步放开眼界联系台语的声母系统的情况来考察,对于这种设想就更加有信心了。下面是八种台语方言次清声母和全浊声母的分布:

		次清	全浊
壮语	武鸣	无	b、d
	龙州	ph、th、kh	b、d
布依语	羊场①	无	b、d
	下硐	ph、th、kh、tsh	b、d
傣语	西双版纳	ph、th	b、d
	德宏②	ph、th	无
泰语	暹③	ph、th、kh、ch	b、d
	剥隘	(ph、th、kh、ch)	无

---

① 布依语材料据《布依语调查报告》,科学出版社,1959 年。布依语多数点声母系统与羊场类似,黔西水城、盘城、镇宁等与下硐类似。

② 傣语材料据《傣语简志》,民族出版社,1982 年。

③ 泰语材料据李方桂 *A Handbook of Comparative Tai*, The University Press of Hawaii,1977 年。"剥隘"的声母表中 ph th kh ch 原注:marginal phonemes(边缘音位)。

可见，多数现代台语方言次清和全浊都只表现在唇舌音上，有的甚至把所有的次清声母或全浊声母都丢了。这说明不论是次清或全浊，在原始台语中必定是唇舌音有较强的 h 和 ɦ，因而比较不容易脱落。上古汉语的唇舌两组次清和全浊通谐频繁不也正说明 ph-bɦ、th-dɦ 是两组强送气音吗？

四 和罗杰瑞先生商榷

关于闽方言古全浊声母的今读，罗杰瑞在他的两篇论文[①]中曾经作过另一种解释，认为它反映了原始闽方言曾有过三套浊的塞音塞擦音：

第一组（不送气浊音）	b d g dz dž
第二组（送气浊音）	b^h d^h g^h dz^h $dž^h$
第三组（软浊音）	-b -d -g -dz-dž

这三组声母都是古汉语的全浊声母字。在沿海各点闽方言第一组和第三组大体读为不送气清音，第二组则大体读为送气清音。除此之外，他的最得力的论据是建阳话的声母和邵武话的声调。在建阳话，大体上第一组读不送气清音（p、t、k、ts），第二组读送气清音（p^h、h、k^h、t^h、ts^h）；第三组则读为“次浊”流音（v[②]、l、ø、l、ø）；在邵武话，大体上一、三组读阳调类，第二组读阴调类。

这种解释确实很是引人入胜，也反映了闽方言的一些重要特点，对人们了解闽方言的历史演变也是有启发的，不失为一家之言。

我和罗先生的不同看法是：还是把这些现象看成闽方言发展

---

① Jerry Nouman *Tonal Development in Min*，1973 年；*The Initials of Proto-Min*，1974 年。

② 现代建阳音实际上是 β。建阳有两个阳平调，阳平甲标为꜀口，阳平乙标为。□。

过程中的历史层次更好些，正如他所理解的 chronological strata① 那样，词汇上有不同的历史层次，语音上也有不同的历史层次，而且二者常常是相互联系、相互结合的。对于这种不同历史层次的现象未必要推到一个原始闽语的共时平面上。我的理由主要有三：

第一，从同一音类演变而来的不同方音，对应应该比较整齐，例外较少；而闽方言古全浊声母送气不送气的分化并非单纯的语音现象，不受明显的语音条件的制约，因此各地对应并不太整齐。例如：

	福州	泉州	莆田	建瓯	建阳	永安
盆	꜁puoŋ	꜁pʰun	꜁pʰoŋ	꜂poŋ	꜀βuŋ	꜁puã
伴	pʰuaŋ꜅	꜃pʰuã	pua꜅	pʰueŋ꜅	pɔiŋ꜄	pm꜄
抱	pɔ꜅	꜃pʰo	pʰo꜅	pʰau꜅	pau꜄	꜃pʰau
簿	puo꜅	꜃pʰɔ	phɔu꜅	pu꜇	βo꜄	꜃pu
提	꜁tʰi	꜁tʰe	꜁te	ti꜄	꜁lɔi	꜁ti
痰	꜁tʰaŋ	꜁tʰam	꜁tʰaŋ	꜂taŋ	꜁laŋ	꜁tʰõ
团	꜁tʰuaŋ	꜁tʰuan	꜂tʰueŋ	꜂tʰueŋ	꜁lueŋ	꜁tʰum
读	tʰøyʔ꜇	tʰak꜇	tʰaʔ꜇	tu꜇	lo꜇	꜃tʰɒu
筹	꜁tʰiu	꜁tiu	꜁tʰiu	tʰiu꜄	꜁hiu	꜁tiau
沉	꜁tɛiŋ	꜁tim	꜁tʰiaŋ	teiŋ꜄	꜁lɔiŋ	꜁tã
	꜁tʰɛiŋ					
程（姓）	꜁tʰiaŋ	꜁tʰia	꜁tʰia	꜂tiaŋ	꜁hiaŋ	꜁tã
绸	꜁tiu	꜁tiu	꜁tʰiu	tiu꜅	꜁tiu	꜁tiau
芹、勤	꜁kʰyŋ	꜁kʰun	꜁kʰyŋ	꜂keiŋ	꜁keiŋ	꜁kuã
葵	꜁kie	꜁kui	꜁ki	꜂kʰuɛ	꜁kʰy	꜁kʰui
琴	꜁kʰiŋ	꜁kʰim	꜁kiŋ	꜂keiŋ	꜁kiŋ	꜁kiã
屐	kʰiaʔ꜇	kʰiaʔ꜇	kʰiaʔ꜇	kia꜇	kʰia꜇	꜃kiɒ
裁	꜁tsøy	꜁tsʰai	꜁tsʰai	꜂tso	꜁lue	꜁tse
墙	꜁tsʰuoŋ	꜁tsʰĩ	꜁tsʰiɐu	tsiɔŋ꜄	꜁tsiɔŋ	꜁tsiam

① Jerry Norman *Chronological strata in the Min Dialects*，《方言》，1979 年第 4 期。

凿	tsʰøyʔ꜇	tsʰak꜇	tsʰaʔ꜇	tsɔ꜆	lo꜇	꜃tsau
愁	꜁tsʰɛu	꜁tsʰiu	꜁tsʰiau	꜂tsʰe	꜁ləu	꜁tsø

如果把邵武话声调上的反映以及徽州方言、湖南瓦乡话和龙州壮语的汉语借词的送气不送气分化作进一步比较，这种分歧就更明显了。下列例字除少数字外，在闽方言大都送气，但在邵武话不少读为阳调类，在徽语和瓦乡话和龙州壮语则读为不送气声母：（下表中语料的标调悉依引用的原文，未经折合。）

	邵武	休宁	瓦乡	龙州
平	꜁pʰiaŋ	pʰa^{55}	foŋ^{34}	pʰiːŋ^{1}
排	꜁pʰie	pa^{55}	pʰɔ^{55}	pʰaːi^{5}
皮	pʰei꜆	pʰi^{31}	fɔ^{34}	pʰi^{2}（顽～）
鼻	pʰi꜄	pʰi^{33}	pi^{33}	
抱	꜂pʰau	po^{33}	baɔ^{33}	
糖	tʰoŋ꜆	tʰau^{55}	noŋ^{55} 红～ toŋ^{55} 冰～	tʰəːŋ^{1}
潭	꜁tʰan	tʰɔ^{55}		tʰum^{1}（水塘）
头	tʰɛu꜆	tʰiu^{55}	taɔ^{55}	tau^{2}
读	tʰu꜅	tʰau^{33}	lu^{54}	toːk^{8}
桃	tʰau꜇	tʰɤ^{55}	naɔ^{24}	taːu^{2}
袋	tʰai꜅	to^{33}	də^{24}	taːi^{6}
虫	tʰuŋ꜆	tsʰæn^{55}	tsʰoŋ^{24}	
柱	꜂tʰəu	tɕʰy^{33}	ȶʰa^{54}	
绸	꜁tʰəu	tɕʰiu^{55}	ȶa^{24}	ɕau^{2}
肠	꜁tʰəŋ	tɕʰiau^{55}	ȵoŋ^{55}	
蚕	tʰon꜆	tsʰæn^{55}	dʑaŋ^{24}	
凿	tʰo꜅	tsʰo^{45}	tɕʰy^{55}	tɕaːk^{8}
锄	꜁tsʰu	sau^{55}		tʰɯ^{1}（犁）
床	tʰɔŋ꜆	sau^{55}		tɕoːŋ^{2}（桌子）
骑	꜁kʰi	tɕʰi^{55}		kʰwi^{4}

第二，邵武话的声调和闽方言送气不送气之间不大整齐，从上例就可见其一斑；14 个例字中读阳平与阴入的各 7 字，而闽方言中这些字大多是送气的。

邵武话把不少闽方言读送气的全浊声母字变读为阴调类(平声字、入声字读阴入,上声字读上声,去声字读阴去)可以看成是一种声母清化的伴随现象。bɦ、dɦ 等声母既然气流较强,可能是更早清化的,即发生在阴阳调类分化之前。邵武话这些字调的转移也是一种较早层次的语音现象。

第三,建阳话古全浊声母的三种读法也是不同历史层次的反映。第二组读送气清音的和其他闽方言一样也是最早清化的;第三组则是最迟清化的,因此至今还保留着浊声母的尾巴。在闽方言中,建阳话的声母显得十分奇特,并且十分耐人寻味。建阳话的 h-和 x-有音位对立,x-来自中古的晓、匣,h-来自次清各母和部分全浊声母(定、澄):

透母	他꜀ha	土꜀ho	拖꜀hue
定母	桃꜁hau	头꜁heu	糖꜁hɔŋ
彻母	拆 hia꜆	超꜀hiɔ	畅 hiɔŋ꜄
澄母	治꜁hɔi	柱 hiu꜄	杖 hiɔŋ꜄
滂母	破 hɔi꜄	柿小木片 hɔi꜄	屁 hy꜄
清母	筅꜂hieiŋ	囱꜀hoŋ	
溪母	隙 hia꜆		

l 和零声母则来自中古全浊各母(含个别次浊字):①

l	定母	投˳leu	堂꜁lɔŋ	停꜁lɔiŋ
	澄母	朝꜁liɔ	持꜁lɔi	长꜁lɔŋ
	从母	才꜁lue	集 lɔi꜇	聚 ly꜄
	崇母	助 lo꜅	寨 lai꜅	状 lɔŋ꜅
	邪母	谢 lia꜅	泅˳liu	徐꜁ly
	禅母	植 lɔi꜇		
	以母	痒 liɔŋ꜄		

① 建阳话还有一些端母字读为 l,例如:担꜀lan、囤꜂luŋ、戴 le꜄(姓)、lue꜅(～帽)。这一现象和闽北的浦城话、浙西南吴语近似。

	船母	舌 lye꜇		
ø	禅母	社 ia꜄	绍 iɔ꜄	上 iɔŋ꜅
	匣母	话 ua꜅	喉꜁o	行꜀iaŋ
	奉母	浮꜀iu		
	船母	船꜁yeiŋ		
	群母	杰 ie꜇		

这种情况使人们猜想到建阳话是在把古次清合并为 h-，把古浊音合并为 l-和 ø，似乎古清浊声母的演变在某些方言是不按原来发音部位发生变化，而是按原来的发音方法分别归入清浊两类的。

看来这种猜想还不是完全没有根据的。各组全浊声母的大合并就见于湘方言。据陈蒲清的调查材料，益阳话古定从邪澄崇船禅七母常用字 444 个中有 264 个（超过半数）读 l-声母，来、泥（今开口呼），日母字也读 l-。① 在泸溪瓦乡话和广西龙胜伶话也有类似情况：②

瓦乡话 l	定母	田 lɛ^{24}	大 ly^{33}	读 lu^{54}
	来母	炉 ly^{55}	癞 lɔ^{33}	轮 luɛ^{55}
	泥母	脑 lɑɔ^{54}		
	日母	柔 ly^{55}		
ȵ	澄母	肠 ȵoŋ^{55}		
	泥母	泥 ȵe^{55}	念 ȵaŋ^{54}	
	疑母	月 ȵy^{54}	孽 ȵe^{54}	
	日母	肉 ȵəɯ^{55}	染 ȵe^{54}	
	来母	来 zɛ^{24}	梨 za^{22}	漏 za^{33}
	以母	油 za^{55}	右 za^{33}	盐 zɛ^{24}
	云母	园 zoŋ^{55}		

---

① 参见陈蒲清《益阳方言的边音声母》，《方言》，1981 年第 3 期。例字太多，此处不列。

② 参见王辅世《湖南泸溪瓦乡话语音》，《语言研究》，1982 年第 1 期；《广西龙胜伶话记略》，《方言》，1979 年第 2、3 期。

	禅母	食 zəɯ^{24}		
伶话	定母	弟 diɛ^{44}	头 dau^{22}	地 di^{44}
	澄母	茶 da^{22}	重 diŋ^{44}	锤 dei^{22}
	崇母	锄茶 du^{22}		
	透母	汤 t^{h}ɔ^{55}	铁 t^{h}iɛ^{22}	讨 t^{h}ɔ^{33}
	清母	菜 t^{h}ia^{44}		
	彻母	彻 t^{h}iɛ^{22}		
	初母	初 t^{h}u^{55}	铲 t^{h}ai^{33}	
	昌母	出 t^{h}ei^{22}	穿 t^{h}ai^{55}	

第四，像闽方言这样历史长、分布广、分歧大的方言，是否一定有一个共同的来源——“原始闽语”？如果联系闽方言形成的社会历史背景来考虑问题，我们总感到很不好理解。闽方言完全可能包含着古闽越语的底层成分，但从整体上来说它是从古代汉语分化出来的，由于它的形成年代正在上古、中古之交——公元 4—10 世纪，所以它同上古和中古的汉语在语音、词汇、语法上都存在着不同方面、不同程度的明显的对应关系。我们应该，也完全可以通过这些对应关系的研究来确定它的历史层次。至于闽方言内部的各种分歧和对应，产生的原因应该是多方面的，可能有移民的时代不同、起步的地区不同，入闽后定居的地点不同，所接触的其他民族语言和其他汉语方言不同，各种社会生活条件不同，后来彼此之间有相互影响、相互渗透。如果说，所有的内部分歧都是从统一的“原始闽语”演化出来的，这个“原始闽语”恐怕只能是一个抽象的理论上的概念，而很难理解为一种现实的原形。因此，我们认为，对于闽方言的内部差异，从它与上古汉语、中古汉语的对应关系，从历史层次的构成去理解，比起为它推出一个“原始闽语”的共时体系，要更切合实际些。

［本文 1982 年在中国音韵学会第三届学术讨论会（西安）上宣读过，后刊登于《语言研究》1985 年第 1 期。］

自闽方言证四等韵无-i-说

切韵音系的四等韵齐、萧、添、先、青等究竟有没有-i-介音？1947年出版的陆志韦的《古音说略》和1951年出版的李荣先生的《切韵音系》都认为是没有的。但是，后来出版的书有的还沿用高本汉的说法，认为有-i-介音。本文试就闽方言的材料为四等韵无-i-说提供一个方面的论证。

以下分别列举例字说明各四等韵在闽方言的表现，共取有代表性的七个方言点：闽东的福州话、宁德话，闽北的建瓯话，闽中的永安话，闽南的莆田话、厦门话，粤东的汕头话。

齐(荠、霁)

例字	福州	宁德	建瓯	永安	莆田	厦门	汕头
批	p^{h}ie^{1}	p^{h}i^{1}	p^{h}i^{1}	p^{h}e^{1}	p^{h}e^{1}	p^{h}ue^{1}	p^{h}oi^{1}
迷	mi^{2}	mi^{2}	mi^{2}	mi^{2}	pe^{2}	be^{2}	mi^{2}
米	mi^{3}	mi^{3}	mi^{3}	mi^{3}	pi^{3}	bi^{3}	bi^{3}
底	tɛ^{3}	tɛ^{3}	tai^{3}	te^{3}	te^{3}	te^{3} ti^{3}① tue^{3}	ti^{3} toi^{3}
蹄	tɛ^{2}	tɛ^{2}	tai^{5}	te^{2}	te^{2}	te^{2} tue^{2}	toi^{2}
弟	ta^{6} tie^{6}	ti^{3} tɛ^{3}	ti^{6}	te^{6}	ti^{6}	te^{6} ti^{6}	ti^{4}
替	t^{h}a^{5}	t^{h}ɛ^{5}	t^{h}ai^{5}	t^{h}i^{5}	t^{h}e^{5}	t^{h}e^{5} t^{h}ue^{5}	t^{h}i^{5}
梯	t^{h}ɛ^{1} t^{h}ai^{1}	t^{h}ai^{1}	t^{h}i^{1}	t^{h}i^{1}	t^{h}ui^{1}	t^{h}e^{1} t^{h}ui^{1}	t^{h}ui^{1}
犁	lɛ^{2}	lɛ^{2}	lai^{5}	le^{2}	le^{2}	le^{2} lue^{2}	loi^{2}
妻	ts^{h}ɛ^{1}	ts^{h}œ^{1}	ts^{h}i^{1}	ts^{h}i^{1}	ts^{h}e^{1}	ts^{h}e^{1} ts^{h}ue^{1}	ts^{h}i^{1}

① te^{3} 是旧文读，用于诵读旧诗文，ti^{3} 是新文读如说"到底"（副词）tau^{5} ti^{3}。

续表

齐	tsɛ^{2}	tsɛ^{2}	tsi^{3} tsai^{3}	tsi^{2} tse^{2}	tse^{2}	tse^{2} tsue^{2}	tsoi^{2}
脐	sai^{2}	tsai^{2}	ts^{h}ɛ^{5}	tsa^{2}	tsai^{2}	tsai^{2}	tsai^{2}
西	sɛ^{1}	sɛ^{1}	sai^{1}	si^{1}	ɬe^{1}	se^{1} sai^{1}	sai^{1}
洗	sɛ^{3}	sɛ^{3}	sai^{3}	se^{3}	ɬe^{3}	se^{3} sue^{3}	soi^{3}
细	sa^{5}	sɛ^{5}	sai^{5}	se^{5}	ɬe^{5}	se^{5} sue^{5}	soi^{5}
婿	sai^{5}	sɛ^{5} sai^{5}	si^{5}	sa^{5}	ɬai^{5}	se^{5} sai^{5}	sai^{5}
鸡	kie^{1}	ki^{1}	kai^{1}	ke^{1}	ke^{1}	ke^{1} kue^{1}	koi^{1}
溪	k^{h}ɛ^{1}	k^{h}ɛ^{1}	k^{h}ai^{1}	k^{h}e^{1}	k^{h}e^{1}	k^{h}e^{1} k^{h}ue^{1}	k^{h}oi^{1}
髻	kui^{5}	kui^{5}	ko^{5}	kue^{5}	kue^{5}	ke^{5}	kue^{5}
桂	kiɛ^{5}	ki^{5}	ky^{5}	kyi^{5}	ke^{5}	kui^{5}	kui^{5}
惠	xiɛ^{6}	xi^{1}	xy^{6}	syi^{5}	he^{6}	hui^{6}	hui^{4}

齐韵字在闽方言各点大多数读为洪音。少数字读为 i 韵,显然是受北方话元音高化的结果。只有福州话部分字读为带-i-介音的 ie,混同于三等韵祭废和支脂。例如:

齐韵　批 p^{h}ie^{1}　弟 tie^{6}　鸡 kiɛ^{1}　契 k^{h}iɛ^{5}　系 xiɛ^{6}

祭废　币 piɛ^{5}　例 liɛ^{6}　祭 tsiɛ^{5}　世 siɛ^{5}　肺 xiɛ^{5}

支脂　支 tsie^{1}　离 lie^{2}　戏 xiɛ^{5}　规 kie^{1}　季 kiɛ^{5}

在上古音里,齐韵字有与支韵字同归支部的,也有与脂韵字同归脂部的;霁韵字有与祭、废韵字同归月部的。福州话部分齐韵字读为 ie 和支脂祭废相混正是反映了这一源流关系。

就具体音值看,许多点都把齐韵字读为单元音韵,只有建瓯、汕头两点读为带-i-韵尾的前响复合元音韵。值得注意的是建瓯话和其他点读为 ai 韵的都和皆佳韵的多数字、支脂韵的少数字同韵。请看建瓯话:

齐韵　洗 sai^{3}　契 k^{h}ai^{5}　泥 nai^{3}　齐 tsai^{3}　细 sai^{5}　西 sai^{1}　鸡 kai^{1}
　　溪 k^{h}ai^{1}

支佳　徙 sai^{3}　企 k^{h}ai^{5}　奶 nai^{3}　债 tsai^{5}　晒 sai^{5}　筛 sai^{1}　街 kai^{1}

解 kai^{3}

脂皆 篦 pai^{1} 稗 p^{h}ai^{5} 豺 tsai^{3} 斋 tsai^{1} 楷 k^{h}ai^{3}

再看福州等其他点：

韵 \ 例字	齐 梯	脐	婿	支 纸	筛	佳 钗	解	脂 狮	屎	皆 豺	皆
福州	t^{h}ai^{1}	sai^{2}	sai^{5}	tsai^{3}	t^{h}ai^{1}	ts^{h}ai^{1}	kai^{3}	sai^{1}	sai^{3}	tsai^{2}	kai^{1}
宁德	t^{h}ai^{1}	tsai^{2}	sai^{5}	tsai^{3}	t^{h}ai^{1}	ts^{h}ai^{1}	kai^{3}	sai^{1}	sai^{3}	tsai^{2}	kai^{1}
莆田	t^{h}ui^{1}	tsai^{2}	ɬai^{5}	tsyɒ^{3}	t^{h}ai^{1}	ts^{h}ai^{1}	kai^{3}	ɬai^{1}	ɬai^{3}	tsai^{2}	kai^{1}
厦门	t^{h}ui^{1}	tsai^{1}	sai^{5}	tsua^{3}	t^{h}ai^{1}	ts^{h}ai t^{h}uei^{1}	kai^{3} kue^{3}	sai^{1}	sai^{3}	tsai^{2}	kai^{1}
汕头	t^{h}ui^{1}	tsai^{2}	sai^{5}	tsua^{3}	t^{h}ai^{1}	t^{h}oi^{1}	koi^{3}	sai^{1}	sai^{3}	tsai^{2}	kai^{1}

在上古音里，齐韵字部分与支、佳韵合归支部，部分与脂、皆韵合归脂部，闽方言各点相当一致地把一些常用字读为 ai 并与支、佳、脂、皆等韵的字合韵，这显然也是上古韵类的反映。我们还可以从此得到启发：带-i 韵尾的读法比起单元音韵的读法应该是较为古老的形式。

就闽方言各点的读法看，齐韵的实际音值的演变过程可能是：

```
*ai(εi)——a(ε)——ε(e)——i
    |
    |—— oi —— ue(œ)
    |
    |—— iai(iεi)—— iε —— ie —— i
```

萧(篠、啸)

例字	福州	宁德	建瓯	永安	莆田	厦门	汕头
雕	tiu^{1} tεu^{1}	tεu^{1}	tiau^{1}	tiɯ^{1} to^{1}	tiɐu^{1}	tiau^{1}	tiou^{1}
条	tεu^{2}	tεu^{2}	tiau^{5}	to^{2}	tiɐu^{2}	tiau^{2} tio^{2}①	tiou^{2}
吊	tieu^{5} tau^{5}	tεu^{5}	tiau^{5}	to^{5}	tiɐu^{5}	tiau^{5} tau^{5}②	tiou^{5}
调和	tiu^{2} tεu^{2}	tiu^{2} tεu^{2}	tiau^{3}	to^{2}	tiɐu^{2}	tiau^{2}	tiou^{2}
跳	t^{h}ieu^{5}	t^{h}iu^{5}	t^{h}iau^{5}	t^{h}iɯ^{5}	t^{h}iɐu^{5}	t^{h}iau^{5}	t^{h}iou^{5}

---

① 口语中通常也说 tiau^{2}，只在“冰条”(冰棍儿)中说 tio^{2}。

② “吊吊 tiau^{5}tau^{5} 就是“上吊”。闽南话有些双音词就是同一个字的一文一白读音组成的。例如里里 lai^{6}li^{3}(内里)食食 tsiaʔ^{8} sit^{8}(食物)牲牲 tsiŋ^{1} sĩ^{1}(畜牲)。

续表

了	liu^{3} lau^{3}	liau^{3} lou^{3}	liau^{3}	liu^{3} lo^{3}	liɐu^{3}	liau^{3}	liou^{3}
料	leu^{6} lau^{6}	liu^{6} lɛu^{6}	liau^{6} lau^{8}	liɯ^{6}	liɐu^{6}	liau^{6}	liou^{6}
萧	siu^{1}	siu^{1}	siau^{1}	ʃiɯ^{1}	ɬiɐu^{1}	siau^{1} sio^{1}	siou^{1}
叫	kieu^{5}	kiu^{5}	kiau^{5}	kiɯ^{5}①	kiɐu^{5}	kiau^{5} kio^{5}	kio^{5}
晓	xiu^{3}	xiu^{3} xɛu^{3}	hiau^{3}	ʃiɯ^{3}	hiɐu^{3}	hiau^{3}	hiou^{3}
窍	k^{h}ieu^{5}	k^{h}iu^{5}	k^{h}iau^{5}	k^{h}iɯ^{5}	k^{h}iɐu^{5}	k^{h}iau^{5} k^{h}io^{5}	k^{h}iou^{5}

萧韵字读为洪音只在闽东的福州话、宁德话,闽中的永安话反映比较明朗,其他点都和三等宵韵混同,读为带-i-介音的韵。

就保留洪音的点看,在闽东是和侯、尤韵混同的,在永安则与肴韵混同,而三等宵韵就不可能有这种混同,因为它非有-i-介音不可。试比较:

萧/侯尤	雕/兜	条/投	吊/斗	料/廖
福州	tɛu^{1}	tɛu^{2}	tau^{5}	lau^{6}
宁德	tɛu^{1}	tɛu^{2}	tɛu^{5}	lɛu^{6}

萧/肴	条	调	了	吊/	闹	包	炒	巧
永安	to^{2}	to^{2}	lo^{3}	to^{5}	lo^{5}	po^{1}	ts^{h}o^{3}	k^{h}o^{3}

切韵系统的萧韵字在上古音里部分与幽、尤同归幽部,部分与肴韵合归宵部。以上的合韵也可以推到上古音的渊源。萧韵读为洪音也显然是先于细音的。其具体音值的演变过程可作如下表示:

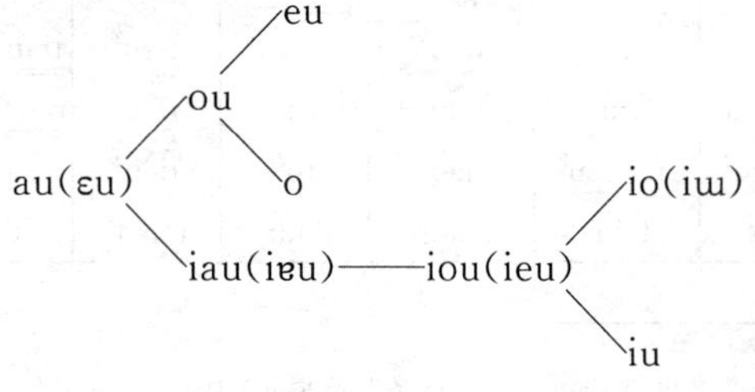

① 这里是读书音,口语中"叫"说成"吼"hø^{3}。

添(忝、㮇、帖)

例字	福州	宁德	建瓯	永安	莆田	厦门	汕头
点	tieŋ^{3} tɛiŋ^{3}	tem^{3}	taŋ^{3}	tĩ^{3}	tiaŋ^{3}	tiam^{3}	tiam^{3}
店	taiŋ^{5}	tem^{5}	taŋ^{5}	tĩ^{5}	tiaŋ^{5} te^{5}	tiam^{5} tãi^{5}	tiam^{5}
添	t^{h}ieŋ^{1}	t^{h}em^{1}	t^{h}iŋ^{1}	t^{h}eŋ^{1}	t^{h}iaŋ^{1}	t^{h}iam^{1} t^{h}ĩ^{1}	t^{h}iam^{1}
甜	tieŋ^{1}	tem^{1}	taŋ^{3}	teŋ^{1}	tiŋ^{1}	tĩ^{1}	tiam^{2}
念	nieŋ^{6} naiŋ^{6}	nim^{6} nem^{6}	niŋ^{6} naŋ^{6}	leŋ^{5}	naiŋ^{6}	liam^{6}	niam^{4}
兼	kieŋ^{1}	kem^{1}	kiŋ^{1}	keŋ^{1}	kiaŋ^{1}	kiam^{1}	kiam^{1}
谦	k^{h}ieŋ^{1}	k^{h}em^{1}	k^{h}iŋ^{1}	k^{h}eŋ^{1}	k^{h}iaŋ^{1}	k^{h}iam^{1}	k^{h}iam^{1}
嫌	xieŋ^{2}	xim^{2}	xiŋ^{3}	ʃieŋ^{2}	hiaŋ^{2}	hiam^{2}	hiam^{2}
叠	tieʔ^{8}	tɛp^{8}	tiɛ^{7}	te^{4}	teʔ^{8} t^{h}ia^{6}	t^{h}iap^{7} t^{h}aʔ^{8}	t^{h}aʔ^{8}
帖	t^{h}aiʔ^{8}	t^{h}ɛp^{7}	t^{h}iɛ^{7}	t^{h}e^{7}	t^{h}eʔ^{7}	t^{h}iap^{7}	t^{h}iap^{7}
碟	tieʔ^{8}	tɛp^{8}	ta^{8}	te^{4}	tiaʔ^{8}	tiap^{8} tiʔ^{8}	tiʔ^{8}
协	xieʔ^{8}	xɛp^{8}	xiɛ^{8}	ʃie^{4}	hiaʔ^{8}	hiap^{8}	hiap^{8}

添韵字读洪音在闽东、闽北各点反映比较充分,在闽南(粤东的潮汕地区也是闽南话系统)只有个别的痕迹。

在读洪音的方言中,永安话的 eŋ 和咸、山三等的韵混同。例如:染 leŋ^{3} 剑 keŋ^{5} 变 peŋ^{5} 全 tseŋ^{2};其余各点都有读同咸摄开口一、二等谈咸韵的。例如:

福州　点 tɛiŋ^{3}　店 taiŋ^{5}　念 naiŋ^{6}/蚕 ts^{h}ɛiŋ^{2}　咸 kɛiŋ^{2}
　　　减 kɛiŋ^{3}

宁德　点 tem^{3}　店 tem^{5}　念 nem^{6}/蚕 ts^{h}em^{2}　咸 kem^{2}
　　　减 kem^{3}

建瓯　点 taŋ^{3}　店 taŋ^{5}　念 naŋ^{6}/谈 taŋ^{2}　淡 taŋ^{5}
　　　南 naŋ^{3}

这些点也有把添韵字读为带-i-介音的韵,混同与三等韵严、盐,但三等韵都没有读为洪音的。可见,只有洪音变细音的韵例,而没有细音变洪音的韵例。

添/帖韵的具体音值的变化过程,就闽方言的读法看,可作如下解释:

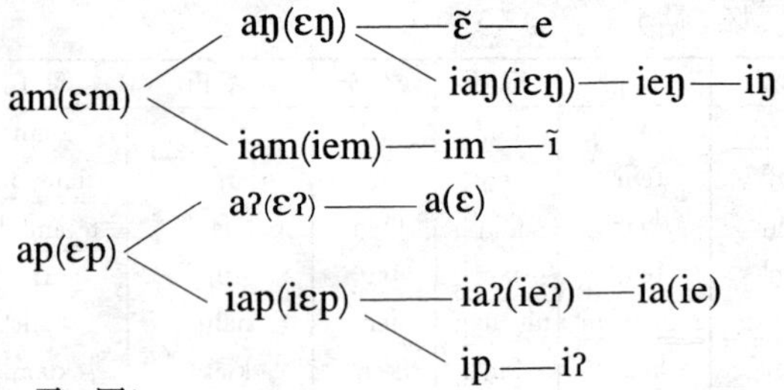

aŋ(ɛŋ) —— ɛ̃ —— e

aŋ(ɛŋ) —— iaŋ(iɛŋ) —— ieŋ —— iŋ

am(ɛm) —— aŋ(ɛŋ)

am(ɛm) —— iam(iem) —— im —— ĩ

ap(ɛp) —— aʔ(ɛʔ) —— a(ɛ)

ap(ɛp) —— iap(iɛp) —— iaʔ(ieʔ) —— ia(ie)

iap(iɛp) —— ip —— iʔ

先(铣、霰、屑)

例字	福州	宁德	建瓯	永安	莆田	厦门	汕头
边	pieŋ^1 pɛiŋ^1	pen^1	piŋ^1	peŋ^1	piŋ^1	pian^1 pĩ^1	piaŋ^1 pĩ^1
扁	pieŋ^3	pen^3	piŋ^3	peŋ^3	pɛŋ^3 pe^3	pian^3 pĩ^3	piaŋ^3 pĩ^3
天	t^{h}iŋ^1	t^{h}en^1	t^{h}iŋ^1	t^{h}eŋ^1 t^{h}iŋ^1	t^{h}ɛŋ^1 t^{h}iŋ	t^{h}ian^1 t^{h}ĩ^1	t^{h}iaŋ^1 t^{h}ĩ^1
填	tɛiŋ^2	ten^2	taiŋ^3	tĩ^2	tɛŋ^2	tian^2	tiaŋ^2
殿	taiŋ^6	ten^6	taiŋ^6	teŋ^5	tɛŋ^5	tian^6 tãi^{5}①	tõi^5
年	nieŋ^2	nin^2	niŋ^5	ŋeŋ^2	nɛŋ^2 niŋ^2	lian^2 nĩ^2	nĩ^2 hĩ^2
莲	lieŋ^1 lɛiŋ^1	len^1	laiŋ^5	leŋ^2	lɛŋ^2	lian^2 nãi^{2}②	nõi^2
千	ts^{h}ieŋ^1	ts^{h}en^1	ts^{h}aiŋ^1	ts^{h}eŋ^1	ts^{h}ɛŋ^1 ts^{h}e^1	ts^{h}ian^1 ts^{h}iŋ^1	ts^{h}õi^1
前	tsieŋ^2 sɛiŋ^2	tsin^2 sen^2	ts^{h}iŋ^5	tseŋ^2	tsɛŋ^2 ɬe^2	tsian^2 tsiŋ^2 tsãi^{1}③	ts^{h}õi^2
先	sieŋ^1 sɛiŋ^1	sen^1	siŋ^1 saiŋ^1	seŋ^1	ɬɛŋ^1 ɬe^1	sian^1 siŋ^1	sõi^1
筅④	ts^{h}ɛiŋ^3	ts^{h}en^3	t^{h}iŋ^3	ts^{h}ĩ^3	ts^{h}e^3	ts^{h}iŋ^3	ts^{h}õi^3
肩	kieŋ^1 kɛiŋ^3	ken^1	kaiŋ^1	kĩ^1	kɛŋ^1 ke^1	kian^1 kiŋ^1	kõi^1
茧	kieŋ^3 kɛiŋ^3	ken^3	kaiŋ^3	kĩ^3	kɛŋ^3 ke^3	kian^3 kiŋ^3	kõi^3
牵	k^{h}ɛiŋ^1	k^{h}en^1	k^{h}aiŋ^1	k^{h}ĩ^1	k^{h}ɛŋ^1	k^{h}ian^1 k^{h}an^1	k^{h}aŋ^1
犬	k^{h}ɛiŋ^3	k^{h}en^3	k^{h}yiŋ^3	k^{h}yeŋ^3	k^{h}œŋ^3	k^{h}ian^3	k^{h}iaŋ^3
悬	xieŋ^2 xɛiŋ^2 kɛiŋ^{2}⑤	ken^2	xyiŋ^3	kyeŋ^2	hœŋ^2 ke^2	hian^2 kuãi^2	hiaŋ^2 kuĩ^2

① 厦门市郊地名“殿前”音 tãi^5 tsãi^2。

② 厦门市隔海相望的南安市地名“莲河”音 nãi^2 o^2。

③ 厦门市郊地名“殿前”音 tãi^5 tsãi^2。

④ 《广韵》上声铣韵:“筅、筅帚、饭具。”福州话叫鼎筅,厦门话又引申作动词“刷、掸”。

⑤ xɛiŋ^2:垂下,kɛiŋ^2:高。宁德、莆田、厦门、汕头“高”都叫“悬”。

续表

县	kaiŋ^{6}	ken^{6}	kyiŋ^{6}	ʃieŋ^{5}	ke^{6}	kuãi^{6}	kuĩ^{6}
渊	yoŋ^{1}	on^{1}	yiŋ^{1}	yeŋ^{1}	œŋ^{1}	ian^{1}	iaŋ^{1} uaŋ^{1}
撇	p^{h}ieʔ^{7}	p^{h}it^{7}	p^{h}iɛ^{7}	p^{h}e^{7}	p^{h}ɛ^{7}	p^{h}iat^{7} p^{h}uat^{7}	p^{h}uaʔ^{7}
篾	mieʔ^{8}	met^{8}	miɛ^{7}	me^{4}	piʔ^{8}	biʔ^{8}	biʔ^{8}
铁	t^{h}ieʔ^{7}	t^{h}it^{7}	t^{h}iɛ^{7}	t^{h}e^{7}	t^{h}ɛʔ^{7} t^{h}iʔ^{7}	t^{h}iat^{7} t^{h}iʔ^{7}	t^{h}iʔ^{7}
节	tsieʔ^{7} tsaiʔ^{7}	tsit^{7} tset^{7}	tsiɛ tsɛ^{7}① tsai^{7}	tse^{7} tsa^{7}	tsɛʔ^{7} tseʔ^{7}	tsiat^{7} tsat^{7} tsueʔ^{7}②	tsak^{7} tsoiʔ^{7}
切	ts^{h}ieʔ^{7}	ts^{h}it^{7}	ts^{h}iɛ^{7} ts^{h}o^{7}	ts^{h}e^{7} ts^{h}ue^{7}	ts^{h}ɛʔ^{7}	ts^{h}iat^{7} ts^{h}ueʔ^{7}	ts^{h}iak^{7}
截	tseiʔ^{8}	tset^{8}	tsai^{8}	tsa^{4}	tsɛʔ^{8}	tsiat^{8} tsueʔ^{8}	tsoiʔ^{8}
结	kiɛʔ^{7} kaiʔ^{7}	kit^{7}	kiɛ^{7}	ke^{7} kia^{7}	kɛʔ^{7}	kiat^{7} kat^{7}	kak^{7}
决	kyoʔ^{7}	kyt^{7}	kyt^{7}	kye^{7}	kœʔ^{7}	kuat^{7}	kuak^{7}
缺	k^{h}uoʔ^{7}	k^{h}yt^{7} k^{h}ut^{7}	k^{h}yɛ k^{h}iɛ^{7}	k^{h}ye^{7}	k^{h}œʔ^{7}	k^{h}uat^{7} k^{h}iʔ^{7}	k^{h}ueʔ^{7} k^{h}iʔ^{7}
血	xaiʔ^{7}	xet^{7}	xiɛ^{7} xuai^{7}	sye^{7}	hœʔ^{7} heʔ^{7}	hiat^{7} huiʔ^{7}	hueʔ^{7}

先韵字在闽方言基本上读为洪音。上表中厦门话读为洪音的例字较少，在厦门郊区的同安话和邻近的漳州话还有一些字和二等韵一样读为洪音。例如同安话（白读）：千 ts^{h}ãi^{1} 前 tsãi^{2} 先 sãi^{1} 肩 kãi^{1} 茧 kãi^{3}；漳州话（白读）：前 tsan^{2} 先 san^{1} 茧 kan^{3}。

各点读为洪音的先韵字和什么韵混同，情况比较复杂，分别说明如下：

福州话的 ɛiŋ/aiŋ、aiʔ/eiʔ③ 还见于山—黠、删—鎋。例如：闲 ɛiŋ^{2} 拣 kɛiŋ^{3} 办 paiŋ^{6} 限 aiŋ^{6} 八 paiʔ^{7} 拔 peiʔ^{8}；板 pɛiŋ^{3} 慢 maiŋ^{6} 辖 xaiʔ^{7}。

建瓯话的 aiŋ、ai、o 还见于山，臻两摄的一、二等字。例如：简

① tsɛ^{7} 竹节，tsai^{7} 过节。

② tsat 竹节，tsue 过节。

③ 这里表示两个韵的四个变体。ɛiŋ 出现于平上声，aiŋ 出现于去声，aiʔ 见于阴入，eiʔ 见于阳入。

kaiŋ^{3} 辫 paiŋ^{6} 眼 ŋaiŋ^{3} 限 xaiŋ^{6} 八 pai^{7} 夺 to^{8} 滑 ko^{8}；臻 tsaiŋ^{1} 衬 ts^{h}aiŋ^{5} 跟 kaiŋ^{1} 奔 paiŋ^{1} 骨 ko^{7} 卒 tso^{7} 物 o^{8}。

汕头话的 õi aŋ、oiʔ ak 还见于山—黠、删—鎋。例如：闲 haŋ^{2}õi^{2} 间 kaŋ^{1} kõi^{1} 拣 kaŋ^{3} kõi^{3} 办 paŋ^{6} 苋 hoi^{6} 八 pak^{7} poiʔ^{7}；板 paŋ^{3} 慢 maŋ^{5} 辖 hak^{7}。

宁德话的 en、et 和山摄二等、三等都有混同的。例如：闲 en^{2} 拣 ken^{3} 限 en^{6} 办 pen^{6} 板 pen^{3} 八 pet^{7} 拔 pet^{8}；鞭 pen^{1} 鲜 ts^{h}en^{1} 展 ten^{3} 浅 tsen^{3} 别 pet^{8} 裂 let^{8}。

莆田话的 ɛŋ œŋ ɛŋ œʔ 和永安话的 eŋ、e 则和山摄三等字相混。例如：

	片	变	贱	连	言	全	灭	歇	雪
莆田	p^{h}ɛŋ^{5}	pɛŋ^{5}	tsɛŋ^{6}	lɛŋ^{2}	ŋœŋ^{2}	tsœŋ^{2}	pɛʔ^{8}	hœ^{7}	ɬœ^{7}
永安	p^{h}eŋ^{7}	peŋ^{7}	tseŋ^{6}	len^{2}	ŋeŋ^{2}	tseŋ^{2}	me^{4}	ʃe^{7}	se^{7}

从闽方言的表现看，先(屑)韵的语音演变过程可作如下解释：

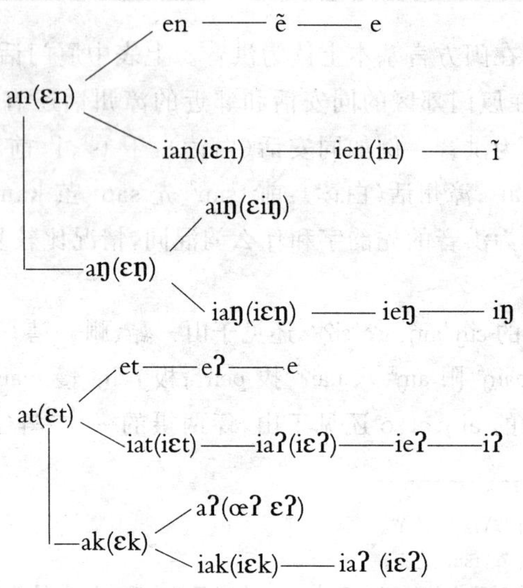

青(迥、径、锡)

例字	福州	宁德	建瓯	永安	莆田	厦门	汕头
瓶	piŋ^{2}	peŋ^{2}	paiŋ^{3}	pĩ^{2}	pɛŋ^{2}	piŋ^{2} pan^{2}	piŋ^{2} paŋ^{2}
冥①	miŋ^{2} maŋ^{2}	miŋ^{2} meŋ^{2}	maŋ^{2}	mo^{2}	miŋ^{2} ma^{2}	biŋ^{2} mĩ^{2}	meŋ^{2} mẽ^{2}
钉	tiŋ^{1}	tiŋ^{1}	taiŋ^{1}	tĩ^{1}	teŋ^{1}	tiŋ^{1} tan^{1}	teŋ^{1}
鼎②	tʰiŋ^{3} tiaŋ^{3}	tʰiŋ^{3} tiaŋ^{3}	teiŋ^{3}	tĩ^{1} tiõ^{3}	teŋ^{3} tia^{3}	tiŋ^{3} tiã^{3}	tiã^{3}
听	tʰiŋ^{1} tʰiaŋ^{1}	tʰiŋ^{1} tʰiaŋ^{1}	tʰeiŋ^{5} tʰiaŋ^{5}	tʰiõ^{1}	tʰeŋ^{1} tʰia^{3}	tʰiŋ^{1} tʰiã^{1}	tʰiã^{1}
亭	tiŋ^{2}	teŋ^{2}	taiŋ^{3}	tĩ^{2}	teŋ^{2}	tiŋ^{2} tan^{2}	teŋ^{2}
庭③	tiŋ^{1} tiaŋ^{1}	tieŋ^{2}	teiŋ^{3}	tã^{2}	teŋ^{2} tia^{2}	tiŋ^{2} tiã^{2}	teŋ^{2} tiã^{2}
铃	liŋ^{2}	leŋ^{2}	laiŋ^{5}	lĩ^{2}	leŋ^{2}	liŋ^{2} lan^{2}	leŋ^{2}
灵	liŋ^{2}	leŋ^{2}	leiŋ^{3} liaŋ^{5}	lã^{2} liõ^{2}	liŋ^{2}	liŋ^{2}	leŋ^{2}
青	tsʰiŋ^{1} tsʰaŋ^{1}	tsʰiŋ tsʰaŋ^{1}	tsʰieŋ^{1} tsʰaŋ^{1}	tsʰã^{1}	tsʰiŋ^{1} tsʰa^{1}	tsʰiŋ^{1} tsʰĩ^{1}	tsʰẽ^{1}
星	siŋ^{1}	siŋ^{1}	saiŋ^{1}	sĩ^{1}	ɬiŋ^{1} tsʰa^{1}	siŋ^{1} tsʰĩ^{1}	tsʰẽ^{1}
腥	siŋ^{1} tsʰaŋ^{3}	seŋ^{1}	saiŋ^{1}	sĩ^{1}	ɬiŋ^{1} tsʰa^{1}	siŋ^{1} tsĩ^{1}	se^{1} tsʰẽ^{1}
醒	siŋ^{3} ʦʰaŋ^{3}	siŋ^{3} ʦʰaŋ^{3}	saiŋ^{3} ʦʰaŋ^{3}	ʦʰõ^{3}	ɬiŋ^{3} tsʰa^{3}	siŋ^{3} tsʰĩ^{3}	tsʰẽ^{3}
经④	kiŋ^{1} kiaŋ^{1}	kiŋ^{1}	keiŋ^{1}	kiã^{1}	kiŋ^{1} ka^{1}	kiŋ^{1} kĩ^{1}	keŋ^{1} kiã^{1}
形	xiŋ^{2}	xeŋ^{2}	xeiŋ^{3}	ham^{2}	hiŋ^{2}	hiŋ^{2}	heŋ^{2}
萤	iŋ^{2}	eŋ^{2}	œyŋ^{3} iaŋ^{5}	uã^{2}	eŋ^{2} ia^{2}	iŋ^{2} iã^{2}	eŋ^{2}
壁	piɛʔ^{7}	piek^{7}	pia^{7}	piɔ^{7}	piaʔ^{7}	pik^{7} piaʔ^{7}	piaʔ^{7}
滴	tɛiʔ^{7}	tek^{7}	ti^{7}	ti^{7} te^{7}	tɛʔ^{7}	tiʔ^{7}	tiʔ^{7}
踢	tʰɛiʔ^{7}	tʰek^{7}	tʰɛ^{7}	tʰi^{7} ta^{7}	tɛʔ^{7}	tʰat^{7}	tʰak^{7}
笛	tiʔ^{8}	tik^{8}	ti^{8}	ta^{2}	tɛʔ^{8}	tik^{8} tat^{8}	tek^{7}
历	liʔ^{8}	lik^{8}	li^{8}	liɔ^{4}	lɛʔ^{8}	lik^{8} laʔ^{8}	leʔ^{8}
锡	sɛiʔ^{7}	sek^{7}	sɛ^{7}	sa^{7}	ɬiaʔ^{7}	sik^{7} siaʔ^{7}	siaʔ^{7}
激	kɛiʔ^{7}	kek^{7}	ki^{7}	ki^{7}	kiʔ^{7}	kik^{7}	ŋek^{7}
吃⑤	kʰɛiʔ^{7}	kʰek^{7}	kʰi^{7}	kʰia^{7}	kʰɛʔ^{7}	kʰik^{7}	ŋek^{7}

① “冥”的白读音在闽方言用来表示“夜晚”。《广韵》下平青韵:“冥,暗也,莫经切。”

② “鼎”的白读音在闽方言是“铁锅”的意思。

③ “庭”的白读音在闽方言表示“庭院”“场子”,俗写作“埕”。

④ 福州话白读音指“经线”,汕头话白读音指“经书”。

⑤ 闽方言“吃”都说成“食”,这里的音都不指吃,在建瓯话见于“口吃”,在其他点见于“吃亏”,闽方言的“吃亏”又不同于普通话,是“难受、受罪”的意思。

青韵字读洪音在闽方言各点也普遍有反映。有文白异读的点往往是白读音读为洪音。

读为洪音的青韵字往往和二等韵庚、耕混同，而不与三等韵庚、清混同。请看：

	青	醒	冥	争	生	羹	声	饼	领
福州	ts^{h}aŋ^{1}	ts^{h}aŋ^{3}	maŋ^{2}	tsaŋ^{1}	saŋ^{1}	kaŋ^{1}	siaŋ^{1}	piaŋ^{3}	liaŋ^{3}
莆田	ts^{h}a^{1}	ts^{h}a^{3}	ma^{2}	tsa^{1}	ɬa^{1}	ka^{1}	ɬia^{1}	pia^{3}	lia^{3}
汕头	ts^{h}ẽ^{1}	ts^{h}ẽ^{3}	mẽ^{2}	tsẽ^{1}	sẽ^{1}	kẽ^{1}	siã^{1}	piã^{3}	niã^{3}
永安	ts^{h}ã^{1}	ts^{h}õ^{3}	mõ^{2}	tsõ^{1}	sõ^{1}	kõ^{1}	ʃiõ^{3}	piõ^{3}	liõ^{3}
建瓯	ts^{h}aŋ^{1}	ts^{h}aŋ^{3}	maŋ^{5}	tsaiŋ^{1}	saŋ^{1}	kaŋ^{1}	siaŋ^{1}	piaŋ^{3}	liaŋ^{6}

就闽方言的各种表现看，青韵的音值演变过程可作如下解释：

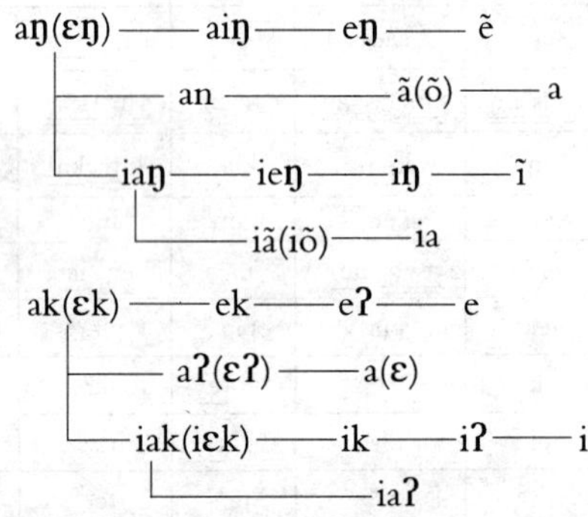

根据以上材料，四等韵开口字在闽方言各点读为洪音的情况可列为如下简表：(合口字少变化又较复杂，略去不论)

	福州	宁德	建瓯	永安	莆田	厦门	汕头
齐	ɛ(a) 〈ai〉	ɛ 〈œ〉〈ai〉	〈ɛ〉 ai	e 〈a〉	e 〈ai〉	e ue 〈ai〉	oi 〈ai〉
萧	〈ɛu(au)〉	〈ɛu〉	〈au〉	〈o〉		〈au〉	
添	ɛiŋ(aiŋ)	em	〈aŋ〉	eŋ	〈e〉		
帖	〈aiʔ〉	ɛp	〈a〉	e	〈eʔ〉	〈ãʔ〉	〈ãʔ〉

续表

先	εiŋ(aiŋ)	en	aiŋ	eŋ	εŋ e 〈œŋ〉	〈āi〉	ōiʔ 〈ak〉
屑	〈eiʔ(aiʔ)〉	et	〈ai〉 〈o〉	e 〈a〉	εʔ 〈œʔ〉〈eʔ〉	〈at〉 〈ueʔ〉	oiʔ 〈ak〉
青	〈aŋ〉	eŋ 〈aŋ〉	aiŋ aŋ 〈eiŋ〉	〈ā〉〈ō〉 〈am〉	eŋ a	〈an〉	eŋ ē
锡	εiʔ	ek	〈ε〉	a 〈e〉	εʔ	〈at aʔ〉	ek eʔ 〈ak〉

（说明：表中未加〈〉者是基本对应，加〈〉者是部分字的读法，下加＿＿是文读音，下加＿是白读音，()内是福州话去声的变韵。）

这样一些读音，尤其是宁德的各韵读音和陆志韦、李荣所拟测的切韵系四等韵的音是相当接近的：①

	陆志韦拟音	李荣拟音
齐	εi wεi	ei wei
萧	εu	eu
添(帖)	εm εp	em ep
先(屑)	εn wεn εt wεt	en uen et uet
青(锡)	εŋ wεŋ εk wεk	eŋ ueŋ ek uek

但是，上表所列闽语无-i-介音的读法有点不齐全，有的只是个别字的读法，从何判断这些无-i-介音的读法是接近于切韵音系的读法？上文结合各韵在上古音的源流以及语音演变的原理已经有所说明，这里再进一步提出两点分析。

第一，从语音的历史层次看，闽方言把四等韵读为洪音往往混同于相应的一、二等韵；带-i-介音的读法则混同于相应的三等韵，这是两个显然不同的语音历史层次。在上古音，好些四等韵与一、二等韵合为一个韵部；在切韵的反切上字中，明显地按一二四等和

① 参见陆志韦《古音说略》第66—67页，哈佛燕京学社，1947年；李荣《切韵音系》第150页，科学出版社，1956年。

三等的条件分为两组，这说明前一个层次是离上古音较近，和切韵反切上字的分组相一致的。至于三四等的混同则是唐以后的事，北宋所修《广韵》，部分三、四等韵"同用"（如霁与祭、先与仙、萧与宵），说明了三四等韵的主要元音已经混同或相当接近；到了南宋初年的《韵镜》则明确指出："逐韵属单行字母者在上下联读二位只同一音。"①这就是说，在同样的声母条件下，三四等韵是同音的。闽方言的三四等韵的混同为带-i-介音的韵正是在从"同用"到"只同一音"这一过程中完成的，显然是比四等韵混于一二等的音为迟。

就文白异读的状况也可以看出有无-i-介音这两个语音层次的先后。凡是有文白对立的四等韵，无-i-介音的读法总是属于白读音，带-i-介音的读法是文读音。文读音是按照韵书的反切世代相承传下来的，在福建，汉人大量聚居、设学教习，应是唐以后的事，闽方言的文读系统是在中古文学语言的语音系统——《切韵》音系直接影响下形成的；而白读系统则包括比较复杂的因素，其中有上古音的遗迹，也有中古音的变异。例如厦门话：方 hɔŋ^{1} pŋ^{1} 住 tsu^{6} tiu^{6}，其白读音就是切韵以前的音（古无轻唇、古无舌上），踏 tap^{8} taʔ^{8} 三 sam^{2} sã^{2}，其白读音就是《切韵》以后的音（中古之后塞音和鼻音韵尾脱落）。② 四等韵无-i-介音的白读音有的就是直接和所保留的上古声母组成一个音节的，例如：

悬	悬殊	悬下（高低）
福州	xieŋ^{2}	kɛiŋ^{2}
厦门	hian^{2}	kuãi^{2}

上古音匣母和群母往往混同，可知白读音是《切韵》前的音。

---

① 《韵镜·归字例》第11页，古籍出版社。

② 关于文白读系统和文读词的读词的历史层次问题我在《厦门话的文白异读》一文中，曾作过分析。该文载《厦门大学学报（社会科学版）》，1963年第二期。

第二，从词汇的历史层次看，无-i-介音的读法往往保存于一些古老的、常用的、地道的方言口语词里，而带-i-介音的读法则表现于后起的、书面的、从普通话转借的新词中，以福州话为例：

前	tsieŋ^{2}	sɛiŋ^{2}
前线	tsien$^{53-31}$ niaŋ^{213}	前首（前面）seiŋ$^{53-31}$ lau^{31}
支前	tsie$^{53-31}$ ʒieŋ	头前前头 t^{h}au$^{53-31}$ lɛiŋ^{53}
节	tsiɛʔ^{7}	tsaiʔ^{7}
尽节	tsiŋ$^{242-53}$ tsiɛʔ^{23}	做节过节 tsɔ$^{242-53}$ ʒaiʔ^{23}
节约	tsiɛʔ$^{23-45}$ yoʔ^{23}	冬节冬至 tøyŋ$^{55-53}$ ʒaiʔ^{23}

这种情形在上文所举字音中也可以找到大量的例证。

显然，和古老的方言词相结合的语音形式也是比较古老的音，语音的历史层次和词汇的历史层次是相一致的。根据以上分析，我们认为，把切韵音系的四等韵拟为无-i-介音的洪音，不但可以在闽方言中找到大量的实际语音的例证，而且可以合理地解释从上古音到中古音到现代音的变化过程，可以说明方言的语音和词汇的历史层次。因而，这种拟音是无可置疑的。

［本文1980年10月在武汉的中国音韵学会成立大会暨首次学术讨论会上宣读过，后收入《音韵学研究》第一辑，中华书局，1984年。］

闽西北方言"来"母字读s的研究

在闽西北地区的方言口语里，一部分中古"来"母字读为清擦音声母s或ʃ。1960年以来，我多次调查过这一带方言，注意到这一现象后，又就它的分布和来历作了一番考察，认为它是早期闽语的一个重要语音特点，和上古汉语的语音有直接的继承关系，和台语苗语语音也有一定的对应关系，似可认为这是汉台语的一种同源现象。本文是关于这个问题的调查研究报告。

一　来母s声字的分布

部分"来"母字读为清擦音这个方言现象，分布在闽西北地区相毗连的十六个县市。它们都是闽江上游三个源流流经的地域，北片是建溪流域的建瓯、建阳、崇安、政和、松溪、浦城(南乡)①六县；西片是富屯溪流域的邵武、光泽、泰宁、将乐、顺昌五县；南片是永安、三明、明溪、沙县四县(市)；三溪会合处——南平市则北乡话近于北片的建瓯话，西乡话近于西片的顺昌话，南乡话近于南片的

① 浦城县石陂以北的方言可以城关话为代表，没有把"来"母字读s的反映。从它的一些语音特点看，"轻唇"不读"重唇"，"舌上"不读"舌头"，全浊一概读为不送气清音；一些基本词汇也和闽方言不同而和吴方言相近，例如"我们"说"阿拉"，"你"说"侬"，说"客人"不说"人客"，说"公猪"不说"猪公"，"鼻子"说"鼻头"，"亲戚"说"亲眷"，"穿(衣)"说"着"，"怕"说"吓"，很难算它是闽方言，应该说是吴方言。

沙县话。①

读为清擦音的“来”母字在各点所管的字不同，我们所发现的累计数是31个字。

现将调查所得的材料列表对照于后(见下页表一)。关于表中材料和符号的几点说明：

1. 表中只列十一点的材料，除南平市郊外，其余四个县市的情况大体是：浦城南乡话近于建阳话，光泽话近于邵武话，顺昌话近于将乐话，三明话近于永安话。

2. 表中所列各点材料本人先后都按《方言调查字表》到实地作过系统的调查，编制过本地同音字表。

3. 各点材料以城关话为准。城关话不读清擦音，乡间读清擦音的个别字，加括号标注。这些乡间话在沙县是夏茂话，在建阳是水吉话，在建瓯话是徐墩话，标音时仍按城关音折合。

4. 字音只标调类不标调值。建阳、松溪、政和各有两个阳平调。□表示字数较少的“阳平乙”(文中仍标原号，未改成数字式调类)，这些字通常在建瓯话读为阴去，在邵武话读为入声。

5. 各条目是作为口语词问出来的，标的是白读音。有的字另有文读音均未标出。这些字一般都能单说，明显不能单说的用小字注明成词的说法，但仍只标单字音，这一带方言多音连读时声韵不变，变调也很少见。

6. 未标音处“/”表示该词另说他字，“×”表示读l不读s，其余

---

① 南平市区及西芹区还有四万人说着明代末叶北方人带来的“土官话”，是北方方言的孤岛，其余城关人和东乡樟湖坂一带都说着同福州话相近的闽东方言。在这两种方言里也没有“来”母读s的反映。

空白处是调查不到而阙如。

7. 有些条目只有一处读例，都是字义确切、字音对应的，必要时用旁证材料说明。

表　一

例字 / 方言点	1 箩①	2 螺	3 脶	4 李②	5 狸③	6 力④	7 露	8 芦⑤	9 雷	10 类⑥	11 里⑦
永安	suɒ^{2}	sue^{2}	sue^{2}	ʃia^{4}	ʃia^{2}	ʃia^{4}	sɔu^{5}	sɔu^{2}	×	/	×
沙县	(sua^{2})	(sue^{2})	(sue^{2})	sai^{3}	sai^{2}		su^{5}		×	/	×
明溪	/	sue^{7}	sue^{7}	×	×	sa^{5}	sɤ^{5}	su^{5}	×	/	×
将乐	ʃai^{7}	ʃyæ^{7}	×	×	ʃe^{7}	ʃa^{5}	ʃo^{5}	ʃy^{7}	×	/	ʃe^{3}
泰宁	sai^{2}	suai^{2}	suai^{2}	×	soi^{1}	soi^{7}	so^{5}	su^{2}	×	/	×
邵武	sai^{7}	soi^{7}	soi^{7}	sə^{7}	sə^{7}	sə^{7}	so^{5}		×	×	×
崇安	syai^{2}	suəi^{2}	suəi^{2}	×	×	seiʔ^{7}	su^{6}	su^{2}	suəi^{2}	/	×
建阳	꜀sue	꜀sui	꜀sui	se^{6}	꜀se	seʔ^{8}	so^{6}	꜀so	꜀sui	/	×
建瓯	suɛ^{5}	so^{5}	so^{5}	sɛ^{6}	sɛ^{5}	sɛ^{6}	su^{6}	su^{5}	so^{5}	×	×
政和	꜀suɛ	꜀suɛ	꜀suɛ	sɛ^{6}	꜀se	sɛ^{6}～sa^{7}	su^{6}	꜀su	꜀suɛ	suɛ^{6}	×
松溪	꜀sua	꜀sue	꜀sue	syø^{6}	꜀syø	syø^{6}	sɒu^{6}	꜀sɒu	꜀sue	×	×
合计点数	10	11	10	7	9	10	11	9	5	1	1

① 箩：米～。

② 李：～子。

③ 狸：～猫。

④ 力：勤力，勤劳。

⑤ 芦：～苇。

⑥ 类：收拾、整理（东西）。闽东、闽北都说"类"。福州话 luoi^{6}，建瓯话 lo^{6}。

⑦ 里：～面。

续 表 一

例字 方言点	12 濑①	13 癞②	14 撩③	15 老④	16 刘	17 留	18 六	19 剥⑤	20 篮	21 蓝⑥	22 卵⑦
永安	/	suɒ^{5} 病～	so^{5}	×	×	sø^{2}	×	suɒ^{7}	sõ^{2}		sum^{4}
沙县	/	sua^{5} 病～	sau^{5}	×	×	sau^{2}	×		(sɔ̃^{2})	×	sui^{4}
明溪	/	sue^{6}	sau^{5}	×	×	×	×	/	saŋ^{7}		sõ^{5}
将乐	/	/	ʃau^{5}	×	×	×	ʃu^{8}	/	ʃaŋ^{7}		ʃyɛ̃^{3}
泰宁	/	/	sau^{5}	×	×	×	su^{5}	/	saŋ^{2}		suan^{6}
邵武	/	/	sau^{5}	sa^{7}	×		su^{7}	×	san^{7}		son^{3}
崇安	/	/	×	siəu^{5}	×	siəu^{2}	suʔ^{8}	/	saŋ^{2}		suiŋ^{6}
建阳	˳sue^{6}	/	×	seu^{5}	˳seu	seu^{2}	soʔ^{8}	/	˳saŋ		suŋ^{6}
建瓯	suɛ^{6}	/	×	se^{5}	×	se^{5}	×	/	saŋ^{5}		sɔŋ^{6}
政和	suɛ^{5}	/	×	sɛ^{5}	×		su^{6}		˳saŋ	˳saŋ ʦy^{2}	sauŋ^{6}
松溪	/	/	×	sa^{6}	×		sɒu^{5}	/	˳saŋ		sueiŋ^{6}
合计点数	3	3	6	6	1	5	7	1	11	1	11

① 濑:湍流。《广韵》去声泰韵:"濑,湍濑。"落盖切。闽北的说法与此音义相合。闽南话也有此说,并且也有 l、s 两读,分别用于名词和形容词。如泉州话:"船落濑" tsun^{2} loʔ^{8} lua^{5}(船下湍流),"溪水真濑" kue^{1} tsui^{3} tsin^{1} sua^{5}(河水湍急)。这是"来"母字读 s 在闽南话的反映。

② 癞:麻风。

③ 撩:寻找。《集韵》去声号韵:"撩,取物也。"郎到切。在闽西北方言引申为"寻找"。邵武说 lau^{5},可作旁证。

④ 邵武话"老人"说 lau^{3} sa^{5} ka^{0} tsɿ^{0},lau^{3} 是"老"的文读音,sa^{5} 是"老"的白读音,两读的声韵调都不同,但都符合文白对应条例。这种用文白两个读音构成双音词的现象也见于闽南话。例如厦门话"食食"tsiaʔ^{8} sit^{8}(食物)、"接接"tsiʔ^{7} tsiap^{7}(接应)。

⑤ 剥:割。《广韵》入声末韵:"剥,削剥也。"郎括切。"割稻子"永安、邵武均说"剥禾"(suɒ^{7} lai^{7})与此音义相合。闽南话用刀快切也可说剥,泉州音 luaʔ^{7},是为旁证。

⑥ 蓝:～靛。

⑦ 卵:蛋。

续 表 一

方言点＼例字	23 倢①	24 连②	25 鳞	26 郎③	27 㝩④	28 两	29 聋	30 笼⑤	31 笠	合计字数
永安	sum^{5}	×	ʃĩ^{2}	×	sɒm^{5}	×	saŋ^{2}	saŋ^{1}	ʃye^{4}	20
沙县	suĩ^{4}	×	sɔ̃i^{2}	×	saŋ^{5}	×	sɔuŋ^{2}	(sɔuŋ^{1})	sai^{4}	17
明溪	sõ^{5}	×	sɛ̃^{7}	×	soŋ^{5}	×	sɤŋ^{7}	/	sa^{6}	14
将乐	ʃyẽ^{5}	×	ʃɛ̃^{7}	×	ʃoŋ^{5}	×	ʃuŋ^{7}	/	ʃia^{7}	16
泰宁	suan^{5}	×	suan^{5}	×	×	×	suŋ^{2}	/	soi^{5}	15
邵武	son^{5}	×	sɛn^{7}	/	sɔŋ^{6}	×	suŋ^{7}	/	sɛn^{7}	17
崇安	/	×	saiŋ^{2}	sɔŋ^{2}	/	sɔŋ^{5}	səŋ^{2}	saŋ^{2}	sieʔ^{8}	18
建阳	(suŋ^{6})	$_{o}$sueiŋ	$_{o}$saiŋ	$_{o}$sɔŋ	/	sɔŋ^{5}	$_{o}$soŋ	×	seʔ^{8}	23
建瓯	/	×	saiŋ^{5}	sɔŋ^{5}	sɔŋ^{5}	(sɔŋ^{3})	sɔŋ^{5}	saŋ^{5}	sɛ^{8}	21
政和	sueiŋ^{6}	×	$_{o}$saiŋ	$_{o}$sauŋ		sauŋ^{5}	$_{o}$sɔŋ		sɛ^{6}	22
松溪	sueiŋ^{6}	×	$_{o}$saŋ	$_{o}$saŋ	saŋ^{5}	saŋ^{5}	$_{o}$soŋ	×	syø^{6}	20
合计点数	9	1	11	5	7	5	11	4	11	

二 来母 s 声字是早期闽语的特点

部分“来”母字读清擦音声母，应该是早期闽方言的特点。理

---

① 各点均不单说，一般说“鸡倢”，指未下蛋的小母鸡。《集韵》去声线韵：“倢，鸡未成曰倢。”连彦切。各点读音与此反切相合，义合后注。闽南话也有“鸡倢”的说法。

② 连：姓。

③ 郎：女婿。

④ 㝩：稀疏。《广韵》上声荡韵：“㝩，㝩㡾：空虚。”卢党切。各点音义与此相合。泉州话也有“㝩㡾”lɔŋ^{5} khɔŋ^{5}（宽广）、“疏㝩”sue^{1} laŋ^{5}（稀疏）的说法，后者还可以说 sue^{1} saŋ^{5}，也是“来”母字读 s 在闽南话的反映。

⑤ 笼：箸笼（筷子笼）。

由有四：

第一，这一部分“来”母字无法从《广韵》系统找出分化的条件。31 个字当中，在《广韵》系统里，开口呼 20 字，合口呼 11 字；一等韵 18 字，三等韵 13 字；平声 15 字，上声 5 字，去声 7 字，入声 4 字。可见 s 的读法并不以开合、四等、平上去入等音类为条件，这一现象是比《广韵》系统更早的现象（将在下一节说明它和上古汉语谐声现象的关系）。而闽方言最早的来源就正是在《广韵》系统以前就形成的。它的“舌上”多读为“舌头”，部分“匣”母字读同“群”母字声母，部分“喻”母四等字读同“邪”母字声母，显然都是上古音的痕迹，这已经是不少学者的共识。

第二，在闽方言的其他地区也可以发现“来”母字读 s 的现象。例如闽南方言，除了表一所列“濑”可读 sua^{5}、“㝗”可读 saŋ^{5} 之外，还有三个字很像是这个规律的反映：在泉州话里，“泪”作名词说 lui^{5}（蜡烛泪：laʔ^{8} tsiak^{7} lui^{5}），作动词说 sui^{7}（泪落去：sui^{7} loʔ^{0} khɯ^{0}：烛泪流下）；背微驼说 sɔ^{1} io^{1}，应是“瘘腰”，《广韵》平声虞韵：“瘘，瘘痀，曲背。”力主切。音义可合。又，疲惫无力说 sian^{4}，可能是“膦”。《广韵》上声狝韵：“膦，膦软，无力。”力展切。音义均合。仔细地作词汇比较，在闽东方言里也可能找到这种痕迹。

第三，闽西北地区是汉人入闽开发最早的地区。在这里更多地保留了早期闽方言的特点是符合历史逻辑的。据《晋书·地理志》所载，三国吴永安三年（公元 260 年）头一次在福建“置建安郡，统县七，户四千三百”；22 年后，西晋太康三年（公元 282 年）设置的晋安郡“统县八”，①也只有四千三百户。建安郡就是本文所列

① 晋安郡的八县是原丰、新罗、宛平、同安、侯官、罗江、晋安、温麻，包括今闽东、闽南和闽西的广大地域。

的闽西北地区，据《晋书·地理志》，包括：建安（今建瓯）、吴兴（今浦城）、东平（今松溪、政和，后者宋代析立）、将乐（今将乐、顺昌，后者五代析立）、邵武（今邵武、光泽，后者宋代析立）、延平（今南平、永安、三明，永安明代析立，三明则是民国年间自永安县分出去的）。据《宋书·州郡志》，未列建安（应是漏列）、东平、延平，另列有：绥城（今泰宁、建宁，后者宋代析立）、沙村（今沙县）。明溪县则是明代析将乐、沙县及闽西的宁化、清流等县边界设置。①

第四，"来"母读 s 的现象既是早期闽方言的特点，何以集中保存在闽西北地区的方言里？这和闽西北地区的另一个历史特点直接相关。据《宋书·州郡志》载：建安郡"本闽越，秦立为闽中郡，汉武帝世，闽越反，灭之，徙其民于江淮间，虚其地。后有遁逃山谷者颇出，立为冶县，属会稽"。这说明汉以前这里的居民主要还是闽越人，后来汉人入闽后也是同闽越人杂处的。在汉人和越人的杂处过程中，语言上必然相互影响。下文第四节就要论证，"来"母读清擦音的现象在现代壮语、苗语中都有明显的反映。古越人和现代的壮人、苗人应有渊源关系，这一点不但史学界很多人提出过，在语言学界也有人加以论证了。②

---

① 关于西片邵武、光泽、泰宁、顺昌、将乐、明溪和建宁七县的方言，早先应该属于闽方言的范围，由于隋唐之后这一带和江西抚州地区往来密切（邵武县晋代改属江州，隋代属临川郡），明清以来，江西移民又大量渗入，闽方言的一些特点在这里逐渐消失，而赣客方的特点逐渐增加，例如出现了轻唇音 f、v，全浊声母绝大多数读为送气清音，一些"舌上音"也不读"舌头音"了。目前这一带的方言中，邵武、光泽、泰宁应该划归赣方言，顺昌、将乐、明溪可处理为闽、客赣之间的过渡区。在边界上的建宁话和江西的黎川、南城话更加接近，连"来"母字读 s 的现象也消失了。

② 参阅韦庆稳《〈越人歌〉与壮语的关系试探》，《民族语文论集》，中国科学出版社，1981 年。

三　来母 s 声字是前上古的语音的留存

闽方言“来”母字读 s 的渊源在汉语里可以追溯到上古汉语的谐声时代。

谐声是研究上古音声母的重要材料。陆志韦先生系统地考察了《说文》的谐声字和《广韵》的异读，用谐声几遇数来说明声母通转的大势，他已经注意到 l 和 s 的通转关系。① 最近，管燮初先生进一步就《说文》的谐声关系作了几率统计。指出：“实际相逢数大于几遇相逢数的有音理关系，小于几遇数的是偶然相逢，不必有音理关系。”②他们的方法和结论是可取的，可惜管文在统计几率时还没有按声母而是按声组计算，有些有音理关系的通谐现象还不十分明确。考虑到造谐声字的年代是一个漫长的年代，早期和晚期在语音上必定还有变化，有些声类曾经同音或音近，后来差异大了，先造的字两类互谐，后造的字就不相谐了。“来”母和“生”母的相谐可能就是这种情况。

为了进一步说明“来”母字和“心、邪、生、书、禅”等声母字的通转关系，我们据沈兼士的《广韵声系》对《广韵》所收的与这两类声母有谐声关系的字又作了一番考察。现将有关声旁反映的两类声母相谐的字数及例字列举如下（统计字数时，一个反切算一个字）：

声旁	来母字	心邪生书禅等母字
娄	76 楼篓	心$_3$ 擞薮，生$_4$ 数籔
䜌	29 恋孪	生$_2$ 孿
林	15 淋婪	心$_1$ 罧 生$_1$ 罧

① 陆志韦《古音说略》，哈佛燕京学社，1947 年。又《说文广韵中间声类通转的大势》，《燕京学报》第 28 期，1940 年。

② 管燮初《从说文中的谐声字看上古汉语声类》，《中国语文》，1982 年第 1 期。

旅	8 膂	邪$_1$ 绪 书$_3$ 书暑 禅$_6$ 阇薯
	(者从旅得声,绪等从者得声)	
丽	25 俪郦	生$_{21}$ 洒
了	3 舠	心$_1$ �
立	15 粒笠	心$_1$ 飒
乐	24 泺铄	书$_5$ 铄烁
六	1 犊	邪$_2$ 续,禅$_1$ 犊
	(卖从六得声,犊等从卖得声)	
龙	50 笼聋	邪$_1$ 袭,生$_1$ 泷
枼	鰈	心$_{11}$ 緤,书$_3$ 葉 禅$_1$ 揲
史	1 吏	生$_{11}$ 使驶
率	4 繂	心$_3$ 䢦,生$_{10}$ 蟀
垂	1 陲	禅$_{11}$ 睡
石	1 驝	禅$_7$ 硕
宋	1 浨	心$_5$ 倧
帅	1 背	生$_2$ 蛍
九	2 眑㧓	禅$_1$ 㬱
今	1 僋	心$_1$ 惍,生$_4$ 侺,书^1 鈐
干	1 靻	心$_2$ 銛,禅$_1$ 舌
圭	1 㚍	心$_1$ 眭
夹	1 竫	生$_6$ 翜擨
合	1 搿	书$_1$ 歙禅$_1$ 拾
谷	1 谷	邪$_2$ 俗榕
省	1 惊	生$_1$ 虩
鱼	4 鲁橹	心$_4$ 稣苏
曷	4 腸	禅$_1$ 鞨
虍	58 卢虑	心$_1$ 献
虒	1 绱	心$_{12}$ 榹螔
斥	1 蚸	心$_3$ 泝诉
逆	1 蛶	心$_4$ 塑愬 生$_5$ 朔蒴
隶	2 逮	心$_4$ 肆
㐬	9 流硫	心$_3$ 梳蔬
佥	21 脸	心$_1$ 悛

据以上统计,两类声母相谐字数如下:

	来母字	非来母字	（心	邪	生	书	禅）
来母声旁	246	57	8	4	29	8	8
非来母声旁	123	126	49	6	42	5	24
合　　计	369	183	57	10	71	13	32

这个统计可能还有遗漏，但在“来”母字中，有 369 字和“心、邪、生、书、禅”等通谐，比例是不小的，完全可以说明这种通谐不是偶然现象。闽方言中把部分“来”母字读为清擦音正是种通谐关系的直接继承。

四　来母 s 声字可能与壮侗语有同源关系

“来”母字和“心、邪、生、书、禅”等母字的相谐是边音和清浊擦音的对应。这种声母的对应关系不但见于古今汉语，而且在汉藏系诸语言里也常可发现。

袁家骅先生根据 51 种壮语方言的调查资料归纳了/r/音位，列举了壮语诸方言间的 11 条声母对应关系，每条都反映了边音和清浊擦声的对应。① 例如：

* ʔr—hj：ɤ：r：ð：z：h：j：ɭ：hl

* r— hj：ɤ：r：ð：z：θ：j：ɭ：

* ɤ— hj：ɤ：r：ð：z：θ：j：ɭ：hl：ɬ

壮语的这一对应关系在布依语里得到了延伸。《布依语调查报告》也列举了此类情况：②

辅		望谟		s 镇宁		ɕ 普安		晴隆		j 荔波		惠水
	z		～		～		～j		～		～ɣ	
3.1		者香		z 下硐		j 细寨		紫圹		r 朝阳		党古

辅		望谟		都匀
	z		～ɭ	
3.3		者香		富溪

---

① 参见袁家骅《僮语/r/的方音对应》，《语言学论丛》（第五辑），商务印书馆，1963 年。

② 参见喻世长等《布依语调查报告》第 105 页，科学出版社，1959 年。

辅　　　望谟　　惠水　　兴仁　　ɕ镇宁　　ɕ普安
　　h　　　～j　　　～ɣ　　　～　　　～
5.2　　　者香　　羊场　　云盘　　z下硐　　j细寨

喻世长先生在《布依语几个声母的方音对应研究》一文中也有类似的表述，并且拿它和龙州壮语作比较，布依语和壮语这一声母对应的相关联就更加明确了：①

贵筑	镇宁	普安	荔波
ð:	θ:	j:	j:h
ð:	ɕ:	j:	x:h
ð:	ð:	j:	rn:lɬn
ð:	l(ɤ):	j(x):	r:ɿ

除了壮语和布依语，边音和清浊擦音的声母的对应还见于傣语和苗语。

这些声母的方言对应规律和闽西北方言、上古汉语“来”母字和“心、邪、生、书、禅”等母字的对应关系不但音理相同、音值相近，而且体现这种对应的例词有的就是相同或相关的。现在选取 17 个单词，把四种语言的 16 种方言的说法列表对照于后（见表二）。②

表　二

语　种	地　点	六	打雷	蓝靛	鸡笼	露	力	剁切	两
壮语	武　鸣	ɣok^{7}	ɣai^{2}	（røm^{3}）	ɣuŋ^{2}	ɣa:i^{2}	ɣe:ŋ^{2}	ɣo:n^{5}	（θøŋ^{1}）
	大苗山	jɔk^{7}	rai^{2}		lɔ:ŋ^{2}	ra:i^{1}	ri:ŋ^{2}		
	扶　绥	lok^{7}	nai^{2}		lo:ŋ^{2}		le:ŋ^{6}		
	横　县	ðok^{7}	lai^{2}	ðo:m^{3}	lo:ŋ^{2}	ða:i^{2}	le:ŋ^{2}	ðo:n^{5}	
	龙　州	huk^{7}	（lo:i^{2}）	ho:m^{3}	huŋ^{5}	na:i^{2}	ɬe:ŋ^{2}	lɔ:n^{5}	ɬo:ŋ^{1}

---

① 载《语言研究》，1956 年第 1 期。

② 表中壮语材料采自上引袁文，加括号的采自李方桂《武鸣僮语》《龙州土语》；布依语材料采自上引调查报告；傣语材料采自王辅世《苗语方言声韵母比较》，加括号的采自《中国少数民族语言简志（苗瑶语分）》。

续表

布依语	贵筑	zuak^{7}		zuam^{2}	zuaŋ^{5}	zai^{2}	ziaŋ^{2}	zuan^{5}	suaŋ^{1}
	羊场	zoʔ^{7}			zuaŋ^{5}	za:i^{2}	ziaŋ^{2}	zuan^{5}	suaŋ^{1}
	普安	ɕuak^{7}		suam^{3}	joŋ^{5}	jai^{2}	jiaŋ^{2}		suaŋ^{1}
	荔波	jok^{7}		jom^{3}	joŋ^{5}	nai^{1}	reŋ^{2}		roŋ^{1}
傣语	西双版纳	hok^{7}			sɔŋ^{2}		hɛŋ^{2}		sɔŋ^{1}
	德宏	hok^{9}				la:i^{2}	hɛŋ^{2}		sɔŋ^{1}
苗语	养蒿	ɬu^{5}	ho^{1}				ɣe^{6}	(l̥ha^{3})	
	吉伟	ʈɔ^{5}	so^{1}				ʐo^{6}	xhu^{1}	
	先进	ʈou^{5}	so^{1}			lu^{6}	ʐo^{6}	(tshoŋ^{3})	
	石门	tl̥au^{5}	so^{1}			ly^{6}	zo^{6}		
	复员	tʂo^{6}	su^{A}				wju^{6}		

续 表 二

语种	地点	篮	聋	撩(找)	漏	刀利	亮	苦楝	梳	拉
壮语	武鸣	(ruŋ^{2})		ɣa^{1}	ɣo^{6}	ɣiai^{6}	ɣo:ŋ^{6}	ɣe:ŋ^{6}	ɣo:i^{1}	ɣa:k^{8}
	大苗山			ja^{1}	lo^{6}	rai^{6}	ro:ŋ^{6}	re:ŋ^{6}	jwe^{1}	ra:k^{8}
	扶绥			la^{1}	hlo^{6}		lo:ŋ^{6}	le:n^{6}	lo:i^{1}	la:k^{8}
	横县			ða^{1}	ðu^{6}	ðai^{6}	lo:ŋ^{6}	le:n^{6}	ðo:i^{1}	ðak^{8}
	龙州	(huŋ^{3})		ha^{1}	ɬu^{6}		ɬuŋ^{6}	ɬi:n^{6}		la:k^{8}
布依语	贵筑	zuam^{2}	nuk^{7}	za^{1}	zo^{6}		zuaŋ^{6}		zuai^{1}	luak^{7}
	羊场	zuam^{2}	noʔ^{7}	za^{1}	zo^{6}		zuaŋ^{6}		zuai^{1}	za:ʔ^{8}
	普安	suam^{1}	nok^{7}	ɕa^{1}	jo^{6}		juɑŋ^{6}		suai	luak^{7}
	荔波	nom^{1}	nuk^{7}	ja^{1}	ro^{6}		roŋ^{6}		joi^{1}	lok^{7}
傣语	西双版纳	sɔŋ^{2}		ha^{1}	ho^{6}		sɔŋ^{5}			lak^{8}
	德宏	sɔŋ^{2}			ho^{6}					
苗语	养蒿		l̥oŋ^{2}	(ʈha^{8})		(ʐa^{6})			(ʐa^{6})	
	吉伟		(l̥ɑŋ^{2})			ɣa^{6}			(ɣa^{6})	
	先进		laŋ^{6}	(n̥ʈha)		ʐa^{6}			(ʐɒ^{6})	
	石门		laɯ^{1}			ʐua^{6}				
	复员		loŋ^{A}			wja^{6}				

表中17条词例有11条就是闽西北方言读清擦音的“来”母

字，这就有力地说明闽西北方言的这一特点乃是汉语和台语、苗语的同源现象。

“六”在古汉语是收 k 的入声字，现代方言中有的 k 也已经脱落，主要元音读为 o、ɔ、a、u 在汉语诸方言中也是常见的。值得注意的是，有的民族语言除了这种同源词外，还有另一种后起的汉语借词。例如武鸣壮语“六”又说 lok^{8}，“六月”说 $dui{:}lok^{8}$ 或 lok^{8} ɳi:t。

“雷”在壮语读浊声母，声调相当于汉语的阳平，在苗语读清声母，声调相当于汉语的阴平。韵母为 ai、o 在闽方言就很常见（福州 lai^{2}，建瓯 so^{5}）。

“蓝篮”在《广韵》和有些闽、粤方言都是 lam，由于声母清化，在一些地方读为阴调类，也有仍读第二调，相当于汉语的阳平调的。

“笼、两”在古今汉语也都有 oŋ、ɔŋ、uŋ、aŋ 的读法。“笼”在《广韵》有平上两个反切（卢红切和力董切），壮语和布依语的声调区别与此相当。“两”读为阴调类（第一调）是由于声母的清化，不可误认为“双”字，如龙州：ɬoːŋ¹（二、两），ɕaːŋ¹（双，如双凤 ɕaːŋ¹ fuŋ⁸），ku⁸（一双鞋），正如闽北的松溪话：“二两”：saŋ⁶ liɔŋ³，“两双”：saŋ⁶ sɔŋ¹。

“露”是同源词在苗语比较明朗，在其他语种韵尾和声调与汉语不合，或许另有变化原因，或不同源。

“力、刞、聋”的韵母可能是“阴阳对转”：ik→iŋ，uat→uan，uŋ→uk。

“撩”是“捞”的异体字，在《广韵》，捞只有一读（鲁刀切），注“取也”。在《集韵》捞有两读，平声郎刀切，注：“沉取曰捞”；去声郎到切，注“取物也”。闽西北方言“沉取”读平声，“取物”（寻找）读去声，反映了《集韵》的语音分化，诸民族语言多数仍类似《广韵》读为平声。

另外六个字和汉语也有明显的同源关系。“漏”和“楝”袁家骅先生已经提出可能是台语和汉语的同源词，确实声韵调都符合对应。“利、亮、梳、拉”的韵母和声调同汉语的类别也是互相对应的。

五　来母 s 声字的古音拟测

对于上古汉语“来”母字和“心”母等的通谐，汉语音韵学者如高本汉、董同龢、李方桂等都解释为复合辅音*sl。根据以上所列闽西北方言及其他民族语言的材料，我们认为拟测为送气流音 lh 更能说明语音演变的原理。从*lh 到汉藏系诸方言的变化可有以下类型：

*lh
- h(龙州、西双版纳、德宏)
- ɦ→ɣ(武鸣)→j(大苗山、普安、荔波)
- s(闽西北多数点，布依、苗、傣多数点)→ɕ(普安)、ʃ(永安、将乐)
- z(贵筑、羊场)→ʐ(苗语诸点)
- θ(武鸣)
- ð(横县)
- ɬ(龙州)
- ɩ(扶绥及其他点)→r(大苗山，荔披)

如果拟测为 sl，如何变为 h、ɤ、j 就难以解释了。而像台语的这类读法在上古汉语的谐声关系中也有明朗的表现，这就是“来”母不但与“心、邪、生、书、禅”通转，而且和“晓”母通转。举例如下：

声旁	来母字	心(生)母字	晓母字	声旁	来母字	心(生)母字	晓母字
僉	脸力减	恷息廉	险朽检	隶力至	逮力至	肆息利	齂虚器
虍	卢落胡	𪍑素何	虚朽居	枼	𪐴卢协	薬苏协	弽呼牌
虒	绨郎奚	摅息移	蟀呼鸡	夹	竦良涉	翜所甲	欶呼洽
今	僋郎绀	惍私箭	钦许兼	自	瞓力遂	帅所类	胉呼罪
干	覌力盐	銛息廉	轩虚言	𡭴	蟟离灼	虩山责	虩许却
圭	㔨练结	眭息为	睳呼携				

显然，用 lh～s～h 说明这种通谐关系最为理想。不仅如此，

从更大范围里的语音系统性来考察，*lh 还可以用 *mh、*nh、*ŋh 配套，用来合理地解释上古汉语次浊声母和“晓”母字的通谐。

据管燮初先生统计，在《说文》谐声字中，和“晓”母字通谐的“明”母字 37 次，实际相逢数是几遇数的 1.63 倍，“疑”母字 27 次，相逢几率也比较高，只有“泥”母字只相逢 3 次。

关于“明—晓”的通谐，高本汉先生拟构了 xm 的复合声母，董同龢、李方桂先生倾向于拟 m̥，张永言先生根据 m～h、n～h、ŋ～h 的通谐进一步提出“送气流音”说，认为上古汉语有一套 mh、nh、ŋh、lh 和 m、n、ŋ、ɩ 严整对应。[①] 认为这种提法比较合理。最近发表的湘西瓦乡话材料也说明，汉语里也有把这类字读为 z 的。[②]

梅祖麟、罗杰瑞先生在《试论几个闽北方言中来母 s-声字》[③] 一文中对于这一现象也是用 $^{*}lh\begin{cases}s\\l\end{cases}$ 来解释的。该文及罗杰瑞先生《闽语声调的发展》[④]一文，推测了早期闽语把“次浊声母”分别读为两套：*mh、*nh、*ŋh、*lh 和 *m、*n、*ŋ、*l，这是很有见地的。本文所列 31 个“来”字，许多在闽西北各点都读为阴调类（阴去和阳入），闽南话也读为 s 声母的例字（濑、宧、泪）在阴、阳去可区别的泉州话也是属于阴去调。次浊声母在闽方言确有分别读为阴、阳两种声调的痕迹，问题在于 mh、nh、ŋh、lh 和 m、n、ŋ、l 的对立并不是早期闽语独有的特点，而是上古汉语同样存在着的，这就是部分

---

① 张永言《关于上古汉语的送气流音声母》，中国音韵学会首届学术讨论会论文（油印稿），后收入《语文学论集》，题为《上古汉语有送气流音声母说》，语文出版社，1992 年。

② 王辅世《湖南泸溪瓦乡话语音》，《语言研究》，1982 年第 1 期。瓦乡话“来”母字读浊声音的如：来 zɛ、露 zɿ、梨 zɑ、漏 zɑ　林 dzɛ、乱 dzoŋ。

③ 载《清华学报》（台湾省）新 9 卷 1、2 期合刊。

④ Jerry Norman: *Tonal Development In Min*. Journal of Chinese Linguistics, Volume 1 Number 2.

"明、泥、疑、来"和"晓"母的通谐。就*lh 母的演变情况说，台语和苗语也有类似现象，因此，设想这是汉语和台语、苗语在远古时代的一种同源现象并不是毫无根据的。至于梅、罗两位先生进一步推论的 lh 来自更早的复合辅音*cl，我们认为牵连到更加广泛、更加复杂的现象，还有待于汉藏系语言的进一步比较研究才能作出结论。

[本文 1982 年在北京的第 15 届国际汉藏语言学会议(ICICL)上宣读过，后刊登于《中国语文》1983 年第 4 期。]

论汉语方言的语流音变

汉语方言的变调、变声、变韵以及轻声、儿化、小称音变等现象，本文统称为“语流音变”。近二三十年来，关于汉语方言的语流音变已有很多调查报告，各种复杂的情形令人目不暇接。“语流音变是方言在一定的语境中所发生的共时变异。”(游汝杰，1992：117)更具体地说，语流音变是单字音在多音连读时所发生的变化。现代汉语方言中，语流音变的种类有多有少，音变的规律也各不相同。有的方言同时存在着多种语流音变，其中的规律还十分复杂，有的几乎没有连读音变，或者虽然有一两项，规律却很简单。总的说来，汉语方言的各种语流音变都很有特色，它既不是单纯的连音变读(sandhi)，也不全是表示语法关系的手段。所谓形态音位(morphoneme)，既是一种联合音变，也体现了某些历史音变。这些现象体现了现代汉语方言的语音结构系统的重要特征，很值得深入研究。本文试就已经知道的汉语方言的语流音变讨论其类型、成因、性质、途径和历史发展过程。

一　语流音变的类型

轻声、儿化、变调、变声、变韵、小称等音变现象是现代汉语特有的，这些名称是中国学者按照汉语的习惯所定的。中国学者不太重视规范术语，因而有些名称至今还不是十分统一。例如“变调”一般指多音连读时的字调变化,有的学者把粤语的“语素变调”也称为变调,那并非多音连读时发生的,如果这种语素变调也算变调,“四声别义”不也是变调吗?轻声其实也是一种变调,可是通常并没有作为变调来分析。本文所讨论的“语流音变”就不包括“语素变调”在内。儿化是最早发现的“小称”,但是“小称”用开之后,儿化也没有同其他的小称合起来分析。名称、术语是否妥当,其实是反映了对现象的分类和性质是否有了科学的认识,要对种种音变作综合的研究,首先要从分类开始。

关于音变的分类,40 年前,我在研究厦门话的变调与轻声的时候,曾经提出:“传统的音变的分类,只有联合音变和历史音变。这是从共时语言学和历时语言学两个角度来分的。如果我们从音变——语音现象和其他语言结构要素(词汇、语法)的关系来看,有的音变只是语音范围内的变化,与词汇、语法无关。……而另一些音变则是和词汇、语法密切相关的。比如普通话里用轻声区别词义(‘东西’的‘西’读轻声与非轻声意义不同)、从中古汉语到现代汉语由于‘儿’的意义的虚化而引起的语音上的‘儿化’,就都是这类音变。厦门话的变调和轻声正如上面所介绍的,也是词汇——语法的需要所决定的。根据这些情况,我们认为有必要把语音变化的类型,从他和语言结构各要素的关系着眼作另一种划分,即把它分为‘语音音变’(或称单纯音变)、‘词汇音变’和‘语法音变’。”(李如龙,1962:114)许多新发现的变调与轻声的事实证明了这个提法是合理的、必要的。

李荣先生在《温岭方言的连读变调》一文中指出:“温岭话有两种变调:一种变调受音的环境制约,另一种变调不受音的环境制约,前者是连读变调,像北京话的变调似的。后者逢入声还要改变韵母,和广州话的‘变音’、北京话的儿化作用相似;为了和前者区别，可以管这种变调叫做‘变音’。”（李荣，1985：65）他在《温岭方言的变音》一文中又说：“本调和变调之间是语音变化的关系，本音和变音之间是语法变化的关系。”（李荣，1985：55）李先生说的“变调”和“变音”就是“语音变调”和“语法变调”的区别。如果仅限于多音连读而发生的变调来说，有语法意义的称为“变音”，无语法意义的叫做“变调”，这种区分是十分明确而妥帖的，因为，“变音”不但可以是变调，还可以是变声或变韵，有时还可以兼有其中的两项。

然而，如果就已经知道的方言事实来说，音变和变音的区分法却很难涵盖所有的复杂情况。例如，闽语的连读变调既不是单纯的联合音变，也不全像吴语那样的有语法意义的变音，有时还区别词义的手段：厦门话“日头”前字变调读[lit^{5-2} t^hau^{24}]指的是“太阳”，后字轻声读[lit^{5} t^hau^{24-1}]意思是“白天的时间”；福州话的变声不变声也可以起区别意义的作用。“大头”读为[$tuai^{242-32}$ t^hau^{52}]意思是“大脑瓜子”，读为[$tuai^{242-32}$ lau^{52}]意思是“（动物的）体积大”。又如北京话的轻声，有的是词汇现象（作为区别词义的手段），有的是语法地位所使然。可见北京话的轻声含有“词汇变调”和“语法变调”，但是，伴随轻声而来的变声和变韵（“三个”的“个”声母浊化，“进来”的“来”韵母变为单元音），却又是与词汇语法意义无关的联合音变。看来，对于各种语流音变应该进行两种分类：从音变的方式看，可以分为变声、变韵、变调以及合音等；从音变所反映的内容说，可以分为纯语音音变、词汇音变和语法音变。对于具体的音变项来说，这些分类不一定都是排斥项，有时几个内容是可以兼容的。各种方言里的不同的音变，完全可以在这样的分类的框架里作出具体而明确的定位。按照上述的分类法，就一些发表过的报告材料，可以列表比较如下（见下页表一）：

表一 若干方言的音变方式和音变原因比较

方言音变	音变方式				音变原因		
	变声	变韵	变调	合音	多音连读	区别词义	区别词性
北京变调			+	+	+		
北京轻声	+	+	+		+(习惯轻声)	+(东.西)	
北京儿化		+	+	+	+(花.儿)		+(盖.儿)
获嘉变韵		+	+	+(帽)		+(地名)	
获嘉儿化		+	+		+(篓儿)	+(说话.儿)	+(光光儿)
获嘉变调		+	+				
温岭变调		+		+			
温岭变音		+	+	+	+(表小等)		+(名词化)
建德儿尾		+	+	+	+	+	
遂昌变调			+	+			
遂昌儿尾						+(表小)	
绩溪儿尾						+(数量结构)	
黎川变音			+		+(表小)		+(动词)
萍乡变调			+	+(轻重读)			
长沙变调			+	+			+(结构有关)
娄底轻声			+				+(词缀叠音)
福州变声	+			+	+		
福州变韵		+	+	+	+		
厦门变调			+	+	+		+(结构有关)
厦门轻声			+		+	+	+

(以上各点材料依据:获嘉:贺巍,1979、1982 ;温岭:李荣,1985;建德:曹志耘,1996;遂昌:曹志耘等,2000;绩溪:平田昌司等,1998;黎川、萍乡、长沙、娄底:《现代汉语方言大辞典》各分卷。)

二 语流音变的成因和性质

汉语方言的语流音变的形成,首先是由于多音连读。唐宋以来，汉语的多音词大量产生，这个结论已经有很多数据可以论证。据董志翘统计，晚唐日本和尚圆仁用口语写成的8万多字的日记《入唐求法巡礼行记》一书，就有双音词3882个，占该书所出现的新词语的90%以上。（董志翘，2000：177）另据程湘清统计，《敦煌变文集》的复音词共计4 347个，用一定的语法格式构成的约占90%。可见，到了中晚唐，多音词就已经在口语中占了很大的比例。（程湘清，1990：1）向熹说："复音词大量产生是中古汉语词汇发展的重要特点。中古产生的新词绝大多数是双音词。上古词汇以单音为主，到了中古，就口语而论，复音词变得逐渐占有优势了。"（向熹，1993：494）口语是一个词一个词说出来的，词与词之间常有不同的停顿，一个词之中也停顿，就成了口吃，听不懂了，这是一种常识。"各种连读音变是汉语多音词占了优势之后所引发的现象。因为多音词把几个语素的意义重组成一个完整的意义单位，于是要求语音上也把几个音节也结合成为一个整体，连读音变就是把几个音节结合成一个新的语音单位的组织方式。"（李如龙，2001：92）

多音词的快读是产生语流音变的第一动因，如果不掺杂其他原因，这种联合音变便是纯语音的变化。北京话的连读变调是最典型的联合音变。只要说得快，没有逻辑重音，一句话可以是一个连音组，非末音节一概读变调，例如：上声字组成的句子"请你给我买两把小雨伞"，除末字外一概可以读变调。换言之，这种变调与不变调同词义及语法关系无关。温岭方言的变调也是只"受音的环境制约"，与多音词的意义和结构没有关系的音变。

产生语流音变的第二种原因是词汇方面的原因。汉语的"字"绝大多数是语素，语素的意义不断在变化，"字"则是相当稳定的。于是，一个字，尤其是常用字，便可能作为几个语素，以不同的构词方法构成一连串的词。有些多音词就成了用字相同而意义不同的同形词，有些方言便利用连读音变的办法来区别这些同形词。例如北京话的“兄弟、地道”，读不读轻声，意思是不同的：不读轻声的“兄弟”是兄与弟，读轻声的是兄之弟。“地道”不读轻声是名词，读轻声是形容词。福州话的“变声”有时也用来作为区别连音组是否成词、表示不同意义的手段。“旧底”的“底”不变声读[t]是词组，意思是“旧的底”；变声读为[l]是时间词“以前”。厦门话的轻声和不轻声，有时是泛指和特指的区别，“三日”的“三”读变调，“日”读本调，是数量结构“三天”；“三”读本调，“日”读轻声，是偏正结构的词，特指“三日那一天”。

发生语流音变还有语法方面的原因。从共时的角度看，许多方言在连音组内要不要变调、怎么变法，是受语素之间的语法关系制约的。例如长沙方言，二音组的后音节除阳去外一概不变调，后音节若是入声字，前音节是否变调就是构词方式决定的：凡偏正结构变(阴平、阳平、入声变为 44 调，阴去、阳去变为 22 调)，主谓、动宾结构不变。又如苏州方言，“热菜”，两个字都不变调，是动宾式词组，意思是“把菜热热”；菜字变调，是偏正式的词，指“热的菜”。构词方式所以会成为制约音变的因素，是因为在不同的结构方式里，语素之间的关系紧密度不同，结合得紧的音变就多，结合不紧的就可能不变。这是构词法制约音变的例子。

北京话的轻声除了常用词的后音节习惯上读为轻声之外，其他的轻声都是词在句子当中的语法地位所决定的。例如，人称代词做宾语、动补结构中的趋向动词补语、大多数用于动词之后的助词(如着、了、过、得、地、的)等等，这是人所共知的。闽南话的轻声大体上与此相仿，此外还有一些规律也与语法有关。例如厦门话的并列复句用来做对比的成分常常用一个读轻声、一个不读轻声来区别。例如，“早起读即本，下昼读许本”(上午读这本，下午读那本)，后一个“本”读轻声。这是语词在句中的语法地位(句法)决定连音变化的例子。

从历时的角度看,有不少语流音变是历史上的"语法化"所带来的结果。如"着、了、过"原来都是动词,虚化为表示时态的助词之后,不少方言读为轻声,这就是典型的例子。重读变为轻声正是实义变为虚义的需要,语音形式随着语法意义的变化而变化,达到了新的统一。

"儿"尾、"子"尾发展为合音、变韵、变调等"小称"形式,也是形成了新的语法意义之后而产生的语流音变的例子。

由此可见,汉语的语流音变大多不是单纯的多音节的连音变读,而是和词的构成方式、词的意义(词汇意义和语法意义)以及词在句中的语法地位紧密相关的。这和西方语言的 sandhi 是有不同的性质的。

为什么汉语的语流音变会和词汇语法现象紧密相关呢?这是汉语的根本特征所决定的:汉语的音节只是语音的单位,只有"字"才是意义的单位。一个音节可以包含着许多字,作为单音词,每一个字都是有意义的,在多音词里,绝大多数的字也是有意义的,多音词的意义往往是一个个的语素按照一定的语法关系组合而成的。汉语的语流音变正是多音词语中语音和语义相结合的黏合剂,是语音、词汇和语法相联系的纽带,它集中体现了汉语语词的结构规律。因此,关于语流音变的规律,应该是发掘汉语特点的重要研究课题。

三　语流音变的内在关系

那么,各种语流音变之间是什么样的关系呢?从总体上看,各种不同类型的音变的形成是否有先有后呢?哪一种音变是首先产生的呢?这是很值得探索的。

拿几种常见的语流音变在许多方言中的分布作一番调查，就不难看到，变调、轻声和小称(包括儿化、变韵和小称变调)是一种梯级构成的关系。

根据《汉语方言词汇》(1995)所提供的20种重要方言的语流音变情况，我们可以看到这样几个事实：

1. 长沙、双峰、广州、阳江、建瓯5个点没有连读变调，也基本上没有轻声和小称音变。只有长沙话有少量的轻声，读为固定的轻而短的调值，这是语义决定的变读，而不是严格意义上的连音变读；另外，还有广州话的小称变调，大多数学者认为是语素变调而不是连读变调。

2. 成都和梅县两点有简单的变调，没有轻声，也基本上没有小称音变。成都话有“儿”尾和“子”尾，通常读本调(阳平和上声)，“儿”尾和前音节合音，读为儿化音，但是并没有形成一套“儿化韵”。

3. 合肥、扬州、厦门、潮州、福州5点有变调和轻声，没有小称音变。

4. 北京、济南、西安、太原、温州5点都有变调、轻声和小称音变，但是仍有两种不同的情况：温州话是轻声词尾，严格地说，还是语义音变；其他4种官话方言还由轻声变为合音，并引起前音节的变韵(儿化韵)，只有这4种官话方言是典型的小称音变。

可见，变调、轻声和和小称音变三者大体上是顺序递进的音变，而小称音变则是由轻声而合音，合音后又引起声韵调的变化，是走得最远(或者说是发展得最成熟)的音变形式。

再根据《普通话基础方言基本词汇集》(陈章太、李行健，1996)一书的材料作一番检查，也可以得出相同的结论。该书所收的官话方言共92点，除去3个点材料不全，共有89点。各种语流音变的分布情况如下：

1. 柳州、桂林两点都没有各种语流音变（包括变调、轻声、小称音变等）。

2. 毕节、贵阳、黎平 3 点只有简单的变调，没有轻声和儿化。

3. 除了以上 5 点之外的其他 12 种西南官话都只有少量的变调、轻声和儿化，但常限于叠音词。

4. 西北官话中的白河、汉中、宝鸡、敦煌、西宁和江淮官话中的天门、武汉、安庆、芜湖、合肥、扬州和中原官话的连云港、涟水等 13 点有变调和轻声而没有儿化（其中宝鸡有少量的儿化，但不稳定；敦煌、西宁有儿尾，没儿化）。

5. 天水有小称变调，红安有小称变韵，他们同时都存在变调和轻声。

6. 其余各个官话方言区的 57 个点都有变调、轻声和儿化，在大同、忻州、离石、太原等晋语，轻声读为短促的入声调。

以上情况说明了，官话方言中大体上有三分之一的点各种语流音变不齐全，而其中也同样是凡有轻声的一定有变调，有儿化的一定有变调和轻声。

在语流音变特别复杂的地区，情况略有一些差别。例如《吴语处衢方言研究》（曹志耘等，2000）提供出的 7 个方言点的材料，那些方言连读变调都很复杂，而轻声和小称音变则有些区别。衢州片（前 4 种的开化、常山、玉山、龙游）和处州片（遂昌、云和、庆元后 3 种）属于两种类型：前者变调、轻声多，有儿尾、无儿化；后者变调、轻声较为简单，儿化后变韵和变调却更复杂。相对而言，处州片的小称发育得更充分。

声调是汉语的特色。它不但能区别字音、字义，而且能够用来区别字与字之间的不同关系。轻声是一种声调的变化：把原来的字调读成又短又轻的调。轻声音节总是跟在重读音节之后，于是，二音组就显出一轻一重来了。其实，二音组的变调也可以看成一轻一重的变读:原调为重,变调为轻。这一点可以用湘赣语的事实来论证。《萍乡方言词典》引论说:"萍乡方言的连读变调跟重音有关:重读音节一律读本调;轻读音节一律读变调,调值较短。重音位置主要以由语法结构决定。以两字组为例,一般说来,单纯词和偏正、并列结构的词语前字重读,动宾结构的词语后字重读,附加式的词根重读。"(魏钢强 1998)萍乡方言的"子、仔、牯"等词尾也是读得轻并变成短调的。《娄底方言词典》(颜清徽、刘丽华,1994)反映的情况与此相似,偏正式前重后轻,动宾式前轻后重。变调后如果读成高短调(5)或低短调(1)的,清音声母 ts、tsh 要变读为浊音声母 dz,浊音声母正是比清音声母更弱的音。

可见,轻声是强调了的强弱式的变调,儿尾、子尾是轻声的一种;小称音变则是比轻声更进一步的弱化——合音。北京的儿化是合音后又变韵,获嘉的"子变韵"也是合音加变韵;南部吴语的小称则是合音后变韵、变调都有。可以说,连音变调是语流音变的起点和基础。现代方言中,凡是没有连读变调的,大体上也就没有其他的语流音变。闽北的闽方言、多数客家话和粤方言就是这样的情形。

缺乏语流音变的方言(如建瓯话、梅州话、广州话等)的多音词在整个词汇中所占的比例也许比较小,但是想必也不会有太大的差别,因为大家都已经是现代方言,都要反映现代生活,也都在不断地受着现代共同语的影响。那么,为什么有些方言会缺乏语流音变呢?看来,语流音变在汉语中的生成和发展历史还并不很长。从地域上说则是北方变得多,南方变得少,呈自北向南扩展之势,这就是某些南部方言还缺乏语流音变的原因。

四　语流音变的历史发展

现代汉语方言的语流音变究竟产生于什么时代,至今还缺少研究，难以定论。传统的音韵学虽然已有千年的历史，但是由于以往只研究“字音”，不研究“词音”，前人没有为我们留下语流音变的直接记录，近些年来学者们做了一些探索，但是由于古籍里汉字不标音，也很难拿出确证。以下介绍一些与此有关的研究成果，也做一些补充的论证和推测。

唐宋以来，汉语口语里的多音词逐渐占了优势，但是，语流音变肯定不可能和双音词同步产生。因为多音词的语义“凝固”和语音的“胶合”都需要时间的积累，在语音结构上也需要必要的“滑润剂”。现代方言中，凡是完整地保留塞音韵尾的方言，变调、轻声都很少(如粤语和多数客赣语)。如果说，入声韵尾的消失是促成连读音变的有利条件，应该是有理论和事实的根据的。从外部因素来说，现代官话方言中，北边、东边的“中心区”普遍连读音变(变调、轻声、儿化)较多，南部的西南官话变调和轻声则相对较少，变调往往只见于叠音词，有些点有儿尾，只有少数点有儿化现象。江淮官话变调和儿化也少。这可能和语言接触的不同环境有关。北方官话长期与单音词很少又有轻重音的阿尔泰语系诸语言接触；而南部的官话和方言则与单音词多、音变少的壮侗语、苗瑶语接触，南边的非官话的音变也显然是后起的现象。说汉语方言的语流音变是从近代到现代、从北到南逐渐扩展和推进的，应该是有事实依据，也是可以用语言演变的内外规律来论证的。

关于北方方言的语流音变的历史，前人研究得较多的是轻声和儿化。轻声音节引起声韵母的弱化大概很早就发生了，从一些口语文献中的异体字可以看到一些端倪。例如：人称代词的表多数的后缀在《世说新语》里常用“辈”字，宋元以后读音有了变化，用字也跟着不同。根据吕叔湘的考察，“白话中附于我、你、他及表人物之名词之后，表达复数之意义，与文言辈字相当者，北宋时通用‘懑’，亦用门，南宋始有们。其后南方通语沿用不变。金人始用每，元人因之。明以后们字复申其势力于北方，取每而代之。”（吕叔湘，1999：26）从“辈”到“每”，声母由 b 变为 m，应该就是轻读引起的弱化。现今的闽语莆田话“你们”说“汝辈”，实际读音 ty^{24} βue^{41} 就是塞音声母弱化为浊音，可以作为十分贴切的实证。

“着”虚化为表示时态的助词后，语音上也有许多变读，所以宋元之后又写成“地”（保留澄母古读，但韵母弱化）和“只”（韵母弱化），如：“小窗坐地，侧听檐声。恨夜来风，夜来月，夜来云。”到了明代的《金瓶梅》，这类因轻声引起的变读而改写的异体字就更多了。据张鸿魁研究，助词“着”有时写为“子”（尼姑生来头皮光，拖子和尚日夜忙）；有时又写成“自”（紧自他麻犯人，你又自作耍）。还有一些非去声的轻声字写为去声字，例如：早时（早是）、常时（常是、长是）、便宜（便益）、梳拢（梳弄）、抽梯（抽屉）。他说：“《金瓶梅》的轻音字倾向于选用去声字表示。就是说当时的轻音在听感上跟四种声调里的去声最接近。有些词本字并不繁杂（如便宜），改用其他形式，只能是语音变化的原因。”（张鸿魁，1996：211）《红楼梦》也把“便宜、编排、名字”写作“便意、编派、名子”，也是轻声词发生韵母变化的明证。（李思敬，1998）

儿尾在历史上曾经是自成音节的，唐诗“打起黄莺儿，莫叫枝上啼”，“儿”和“啼”押韵，当时的“儿”还不是[ər]的音，而是[i]的音。宋元以后成了儿尾，《西厢记》四本三折《叨叨令》一支曲子就有“车儿、马儿、花儿、被儿、枕儿、衫儿、袖儿、信儿、书儿”等 10 个儿尾词。到了明代，如赵南星的《芳茹园乐府》一支俗曲 7 个儿尾词：“只怕房先儿，全轻府判儿，勉强相留没个笑脸儿，陪着咱坐似针尖儿。”《简明汉语史》据此说：这里主要的韵脚不是“儿”而是“儿”前面的“先、判、脸、尖”。“因为儿不是主要的韵脚，发音可能逐渐变轻变短，并跟它前面的音节相融合，于是儿化韵就产生了。这一转化过程至迟在 17 世纪已经完成。”（向熹 1993：353）李思敬说，清初赵绍箕《拙庵韵悟》"84 偶韵"中"乌儿、依儿、姑儿、基儿"等 14 个韵明显地肯定了儿化韵已经存在的事实。(李思敬,1986:46)

至于连读变调发生在什么年代,就更加难以查考了。本文仅以闽方言为例,对连读变调的流变作一番简单的分析。1870 年初版的《福州方言词典》(R. S. MACLAY,1870)不但对当时福州话的调类和调值有详细的描写,而且关于连读变调(the tones in combination)也有粗略的说明,其中所描写的变调和现代福州话的变调规律相比较有一些不同之处:当时,阴平、阴去和收尾为-ʔ的阴入字领头时都读为"明显的强重音";现在这类字在高调(阴平、阳平、阳入)前读阴平(44),在低调(上声、阴阳去、阴入)前读阳平(52)。当时,上声和收尾为-k 的阴入字领头时有"特别的曲调"和"高重音"(在上声和阳去前)两种读法;现在这类字有三种不同的读法:在高调前读半阴去 21 调,在上声前读半阳去 24 调,在阴阳去和阴入前读阴平 44 调。当时,阳平和阳入调领头时读为低降调,现在分读为上声(32)调(高调和上声前)和半阴去(21)调。可见,100 多年来的福州话的变调,前字变、后字不变,按高低调分类变调是一以贯之的规律,而具体的变法则有一些不同。

厦门话,从序于 1894 年、出版于 1909 年的《八音定诀》(觉梦氏,1909)里出现的误标声调的字,我们可以看到一百多年前的厦门话已经有了连读变调。厦门话阴平(44)和阳平(24)处于双音词前字时同样变为阳去(22),《八音定诀》因而把一些阳平字误列为阴平字。例如:提(提防)、堤(堤岸),他母西韵,齐(齐明),曾母西韵,崎(崎岖)气母诗韵;有时把一些阳平字误为阳去字或阳上字:疗(疗病)柳母朝韵,零(零星)柳母灯韵,澜(波澜)柳母丹韵,迎(迎亲)语母灯韵;也有误把阳去字列为阳平字的:雁(飞雁)语母丹韵,漫(水漫)文母丹韵,豸(虫豸)他母花韵。厦门话阴去字(21 调)处于双音词的前音节时变读为上声调(53 调),《八音定诀》因而就把一些阴去字误列于上声：畚（畚箕）边母春韵，瓒（瓒玉）曾母丹韵，渭（渭水）英母辉韵，翅（翼翅）出母诗韵。

至于形形色色的小称音变，应该是在“儿、子、囝”等词尾读为轻声，又经过声韵母的弱化，然后和前面的音节合音，合音之后又经历了变韵，最后发展成小称变调。这一过程吴语表现得最充分。曹志耘在比较了南部吴语的小称音变之后认为：“儿缀是小称的源头……儿缀演变为小称形式以后，意义大为虚化，因而直接危及到了其语音地位的稳定性。”“在南部吴语里，韵母系统中的鼻音尾正处于向鼻化方向发展的过程当中。鼻尾韵小称中的鼻音韵尾也不能例外。……鼻化韵的进一步发展就是丢失鼻化成分，变为纯粹的元音韵母……当小称形式在韵母上的最后一点痕迹——鼻化成分也消失了的时候，小称的功能完全转由小称调来承担。”（曹志耘，2001:38）

如上所说，不同的方言在语流音变上的表现差异很大，有的已经发展到很复杂的程度，有的还没有生成。但是总的看来，汉语的语流音变应该是酝酿于宋元，形成于明清，到了现代进一步发展得复杂化了。这样说可能比较合适。

参考文献

游汝杰　1992　《汉语方言学导论》，上海：上海教育出版社。

李如龙　1962　《厦门话的变调和轻声》，《厦门大学学报》第 2 期。

李　荣　1985a　《温岭方言的连读变调》，《语文论衡》，北京：商务印书馆。

李　荣　1985b　《温岭方言的变音》，《语文论衡》，北京：商务印书馆。

董志翘　2000　《入唐求法巡礼行记词汇研究》，北京：中国社会科学出版社。

程湘清　1990　《隋唐五代汉语研究》，济南：山东教育出版社。

向　熹　1993　《简明汉语史》，北京：高等教育出版社。

李如龙　2001　《汉语方言学》，北京：高等教育出版社。

北京大学中文系语言学教研室　1995　《汉语方言词汇》，北京：语文出版社。

陈章太、李行健　1996　《普通话基础方言基本词汇集》,北京:语文出版社。
曹志耘等　2000　《吴语处衢方言研究》,(日本)好文出版。
魏钢强　1998　《萍乡方言词典》,南京:江苏教育出版社。
颜清徽、刘丽华　1994　《娄底方言词典》,南京:江苏教育出版社。
吕叔湘　1999　《汉语语法论文集》,北京:商务印书馆。
张鸿魁　1996　《金瓶梅语音研究》,济南:齐鲁书社。
李思敬　1998　《〈红楼梦〉所见十八世纪汉语的轻音》,中国音韵学会论文。
李思敬　1986　《汉语"儿"[ər]音史》,北京:商务印书馆。
R. S. MACLAY 1870 *Alphabetic Dictionary of the Foochow Dialect*.
觉梦氏　1909　《八音定诀》,厦门:倍文斋活版。
曹志耘　2001　《南部吴语的小称》,《语言研究》第3期。

[原载《厦门大学学报(社会科学版)》2002年第6期。]

论闽方言的文白异读

一　闽方言文白异读的特点

各地闽方言都有文白异读，而且牵连的字多，对应繁复，它不但是语音现象，也是一种词汇现象，可以说，文白异读是闽方言的重要特点，研究文白异读是了解闽方言的钥匙。

按一般的理解，文白异读是同一个字在书面语和口语各有不同的读音。这样的说法也不能算错，但是，闽方言的文白异读远没有这么简单。

第一，闽方言的文白异读未必都是文与白的对立。文读在民间又称读书音、书音、字音、孔子白，白读又称说话音、话音、土音、解说。有些字的异读在方言中都用于口语。例如福州话："利"读 lei⁶（为便于面上比较，本文用数字标记调类，多音连读只标本字调，不标变调。下同）是锋利，读 lei⁵ 是利息；厦门话："水"读 sui³ 意为漂亮，读 tsui³ 指的是分子式为 H_2O 的水。只有从系统上才能判断 lei⁶、sui³ 是文读，lei⁵、tsui³ 是白读，因为福州话有文读阳去与白读阴去的对应；厦门话有文读 s 与白读 ts 的对应。这是文白异读都进入口语的例子。建瓯话"厚道"说 ke⁸ tau⁸，潮州话"麻木"读 mua² bak⁸，按系统说，ke⁸、mua²、bak⁸ 都属于白读音，建瓯话作人名用厚读 he⁸，潮州话麻则有文读音 mã²，但在这些书面语词里用的是白读音。这是白读进入书面语的例子。

第二，有些字并非异读而是只有一读，但是从系统上说应该归入文读或白读，换言之，可以有文读或白读，却未必有并存的白读或文读。例如泉州话：侯韵字逢端组有文 io—白 au 的对应，投 tio^{2}—tau^{2}、偷 t^{h}io^{1}—t^{h}au^{1}、漏 lio^{5}—lau^{5}，但抖只读 tio^{5}，兜只读 tau^{1}，前者只有文读，后者只有白读。又如福州话："料"用作动词读 lieu^{6}～理，用作名词读 lau^{6}有～，有文白两读，但"钓"只读 tieu^{5}，"条"只读 tɛu^{2}。这种"缺对"形式的读音如果不承认是文读或白读，文白对应的系统性又成了问题。

第三，在其他方言，文白异读通常只有两读，有时，在同样语词中文白两读还可以自由变读，而闽方言的文白读都可以不止一种，而且在具体语词中往往不能随意变读。例如福州话："拖"，文读 t^{h}o^{1}～拉机，白读 t^{h}ua^{4}地兜～：放地上拖，蜀大～：一大拖，t^{h}ai^{1}～车：拉车。共有一文二白。泉州话："老"文读有 nɔ̃^{3}：元～，月～，孤～：孤僻；lɔ^{3}：～鼠，lau^{3}～板，～练，～仔：扒手；白读有 lo^{3}：长～，陈～（尊称），lau^{4}～依：老人，～大：绅士，nɔ̃^{4}：行动缓慢，la^{4}～鹞（hio老鹰），各种文白读共有七种音，在不同的语词里不同的读音，彼此不能互换。

第四，不同的语词读不同的音，可能是不同年代约定俗成的，但有些明显是运用文白对应的变读来区别词义或构成新词的。例如泉州话：时掌切的"上"有三读，禅母字有 s—ts—ts^{h} 的对应，阳韵有 iɔŋ—iũ的对应，文读 siɔŋ^{6}，白读 tsiũ6，用于主动义：～班，～桌，～山，～身巫者鬼神附体；ts^{h}iũ^{6}用于使动义：～水打水，～白蚁，～鉎（san^{1}）生锈，～头为童养德举行婚礼。又如建瓯话声调有文读上声—白读阴去的对应：鳞 leiŋ^{3}—saiŋ^{5}，明 meiŋ^{3}—maŋ^{5}，蝉 siŋ^{3}—iŋ^{5}，童 tɔŋ^{3}儿～—t^{h}ɔŋ^{5}姓。有些字文白读声韵相同，就利用声调对应来区别意义：盘 puiŋ^{3}～点 puiŋ^{5}～仔，娘 niɔŋ^{3}阿～：女人 niɔŋ^{5}母亲，婆 pɔ^{3}尊称 pɔ^{5}贬称，强 kiɔŋ^{3}～大 kiɔŋ^{5}质量好，能力大，薯 y^{3}～番 tsy^{5}山药，妈 ma^{3}祖母 ma^{5}母亲。

闽南话还有用文白两音连读来构成新词的，例如：食食 tsiaʔ^{8} sit^{8}（泉州音，下同）里里 lai^{4} li^{3}里子 石石 siaʔ^{8} tsioʔ^{8}砚石 延延 ian^{2} ts^{h}ian^{2}拖延

世世 si^{5} sua^{5} 连接，紧凑。

第五，在其他方言，一个字的文白读之异，通常只是声韵调中的一项，闽方言则常常不止一项，有时文白读会面目全非，难以识别其间的对应。例如福州话：树 søy^{6}—ts^{h}ieu^{5}，雨 y^{3}—huɔ^{6}，絮 søy^{6}—ts^{h}ɔ^{5} 丝瓜 网 uoŋ^{3}—mɔyŋ^{6}，《戚林八音》为这些白读音另造了新字“槕、莿、絼”，雨的白读有人写了同音字“祸”。又如建瓯话：卵 luiŋ^{3}—sɔŋ^{6}，城 seiŋ^{5}—iaŋ^{3}，妇 hu^{6}—py^{8}，学 ha^{7}—ɔ^{8}；泉州话：耳 nĩ^{3}—hi^{4}，旱 han^{6}—uã^{1}，远 uan^{3}—hŋ^{4}，养 iɔŋ^{3}—tsiũ^{6} 头～囝：长子。也都是文白读的声韵调俱异的例子。应该说，文白读的变异有这么大的跨度，这在其他方言中是少见的。

可见，闽方言的文白异读不仅是单字在不同言语风格的语词中的异读，而是不同音类相区别又相关联的对应系统；不仅是语音的变异，也是组字成词和区别词义的手段。

二 闽方言文白异读的成因

闽方言为什么会有如此繁复的文白异读？经过长期的考察和思考，我们总结了三点认识。

第一，文白异读是文字和语词相分离、书面语和口语相脱节的结果。

如果按照不同方言词的读音另造新字或写同音字，不顾及语素的意义，不计较本字，便无所谓文白异读了。例如粤方言的“困”读 k^{h}uɐn^{5}，口语里的“睡觉”说 fɐn^{5}，本来就是“困”的白读，因为另造了俗字“瞓”，“困”便没有文白异读了。又如“文”读为 mɐn^{2}，用作货币单位的“一元钱”变读为阴平 mɐn^{1}，另写同音字“蚊”；sɐm^{1} p^{h}ou^{4} 原本应是“新妇”的音，前字的韵尾受同化，后字则是“妇”的白读，习惯上写作“心抱”，这样，“文、妇”的白读也就被掩盖了。在北方地区，“家”用作地名时保留了古见母未腭化时的 k，并读为轻声。许多地方写成“各”（张各庄、李各庄），“家”也就没有 tɕia^{1}—·kə 的文白异读。

然而，为什么文字和语词会相分离呢？除了文字和语音的发展不同步的因素之外，这又是和汉语的书面语和口头语的相脱节密切相关的。

长期以来，中国人是靠读书来识字的，古来的识字课本，不论是四书五经或是三字经、百家姓、千家文，全是些陈旧的书面语、经过雕琢的共同语，识字要从学这些书面共同语的读音开始。这种文读音便靠着隋唐以来的韵书的反切的规范，由塾师们世代相因地传授下来；而方言口语早已脱离了一两千年前的书面语，自然发生了很大的变化。口语的白读音是人们在童年时期的语言习得和社会生活的交际实践中口口相传学来的，在传统的古代社会，方言口语总是被认为是不登大雅之堂的“俚俗”“乡谈”，既无需用文字去书写，也不必有反切来规范，而是按照自身的规律在社会上约定俗成，不断变化着。年深日久之后，靠书面语传承的保守的文读音和靠口语存在的多变的白读音便日益分道扬镳，失却了联系。于是，有些字不知道在口语中读音是什么，有些口语词也不知道用的什么字。

例如，对上述福州话的“絮”字的认识就是来之不易的。暑天产的丝瓜，福州话说 ts^{h}ɔ^{5}，用来洗碗的晒干的丝瓜瓤叫 ts^{h}œ^{5} louŋ^{2}。同样的语素，泉州话说“暑瓜絮”ts^{h}ɯ^{3} kue^{1} ts^{h}ue^{5}。按照两地方音的对应，这个音只能是御韵心母去声字：

	初	梳	苎	鑢	须胡~	碎	笑	髓
福州	ts^{h}œ^{1}	sœ^{1}	tɔ^{6}	lɔ^{5}	ts^{h}iu^{1}	ts^{h}ɔy^{5}	ts^{h}ieu^{5}	ts^{h}øy^{3}
泉州	ts^{h}ue^{1}	sue^{1}	tue^{4}	lue^{5}	ts^{h}iu^{1}	ts^{h}ui^{5}	ts^{h}io^{5}	ts^{h}ə^{3}

泉州的地方戏里有一种女丑 ke^{1} lue^{3}，按照上述韵母对应也可

以推出是“佳女”的白读。

“絮”的读书音，福州 $søy^5$，泉州 $sɯ^5$，“女”的读书音泉州 $lɯ^3$，这都和说话的音相差太大。历来读书凭字，说话凭口，各不相干，所以一般人不知道，也不想去考究这文白读二者之间有什么关系。

明清以来，由于方言口语发生了很大的变化，方言地区的人读书识字越发困难，为了“因音识字”，许多地方便按照本地语音编了方言韵书。大概因为闽方言和共同语差别特别大，多数本地人并不懂得正音，但又必须读书识字，于是本地人便编了许多按方言音类排列的韵书。福州有《戚林八音》，建瓯有《建州八音》，泉州有《汇音妙悟》，漳州潮州则有《十五音》。① 这类字书所反映的方音系统大致是可信的，但用字则十分杂乱。虽然也分别了一些文白读，但多与新造俗字、异体字、同音字及训读字混用，并未建立完整而科学的书写系统，也没有在社会上起到规范作用。那些字源不明的方言词又收得不全（这也难怪，因为它是字书而不是词书），许多方言词还是常常找不到字写。我的母语肯定对方的话时答曰 $hiauʔ^8$，表示领悟答曰 $hioʔ^8$ ·ɔ，初到泉州时曾被讥为“土得无字可写”，后来才知道那就是从先秦到汉魏所通用的文绉绉的“诺”，后者和作叶子解的“箬”同音，合于泥母的 n—h 对应和药韵的 iɔk—iauʔ、iɔk—ioʔ 对应。

第二，文白异读是方言口语词汇不断扩展的结果。

如果方言口语一成不变，总按书上的字句说话，就不会有文白异读了。随着社会生活的变化，方言词汇总是不断发展的。新出现的方言词，有向外族语言借用的，也有方言地区创新的，但更多

① 参见李如龙《闽方言的韵书》，《地方文献史料研究丛刊》第三辑，福建地图出版社，1991 年。

的是利用旧有的语素，经过扩大、缩小、引申、派生、组合而成的。大多数汉字都是有意义的语素，又是不能直接标音的符号，这就为利用汉字变音别义，缀字造词提供了很大的方便。在方言词语扩展的过程中，不同时期有不同的语音结构，用同样的语素在不同的时代构成的语词就往往有不同的读音。为了扩充方言词语，方言也吸收共同语或外地方言的语汇，这部分语词也常常会带来不同的读音。同样的语素在新的方言词里造成不同的读音，这就是方言形成文白异读的基本原因。由此可见，汉字和语词有相分离的一面，也有相关联的一面。上文所举的"老"在泉州话为什么会有那么多的异读呢？这就是不同时代词汇积累的结果。读 $lɔ^3$ 的音定型于泥来未混、豪肴未混、浊上未混入去声的时代，豪韵的音由 *ɒu 变为 ɔ，这很容易使人联想到吴方言的读法。与此同时，肴韵则由 au 变为 a（饱、骹、饺）。$n\tilde{ɔ}^3$ 是泥来相混后的误推：凡有元音鼻化与非鼻化对立的往往鼻化音用于文读（以便模仿共同语的鼻音声母），如：鹅 $ŋ\tilde{ɔ}^2$—gia^2，买 $m\tilde{a}i^3$—bue^3，扭 $ni\tilde{u}^3$—liu^3，lo^3 应是从 $lɔ^3$ 蜕变来的，也可能为了区别字义，也可能是受外来音的影响，例如省城的福州话就是 ɔ、o 不区别音位的。lau^3 明显是仿照近代共同语的读音，当时豪肴合流，全浊归去，次浊留上，除了老实、老练、老手之类书面语词之外，派生了表示"油滑、造作"的单音形容词 lau^3，称扒手为"老仔"也显然是近代社会之后才有的。$n\tilde{ɔ}^4$、lau^4、la^4 是浊声母清化后分化出的阳上调，$n\tilde{ɔ}^4$ 的字义有引申，或为有意的变读，la^4 可能是韵尾异化的结果："老鹞"的音 $lau^4\ iau^2 \rightarrow la^4\ hioʔ^8$。

再举"下"字为例。《广韵》胡雅切："下，贱也，去也，后也，底也，降也。"泉州话"下贱、下流"读 ha^4，是书面语的文读音。音 ke^4 是形容词"低"，如说～厝仔矮房子，悬～高低，～鸡低能儿。音 k^he^4、he^4 是动词"放置"，如说册～伫桌顶书放在桌上，he^4 又引申为"想定"，如说～决心，～毒手，～佛祈求。音 e^4 是方位词，如说～骹下面～底底下～

斗$_{\text{下回}}$。从语音上看，ke^4、k^he^4 的音肯定比 e^4、he^4 早定型（下详）；从词汇上看，保存不同时期的不同读音也是词义引申、词性转移的需要。由此可见，文白异读并不单纯是语音现象，也是词汇现象。

第三，文白异读是共同语和方言不断矛盾和互相影响的结果。

从共时的、静态的角度说，各方言都有自己独立的结构系统，每个系统都有自己的矛盾统一的规律。但是每个系统的形成和变化都摆脱不了外界的影响。

首先是共同语对方言的影响。

中国文化的大一统观念和早期奴隶制国家的高度权威以及繁荣的文化教育，使汉语在很早以前就有民族共同语的雏形，这就是先秦的“雅言”。汉代经师的音注和后来的反切，尤其是切韵系韵书兴起之后，作为官方颁发的读音规范，对各地复杂的方言都发生过深刻的影响。除此之外，随着共同语的书面语词的扩散，共同语的语音也不断地向各地方言施加着影响。

其次是方言间的相互影响，这主要表现在邻近的方言之间。政治稳定、经济繁荣、文化发达的地区的方言，往往形成历史长，分布地域广，使用人口多，因而在语言交际中获得较大的优势，对周边方言则施加着影响。

闽方言形成之后，赶上盛唐中古音的强大影响，各地闽方言的文读音显然是广韵音系覆盖的结果。详细情形下节将进一步讨论，这里举歌韵字读音为例作一简单说明。歌韵在各地闽方言有如下各种文白读（字下加＝为文读，加一为白读）：

ɔ 建瓯、泉州：歌多何

ɔ̃ 泉州、厦门：我鹅可

o 福州、厦门、文昌、潮州：多歌何左，泉州：箩贺，永安：我个

ɯ 永安：歌饿鹅

aɯ 永安：多左河箩

ua 福州：拖，潮州、文昌、泉州、厦门：我拖歌舵

ai 福州：拖箩

uai 福州：我舵

uɛ 建瓯：多箩舵拖

uɔ 永安：拖

ia 泉州、厦门：鹅

ie 福州：鹅

ya 永安：鹅

a 福州、泉州、建瓯、潮州、文昌：他阿，永安：阿

其中 ɔ、o 应该和广韵系统及宋元的共同语读音最为相近，ɯ、ɔ̃ 是它的特殊变体，往往有声母的特殊条件。其余韵腹为 a 和有 u 介音的都是白读音，是汉代的 ɒ 或 a 变来的。李荣先生对文白异读曾做过这样的概括："其他方言区的文白异读，白话音是本地的，文言音往往是外来的，并且比较接近北京音。"[①]闽方言文白异读的情况与此是相符的。

闽方言也接受共同语之外的别方言的影响，例如闽东、闽北与吴方言区邻近，这一带闽方言撮口呼字多，多圆唇元音，阳声韵和入声韵归并为-ŋ、-ʔ（闽北方言多数点塞音尾 ʔ 已经脱落），这些特点和吴方言的风格十分相似，应该不无关系。闽南（包括潮汕地区）则与客家方言连片，双方也有一些语音特点相仿，例如无撮口呼，多鼻化韵，入声字有-p、-t、-k 尾等。海南闽语长期和属于壮侗语的临高话相处，其唇舌清塞音变为紧喉浊音 ɓ、ɗ，显然是临高话影响的结果。但是，闽方言所受的外地方言的影响似乎不是专门进入文读音，而是普遍渗透到文白读之中去的。闽方言地区的人读书识字，历来还是崇尚共同语的标准音的。

---

① 见李荣《音韵存稿》第 15 页，商务印书馆，1982 年。

三　闽方言文白异读的历史层次

从历时的角度看，方言里的文白异读是不同历史时期的方言语音和所受的共同语语音影响的多层次的叠置。

关于闽方言的文白异读所反映的不同的语音历史层次，我30年前在整理《厦门话的文白异读》一文时，曾就厦门话的情形做过较为系统的说明。文中说过："文读系统大体上接近于中古音系统……白读系统则反映了方言开始从共同语分化出来到以后整个历史发展过程中演变的情况。"在韵母方面又说："白读系统保存了上古汉语韵类"和"较开的元音"，也"反映了中古以后韵值的变化"。①

现在看来，就厦门话所概括的这些结论和各地闽方言的情形是大体相符的。这里选取100个常用字，列举福州、建瓯、泉州、潮州、文昌六点材料，按《方言调查字表》韵序列表对照各字的文白读音（见本文末附表），现在根据这些材料讨论若干问题。

先说声母的文白异读。

大多数闽方言的声母都是15个：p、pʰ、m、t、tʰ、n、l、ts、tsʰ、s、k、kʰ、ŋ、h、∅。除了全浊声母清化之外，这个声母系统与李方桂先生所构拟的上古声母系统最为相近。②

非组字是隋唐以后从上古的帮组分出来的，其白读p、pʰ、m，显然是上古音的旧层；文读h-是仿照中古音（f）的近似音。例见附表8斧、24飞、33妇、60袜、70分、77放。为什么说h-是近似的仿照而不是先变为f-再变为h-呢？因为在各地闽方言中，极少发现非组字有f-的读法，③如果曾有过f-，不可能至今荡然无存；而像全

① 参见李如龙《厦门话的文白异读》，《厦门大学学报》，1963年第2期。

② 参见李方桂《上古音研究》第21页，商务印书馆，1980年。

③ 尤溪县汤川乡非组字及晓匣合口字读f-，咸山摄字白读脱落鼻音，"看"说睐，我怀疑其老底是客方言，但尚未查清。参见《闽语研究》第304页，语文出版社，1991年。

浊声母字在闽北地区（浦城县的石陂、建阳、崇安等）还保留着全浊声母的读法。①

知组字也是中古从上古的端组分化出来的，闽方言连文读音也大多保留上古的读法而未受中古音的影响，例见附表 34 昼、75 着、97 虫、98 竹。

庄组和章组也是中古时期才从精组分化出来的，今闽方言大部分与上古一样只有一套塞擦音（仅永安章组有 tʃ、tʃ^{h}、ʃ 的读法，显然是西边相邻的客家方言的影响），只有邪、禅读 s 的文读音与中古音较为相近。李方桂先生认为禅、床上古为定，邪母上古与以母同为 r，邪、以上古同类，许多音韵学家意见较为一致，闽方言的白读邪、以都有读为 s、ts^{h}、ts 的，例见附表 41 盐、74 痒、82 蝇、83 翼（邪母读这些音是为常例，未列例字），则反映了上古的同类关系。李氏还认为生母在上古别有来源，附表中例字 14 筛、22 事多有 t、t^{h} 的读法，另有“榨”，福州 ta^{5}，泉州 te^{5}，“锄”福州 t^{h}y^{2}，泉州 tɯ^{2}、t^{h}ɯ^{2}，“窗”、“铲”泉州 t^{h}aŋ^{1}、t^{h}uã^{3}，“差”建瓯 t^{h}a^{1} 均可作为佐证。

中古的云母在上古与群、匣同源相关，闽方言云母白读有 h，例见附表 10 雨、65 园，又如远，福州 huɔŋ^{6}，泉州、潮州 hŋ^{4}，文昌 ɦui^{6}，纬，泉州 hui^{5}，也反映了上古音的特点。

此外，李方桂先生拟的上古特有的清鼻音和清边音，也可以在闽方言的白读音中找到论据，例如来母字闽北白读为清擦音 s，例见附表 1 箩、25 老、67 鳞、95 聋；疑、泥、日母在闽南均有白读为 h- 的，例见附表 18 蚁，又上文所举诺、箬，泉州、潮州鱼 hɯ^{2}，额 hiaʔ^{8}头～：额头，肉，泉州 hiak^{8}，年，潮州 hĩ^{2}。

至于中古的匣母字，上文已经提到的，今闽方言白读共有 k、

① 参见李如龙《浦城县内的方言》、《闽北方言》，均载《闽语研究》，语文出版社，1991 年。

k^h、Ø、h、ɦ 5 种声母，例见附表 31 厚、32 后、37 含、38 合、40 咸、50 闲、59 活、61 滑、76 黄、79 学、93 横。《广韵》群母只有三等字，匣母只有一二四等，二者正好互补。闽方言的不少匣母字白读同群母为 k^h、k。李荣先生曾根据闽语和一些其他南方方言的材料论证了“古群母有一二四等”，[①]高本汉、李方桂都认为中古的匣群同来自上古群母。究竟是上古的群母分化为中古的群匣，音值发生些什么变化，抑或是上古时代南方某些方言把匣母字读为群母呢？这还需要进一步研究。而闽方言白读匣母字为 k、k^h，这是未受广韵系统影响的旧音，属上古的层次，则是可以肯定的。文昌话（还有闽北的石陂、建阳、崇安）的 ɦ 和中古匣母的读音相同，Ø、h 则是经过 ɦ 清化而来的。可见，闽方言匣母字的文白读至少叠置了三个不同的历史层次。

闽方言的声母也有参与中古之后的变化的，这主要是全浊声母的清化。在多数地方，文白读皆然（例见附表各浊母字，不再列举）。除此之外，近代汉语声母的变化，诸如微、疑母与影、喻母混为零声母，见系二三等的腭化等，在闽方言都只有局部地区少数字的反映，例如，福州的微母读 Ø：望 $uɔŋ^6$，袜 $uaʔ^8$，务 ou^6；永安晓母读 ʃ：挥＝须 $ʃyi^1$ 等。

由此可见，闽方言的声母，不论文白读，更多地保留着上古声母的格局，在白读音之中，上古音的痕迹更多。文读音里有中古音的影响，也有近代音的变化，但都没有构成系统的变异。就其所受的共同语影响说，并没有产生新的音类，更没有吸收新的音值，只是些近似的模仿和归并。从整体上看，虽然文白读都包含着不同历史层次的音，总的说声母是比较保守的。

再看韵母的文白异读。

---

① 参见李荣《音韵存稿》第 119—126 页，商务印书馆，1982 年。

和声母的情况相比，闽方言的韵母的文读音是比较接近广韵系统的。《厦门话的文白异读》文中曾列了一个切韵韵目、诗韵韵目、唐人合韵和厦门话文读韵的比较表。[①] 除了歌豪合韵，东冬和阳韵不分，庚青和蒸相混以及真文元诸韵分混不符之外，厦门话的文读分韵和唐诗的用韵是相当接近的。和闽南话相比，闽东的福州话东（冬）和阳可分，尤和萧则相混。闽北的建瓯话，歌—豪、尤—萧是可分的，东—阳在《建州八音》时代分，现代不分。文昌、潮州话东—阳有别，这是与泉州厦门不同的特点，文昌话豪与歌、侯都有所交混。至于韵值，歌为 ɔ，麻为 a，支微为 i、ui，鱼虞为 u、y，蟹摄为 ai、uai，效摄为 au、iau，流摄为 ɛu、iu，在各地闽方言也不为少见。文读韵类和中古韵类差别较大的是闽东、闽北方言，那里鼻音韵尾只有-ŋ，塞音韵尾或合并为-ʔ 或已脱落，阳声和入声韵就有许多合并和交混。限于篇幅这一点不再细说，从附表文读音可看到大概情形。文读韵母和中古韵类不相符的地方大多是近代以来方言语音自身的变异。

白读的情况比较复杂，分述如下：

有些白读音的音类反映着上古韵类的分合。例如：

中古的歌麻二韵字在上古同属歌部，这些字不少在闽方言的白读都是 ua 或 uɛ，例见附表 1-5：箩、我、破、麻、蛇，这不但可以在韵类上证明上古歌麻同部，在韵值上也富于启发性：把上古的歌部元音拟为圆唇的 ɒ，对于后来演变出 u 介音是很有利的解释：

$$\text{ɒ}\begin{cases}\text{ua}\rightarrow\text{uɛ}\\ \text{uai}\rightarrow\text{ai}\end{cases}$$

中古的齐韵和脂韵部分字在上古同为脂部，今闽方言有同读为 ai 的，例见附表 15 齐、16 脐、20 师。此类字在福州还有：西屎＝

① 参见李如龙《厦门话的文白异读》，《厦门大学学报》，1963 年第 2 期。

私$_{\sim 骹:体己}$狮 sai^1 梯 t^hai^1，指 $tsai^3$ 屎 sai^3；在泉州还有：眉 bai^2，梨 lai^2，师 sai^1 等。

中古的之韵、咍韵部分字在上古同属之部，今读也有同为 ai 韵的（在之为白读，在咍为文读），例见附表 11 胎、21 里$_{\sim 面}$、22 事。此类字还有使、驶，福州、泉州 sai^3，泉州还有似$_{熟\sim:熟悉}$，姒$_{同\sim:妯娌}$，均音 sai^6。

中古的支韵部分字在上古属于歌部。这些字在闽方言白读中有读为 a、ia、ua 的，近于歌韵读音而与支韵字有别。例见附表 18 蚁、19 纸。以泉州话为例，此类字还有奇$_{\sim 数}$ k^ha^1，骑 k^ha^1，徛 k^ha^4，寄 ka^5，施$_{拍\sim:撒落}$，sua^1。

上古幽部含有中古效流两摄的字，流摄字今闽方言白读有与效摄字同为 au 的，例见附表 31 厚、32 后、35 九。此类字还有福州、泉州读为同音的臭 ts^hau^5，透 t^hau^5，刘、流、留 lau^2。

中古虞韵在上古分属鱼侯两部，属于鱼部的今闽方言白读为单元音，多为开口呼 ɔ、o、u；属于侯部的今白读为 iu，两类字判然有别。例见附表 8 斧，9 树。前者还有雨、芋：福州 $huɔ^6$ $uɔ^6$，泉州 $hɔ^4$ $ɔ^6$；后者还有福州：住 $tieu^5$ 柱 t^hieu^5 厨 tiu^2。

中古江韵在上古属东部，今东江两部字不少闽方言白读同为 aŋ。例见附表 78 江、95 聋、97 虫。以泉州话为例，此类字尚多：冯 $paŋ^2$，梦 $baŋ^6$，封$_{顶\sim 批:上一封信}$ $paŋ^1$，缝 $paŋ^2$，重 $taŋ^4$，共 $kaŋ^6$。

有些白读音反映的是中古的韵类，这里只举其他方言难以区别的广韵的重韵。

鱼—虞重韵中，鱼在泉州话多读 ɯ，虞则不可能；虞在多处方言中白读 iu 或 iau，鱼则不可能。例见附表 7 去、8 斧、9 树。上文所述例字亦有一些可作旁证。

覃—谈重韵中，闽南话（含潮州、文昌）谈韵白读有 ã、a 的读法，覃韵则不可能。例见附表 37 含、39 三。以泉州话为例，谈韵

白读 ā 的还有：担 tā^{1}，胆 tā^{3}，谈重～：重问 tã^{2}，淡咸～ tā^{4}，篮蓝姓 nã^{2}，橄榄 kā^{1}nã^{3}，柑 kā^{1}，敢 kā^{3}。

支—之—脂三韵开口字中，今福州话支韵白读不少为 ie，脂、之则极少。例见附表 18 蚁、20 师、21 里～面、22 事。福州支韵白读 ie 的还有：离 lie^{6}，紫 ʦie^{3}，池 tie^{2}，支 tsie^{1}，施 sie^{1}，豉 siɛ^{5}，骑 k^{h}ie^{2}，徛 k^{h}iɛ^{6}，寄 kiɛ^{5}，椅 ie^{3}。脂韵的脂也读 ʦiɛ^{1} 是为避讳，仅之韵的里～面读 tie^{3} 是为例外。

仙—元重韵的开口字中，今福州话白读仙韵有 iaŋ，元韵则未见。例见附表 53 线，同类字尚有鳝 ʦ^{h}iaŋ^{6}，囝 kiaŋ^{3}，贱 siaŋ^{6}，癣 ʦ^{h}iaŋ^{3}。元韵字有不分文白读为 yɔŋ 的，例如建、健 kyɔŋ^{5}，键 kyɔŋ^{6}，言 ŋyɔŋ^{2}，宪 hyɔŋ^{5}；仙韵则除件 kyɔŋ^{6} 之外未见。

切韵系统的重韵是一时一地的细微差别，还是新读旧读之分，或是不同地区的方言差异，目前尚无定论。闽方言白读系统中既然可以区别这些重韵，至少可以证明，中古时代的这些重韵确实在一些地方同时存在过不同的读法。

关于有些闽方言的白读把阳声音读去为鼻化韵、把入声韵读为喉塞尾韵，有必要专门讨论。永安、泉州、潮州的白读都有把阳声韵读为鼻化韵的，文昌进一步把鼻化脱落了。例见附表 37 含之后各阳声韵的字。这些鼻化韵究竟属于什么历史层次？《厦门话的文白异读》曾把它们都归为“中古之后韵值的变化”，现在看来要作具体分析，区别对待。唐以前的方言也可以有鼻化现象，像《诗·女曰鸡鸣》：“知子之来之，杂佩以赠之”，嵇康《琴赋》“西”韵“前、颠、间、闲”，最好用 ai—āi 来解释。今同安话正是西 sai^{1}，前 tsāi^{2}，闲 āi^{2}。考察鼻化韵的历史层次应该连同韵里的元音一齐考虑。以泉州话为例，“寒、山、煎、半、泉”的白读都是 uā，恐怕很难说它们都是同步的变化。梗摄三等的白读有 iā：名、精、声、惊，有 ī：病、晴、姓、郑。平有 piã^{2}、pĩ^{2}、p^{h}iã^{2}～本：捞回成本 p^{h}ĩ^{2}～地(动宾)四个白读，精有 tsiã¹~肉 tsĩ¹妖~两个白读，显然也不是同一历史层次的成分。从 ian 到 ĩ，可能是 ian→iɛn→iẽ→ĩ(→i)，也可能是 ian→ien→in→ĩ(→i)。如果有周围的姊妹方言可以参考，对音变的历史过程就会更加容易理解。

由此可见，闽方言白读的韵母，不但可以为各韵类的古今演变提供参考，也可以为韵值的变化过程提供旁证。这一点可举四等韵为例。从附表 15 齐、28 调、42 店、43 贴、55 前、56 牵、57 节、91 瓶等材料可以看到，闽方言四等韵的元音有 a、ai、ɛi、oi、ue、ui 等。关于纯四等，越来越多的学者认为是舌位较低的洪音。张光宇主要根据闽方言的材料提出主元音为 ai 之说，①立论甚严，很有说服力。从各地闽方言的表现看，以先韵为例，具体途径可能有三：

aiŋ(建瓯先)→ɛiŋ(福州前)→iŋ(厦门前)

ain　　oin→õi(潮州前)→uĩ(泉州前)

an(漳州前)→ɛ̃(漳州晴)→ĩ(泉州晴)

有了这么多停靠站，该音类的音值演变过程就十分明朗了。

最后说说声调的文白异读。

闽方言的文白读大都经历过中古音的平上去入之分(上古是否四声俱全，暂且不论)。后来的浊音声母清化所引起的"浊上作去"各方言也在不同阶段都参与了。可以说闽方言受中古共同语的影响最深的是在声调方面。许多点的次浊声母字文读为上声(或阴上)，白读为阳去(或阳上)，例见附表 18 蚁、21 里~面、25 老、36 有、73 两、74 痒。就这两个层次说，应该是白读在前、文读在后。先不论全浊次浊变归阳去，文读为上声则是明清以来受共同语影响的结果。

闽北的建瓯话的声调分化在闽方言中是最为复杂的，这和它

---

① 参见张光宇《切韵与方言》第 117—135 页，[台北]商务印书馆，1990 年。

的塞音韵尾的消失，入声字混入舒声调有关，也和它所处的地理环境受到周边方言的多种影响有关。从历史说，闽北是福建开发最早的地区，闽北方言的语音历史层次最为繁复，也是符合历史事实的。关于建瓯话的声调，本人已有专文论述，这里不再重复。①

四　闽方言文白异读的共时整合

如上文所说，在闽方言，文读音也可以进入口语词，白读音也可以进入书面语词，对具体的词语来说，或文读或白读，在多音词里还可以文白兼用，但大多不能任意更换。因此，从共时观点看，不论文白读，都是在词语中基本定型的音节形式，都是语音系统中的成分。把文白读分开，只是人们进行音类的历史分析的结果，在共时的平面上，他们的身份是同等的，他们的来历和他们的功能并没有必然的联系。在这一点上，“地质层”的比喻又显得不合适了。地质层是纵面发掘后显现的，而文白读则都是一个共时平面上共同存活于交际生活中的成分。可以另外打个比方，字的文白读就像组成社会群体的众人中可以有不同的出身、职业和年龄，但大家又都是社会的一分子，在发挥社会生活的作用时未必有截然的差异。我们说，白读是本地的，文读是外来的，这是就其出身说的，是历时的考察；就共时的角度说，他们都是同一个结构平面的成分。如果把文读理解为非方音，正如有的学者所主张的那样，调查方言时只要问词语，不需问字音，显然又是不正确的了。

不同历史层面的音类也好，受共同语或外方言影响的音类也好，方言变异的音类也好，既然它们共居于一个语音系统中，就要经过一番整合。究竟是什么因素制约着这个整合呢？

---

① 参见李如龙《建瓯话的声调》，《中国语文》，1990 年第 2 期。

方言里来自不同历史时代的文白读整合成共时的平面，首先受着方言语音结构特点的制约。

汉语的语音以音节为自然单位，音节是由声韵调三者构成的，声韵调之间不但在构成音节时互相牵制，而且对于文白读音类的分布也有制约作用。

试比较泉州话和建瓯话合口一等歌韵的文白读音的不同分布：

泉州话：

文读 ① ɔ 颇偏～ 播破～坏 波风～，用作动词，起风波 妥惰螺～丝 裸蓑果结～ 褒坐谢～ 过不～ 科～学 课上～ 倭和随和（见于各声组）

② ɔ̃ 魔摩讹卧火～气：中医术语（多见于次浊声母）

③ o 波～浪 坡玻婆磨石～ 朵唾骡梭唆锁琐座锉锅窠颗和～气 禾祸和～诗（见于各声组）

白读 ① ua 簸破～布 磨～刀 过顺路～散：歇脚，菜～了：菜老了 过罪～ 涴拿水和

② ue 颇不正 锉锤揉（见于个别词）

③ ui 蓑棕～（见于个别词）

④ ə 螺田～ 腡坐～位 锅鉎～ 果～子 过～去 科～步 夥～计 课功～：活计祸起～星 货买～（未见于帮端二声组）

建瓯话：

文读 ① ɔ 波颇坡玻魔磨石～ 摩～擦 破～坏 朵妥惰摞螺～丝 蓑梭唆琐锁锉（见于唇舌齿声组）

② o 坐座禾稻苗 火螺田～ 腡（见于帮组外）

白读 ① uɛ 簸破打破 磨～刀（见于帮组）

② ua 锅～底：一种菜肴 过果科窠课货夥和～气 祸倭窝（见于牙喉音声组）

可见，文白读在字里的分布是受方言声韵调组合规律制约的。

与此相关的是，方言文白读音类的演变在声韵调三方面是不平衡的。例如建瓯话，拿 200 年前的《建州八音》和现代建瓯话相比较，声类韵类及其文白读的分布并没有多少变化（明显的只有“园”ɔŋ 和“桐”oŋ 两韵合并为 ɔŋ 韵，并与文白对应无关）。而声调方面在字调的归类上就发生了很大变化，调类也从 7 调变为 6 调（阳平与阴去合并为 33）。在潮州话，明清时代的戏曲脚本还分-n、-ŋ 尾押韵，19 世纪 40 年代教会罗马字的词典也明确区分了-n 和-ŋ，如今不分了，一些山摄宕摄字合并为 aŋ 韵（刊＝糠，单＝当），韵母的文白读有不少缺对现象，但 8 个声调的格局则没有多少变化。如上文所述，闽方言的文白异读在总体上的表现是：声母方面保留上古音的音类较多，未参与中古音的系统变化；声调则受中古音及近代以来共同语的影响较大；韵母的情形恰好介于二者之间。所有的这些也说明了，文白异读的演变是受到方言的声韵调结构规律制约的。

共同语的影响（文读音）和方言的原生成分（白读音）之间是相互矛盾的关系，经过竞争，必有相互消长的过程。方言成分靠什么去抵制外来影响，白读音怎样抵制文读音呢？靠的就是业已形成的声韵调结构规律及其所形成的方言语音特点。越是稳定的方言语音特点就越具有对外来影响的抵制能力。就闽方言的情况说，大家都没有 f，没有 tʂ，绝不会从共同语引进这些音类和音值，永安话的 tʃ、tʃʰ、ʃ 是受闽西客话影响而产生的，实际上也并未明显地造成音位对立。没有-n 的方言（福州、建瓯、潮州）也绝不会接受带-n 尾的韵类。再如福州话的“变韵”，建瓯话的唇舌音可拼撮口呼（斧 py^{3}，除 ty^{3}）也绝不会受外来影响而放弃。厦门的一些年轻人说厦门话时把疑母字说成零声母，如：“我 ua^{3} 魏 ui^{6}”，至今还未被一般厦门人所认可，更多的人还把它看成学普通话后的“走音”。

福州的一些年轻人把"推荐"说成 $t^hui^1 kyɔŋ^5$，显然是因普通话"荐一建"不分而误推，一般中老年人也认为是"语音不正"。

不仅如此，由于方言语音的变化主要是受自身的结构规律制约的，有时还会置共同语的影响于不顾，与向共同语集中的方向背道而驰。例如福州话，大概由于连读音变时后音节的 l-总是受前音节的鼻音同化而变为 n-，近数十年来已由 n-l 可辨逐渐变成 n-l 不分；泉州话阳上原是 22 调，由于和阴平的 33 调十分接近，数十年间阳上字已经混入阴平调，不论文读白读，连老年人也难以区别"赊一社(sia)、都一杜(tɔ)、花一蟹(hue)"了。根据徐通锵先生的调查，山西方言的新派口音里可以有不少新的音类和音值。① 这说明了，在晋方言，共同语对方言的影响要强得多。闽方言与此是大不相同的。

语音的发展，尤其是方言语音的发展，往往带有自发性。它总是在社会生活中约定俗成的，并不依靠人为的指挥。文白异读在共时系统的整合也是自发进行的。语音的结构规律是多方面的，外来影响也是此起彼伏、时弱时强的，有时音变中断了，有时又会有回头的反复，因此，经过整合的共时平面，常常会呈现杂乱无章的状态。泉州话算是语音对应比较严整的了，也难免出现这种状况，请看豪韵的文白读分布(下表中空括号表示文白读中的空缺对应)：

文	—	白	例字和例词
ɔ		o	暴风～/～头 桃～园/～花 告报～/～状 高提～/姓～
ɔ̃		au	老～弱/～依 耗损～/消～
o		au	草甘～/～索 老陈～/～依
au		ɔ	袍旗～/龙～

① 参见徐通锵《历史语言学》第 293—325 页，商务印书馆，1991 年。

au	o	抱怀～/～团 扫～帚/粪～ 牢～记/监～ 好～～先生/～依
au	( )	操灶奥懊糟蚤薅
ɔ̃	( )	考浩好～事 傲冒
o	( )	宝枣号稿篙膏造袄萄讨倒套刀报糕嫂
( )	ɔ	豪曹靠劳导岛盗到槁躁淘

在这种情况下，有时连何者为文读，何者是白读都不容易识别，只好借助于词语的风格色彩去判断了。

方言的文白异读的整合，除了受方言语音结构特点的制约，还受到词汇语法特点的制约。

在闽方言，字的文白读往往是依赖具体语词而存在的。从共同语引进的书面语词通常读文读音，当这些语词被方言接受进入口语之后，文读音也跟着进入口语，例如上文所举泉州话的歌韵文读 ɔ，“破”读 p^{h}ɔ^{5}，还是一个地道的方言词（中医指药物损害身体），“过”读 kɔ^{5}，还可以造出“不而过”（不过）的方言词。这是文读音挤了白读音的地盘。也有反过来的情形，方言在接受共同语的书面语词时，拿已有的白读音去套，于是白读音扩展到书面语，文读逐渐被淘汰。例如潮州话“单”的文读音 taŋ^{1} 只是诵读旧诗文时才用，在语词中（包括书面语词）都读 tuã 的音（单车、单纯、单调、单据、单位、单元），连成语“单刀直入、单枪匹马”中的“单”也用了白读音。有大批单字一般潮州人都已读不出文读音。这是白读音挤了文读音的地盘。多用文读音，书面语词显得雅，书面语风格色彩浓；多用白读音，这些语词就显得俗，口语风格色彩浓。

300 年前，用泉州话写的《荔镜记》梨园戏脚本中；唱腔韵脚都押的白读音的韵。①

（1）潮州好街市 ts^{h}i^{4}

① 见《荔镜记戏文》，（日本）天理大学出版部刊行。

又兼逢着上元冥 $m\tilde{\imath}^1$

来去看景致 ti^6

一位娘乜清浅 $ts^h\tilde{\imath}^3$（本字鲜）

恰是仙女下瑶池 ti^2

（2）元宵有十成 $tsi\tilde{a}^2$

赏灯人都齐整 $ts\tilde{a}^3$

办出鳌山景致

抽出王祥卧冰 $pi\tilde{a}^1$

丁兰刻母

尽都会活 $ua\text{ʔ}^8$

张拱莺莺

围棋宛然真正 $tsi\tilde{a}^5$

障般景致实是恶（难）拼 $pi\tilde{a}^5$

咱今相随再来去看 $k^hu\tilde{a}^5$

（3）肌肤温润有十全 $ts\text{ŋ}^2$

弓鞋三寸，蟾鬓又光 $k\text{ŋ}^1$

动得懒体都不知返 $t\text{ŋ}^3$（本字"转"）

（4）叫月杜鹃啼苦切 $ts^hue\text{ʔ}^7$

声声叫是春归时节 $tsue\text{ʔ}^7$

鸟雀悲春，共恁人心一齐 $tsue^2$

（5）无奈何 ua^2

惊得我神魂都散 $su\tilde{a}^5$

怎耐丁古贼林大 tua^6

枉屈打破你心肝 $ku\tilde{a}^1$

娘仔心头且放宽 $k^hu\tilde{a}^1$

天地报应贼林大 $tu\tilde{a}^5$

用今泉州话说，"冰"已改文读音 $pi\text{ŋ}^1$；"十全"说 sip^7 $tsuan^2$；"心

头放宽"也更多说 $k^h uan^1$，词汇风格发生了不少变化。

上文所提到的运用文白对应引申词义、转移词性、派生新词以及用文白连用构词等，也是词汇、语法的特点制约着文白读的分布的实例。

在文白异读的竞争中，什么力量决定其胜负呢？看来，这必须从方言的社会文化背景上去进行考察，有三个方面值得引起我们的注意。

第一，看该方言属于什么样的社会类型。凡是向心型的方言，内部差异比较小，变化比较慢、方言文艺也比较发达，这样的方言势力就会强些。对共同语的影响抵制比较有力，白读音的地盘也会保留得多。反之，离心型方言内部分歧大，变化快，方言艺术加工不足，这样的方言，竞争力就差，白读音的地盘容易为文读音所夺。福建沿海的诸方言（潮州的闽南话亦属此）属于前者，闽北、闽中方言属于后者。

第二，看该地区推广共同语（普通话）的状况如何，尤其是学校教育中是否使用普通话教学。就闽南话的情况说，潮州话的白读音比泉州话活跃而强劲，文昌话就更加显著了，这显然与两个地区的读书识字的传统有关。在闽南地区，旧时识字用反切确定读书音，辛亥革命后改用国语读音拼读识字，因此文读系统保留得较为完整。在海南岛，人们是通过方言读书识字的，只认口语里的音和义，所以文读音丢了不少，甚至用了许多训读音。

第三，看时代风尚如何。共同语的势力和方言势力的竞争显然和历史背景有关。国家统一，政治稳定，经济发达，文化繁荣的时候，共同语对方言的影响力势必增强；反之，方言对共同语的抵制力则大。闽方言之所以会与普通话差异甚大，就是因为长时期以来散布在贫穷落后的山区，交通不便，又地处偏远，有时处在封建割据之中，与北方交往不多，向海外传播则十分频繁。所以连文读音的系统也具有浓厚的方言特色，很难采用共同语的音类和音值。

五　从文白异读看闽方言的分区

文白异读既是闽方言的重要特点，体现着方言语音的历史层次，又反映了语音结构规律，乃至体现了共时系统的整合方式，它对于考察闽方言的分区，也就具有重要的价值。

所谓闽方言的分区，一是把闽方言与其他方言区别开来，二是把闽方言内部明显不同的小区区别开来。

把各地闽方言的文白异读的共同特点提取出来，便可以看到闽方言和其他方言不同的许多重要标志。根据本文所采集的材料，可以提出如下10条这样的标志：

1. 非组字文读 h、Ø，白读为 p、p^h、m。例见附表8斧、24飞、33妇、60袜、70分、77放。

2. 心邪书禅等母字文读为擦音 s，白读为塞擦音 ts、ts^h，个别字为 t、t^h。例见附表5蛇、9树、14筛、22事、27笑、54舌、84生、89成、90石、100粟。

3. 匣母字文读为 h，白读为 k、k^h、Ø。例见附表31厚、32后、37含、38合、40咸、50闲、59活、61滑、76黄、79学、93横。

4. 云母少数字文读Ø、白读为 h，古以母少数字文读Ø，白读 ts、ts^h、s。例见附表10雨、41盐、65园、74痒、82蝇、83翼。

5. 部分三等韵字、文读为细音，白读同于一等韵为洪音。例见附表6梳、7去、8斧、10雨、34昼、35九、44林、45饮、68密、77放、97虫。

6. 四等韵许多字文读为细音，白读为洪音。例见附表15齐、28调、42店、43贴、55前、56牵、57节、91瓶。

7. 部分开口韵字文读为开口呼，白读为合口（有撮口呼的方言或为撮口)。例见附表 1 箩、2 我、3 破、12 开、13 带、17 皮、19 纸、49 山。

8. 歌、支、之、脂韵都有些字白读的主要元音为 a。例见附表 1 箩、2 我、3 破、18 蚁、19 纸、20 师、21 里~面、22 事。

9. 梗摄字白读韵腹为 a。例见附表 84—94 生百争麦命成石瓶壁横兄。

10. 次浊上声字文读上声(分阴阳上的是阴上),白读为阳上或阳去。例见附表 10 雨、18 蚁、21 里~面、25 老、36 有、73 两、74 痒。

以上各条虽有少数条目同别的方言相似,但从整体上说,作为闽方言的特征还是十分明朗的。

就文白对应的差异看,本文所取的 6 个闽方言点可以分为四个明显不同的方言小区。各区至少都可以提取 3 条自己独有的特征。

福州话所代表的闽东方言的特征:

1. 部分从母字文读为 ts、ts^{h},白读为 s(与邪母字相同)。例见附表 16 脐、55 前。此类字还糍 si^{2},坐 tsɔ^{6}/sɔy^{6},静 tseiŋ^{6}/saŋ^{6},昨 tsuoʔ^{8}/soʔ^{8},贱 tsieŋ^{6}/siaŋ^{6},槽 tso^{2}/so^{2} 等。

2. 支韵字白读为 ie,与之脂韵显然不同。例见 18 蚁、20 师、22 事。此类字还有宜 ŋi^{2}/ŋie^{2},骑 ki^{2}/k^{h}ie^{2},池 tie^{2},匙 sie^{2},羁系住 kie^{1},徛 k^{h}iɛ^{6},移 ie^{2},椅 ie^{3},戏 hiɛ^{5}。

3. 由于阳声韵没有鼻化韵的读法,入声韵没有-p、-t、-k 的读法,因而阳声韵和入声韵的文白异读较少。例见附表 37-100 各字。

建瓯话代表的闽北方言和永安话代表的闽中方言的特征:

1. 部分来母字文读 l,白读 s。例见附表 1 箩、25 老、46 笠、67 鳞、95 聋。此类字共有 30 个左右。①

① 参见李如龙《闽西北方言来母字读 s-的研究》,《中国语文》,1983 年第 4 期。

2. 少数见母字文读 k，白读 h 或 ø。例见附表 30 狗、47 肝。此类字永安尚有锅 ua^{1}、菇 u^{1}、冀 i^{5}，建瓯尚有锅 ua^{1}、菇 u^{3}、冀 i^{6}、筧 aiŋ^{3}、公 œyŋ^{1}、嫁 ha^{5}、教 hau^{1}、韭 hiu^{5}、救 hiau^{5}、桔 i^{7}。

3. 少数禅母字文读 s，白读为 ø。例见附表 5 蛇、54 舌、89 成。此类字建瓯尚有社 ia^{8}、佘 ia^{3}、薯 y^{3}、匙 i^{3}、绍邵韶 iau^{8}、常 iɔŋ^{3}、上$_{～山}$ iɔŋ^{8}、属 y^{8}、食 iɛ^{8}，永安仅见食 ie^{6}（船母）。

泉州、潮州为代表的闽南话的特征：

1. 开口字读合口的比各点更多。例见附表 5 蛇、15 齐、23 气、46 笠、47 肝、48 割、50 闲、51 拔、53 线、55 前、57 节$_{过～}$。

2. 阳声韵字文读收鼻音韵尾，白读多为鼻化韵，与此相应的入声韵字，文读收塞音韵尾，白读多为-ʔ。例见附表 37－100 各字。

3. 次浊声母泥、疑、日等母少数字白读为 h。例见附表 18 蚁。此类字尚有瓦 hia^{4}，鱼 hɯ2，艾 hiã^{6}，岸 huã^{6}，燃 hiã^{2}，砚 hĩ^{6}（潮州 ĩ^{6}），耳（泉州 hi^{4}，潮州 hĩ^{4}），迎$_{～佛（泉）}$ hiã^{2}，年$_{（潮）}$ hĩ^{2}。

文昌所代表的海南话的特征：

1. 非组字白读双唇音 ɓ、p^{h} 的比文读 ɸ 还要多。除附表所列字外，尚有：府 p^{h}u^{3}，付 p^{h}u^{5}，傅 p^{h}u^{5}，废 p^{h}ui^{5}，副 p^{h}u^{7}，复 pok^{8}，法 p^{h}at^{7}，乏 p^{h}at^{8}，烦 p^{h}an^{2}，筏 p^{h}at^{7}，发$_{头～}$ ɓuat^{7}，芬 p^{h}on^{1}，奋 p^{h}on^{5}，方 p^{h}aŋ^{1}，访 p^{h}aŋ^{3}。这些字在其他闽方言读 p、p^{h} 的并不多。轻唇读重唇，全国方言中少有如此完整的。

2. 阳声韵和入声韵字的白读大多脱落了鼻音韵尾（也不鼻化）和塞音韵尾，读为口元音韵。例见附表 37－100 各字。

3. 多数文读音不用于口语，因而多数字没有文白异读，仅有白读音。例见附表各字。

关于闽方言的分区，我们曾把福建境内的闽方言分为 5 区。除本文所取的 4 区之外，还有莆仙区。关于这 5 个区的关系，我们曾经说过："次方言区之间的关系并不是并列的等距离的关系。区与区之间的关系有浅有深，边缘地区和中心地带的差异有大有小。东部沿海三区之间，西部山区两区之间各自关系较深。”①从文白异读的差异看，闽北、闽中也有较多的一致性，放宽尺度把它们列为一区也无不可。至于莆仙方言区，毕竟独有的特点较少，多数特点不是见于闽东，便是见于闽南，因此本文未列为比较点。把它作为闽东与闽南的过渡区也是可以的。潮汕区虽然久属广东省管辖，数百年来各方面都得到独立的发展，但从方言特点，尤其是从文白对应上看，它和闽南本土的闽南话还是十分接近的。在全国范围内划分闽方言的小区，还是应该把闽南本土、台湾省、潮汕地区和浙南闽语划在同一个区。海南省的闽南话差异较大，把它同雷州半岛的“海话”合起来另立一区也许是合适的。本文不是专门讨论闽语分区的，这些意见只是附带提出，聊备海内外方家参考而已。

附表的说明

1. 文读音和白读音用/隔开，前者是文读，后者是白读。

2. 没有异读的字按音类的系统及词的色彩确定为文读或白读。

3. 所采资料多为本人所调查，潮州音参考《汉语方音字汇》。

4. 必要时在注释中补充其他例字。

附　　表

	福　州	建　瓯	永　安	泉　州	潮　州	文　昌
1. 箩	lɔ^{2}/lai^{2}	lɔ^{5}/suɛ^{5}	laɯ^{2}	lo^{2}/lua^{2}	lo^{2}/lua^{2}	lo^{2}
2. 我	ŋo^{3}/ŋuai^{3}	ŋuɛ^{8}/uɛ^{8}	ŋo^{3}/ŋuɔ^{1}	ŋɔ̃^{3}/gua^{3}	ŋõ^{3}/ua^{3}	/gua^{3}
3. 破	p^{h}ɔ^{5}/p^{h}uai^{5}	p^{h}ɔ^{5}/p^{h}uɛ^{5}[1]	p^{h}aɯ^{5}/p^{h}uɔ^{5}	p^{h}ɔ^{5}/p^{h}ua^{5}	p^{h}o^{5}/p^{h}ua^{5}	/p^{h}ua^{5}
4. 麻	ma^{2}/muai^{2}	ma^{5}/muɛ^{5}	muɒ^{2}	mã^{2}/muã^{2}	mã^{2}/muã^{2}	ma^{2}/mua^{2}
5. 蛇	/sie^{2}	/yɛ^{5}	/ʃya^{2}	sia^{2}/tsua^{2}	/tsua^{2}	/tua^{2}

① 参见李如龙、陈章太《论闽方言内部的主要差异》，《闽语研究》，语文出版社，1991年。

续表

6. 梳	su^{1}/sœ^{1}	su^{1}	sɒu^{1}	sɔ^{1}/sue^{1}	so^{1}/siu^{1}[2]	/tiu^{1}
7. 去	k^{h}øy^{5}/k^{h}ɔ^{5}	k^{h}y^{5}/k^{h}ɔ^{5}	k^{h}y^{5}/k^{h}ɯ^{5}	k^{h}ɯ^{5}/	k^{h}ɯ^{5}/	hu^{5}/
8. 斧	hu^{3}/p^{h}uo^{3}	hu^{3}/py^{6}	hu^{3}/pu^{3}	hu^{3}/pɔ^{3}	/pou^{3}	/ɓou^{3}
9. 树	søy^{6}/ts^{h}ieu^{5}	sy^{6}/ts^{h}iu^{6}	/ʧ^{h}y^{5}[3]	su^{6}/ts^{h}iu^{6}	su^{6}/ts^{h}iu^{6}	/siu^{1}
10. 雨	y^{3}/huɔ^{6}[4]	y^{8}/hy^{6}	y^{4}/hu^{4}	u^{3}/hɔ^{4}	u^{3}/hou^{4}	/ɦou^{6}
11. 胎	t^{h}ai^{1}	t^{h}ai^{1}/t^{h}o^{1}	t^{h}a^{1}/	t^{h}ai^{1}/t^{h}ə^{1}	t^{h}ai^{1}/t^{h}o^{1}	/hai^{1}
12. 开	k^{h}ai^{1}/k^{h}ui^{1}	/k^{h}yɛ^{1}	k^{h}a^{1}[5]	k^{h}ai^{1}/k^{h}ui^{1}	k^{h}ai^{1}/k^{h}ui^{1}	hai^{1}/hui^{1}
13. 带	tai^{5}/	/tuɛ^{5}	ta^{5}/tuɒ^{5}	tai^{5}/tua^{5}	tai^{5}/tua^{5}	/ɗua^{5}
14. 筛	sai^{1}/t^{h}ai^{1}	sai^{1}	sa^{1}/t^{h}i^{1}	sai^{1}/t^{h}ai^{1}	sai^{1}/t^{h}ai^{1}	se^{1}/hai^{1}
15. 齐	tsɛ^{2}[6]	tsi^{3}/tsai^{3}	tsi^{2}/ʦe^{2}	tse^{2}/ʦue^{2}	ts^{h}i^{2}/ts^{h}oi^{2}	/toi^{2}
16. 脐	tsi^{2}/sai^{2}	tsi^{3}/ts^{h}ɛ^{5}	/ts^{h}a^{2}	tse^{2}/ʦai^{2}	tsi^{2}/tsai^{2}	tsi^{2}
17. 皮	p^{h}i^{2}/p^{h}ui^{2}	p^{h}i^{5}/p^{h}œ^{5}	p^{h}i^{2}/p^{h}ue^{2}	p^{h}i^{2}/p^{h}ə^{2}	p^{h}i^{2}/p^{h}ue^{2}	p^{h}i^{2}/p^{h}ue^{2}
18. 蚁	ŋiɛ^{6}[7]	ŋi^{6}/ŋyɛ^{8}	ŋi^{5}/ŋya^{3}	gi^{3}/hia^{4}	/hia^{4}	ŋi^{1}/ɦia^{6}
19. 纸	/tsai^{3}	/tsyɛ^{3}	tsɿ^{3}/ʧya^{3}	tsɯ^{3}/tsua^{3}	/tsua^{3}	/tua^{3}
20. 师	sy^{1}/sa^{1}	su^{1}	sɿ^{1}[8]	sɯ^{1}/sai^{1}	sɿ^{1}/sai^{1}	se^{1}
21. 里~面	li^{3}/tie^{3}	li^{3}/ti^{3}	li^{3}[9]	li^{3}/lai^{4}	li^{3}/lai^{4}	li^{3}/lai^{6}
22. 事	søy^{6}/tai^{6}	su^{6}/ti^{6}	sɿ^{5}/ʃia^{5}	sɯ^{6}/tai^{6}	sɿ^{6}/tai^{6}	se^{6}/
23. 气	k^{h}ei^{5}/	k^{h}i^{5}/k^{h}yɛ^{5}	k^{h}i^{5}/	k^{h}i^{5}/k^{h}ui^{5}	k^{h}i^{5}/k^{h}ui^{5}	/hui^{5}
24. 飞	hi^{1}/pui^{1}	hi^{1}/yɛ^{3}	ʃyi^{1}/pue^{1}	hui^{1}/pə^{1}	hui^{1}/pue^{1}	p^{h}ui^{1}/ɓue^{1}
25. 老	lo^{3}/lau^{6}	lau^{3}/se^{6}	lau^{3}	nɔ^{3}/lau^{4}[10]	lau^{3}/lau^{4}	lau^{3}
26. 炒	ts^{h}au^{3}/ts^{h}a^{3}	ts^{h}au^{3}/	ts^{h}o^{3}/	ts^{h}au^{3}/ts^{h}a^{3}	/ts^{h}a^{3}	/sa^{3}
27. 笑	sieu^{5}/ts^{h}ieu^{5}	siau^{5}[11]/	siɯ^{5}/ts^{h}iɯ^{5}	siau^{5}/ts^{h}io^{5}	/ts^{h}ie^{5}	/sio^{5}
28. 调~和	tiu^{2}/tɛu^{2}	tiau^{5}[12]	tiu^{4}[13]	tiau^{2}/tio^{2}	t^{h}iau^{2}	/hiau^{2}
29. 楼	lɛu^{2}/lau^{2}	le^{5}/	/lø^{2}	lio^{2}/lau^{2}	/lau^{2}	/lau^{2}
30. 狗	kɛu^{3}[14]	ke^{3}/e^{3}	/ø^{3}	kio^{3}/kau^{3}	/kau^{3}	/kau^{3}
31. 厚	hau^{6}/kau^{6}	he^{8}/ke^{8}	hø^{4}/kø^{4}	hio^{4}/kau^{4}	/kau^{4}	/kau^{6}
32. 后~面	hau^{6}/au^{6}	he^{6}/	hø^{4}	hio^{4}/au^{4}	hau^{4}/au^{4}	/au^{6}

续表

33. 妇	hou^{6}/pou^{6}	hu^{6}/py^{8}	hu^{4}/pu^{4}	hu^{4}/pu^{4}	hu^{4}/pu^{2}	p^{h}u^{8}/ɓu^{8}
34. 昼	tiu^{5}/tau^{5}	tiu^{5}/te^{5}	tiau^{4}	tiu^{5}/tau^{5}	tiu^{4}/tau^{5}	tsiu^{8}/tau^{5}
35. 九	kiu^{3}/kau^{3}	kiu^{3}[15]	kiau^{3}[16]	kiu^{3}/kau^{3}	/kau^{3}	/kau^{3}
36. 有	iu^{3}/ou^{6}	iu^{3}/	iau^{3}/	iu^{3}/u^{4}	iu^{3}/u^{4}	/u^{6}
37. 含	haŋ^{2}/kaŋ^{2}	aŋ^{3}/kaiŋ^{3}	hõ^{2}	ham^{2}/kam^{2} [17]	ham^{2}/kam^{2}	ɦam^{2}/kam^{2}
38. 合	haʔ^{8}/	hɔ^{6}/	hauɯ^{4}/	hap^{8}/haʔ^{8}	hap^{8}/haʔ^{8}	/kap^{7}
39. 三	saŋ^{1}	saŋ^{1}	/sõ^{1}	sam^{1}/sã^{1}	sam^{1}/sã^{1}	/ta^{1}
40. 咸~蛋	haŋ^{2}/kɛiŋ^{2}	/keiŋ^{3}	kɯm^{2}	ham^{2}/kiam^{2}	/kiəm^{2}	/kiam^{2}
41. 盐	ieŋ^{2}/sieŋ^{2}	ieŋ^{5}/	iɛiŋ^{2}/	iam^{2}/sĩ^{2}	/iəm^{2}	/iam^{2}
42. 店	/taiŋ^{5}	/taŋ^{5}	tĩ^{5}	tiam^{5}/tuĩ^{5}	tiəm^{5}	/ɗiam^{5}
43. 贴	/t^{h}aiʔ^{7}	/t^{h}a^{7}	/t^{h}a^{7}	t^{h}iap^{7}/t^{h}ueʔ^{7}	t^{h}iəp^{7}/	/hiap^{7}
44. 林树~	liŋ^{2}/laŋ^{2}	leiŋ^{5}/laŋ^{5}	/lã^{2}	lim^{2}/nã^{2}	lim^{2}/nã^{2}	liom^{2}
45. 饮~汤	iŋ^{3}/aŋ^{3}	eiŋ^{3}/aiŋ^{3}	iã^{3}	im^{3}/am^{3}	im^{3}/am^{3}	iom^{3}/am^{3}
46. 笠	liʔ^{8}/	li^{7}/sɛ^{6}	li^{4}/ʃye^{4}	lip^{8}/lueʔ^{8}	/loiʔ^{8}	/loi^{6}
47. 肝	kaŋ^{1}	/huiŋ^{1}	/hm^{1}	kan^{1}/kuã^{1}	/kuã^{1}	/kua^{1}
48. 割	kaʔ^{7}	ko^{7}	/kuɒ^{7}	kat^{7}/kuaʔ^{7}	/kuaʔ^{7}	/kua^{7}
49. 山	saŋ^{1}	suiŋ^{1}	sɯm^{1}/	san^{1}/suã^{1}	/suã^{1}	/tua^{1}
50. 闲	haŋ^{2}/ɛiŋ^{2}	aiŋ^{3}	hĩ^{2}	han^{2}/uĩ^{2}	/õi^{2}	/ai^{2}
51. 拔	paʔ^{8}/peiʔ^{8}	pa^{7}/pai^{1}	pa^{4}	puat^{8}/pueʔ^{8}	puek^{8}/poiʔ^{8}	ɓuat^{7}
52. 钱	tsieŋ^{2}	tsiŋ^{5}	tsɛiŋ^{2}	tsian^{2}/ʦĩ^{2}	/tsĩ^{2}	/tsi^{2}
53. 线	/siaŋ^{5}	/syiŋ^{5}	sɛiŋ^{5}/	sian^{5}/suã^{5}	/suã^{5}	tua^{5}
54. 舌	sieʔ^{8}	/yɛ^{8}	ʃya^{4}	siat^{8}/tsiʔ^{8}	/tsiʔ^{8}	/tsi^{6}
55. 前	tsieŋ^{2}/sɛiŋ^{2}	ts^{h}iŋ^{5}[18]/	ʦ^{h}ɛiŋ^{2}	tsian^{2}/tsuĩ^{2}	/tsõi^{2}	/tai^{2}
56. 牵	/k^{h}ɛiŋ^{1}	/k^{h}aiŋ^{1}	/k^{h}ĩ^{1}[19]	k^{h}ian^{1}/k^{h}an^{1}	/k^{h}aŋ^{1}	/han^{1}
57. 节过~	tsiɛʔ^{7}/tsaiʔ^{7}	tsiɛ^{7}/tsai^{7}	tse^{7}/tsa^{7}	tsiat^{7}/tsueʔ^{7}	tsak^{7}/tsoiʔ^{7}	/tat^{7}
58. 官	kuaŋ^{1}/	kuiŋ^{1}/	kɯm^{1}/	kuan^{1}/kuã^{1}	/kuã^{1}	/kua^{1}

续表

59. 活	/uaʔ8	hua8/uɛ8	huɒ4	huat8/uaʔ8	/uaʔ8	/ua8
60. 袜	uaʔ8/	/muɛ8	/muɒ4	/bəʔ8	/bueʔ8	/buat8
61. 滑	huaʔ8/kouʔ8	/ko8	huɒ4/	huat8/kut8	/kuk8	/kot8
62. 关	kuaŋ1/kuoŋ1	/kuiŋ1	kuɯm1/	kuan1/kuĩ1	kueŋ1/kuẽ1	kuan1/kue1
63. 泉	tsuoŋ2	tsyiŋ5	tsɛiŋ2	tsuan2/tsuā2	/tsuā2	/tua2
64. 雪	suɔʔ7/	syɛ7/	/se7	suat7/səʔ7	/soʔ7	tuat7/tio7
65. 园	uoŋ2/huoŋ2	yiŋ3/hyiŋ5	yɛiŋ2	uan2/hŋ2	/hŋ2	ŋui2/ɦui2
66. 月	ŋuoʔ8	ŋyɛ8	ŋye4/	guat8/gəʔ8	/gueʔ8	/gue6
67. 鳞	liŋ2/	leiŋ3/saiŋ5	nā2/ʃĩ2	lin2/lan2	liŋ2/laŋ2	/lan2
68. 密	miʔ8/meiʔ8	mi7/mɛ7	mi4[20]/	bit8/bat8	mik8/bak8	miat8/bat8
69. 门	muoŋ2	mɔŋ5	muɛiŋ2	bun2/mŋ2	muŋ2	/mui2
70. 分	huŋ1/puoŋ1	hɔŋ1/pyiŋ1	huā1/pm1	hun1/pun1	huŋ1/puŋ1	/ɓon1
71. 汤	tʰouŋ1/	tʰɔŋ1/	tʰɒm1/	tʰɔŋ1/tʰŋ2	tʰaŋ1/tʰuŋ1	haŋ1/ho1
72. 薄	poʔ8/	pɔ8/	paɯʔ8	pɔk8/poʔ8	/poʔ8	/ɓo8
73. 两	luoŋ3/laŋ6	liɔŋ3/	niam3/	liɔŋ3 nŋ4	liaŋ3/nō4	lio3/no6
74. 痒	yoŋ3/suɔŋ6	iɔŋ3/tsiɔŋ8	iam3/tsiam4	iɔŋ3/tsiũ4	iaŋ3/tsiẽ4	/tsio6
75. 着	tuoʔ7/	tiɔ8/	tsiɯ7/	tiɔk8/tioʔ8 [21]	/tieʔ8	tsok8
76. 黄	/uoŋ2	/uaŋ5	/m2	hɔŋ2/ŋ2	/ŋ2	uaŋ2/ui2
77. 放	huɔŋ5/pɔuŋ5	hɔŋ5/pɔŋ5	hm5/paŋ5	hɔŋ5/paŋ5	huaŋ5/paŋ5	/ɓaŋ5
78. 江	kouŋ1/køyŋ1	kɔŋ1/	kɒm1/	kaŋ1/	kaŋ1/	kiaŋ1/
79. 学	houʔ8/oʔ8	ha7/ɔ8	haɯ4/aɯ4	hak8/oʔ8	hak6/oʔ8	/o6
80. 等	tɛiŋ3/tiŋ3	taiŋ3	tĩ3	təŋ3/tan3	teŋ3/taŋ3	ɗeŋ3/ɗan3
81. 贼	tseiʔ8/tsʰeiʔ8	/tsʰɛ6	/tsʰa4	tsik8/tsʰat8	/tsʰak8	/sat8
82. 蝇	iŋ2/siŋ2	/saiŋ5	/sā2	iŋ1/sin2	/siŋ2	/tien2
83. 翼	iʔ8/siʔ8	i6/siɛ6	iɔ4/ʃiɒ4	iak8/sit8	ek8/sik8	ʥi5/tiet8
84. 生[22]	sɛiŋ1/saŋ1	saiŋ1/saŋ1	ʃĩ1/sō1	səŋ1/sĩ1	seŋ1/sẽ1	se1/te1
85. 百	paiʔ7/paʔ7	/pa7	/pɒ7	pik7/paʔ7	/peʔ7	/ɓe7

续表

86. 争	tseiŋ^{1}/tsaŋ^{1}	tsaiŋ^{1}	ʧĩ^{1}	tsəŋ^{1}/tsĩ^{1}	/tsẽ^{1}	/tse^{1}
87. 麦	/maʔ^{8}	/ma^{8}	/ma^{4}	bik^{8}/beʔ^{8}	/beʔ^{8}	/be^{6}
88. 命	meiŋ^{6}/miaŋ^{6}	meiŋ^{6}/miaŋ^{6}	mã^{6}/miõ^{5}	biŋ^{6}/miã^{6}	meŋ^{3}/miã^{2}	/miã^{2}
89. 成[23]	siŋ^{2}/siaŋ^{2}	seiŋ^{5}/iaŋ^{3}	/ʃiã^{2}	siŋ^{2}/siã^{2}	seŋ^{2}/tsiã^{2}	/tia^{2}
90. 石	siʔ^{8}/suoʔ^{8}	si^{6}/siɔ^{6}	ʃiɯ^{4}/ʧiɯ^{4}	sit^{8}/ tsioʔ^{8} [24]	/tsieʔ^{8}	tek^{7}/tsio^{6}
91. 瓶	piŋ^{2}	/paiŋ^{3}	/pĩ^{2}	piŋ^{2}/pan^{2}	pʰeŋ^{2}/paŋ^{2}	/ɓan^{2}
92. 壁	peiʔ^{7}/piaʔ^{7}	pi^{7}/pia^{7}	pi^{7}/piɒ^{7}	pik^{7}/piaʔ^{7}	/piaʔ^{7}	/ɓiaʔ^{7}
93. 横	/huaŋ^{2}	/huaŋ^{5}	/hm^{2}	hiŋ^{2}/huĩ^{2}	huẽ^{2}	ɦoŋ^{2}/gue^{2}
94. 兄	hiŋ^{1}/hiaŋ^{1}	hœyŋ^{1}/hiaŋ^{1}	ʃiõ^{1}	hiŋ^{1}/hiã^{1}	/hiã^{1}	/gia^{1}
95. 聋	luŋ^{2}/løyŋ^{2}	lɔŋ^{5}/sɔŋ^{5}	laŋ^{2}/saŋ^{2}	lɔŋ^{2}/laŋ^{2}	/laŋ^{2}	/laŋ^{2}
96. 木	muʔ^{8}/møyʔ^{8}	/mu^{8}	/mu^{4}	bɔk^{8}/bak^{8}	/bak^{8}	/mok^{8}
97. 虫	/tʰøyŋ^{2}	tʰɔŋ^{5}/	/tʰaŋ^{2}	tʰiɔŋ^{2}/tʰaŋ^{2}	/tʰaŋ^{2}	/haŋ^{2}
98. 竹	tøyʔ^{7}	/ty^{7}	/ty^{7}	tiɔk^{7}/tiak^{7}	/tek^{7}	ɗiok^{7}/
99. 钟	tsyŋ^{1}/	tœyŋ^{1}/	tʃam^{1}/	tsiɔŋ^{1}/tsiŋ^{1}	/tsoŋ^{1}	/tsiaŋ^{1}
100. 粟	søyʔ^{7}/ tsʰuɔʔ^{7}	sy^{7}	ʃy^{7}/tʃʰy^{7}	siɔk^{7}/ tsʰiak^{7}	/tsʰek^{7}	siak^{7}/tiak^{7}

[1] 在见系字，以 ua 为常，如过、果、锅。

[2] 疑为“修”的训读。

[3] 声母为白读，韵母为文读，柱、须白读韵母为 iau。

[4] 口语也多说 y^{3}，huɔ^{6} 只见于个别语词。

[5] 亥白读 hue^{4}。

[6] 梯白读 tʰai^{1}，婿白读 sai^{5}。

[7] 奇~数 白读 kʰia^{1}。

[8] 狮白读 ʃa^{1}。

[9] 李~子 白读 ʃia^{4}。

[10] 尚有多种读音，见正文。

[11] 碎白读 tsʰo^{5}。

[12] 昼了下午 白读 lau^{8}。

[13] 条白读 to^2。

[14] 口语狗说犬 $k^h \varepsilon i\eta^3$，沟白读 kau^1。

[15] 阄白读 ke^6。

[16] 阄白读 $k\o^1$。

[17] 另有白读 am^2，意为包含。

[18] 韵母属文读，声母、声调属白读。

[19] 研白读 $\eta \varepsilon i\eta^1$。

[20] 漆白读 $ts^h a^1$。

[21] $tio?^8$ 对，$to?^8$~火。

[22] 表中所收白读音为"生育"之义，另有白读指"非熟"声母都是 ts^h：福州 $ts^h a\eta^1$ 建瓯 $ts^h a\eta^1$ 永安 $ts^h \tilde{o}^1$ 泉州 $ts^h \tilde{\imath}^1$ 潮州 $ts^h \tilde{e}^1$。

[23] 另一白读表示"成全"之义，福州 $ts^h ia\eta^2$ 泉州 $ts^h i\tilde{a}^2$。

[24] 另一白读 $sia?^8$~石：砚石。

[本文 1993 年 1 月在香港的第三届国际闽方言研讨会上宣读过，后收入香港中文大学中国文化研究所《中国语文研究》第十一期，第三届国际闽方言研讨会专号。]

建瓯话的声调

建瓯话的声调和广韵系统的对应很不整齐，这是它和别处闽方言很不相同的特点，建瓯话的声调分化是一个令人感兴趣的问题，许多学者对此发表了看法。笔者把现代建瓯话的声调和《建州八音》进行了详细比较，也比较了其他的一些闽北方言和南平官话，认为建瓯话的声调分化依然有自己的规律，只是影响声调分化的因素是多方面的，规律比较复杂而已。本文是就这个专题所做的研究报告。

一 《建州八音》的声调

《建州八音》声调分为八类，每类以环隔开，实环●有字，虚环○有音无字，重环⊙表示二六两类同音，名为八音，实只有七调，顺序如下：

一	二	三	四	五	六	七	八
之	志	指	即	芝	志	集	字
纯平	纯仄	平仄互兼	纯仄	纯平	（同二）	纯仄	纯仄

这个顺序显然不是按古音的平上去入各分阴阳排列的。

《建州八音》是林端材于清朝乾隆年间汇辑的，他在序言里十分推崇《戚林八音》，并说“惜建属地异语殊，难以习学省音，今特因其音韵，仿其体格……用以梓里乡谈，汇成是集”。《戚林八音》是按古音平上去入各分阴阳排列八音顺序的，只要把福州、建瓯的今音调值一比较，便可以看出《建州八音》是仿照《戚林八音》的调值顺序排列的：

	一	二	三	四	五	六	七	八
《戚林八音》	公	滚	贡	谷	群	（滚）	郡	掘
今福州调值[1]	44	32	213	23	51		242	5
《建州八音》	之	志	指	即	芝	（志）	集	字
今建瓯调值	33[2]	33	21	24	54		42	44

那么，怎样为《建州八音》的七个调类定名呢？这要看它与古四声古清浊的对应关系。对此，张琨先生文中曾列过一表反映其主要对应。[3] 现据原书所收的字（略去过于生僻的、训读的、拟声的和个别的例外字）将各种主次对应补充说明如下。

（一）第一声“之”

绝大多数字来自古次浊和全浊平声字，应称为阳平。例外有两类：

1. 古清平字 16 字：占测焉撑更改埃咍於呜污觚脬兢襟耽箪憎。这些字都是口语少用的字，应是套用普通话调值而来的（第一声 44，与普通话高平调相仿）。有一个得力的内证：求吴切“觚”字下注“酒器，正音”。

2. 古去声字 13 字：颤绢胖哨漂敲焠过擂耙酿翰媚。其中“漂”第一声第五声两读，合于《广韵》的匹妙、抚招两切。敲本字应是“敂”，《集韵》口教切：“击也，《方言》：楚凡挥弃物谓之敂。”今各地闽方言仍有“敂”的说法，读阴去。这些古去声字今建瓯音均读阴

① 据 1870 年 R. S. Maclay 所编《福州方言辞典》对当时福州话声调的五线谱描写，七个调的调值可折合为 44、33、213、23、53、341、5，其中第二、五两调调值和建瓯话更为相近。第三调今读也是 213，前半段时值较长而且在多音词连读时常变为 21，因此音感上和建瓯话的 21 十分相近。

② 《建州八音》第一、二调有别，今松溪、建阳、崇安等地也有别，现建瓯话相混，下详。

③ 参见张琨《〈建州八音〉的声调》，《中国语文》，1988 年第 6 期。

去，可能因第一调（阳平）和第二调（阴去）调值相近（44与33）混入的，今建瓯音第一调混入第二调，这小类也可视为“倒流”。

（二）第二调“志”

绝大多数字来自古清声母去声字，而古清去字也大多在本调，此调应称为阴去。串入本调的非清去字有三小类：

1. 古上声字20字（多为清声母与次浊声母字）：悔贿毁裹~粽暑曙囝闯拗吵（原作炒闹）藻叵哪潦牳雌畜拇大指巨姒俟。其中“悔”今读阴去，闽东方言中亦读阴去。“吵囝”原有上声、阴去两读，今仅上声一读，“毁闯拗潦”今读上声，“巨”今读阳入（后来按普通话去声读为降调，下详），“牳拇”可能是“嫲”（问茶切，第一声，注“呼母”）的辨义异读。其余部是口语未用的生僻字，疑为套用福州话上声调值（33）而串入阴去。林端材是福清（玉融）人，熟悉《戚林八音》，应该通福州话，也可能林氏按福州话调值折合误将这些上声字归入阴去（33）。

2. 古全浊去声字11字：佩珮兑绘饯䓛袖宙像瀚悍。其中“像”有阴去阳去两读，此处（阴去）原注“形容”，应是相貌的相。“䓛”读莺油切，可能另有来源，其余全是非常用字，这些字串入阴去大概是受阴阳去不分的普通话（南平官话亦然）的影响。

3. 古浊平字7字：桥垄还丽高~逻惆联（原作紩是缝纫的意思），这些浊平字多为口语的常用字，之所以串入阴去可以视为阳平混入阴去的“先行者”。

（三）第三调“指”

包括绝大多数古清上、部分次浊上和部分浊平字，《建州八音》“例言”称它是“平仄互兼”，列字时先列浊平字，后列上声字（仄），中间用小○隔开。这种区别大概只是为了帮助读者区别平仄，实际声调已经混同。1901年教会在福州出版的《建宁方言汉英词典》也已混为同调，可作旁证。但在闽北其他方言里，其中的浊平字和上声字依然有别，例如：

	铜—董	投—斗$_{升\sim}$	陵—领	姨—以
建瓯	$tɔŋ^{21}$	te^{21}	$leiŋ^{21}$	i^{21}
松溪	$t\ oŋ^{21}\ toŋ^{332}$	$ta^{21}\ ta^{332}$	$leiŋ^{21}\ leiŋ^{332}$	$i^{21}\ i^{332}$
建阳	$loŋ^{31}\ toŋ^{21}$	$ləu^{31}\ təu^{21}$	$lɔiŋ^{31}\ lɔiŋ^{21}$	$ɦi^{31}\ i^{21}$

在建瓯话显然是浊平混入上声，而古清上字也大多归在此调，因此第三调应称上声。

除了以上两个来源，上声字里还有两类例外：

1. 古清平字 26 字：菇饥高缸纠浇刊龛掀驩侦耽酖单崩（原作堋$_{墙陨}$）搬非扉悱扉霏簪猜薰瞻鼾钏。

2. 古清去字 10 字：剑旷瞬盖谛戴锻扮醉荐。

这些字混入上声确实比较奇特，也较难解释。罗杰瑞先生指出，其中的一些字在有些闽北方言里有特殊的反映（浊音的读法），这是一个重要的发现，也确是理解这一现象的线索。例如建阳音：菇 $ɦo^{3}$ 崩 $βaiŋ^{3}$ 簪 $laŋ^{3}$ 猜 $t^{h}ai^{3}$ 高 $ɦau^{2'}$① 单 $lueiŋ^{2'}$ 缸 $kɔŋ^{2'}$ 醉 $ly^{2'}$ 戴$_{\sim帽}$ $lue^{2'}$（有些例字《建州八音》未收，故未列举）。罗先生由此认为这是和广韵系统不送气清塞音塞擦音相对应的另一套弱化的塞音声母所造成的声调特殊分化。其实，这些字的塞音塞擦音不但有不送气的，也有送气的（刊龛猜钏旷），除了塞音塞擦音还有擦音（掀驩非扉霏熏鼾瞬），罗先生的论点很难成立。至于余蔼芹、平田昌司两先生所指出这些字在闽北各地对应不整齐，我倒认为是不同地点在演变过程中所表现的不平衡性，不能由此推翻罗说。对于这一现象，我认为是闽北方言在历史上曾一度发生过“清音浊化”造成的。上举例字中确有不少字在建阳、石陂、崇安等地方言读为 β、ɦ、l（在石陂为 b、ɦ、dz），浊化的清声母既有塞音塞擦音，又有擦音，既有送气的又有不送气的。由于声母浊化，声调也发生了相应的变化，不论是清平读为浊平，声调由阴平变为阳平乙或上

---

① 2' 表示阳平乙，下同。

声，清去读为浊去，声调由阴去变为上声，其调值都是从较高的调变为较低的调，发浊音时由于声带颤动，调值变低，这在吴方言里是常见的现象。汉语方言声母的演变中，浊音清化是常见的，但清音浊化的逆向变化也确是存在的，吴方言西南片(古处州一带包括福建境内的浦城话)把古端母字读成 n 或 l 便是一例。闽北方言西北片(建阳、石陂、崇安一带)现存的清音浊化也许就跟吴方言的影响有关，平田昌司先生注意到吴方言对闽北方言影响是有道理的。在建瓯话，浊化的清音又清化了，声调上的变化则还保存着。

(四) 第四调"即"

绝大多数是入声字，包括全部古清入和部分次浊、全浊入。鉴于古清入没有派入别调的，此调应称阴入。

混入阴入的浊入字共有 145 字，其中全浊多于次浊(85:60)。这些字显然是后来混入的，有文白异读的字，老的白读层读阳入，新的文读层读阴入，例如：

	学	舌	嘱	栗	密	术	活	额
文读	xa⁷	si⁷	tsy⁷	li⁷	mi⁷	sy⁷	xua⁷ 生～	ŋɛ⁷ 匾～
白读	ɔ⁸	yɛ⁸	y⁸	lɛ⁸	mɛ⁸	tsy⁸ 白～	uɛ⁸ 快～	ŋia⁸ 数～

《建州八音》之后有些阳入字还在变为阴入：

	独	蠛	幕	译	律
《建州八音》	tu⁸	miɛ⁸	mɔ⁸	i⁸	ly⁸
今建瓯音	tu⁷	miɛ⁷	mɔ⁷	i⁷	ly⁷

浊入字转入阴入可能是受南平官话方言岛的影响，南平官话不分阴阳把入声字读32。①

除了古入声字，还有 30 个去声字串入阴入：譬涕嚏置缀沸冻灶叫个暨煦忾歉玷澳隩这汰丽敝视逝护缪濑睡裕蚌塝。其中"灶"

---

① 南平官话方言岛形成于明末，虽然使用人口不多，但在闽北影响很大。许多老年人都说，民国初年兴办新学时读书识字的教学语言就是模仿南平土官话。

今音在阴去,“叫个这”在方言中都不是口语用字,其余都是口语不常用的字,应是受土官话影响,借用其调值读为阴入的,南平官话阴阳去不分读 35,和建瓯话的 24 十分相近。《建州八音》“敝”字下注“伤坏,正音”。是为内证。

(五) 第五调“芝”

此类最为单纯,绝大多数字来自古清声母平声字,例外字极少,都是些训读误读或辨义异读的多音字。如“环,气圆切”,本字应是“圈”;“厕秽室,时吴切”,应是“司”之误(厕所称为“茅司”);“幹,求蟠切”,在阴去注:能力,在阴平注:枝干。

(六) 第七调“集”、第八调“字”

这一类都是古浊声母仄声字,而且上、去、入兼有,各类字数分布如下:

古音 字数 今音	上声字			去声字			入声字		
	次浊	全浊	合计	次浊	全浊	合计	次浊	全浊	合计
第七调	23	54	77	1	24	25	77	56	133
第八调	9	90	99	(基本对应,未统计)			3	29	32

为这两个调类定名,除了看几种不同来源的字数比例,还应该考虑它们的不同历史层次。

古浊去字绝大多数在第八调,并成为此调的主体,此调应称阳去。派入本调的古浊上字也是较老的语音层次,凡有文白异读的白读在第八调(阳去),文读在第七调(阳入),这反映了早期“浊上作去”的合流:

	柱	丈①	重	杖②	上	下
文读	tsy^{7}	tiɔŋ^{8}～夫	tœyŋ^{8}	tiɔŋ^{7}笞～	iɔŋ^{7}高升	xa^{8}放落
白读	t^{h}iu^{8}	tiɔŋ^{8}十尺	tɔŋ^{8}	tiɔŋ^{8}～势	tsiɔŋ^{8}～下	a^{7}上～

---

① 建瓯话口语中丈夫叫老翁。

② 建瓯话口语中拐杖叫拐。

从《建州八音》到今音有变化的也是自阳去变为阳入：

	烬靖	厦	第	卞汴
《建州八音》	tseiŋ^{6}	xa^{6}	ti^{6}	piŋ^{6}
今建瓯音	tseiŋ^{8}	xa^{8}	ti^{8}	piŋ^{8}

浊入字归入阳去的字数虽然不多，却多是常用字：直籴别叠翼翅穴协折蚀胁绝合盒鹤着石萧佛核斛逐局续赎熟塾叶橛席食。应该是早期脱落塞音韵尾混入此调的。

第七调的主体应是浊入字，不但其字比浊上浊去多，而且和派入阴入的浊入字比，留在此调的是口语常用字，属较早的层次（已如上述），浊上浊去派入本调的则是较后的层次，多为口语少用的字。例如，浊上字有：社待倍雉悌娣薄部拒距怠殆豸逮道兆肇绍纣並辩辫辨淡聚；浊去字有：治第驻具俱盗邵劭宙又但宕暂谤仲佃叛状撞画。因此，定第七调为阳入较为妥当。

二　从《建州八音》到现代建瓯话的声调演变

从《建州八音》出版到现在的二百年间，建瓯话声调所发生的变化，可以归结为三个基本事实：调类合并、字调转移、异读变动。

（一）调类合并

二百年间建瓯话声调变化的最重要事实是《建州八音》的第一调（阳平）和第二调（阴去）混同了，从七个调类并为六个调类。两个调类的混同显然是由于调值的相近。把闽北六县（除石陂外均为城关音）的调类和调值作一比较，不但可以看出阳平和阳去是怎样混同的，还可以看到更早时期阳平乙和上声合并的原因。

很明显，阳平甲混入阴去是 44 混同于 33；阳平乙混入上声是 31 混入 21。

《建州八音》		之	志	指	
				（平声字）	（上声字）
拟测调值		44	33	21	
现代方言	建瓯	（33）	33（阴去）	21（上声）	
	松溪	44（阳平甲）	332（阴去）	21（阳平乙）	213（上声）
	政和	33（阳平甲）	42（阴去）	21（阳平乙）	212（上声）
	石陂	（33）	33（阴去）	31（阳平）	21（上声）
	建阳	44（阳平甲）	332（阴去）	31（阳平乙）	21（上声）
	崇安	33（阳平）	22（阴去）	（22）	21（上声）

《建州八音》		即	芝	集	字
拟测调值		24	53	42	5
现代方言	建瓯	24（阴入）	54（阴平）	42（阳入）	44（阳去）
	松溪	24（阴入）	51（阴平）	42（阳入）	45（阳去）
	政和	24（入声）	51（阴平）	（55）	55（阳去）
	石陂	213（阴入）	51（阴平）	32（阳入）	45（阳去）
	建阳	214（阴入）	53（阴平）	4（阳入）	43（阳去）
	崇安	35（阴入）	51（阴平）	5（阳入）	55（阳去）

民国初年教会的建瓯话罗马字还保留着《建州八音》的七个声调，可见，阳平甲混入阴去是最近半个世纪中发生的变化。至于阳平乙混入上声，大约是《建州八音》成书（1795 年）前一百年的事。宋元之间，闽北地区发生过一场人口大变动，①明代中叶建瓯话合并了一个调类大概与此有关。说惯了本地话的世居者区别 32—21，

① 南宋年间，建瓯人范汝为发动农民起义，聚众十余万，雄据闽北，州府自建瓯迁建阳、崇安。后来朝廷派韩世忠前来镇压，攻下建瓯城时杀戮三万余人。据《元丰九域志》，建州有 18 万户人家，至嘉靖间只有 12 万户，其中还有浙赣迁来的。

21—212 自无问题，乍到的外地人不能区别把它合为一调，因为新来者多，竟成了主流，这是很容易理解的。

（二）字调转移

字调的转移往往发生在口语里不常用的字里，究其原因又有如下几种。

1. 有些字调的转移表现了古浊平分为两类过程中的摇摆。有些非常用字原读阳平今读为上声：

例字	摩磨~刀	疲	饴	霓	涯	狂	旁	擒
旧读	mɔ^{2}	p^{h}i^{2}	i^{2}	ŋi^{2}	ŋai^{2}	kuaŋ^{2}	pɔŋ^{2}	k^{h}eiŋ^{2}
今读	mɔ^{3}	p^{h}i^{3}	i^{3}	ŋi^{3}	ŋai^{3}	k^{h}uaŋ^{3}	pɔŋ^{3}	keiŋ^{3}

有些原读上声的非常用字今读去声：

例字	娱	翘	挠	畴	邮	螃	咙	颜	廉
旧读	ŋy^{3}	kiau^{3}	ŋiau^{3}	tiu^{3}	iu^{3}	p^{h}aŋ^{3}	liaŋ^{3}	ŋaiŋ^{3}	liŋ^{3}
今读	ŋy^{5}	k^{h}iau^{5}	ŋiau^{5}	t^{h}iu^{5}	iu^{5}	p^{h}aŋ^{5}	lia^{5}	ŋaiŋ^{5}	liŋ^{5}

2. 有些字调的转移是受官话调类影响的结果。例如官话去声不分阴阳，原派入阳去、阳入的去声字有些变读为阴去的：

例字	毙	秽	劲	渐	艳	绊	健键倦
旧读	pi^{5}	xy^{6}	keiŋ^{6}	tsiŋ^{6}	iŋ^{6}	puiŋ^{5}	kyiŋ^{6}
今读	pi^{5}	xy^{5}	keiŋ^{5}	tsiŋ^{5}	iŋ^{5}	puiŋ^{5}	kyiŋ^{5}

例字	暴	吊	柩	诱	郡	叛	撰
旧读	pau^{8}	tiau^{8}	kiu^{8}	iu^{8}	kœyŋ^{8}	puiŋ^{8}	tsuiŋ^{8}
今读	pau^{5}	tiau^{5}	kiu^{5}	iu^{5}	kœyŋ^{5}	p^{h}uiŋ^{5}	tsuiŋ^{5}

也有些原读阴去的字变读为阳去的：

例字	构媾	趣	奥	镣	悍	舜	琅
旧读	ke^{5}	ts^{h}y^{5}	au^{5}	liau^{5}	xaŋ^{5}	sœyŋ^{5}	lɔŋ^{5}
今读	ke^{6}	ts^{h}y^{6}	ŋau^{6}	liau^{6}	xaŋ^{6}	sœyŋ^{6}	lɔŋ^{6}

又如南平官话不分阴阳入，受其影响，建瓯话也有阴阳入互变的现象。

例字	闸	幕	络	译驿	籍	律	蔑
旧读	tsa^{8}	mɔ^{8}	lɔ^{8}	i^{8}	tsi^{8}	ly^{8}	miɛ^{8}
今读	tsa^{7}	mɔ^{7}	lɔ^{7}	i^{7}	tsi^{7}	ly^{7}	miɛ^{7}

例字	碌	爵	愕	狭	纳	霎
旧读	lu^{7}	tsiɔ^{7}	ŋɔ^{7}	ɛ^{7}	na^{7}	sa^{7}
今读	lu^{8}	tsiɔ^{8}	ŋɔ^{8}	kiɛ^{8}	na^{8}	sa^{8}

还有一些原读别调的字变读为与普通话相同的调类：

例字	兼	羁	蒿	怏	挖	巫诬	龛
旧读	kiŋ^{8}	ki^{6}	xau^{6}	iɔŋ^{6}	ua^{7}	u^{3}	k^{h}aŋ^{3}
今读	kiŋ^{1}	ki^{1}	xau^{1}	ɔŋ^{1}	ua^{1}	u^{1}	k^{h}aŋ^{1}

例字	皂	陇	辆	毁	闯	睡	灶
旧读	tsau^{8}	loŋ^{8}	liɔŋ^{8}	xo^{5}	ts^{h}ɔŋ^{5}	sy^{7}	tsau^{7}
今读	tsau^{3}	loŋ^{3}	liɔŋ^{3}	xo^{3}	ts^{h}ɔŋ^{3}	sy^{5}	tsau^{5}

3. 有些字调是模仿普通话调值而转移调类的。例如，原读为阴去、阳去的都是平调，变读为近于普通话去声调值的阳入降调：

例字	济	妬蠹	巨	昼宙	救疚	站	簸
旧读	tsi^{5}	tu^{5}	ky^{5}	tiu^{5}	kiu^{5}	tsaŋ^{5}	puɛ^{5}
今读	tsi^{8}	tu^{8}	ky^{8}	tiu^{8}	kiu^{8}	tsaŋ^{8}	po^{8}

例字	靖倂	卞汴	惮	折
旧读	tseiŋ^{6}	piŋ^{6}	taŋ^{6}	tsiɛ^{6}
今读	tseiŋ^{8}	piŋ^{8}	tuiŋ^{8}	tsiɛ^{8}

（三）异读变动

异读字多，这是闽北方言的重要特点。除了文白异读之外，有些是辨义异读，音随义转，还有一些异读是不同历史层次的语音和多方影响的共存。字的异读在声母韵母声调方面都有表现，这里只讨论声调的异读。例如：

例字	《建州八音》		今　读
鼻	坡时^{2}气出入处，	边时^{7}就香	$p^{h}i^{5}$，pi^{5}
背	边梅^{2}脊，	边梅^{7}违反	po^{5}，po^{8}
牢	柳柴^{1}狱，	柳柴^{3}坚固	lau^{5}，lau^{3}
服	非吴^{4}下裳，	非吴^{8}敬信	xu^{7}，xu^{6}
画	非过^{8}图画，	莺过^{7}描画	xua^{6}，ua^{8}

二百年间，建瓯话的声调异读字也有变动，总的说，异读减少的少，增加的多。以下举例时，《建州八音》的旧音用十五音韵（声母）和三十六字母（韵母）组成的反切和调序注明，字义照抄原注。今音用国际音标标注，字义附注在后。旧音及今音未注音标者表示无此异读。

吟　语人^{3}咏 $ŋeiŋ^{3}$，语人^{8}歌～

兼　求年^{5}并，$kiŋ^{1}$，求年^{7}搭

揽　柳南^{3}包～ $laŋ^{3}$，柳南^{7}搂抱

灶　曾茅^{2}煮器 tse^{5}，曾柴^{4}鼎床，$tsau^{5}$鼎～

弟　直时^{8}哥弟 ti^{5}，直时^{7}兄弟 ti^{8}，ti^{1}表～

缠　直年^{3}盘缠，直年^{8}束缚 $tiŋ^{5}$，$tiŋ^{1}$纠～

遍　边年^{2}周遍 $p^{h}iŋ^{5}$，$p^{h}iŋ^{1}$～地，$piŋ^{3}$普～

成　出人^{3}成败 $ts^{h}eiŋ^{3}$，莺正^{3}事济 $iaŋ^{3}$，$seiŋ^{3}$年～

奶　日犁^{3}乳母，俗作娘称 nai^{3}，nai^{5}伯母

袖　时油^{2}襟袖 siu^{5}，siu^{6}领～

扁　边年^{3}不圆 $piŋ^{3}$，$piŋ^{5}$～食

俭　求年^{7}省 $kiŋ^{8}$，$kiŋ^{3}$～朴

驾　求茶^{2}～驭 ka^{5}劳～，ka^{8}～驶

卤　柳吴^{8}盐汁 u^{6}，lu^{3}～肉

膏　求柴^{5}脂 kau^{1}，kau^{5}～油：猪油

席　时时^{8}筵～，又姓 si^{6}，si^{7}主～

尖　曾年^{5}锐 tsiŋ^1，曾年^{7}利

骆　柳峨^2～驼 lo^5，柳峨^{4}姓

额　语脐^{4}匾～ ŋɛ^7 语脐^{7}限数，nia^7～头

白　边脐^{7}言也 pɛ^7，边茶^{7}素也 pa^6，pa^5～鸽

被　边时^{8}被欺 pi^6，坡蛇 寝衾 p^{h}yɛ^6，p^{h}uɛ^{6}棉～

排　边犁^{1}铺～ pai^5，pai^3～长，pai^1～骨

盘　边蟠^{1}盒 puiŋ^5，p^{h}uiŋ^5～旋，puiŋ^3～点

婆　边莪^{3}公婆 po^3，po^{5}贱称：老婆子

篮　时南^{1}竹篮 saŋ^5，laŋ^6～球

泡　坡柴^{8}水～ p^{h}au^6～茶 p^{h}au^5～水

究　求油^{2}治 kiu^5～竟，kiu^{8}研～

架　求茶^{2}棚～ ka^5，ka^{8}量词

欺　气时^{5}瞒 k^{h}i^1，k^{h}i^5～侮

元　语园^{1}始也 ŋyiŋ^5，yiŋ^3～宵

较　求柴^{2}比量 kau^{5}计～，kau^{3}比～

今音之所以比《建州八音》异读多，有可能是《建州八音》漏收，现已无从查对。但二百年后语音的历史层次比二百年前更多了，尤其是受普通话的影响更大，这是可以肯定的。

三　关于浊平字的两种声调

古浊平字在闽北方言有分读阳平甲，阳平乙两种调类的（如松溪、政和、建阳），有分读阳平和阴去的（如石陂、崇安），也有分别混入上声和阴去的（建瓯）。不论是两个阳平或没有阳平调，把古浊平字分读两调是闽北方言的共同特点。这在汉语方言中确是少见的，因而引起了许多语言学家的注意。如何理解这一现象，近几年来不少学者发表过不同的意见。为了认识它的真相，我们应该全

面考察有关的种种事实。

1. 古浊平字今读送气清音的多在阴去(或阳平甲),今读不送气清音的多在上声(或阳平乙)。关于这一点,平田昌司已有过统计,在阴去,送气与不送气字的比例是57∶55,在上声则是30∶272。

2. 古次浊声母平声字今读m、n、l、ŋ声母的多在阴去(阳平甲),古次浊声母和浊擦音声母(匣、奉、禅)平声字今读零声母的多在上声(阳平乙),以下是据《建州八音》所收的字(扣除极生僻字和拟声字)作的统计:

今读声母	阴去(阳平甲)	上声(阳平乙)
m	49	18
n、l	96	59
ŋ	35	25
ø	27	96

3. 按照有无浊音声母可将闽北方言分为东南和西北两片,建瓯话属东南片。它的上声调中的浊平字(阳平乙)在西北片多读浊声母,它的阴去调中的浊平字(阳平甲)在西北片则多读清声母。以建瓯、建阳、石陂为例,各韵取一、二对例字比较如下:(建阳阳平甲标为2,阳平乙标为2’。)

阳平乙				阳平甲			
例字	建瓯	建阳	石陂	例字	建瓯	建阳	石陂
琶	pa^{3}	βa$^{2'}$	ba^{1}	爬	pa^{5}	pa^{2}	pa^{5}
查	tsa^{3}	la$^{2'}$	dza^{1}	茶	ta^{5}	ta^{2}	ta^{5}
除	ty^{3}	ly$^{2'}$	dy^{1}	锤	ty^{5}	ly^{2}	t^{h}y^{5}
齐	tsi^{3}	lɔi^{2}	dzi^{1}	脐	ts^{h}e^{5}	ts^{h}e^{5}/tshe^{2}	ts^{h}e^{5}
池	ti^{3}	lɔi^{2}	di^{1}	啼	t^{h}i^{5}	hi^{2}	t^{h}ie^{5}
和	ua^{3}	huo^{2}	ɦo^{1}	蛇	ye^{5}	ye^{2}	ye^{5}
逃	tau^{3}	lau^{2}	dɔ^{1}	桃	t^{h}au^{5}	hau^{2}	t^{h}ɔ^{5}
台	tai^{3}	lai^{2}	dai^{1}	蹄	tai^{5}	tai^{2}	tai^{5}

续表

朝~廷	tiau^{3}	liɔ^{2}	kiau^{1}	条	tiau^{5}	tiɔ^{2}	tiau^{5}
乔	kiau^{3}	kiɔ^{2}	giau^{1}	桥	kiau^{5}	kiɔ^{2}	kiau^{5}
投	te^{3}	ləu$^{2'}$	dəu^{1}	头	t^{h}e^{5}	həu^{2}	t^{h}əu^{5}
浮	iu^{3}	ɦiu^{2}	hiu^{2}	油	iu^{5}	iu^{2}	iu^{5}
乾~坤	kiŋ^{3}	keiŋ^{2}	giŋ^{1}	钳	k^{h}iŋ^{5}	k^{h}ieiŋ^{2}	k^{h}iŋ^{5}
全	tsyiŋ^{3}	lyeiŋ^{2}	dzyŋ^{1}	前	ts^{h}iŋ^{5}	ts^{h}ieiŋ^{2}	ts^{h}iŋ^{5}
瓶	paiŋ^{3}	βaiŋ$^{2'}$	baiŋ^{1}	彭	p^{h}aŋ^{5}	p^{h}aŋ^{2}	p^{h}aŋ^{5}
行~走	kiaŋ^{3}	ɦiaŋ$^{2'}$	giaŋ^{1}	雄	xœyŋ^{5}	xeiŋ^{2}	xueiŋ^{5}
亭	taiŋ^{3}	laiŋ^{3}	daiŋ^{1}	潭	t^{h}aiŋ^{5}	laŋ^{2}	t^{h}aiŋ^{5}
层	tsaiŋ^{3}	laiŋ$^{2'}$	dzaiŋ^{1}	蚕	ts^{h}aŋ^{5}	t^{h}aŋ^{2}	ts^{h}aiŋ^{5}
城	ts^{h}eiŋ^{3}	siŋ^{2}	dzeiŋ^{1}	蝇	saiŋ^{5}	sieiŋ^{2}	seiŋ^{5}
云	œyŋ^{3}	ɦeiŋ$^{2'}$	ɦueiŋ^{2}	魂	ɔŋ^{5}	xuŋ^{2}	ueiŋ^{5}
船	yiŋ^{3}	ɦyeiŋ$^{2'}$	ɦyŋ^{2}	圆	yiŋ^{5}	yeiŋ^{2}	yŋ^{5}
唐	tɔŋ^{3}	lɔŋ$^{2'}$	dɔŋ^{1}	糖	t^{h}ɔŋ^{5}	hɔŋ^{2}	t^{h}ɔŋ^{5}
铜	tɔŋ^{3}	loŋ$^{2'}$	dəŋ^{1}	桐	t^{h}ɔŋ^{5}	loŋ^{2}	t^{h}əŋ^{5}
红	ɔŋ^{3}	ɦoŋ$^{2'}$	ɦaŋ^{2}	黄	uaŋ^{5}	uɔŋ^{2}	əŋ^{5}
场	tiɔŋ^{3}	liɔŋ$^{2'}$	dyoŋ^{1}	床	ts^{h}ɔŋ^{5}	t^{h}ɔŋ^{2}	ts^{h}ɔŋ^{5}

就在《建州八音》，我们还可以得到建瓯话在 200 年前还有个浊声母的小尾巴的内证。这就是所谓“余音”：时韵莺母余音有第三调“微薇”、第八调“未味”4 字，茅韵莺母有第三调“浮”一字。这些余音应是声母和莺有别。参考今石陂、建阳音及《建宁方言辞典》的标音，可以把这个几个字拟为浊声母：

例字	今建瓯音	《建宁方言辞典》标音	今石陂音	今建阳音	《建州八音》拟音
微薇	mi^{5}，mi^{3}	mi^{3}	ɦy^{2}	βi^{2}	βi^{3}
未味	mi^{6}	mi^{5}	bi^{5}	βɔi^{5}	βi^{5}
浮	iu^{3}	ue^{3}	ɦiu^{2}	ɦiu^{2}	ɦeu^{3}

以上三条事实说明，闽北方言浊平字分读两调是和今读声母的清浊送气相联系的。送气音在音感上比不送气音更“清”，所以

派入阴去多，m、n、l、ŋ属次浊，所以派入上声多。① 闽北的零声母不像沿海闽方言有ʔ-头，音感也与浊音相近，所以派入上声的多。建阳、石陂的材料则进一步说明了两类浊平字与今音声母清浊的对立大体是一致的。

4. 建瓯话的古浊平字声调分化又是和文白读的不同历史层次相联系的。白读层多派入阴去（阳平甲），文读音则多派入上声（阳平乙）。这一点平田昌司也已经指出，除了他所举的例字之外，还可以补充一些（有的《建州八音》未收异读）。

文　读（阳平乙）		白　读（阳平甲）	
《建州八音》	今建瓯音	《建州八音》	今建瓯音
芦　柳吴^{3}葫～	lu^{3}		su^{5}～苇
篮	laŋ^{3}～球	时南^{1}竹～	saŋ^{5}
狸　柳时^{3}狐～	li3^{3}	时脐^{1}野猫，土音	sɛ^{5}
园	yiŋ^{3}公～	非园^{1}囿	xyiŋ^{5}旱地
营	œyŋ^{3}～业	莺正^{1}伍	iaŋ^{5}
冥　问人^{3}幽～	meiŋ^{3}	问南^{1}（暝）黑夜	maŋ^{5}
明　问人^{3}光～	meiŋ^{3}		maŋ^{5}～朝
还　莺蟠^{3}复也	xuiŋ^{3}～原	非年^{2}复也，土音	xiŋ^{5}～钱
回　莺梅^{3}归也	o^{3}～教	非梅^{1}转	xo^{5}
盘	puiŋ^{3}～点	边蟠^{1}盒	puiŋ^{5}
危　语鱼^{3}不安	ŋy^{3}～险		ŋy^{5}姓
尼　日时^{3}夫子字，又僧～	ni^{3}		mi^{5}～姑

① 赣方言不少地方都有因声母送气不送气造成声调的不同分化的现象。如南昌话的古浊平字今读送气清塞音塞擦音的在阳平，今读擦音、边音、鼻音零声母的混入阴去。闽北方言的这一特点可能跟赣方言的影响有关。

也有反例，只发现三字：

文　读(阳平乙)		白　读(阳平甲)	
《建州八音》	今建瓯音	《建州八音》	今建瓯音
薯　曾鱼^{1} 芋类	ʦy^{5} 淮山～	莺鱼^{3} 地瓜	y^{3}
城　时人^{1} 盛子民于内	seiŋ^{5}	莺正^{3} 浦～,县名	iaŋ^{3}
悬	xuiŋ^{5} ～念	非园^{3} 挂	kuiŋ^{3} 心～

关于这一点，还有一个旁证：纯文读韵中古浊平字有上声（阳平乙）无阴去（阳平甲），例如：

莺儿^{3} œ^{3}：而儿　　莺年^{3} ieiŋ^{3}：仁然燃炎延　　莺放^{3} uɔŋ^{3}：文纹闻

莺贩^{3} uaiŋ^{3}：烦繁梵焚凡帆环藩寰樊鬟。

纯白读韵中古浊平字则有阴去（阳平甲）无上声（阳平乙），例如：

脐韵：出脐 5tsʰɛ^{5}：脐　　时脐 5sɛ^{5}：狸李

蛇韵：坡蛇 5pʰyɛ^{5}：皮疲　　语蛇 5ŋyɛ^{5} 鹅　　莺蛇 5yɛ^{5}：蛇　　茄韵：求茄 5kiɔ^{5}：茄瘸。

从历时的观点看，白读层显然比文读层更为古老。文白读中的声韵母差异也可以说明这一点，全浊声母读为送气音在闽方言是早期清化的字，①来母字读 s 也是较早读法，②云母字读 x，梗摄字读 aŋ、iaŋ 等也是比文读音更早的层次。

5. 从词汇的角度说，浊平字的声调分化也反映了不同的词汇的历史层次。古老的口语用词常读阴去（阳平甲），后起的书面语用字常读上声（阳平乙）。词汇的历史层次和语音的历史层次大体是相应的，上节所举文白异调，在白读层的多为古老口语词，文读层则往往是后起的语词用字。

以上各条说明，古浊平字在闽北方言的声调分化反映了不同的语音和词汇的历史层次。读为清音、送气音的阳平甲（去声）的

---

① 参见李如龙《古全浊声母闽方言今读的分析》，《语言研究》，1985 年第 2 期。

② 参见李如龙《闽西北方言来母字读 s-的研究》，《中国语文》，1983 年第 4 期。

比读为浊音不送气音的阳平乙(上声)的是更早的层次。当然,就其读为清音这一点来说,又是经历过唐宋之后的"浊音清化"的,就清化过程说,阳平甲是比阳平乙更早完成的。

平田昌司认为阳平甲是"闽语固有的阳平",阳平乙则是"来源于吴语的阳平",这个说法虽稍嫌生硬,却是有道理的。闽北和浙赣连界,赣东北地区也是吴语区,历史上闽北地区和浙赣的往来一直比较频繁,闽北方言的一批浊平字较迟清化(尤其是西北部至今还保留着浊音),说它是受吴方言的影响是符合它的地理环境和历史背景的条件的。阳平甲是汉唐以来和其他闽方言同步发展的产物,阳平乙则是宋元之后受吴方言浊音系统牵制的结果,近代以来,更大的影响当然是官话了。

6. 除此之外,还应该注意到,闽北方言浊平字的声调分化还有汉字声旁的影响。同声旁的字常常分派在同一调类。这种声旁类推作用对于口语少用的字特别起作用。例如:

	阴去(阳平甲)		上声(阳平乙)
$lɔ^5$	罗逻锣箩	ua^3	华铧骅鷨
$liau^5$	燎辽疗寮僚	ki^3	其棋期旗琪祺麒
$iɔŋ^5$	羊洋烊佯	$iɔŋ^3$	常嫦偿嘗

四　余　论

1. 建瓯话保存了二百年前的韵书《建州八音》,拿它和闽北各点方言作比较,可以考察建瓯话二百年来声调的变化。闽北是福建开发最早的地区,宋元以来又经历过人口的重大变迁,加上地处吴语赣语的边界,在声调分化上存在着比较复杂的情形,考察建瓯话的声调演变,对于认识汉语方言声调发展的规律有重要意义。

2. 建瓯话声调的分化有两个基本条件:第一,声母的清浊和送气不送气的变化。第二，塞音韵尾的脱落。前者造成四声各分阴阳(包括两类阳平的分化)，后者则是上去入三类仄声字的大面积交混的前提。浊音声母的清化使汉语方言的声调由少变多，而塞音韵尾的脱落则使汉语方言声调由多变少。声调的合并往往以调值的相近渐趋混同为途径。建瓯话阳平乙混入上声、阳平甲混入阴去都是明显的例证。汉语的字音是声韵调的统一体，声韵母的变化是造成声调分化的直接原内部原因。

3.字音是表达字义的，声调是字音的要素，字义的引申、扩大或转移也会造成字调的变化。古汉语常见的"圈破"便是如此。字又是构成词的语素，由于构词能力和词的使用频度的差异，常用字与非常用字在声调的变化中往往有不同的表现，并因此形成了方言语音的历史层次。因字的常用度的不同和字义的演变而造成字调的变化在建瓯话都是常见的现象。这是声调变化的语义条件，是间接的内部原因。

4.方言地区居民成分的变动、周围方言的接触和共同语的传播，都会影响方言的语音，这是方音演变的外部原因。方言声调的分化受共同语或别的方言的影响，有时是比照调类，有时是借用调值；有时是整类合并，有时是局部搬家。闽北方言是闽语的一支。古闽语的形成就与古吴语古楚语有关，历史上闽北又与吴语区、赣语区有过长期的交往，研究建瓯话声调的分化应该密切注意它同吴语、赣语及普通话的关系。

附记：本文材料系作者多次实地调查所得，在建瓯调查时得到潘渭水君大力协助，特此致谢。

参考文献

林端材　《建州八音》，怀古堂藏版，清道光庚寅重镌。

Chinese-English Dictionary of the kien-Ning Dialect，1901 年。

Chinese-English Dictionary of the Foochow Dialect，1870 年。

黄典诚　1957　《建瓯方言初探》，《厦门大学学报》第 1 期。

罗杰瑞　1986　《闽北方言的第三套清塞音》，《中国语文》第 1 期。

平田昌司　1988　《闽北方言第九调的性质》，《方言》第 1 期。

张　琨　1988　《〈建州八音〉的声调》，《中国语文》第 6 期。

[本文原载《中国语文》1990 年第 2 期。]

论汉语方言的词汇差异

有一种说法至今还流行着，即“汉语方言的差异主要表现在语音”，“词汇语法差异往往是细微的，而不是十分显著的。”随着调查工作的不断深入，我们越来越感到这个结论下得太早，未能反映汉语方言差异的真实情况，对方言调查和语言规范化的实践也不无影响，很有商榷的必要。本文试就汉语方言词汇差异的类型、程度和性质作一番探讨。

一

每一个词都有它的源流（词源）、意义（词义）、构词方式（词形）、使用频率（词值），许多词往往还有一定的音变形式（词音）。从这五个方面进行考察，我们把汉语方言之间的词汇差异分为五种类型：源流差异、意义差异、构词差异、价值差异、音变差异。分别举例说明如下：

（一）源流差异

在归纳方言词汇的特点时，人们首先注意到的往往是古词语的沿用、方言词的创新、外族语词的借用，这都是方言词汇的源流差异。沿用不同年代的古汉语词汇或运用不同的汉语语素和构词方式创新的方言词，都是同属汉语语源的流的差异；借用别族语言的语素或构词方式构成的方言词，是源的差异。

古词语有不同的年代，沿用有不同的地域，这就造成了许多方言词汇差异。例如：

“岁寒然后知松柏之后凋也。”“三人行必有吾师焉。”(《论语》)“食而不知其味。”(《礼记》)“兔走触株。”(《韩非子》)“寒(冷)、行(走)、食(吃)、走(逃)”这些先秦的说法，如今仍见于闽、粤、客诸方言。

“新妇初来时，小姑始扶床。”(《焦仲卿妻》)“女婿昨来，必是渠所窃。”(《三国志》)中古时期的“新妇”(儿媳妇)、“渠”(他)这些说法至今仍见于赣、客、粤等方言，“新妇”又见于闽方言，“渠”又见于吴方言。

扬雄《方言》：“刈钩……自关而西……或谓之锲。”(卷五)“衣襟江东呼裞。”(卷四)“南楚病愈者谓之差。”(卷三)“江流之间谓戏为……嬉。”(卷十)今闽方言镰刀还说“锲”，袖子说“手裞”，“差”的说法见于闽东，“嬉”的说法见于闽北。

方言的创新有时把旧有的词用来表示相关的新义，造成不同方言间字形相同而词义各异。例如，“郎”原是鲁国地名和姓，后来用来称男子，今北方话仍说“儿郎”，湘、赣及闽北方言专指女婿。“禾”和“粟”原指小米的株和实，在现今的赣、客、湘等方言，“禾”指稻苗，“粟”在闽方言指稻谷。“遮”原义拦截、掩盖，今北方话多用于遮挡，闽北方言则把盖被子说成遮被。

有的方言创新是利用共同语的语素和构词方式按不同的命名方法去构词，大量的同实异名的方言词都属于这种类型。各地命名方法的不同反映了人们对客观事物的不同理解，或就其状态进行描述、比喻，或就其构造、用途作出说明，有的还追加褒贬或用以避讳。例如，冰棍儿，广州叫雪条，上海叫棒冰，厦门叫霜条，福州叫冰箸。桌子，上海、苏州、广州叫枱，潮州叫床，邵武叫盘。鸡蛋，北京叫鸡子儿，福州叫鸡卵，广州叫鸡春(避讳)。下雨，上海、广州、南昌叫落雨，福州叫盪雨，梅县叫落水。

古语沿用和方言创新都是同源的，但二者之间又是互有差异的。就像一条大河，后者是不同的支派，可称同源异流，前者则是不同的流程，可称同流异程。

汉语方言向外族语言借用的词为数不多，却很有方言特色，也很能说明方言在形成和发展过程中的历史特点——民族的融合或社会生活的交流。

闽粤地区古代曾是百越杂居之地，据史学界研究，百越和现在的壮、傣是有渊源关系的。在广东、广西、福建，有些地名和壮、傣族地区的地名意义相通，例如 na，表示水田，写为“那”或“拿”，应该就是古越语留给闽、粤方言的成分。在闽南方言，有些 l-声母字读为阴调类，在汉语无源可查，恰恰同壮、傣语的词语音、义相同，例如“螺、卵、雷”，很可能就是早期百越语留下的“底层”。例如厦门话“陷下去”说 lam^5，在壮语，武鸣说 lom^5，龙州说 lom^5、lam^5；在傣语，西双版纳说 lum^5，德宏说 lom^5。又，“滑落”厦门话说 lut^7，龙州壮语说 $lu:t^7$，西双版纳傣语说 lut^7；“滚动”厦门话说 lin^5，龙州壮语说 lin^4，布依语说 lan^6。这些音义的酷似，不大可能是偶合。又如西北方言有藏语的借词，糌巴—rtsampa（炒面）、过巴—bkodpa（办法）、卡码—khama（尺寸）等，这也可能是民族融合留下来的痕迹。

在粤方言有英语的借词，如：的士—taxi（出租汽车）、士担—stamp（邮票）；在闽南方言有马来语的借词，如雪文—sabun（肥皂）、巴刹—pasar（市场）、道郎—tlong（救助）；在东北方言则有俄语的借词，这类借词则是民族间社会生活相互交流的历史见证。

（二）意义差异

有人做过统计，各方言词汇之间有源流差异的约占三分之一。如果说，单从源流而论，方言词汇间的共同因素还大于差异因素，再从意义差异看看，方言词汇差异的面就更广了。

词是语言的建筑材料，但是不同的方言词并不像砖瓦一样都有同样的规格可以等值替换。不论源流是否相同，基本词义相对应的方言词，其含义往往并不完全密合。除了普通话对音的新词和书面语词，许多方言词语往往都有内涵和外延上的差异。这种方言词汇的意义差异可以从词汇意义、语法意义和修辞意义三个方面进行分析。词汇意义的不同有时是由于对客观事物的分类不同，相应的方言词所指不同。例如吴、粤、闽、客诸方言“肥、胖”不分，客方言都说“壮”，其他方言则说“肥”。客家、闽方言吃（饭）、喝（茶）、吸（烟）都说“食”。吴、闽方言“汤”和“热水”不分，“凳子”和“椅子”不分，前者都说“汤”，后者吴语说“凳子”，闽语说“椅”。吴方言“馒头、包子”只说“馒头”，湘方言“蚊子、苍蝇”只说“蚊子”。这是方言分类不如普通话细的例子。也有方言分得比普通话细的：在吴、闽方言，不严的宽说“宽”，不窄的宽说“阔”，不密的稀，吴语说“稀”，闽语说“疏”，不稠的稀吴语说“薄”，闽语说“清”。

另一种词汇意义的差异是由于引申和词语搭配的范围不同，不同的方言词义项多少不一。例如厦门说“厚”可指不薄，也可指多（用于贬义，如说厚话：多嘴；厚涂沙：沙土多），还可指浓（如说厚茶、厚酒）；又“坐”还可指承认（坐数：认账）、沉淀（坐清：澄清；坐底：沉在）、缓解（喙齿痛有较坐：牙痛缓解了）。梅县话搭配的“搭”又指托人带东西。上海话“死”用于单说，作补语时说成“煞”（如说气煞我）。普通话的“打”有二十多个义项，许多用在方言里往往另有他说。以厦门话为例：打人说“拍”，打墙说“舂”，打毛衣说“刺 $tshia^{32}$”，打鱼说“搦 $lia?^{5}$”，从井里打水说“上 $ts^{h}iu^{22}$”，打雷说“弹”，打鼓说“敲”，打酒说“搭”或“舀”。

语法意义的差异就是词的语法功能的不同。常见的有词的兼类不同和组合能力不同两种类型。分别举例如下：

厦门、梅县“税”既为名词又作动词（租房子的租也说“税”）。

四川话“安逸”除用作名词外还可用作形容词表示舒服、合适、轻松、精彩、美观，用作动词表示满意（见《方言》1980年第4期）。徐州话“熊”除了用作名词还可作动词（～人：训斥人），还可以说“发熊”（耍脾气）（见《方言》1980年第2期）。通常认为没有方言差异的基本词如山、水等，在闽方言就可兼用作形容词。厦门话“水”说 sui^{53} 指美，说 $tsui^{53}tsui^{53}$ 表示“出水状”。

“去、有”也是各方言都有的基本词，在闽方言“去”读轻声不但可作趋向补语，而且可作结果补语，如“破去（破掉）、睏去（睡着）、寒去（着凉）”；“有”的用法也很广，可以说：“有想（想得多）、有洗（耐洗）、有来两过（来过两次）、看有（看到、看懂）、有去无（去了吗，去吗）、搦有鱼（抓得到鱼）”。语法功能如此不同，难道能说“去、有”这两个动词在闽方言没有词汇差异吗？

修辞意义的差异就是方言词所附加的褒贬雅俗等意义和色彩的不同。例如对男性老人，北京话称老头儿是爱称，称老头子是贬称，山东话就没有这个区别，西安话一般称老汉，尊称叫老者。在闽方言一般称“老依、老的”。厦门话叫老货仔是爱称，福州话叫老货则是贬称（老东西）。各方言还有一些避讳的说法，猪舌头北京叫口条，南昌叫招财，广州说猪脷；“死”福州说成生去、行去。如果不避讳直说甚至加以贬义，色彩就完全不同了。福州话“死”还可以说过去，睏去，算米数、瞑松柏。

“何如、未曾、见笑、几多”在普通话是古色古香的书面语词，在闽方言的福州话、莆田话、建瓯话却都是十分地道的通俗口语。这种风格色彩的不同也是方言词的修辞意义差异的一种表现。

（三）构词差异

有些方言词的差异是由于不同的方言采用不同的构词方式而造成词形的不同。这些词不一定有源流和意义的差异，基本语素（词根）往往是相同的。常见的方言词汇构词差异有重叠式、附加式、单复音、词素词序四种类型。

有的方言用重叠式构成的词比较多。例如丹阳话和福州话下列各词都用重叠式：边边（边）、渣渣（渣）、皮皮（表皮）、管管（管子）、架架（架子）、柱柱（柱子）、壳壳（壳儿）、子子（子儿）。普通话亲属称谓常用重叠式，南方方言则常用附加式（词头词尾）。哥哥、弟弟、姐姐、妹妹的说法，就福建举例，福州话附加词头"依"，莆田话附加词头"阿"，建瓯话附加词尾"子"，邵武话则说老伯，弟儿、弟佬，姊佬，妹儿、妹佬。

名词的附加式各方言都有，但是新加的词头词尾常有区别。吴方言词尾"头"较多，如苏州话：鼻头（鼻子）、竹头（竹子）、被头（被子）、绢头（手绢儿）、块头（个儿）、纸头（纸）。湘方言则"子"尾较多，如长沙话：星子（星星）、八哥子（八哥儿）、老鼠子（老鼠）、狗子（跳蚤）、贼牯子（贼）、狗婆子（母狗）。也有一些方言不用附加式，说成单音词或复音词。如广州话：鸭（鸭子）、盒（盒子）、梯（梯子）、梳（梳子）、鼻（鼻子）、钉（钉子）、箱（箱子）；厦门话：头帽（帽子）、手碗（袖子）、厝间（屋子）。

一般说来，南方方言单音词较多。例如厦门话：蔗（甘蔗）、蜂（蜜蜂）、肥（肥料）、料（材料、作料）、髓（骨髓）、知（知道）、笑（讥笑）、畅（畅快）；广州话：屋（房子）、眉（眉毛）、翼（翅膀）、颈（脖子）、碱（肥皂）、倾（交谈）。也有普通话的单音词方言里说成复音词的。例如福州话：眠床（床）、雷公（雷）、老蛇（蛇）、犬囝（狗）、清醒（醒）；长汀话：冷冰（冰）、水井（井）、风篷（帆）、禾秧（秧）、莲藕（藕）。

有些并列式或偏正式的双音词，在不同的方言常常前后词素次序互调，有的是古来就不稳定的，例如：台风——风台、健康——康健、热闹——闹热、酸臭——臭酸、泉水——水泉、堂亲——亲堂、灰尘——尘灰、对联——联对、拖鞋——鞋拖、线面——面线；有的可能是方言受其他亲属语言影响而来，例如：鸡公、鸡角（公鸡)、鸡母、鸡娘、鸡婆(母鸡),猪公、猪牯、猪哥(公猪),猪母、猪娘、猪婆(母猪)。

此外,不少方言里还有一批用双声叠韵、衍音嵌音、多音重叠等方式构成的多音词或固定词组,也很有方言特色。粤方言里双声叠韵词就很多,如广州话 lœn tsœn(啰嗦、麻烦)、pai ŋai(忧闷);阳江话 eŋ ɔŋ(一种蛙)、jeu jeŋ(丢脸)、lam ʃam(粗心)、lau kau(纠缠)、lɔŋ kʰɔŋ(慌忙)。厦门话还有阴阳相配的准叠韵和定声叠韵、定韵双声的联绵词,如 uan uat(转变抹角)、liŋ lik(逼迫),tsiap liap(敏捷)、bɔ sɔ(迟钝)、lɔŋ kʰɔŋ(宽而无当)、si sua(接续)。福州话单音动词有一整套衍音形式,如铰 ka(剪),可说 kika、kikaka、kiluka、kikikaka、kikakiluka。阳江话和厦门话单音形容词都可以三叠,如红红红、好好好 、慢慢慢,厦门话甚至可以重叠五次表示极度。此外,各地形容词中诸如糊里糊涂,灰不溜秋、雪及利白之类的嵌音、重叠式就更多了。

(四) 价值差异

所谓价值差异指的是词的派生能力、组合能力和常用程度(使用频率)的不同。一个词在甲方言是基本词,很常用,构词能力和组合能力强,在乙方言则是生僻词,不能构成派生词,也很少和其他词组合,就像化学元素一样有的很活泼,有的很不活泼,虽然几种方言都有这个词,其价值却是大不一样的。例如:

闽西客家长汀话也说山,但更常说岭,用“岭”派生的词多,如岭坡(山坡)、岭顶上(山上)、岭脚下(山下)、岭路(山路)、岭边(山边)、岭岗(小山岗)、岭窝(山谷)、细岭(小山)。普通话也是山、岭都说,但岭不常用,据《现代汉语词典》,“岭”字领头的派生词只有一条,“山”字领头的派生词有 86 条。

闽方言多说“溪”少说“河”,以泉州话为例,“溪”可以派生:溪尾(下游)、溪口(河口)、溪底(河床)、溪岸(河岸)、溪沙(河沙)、溪石(河里的石头)、溪墘(河边)、溪船(小木船)、溪鱼(淡水鱼)、溪坎(河边陡岸)、溪门(河面)等。据《现代汉语词典》,“溪”字领头构词两条,“河”字领头构词38条。

闽方言多说“拍”,少说“打”,“拍”的构词能力强,以福州话为例,可说:拍毛(丢失)、拍施(撒下)、拍打(武打)、拍算(打算)、拍米(买米)、拍马(作弊)、拍滚斗(翻筋斗)、拍仗(打仗)、拍针(打针)、拍招呼(打招呼)、拍盪𡉖(迷路)等。《现代汉语词典》“拍”领头构词14条,“打”领头构词179条。

上文所述许多方言沿用古语词在口语中也是很常用的,而在普通话里则不能单用或不常用。另外,不同方言间相对应的义项多少不同的词,义项多的常常也是使用频率高的。这些方面也表现了不同方言词的价值差异。

(五)音变差异

这里说的音变差异不是指方言语音历史演变的规律,而是指多音词连读后用来区别词和词组或区别词义的语音手段。在许多方言,几个词素组成多音词时,不但意义凝成一体,语音上也通过连读音变的办法把几个音节联结成完整的音段。有些方言,一个词素(字)构成几个意义不同的词,由于构词的时代不同,也由于区别词义的需要,同一个字便出现了几种不可任意变读的读音。连读音变和一字多音便是方言词汇音变差异的两个主要表现。

连读音变包括变声、变韵、变调、儿化、轻声。不同的方言在这一方面的表现是很不一样的。拿闽方言的三个次方言区说,闽东(福州话为代表)双音词里前音节普遍要变调,近半数要变韵,后音节则过半数要变声。闽南(厦门话为代表)前音节普遍要变调,没有变韵,后音节少数读轻声,很少变声;闽北(以建瓯话为代表)则前后音节的声韵调都不变。就福州话说,变化的条件还比较复杂,有时变与不变是成词不成词的标志,例如“杯杯”读 pui^{44} pui^{44} 是重叠的两个词（每一杯），读 pui^{31} pui^{44} 是一个词（杯子）。有时与词素的组合关系有关，例如“虚”在并列词“谦虚”中变声 k^{h}ieŋ^{44} ŋy^{44}，在主谓词“心虚”中不变声 siŋ^{44} xy^{44}。有时同一格式还因常用度不同而变或不变。外地人学福州话，若非逐个词地专门学，是很难过音变关的。

吴方言复合词内的变调和词间的变调有不同的规律。以苏州话为例，热菜（热的菜）、做功、油水后字变调；热菜（把菜烧热）、做工、游水前后字均不变调。吃力、读书、球迷、打算、救药要按规则变调；吃糖、默书、求学、打铁、救命一律不变调。在绍兴话，成词不成词都要变调，但变化规则不同。

北京话的儿化和轻声有时也是区别不同词的标志，这是大家所熟悉的。

一字多音，在一些方言多些，另一些方言少些，也这是一种方言词的差异。记载和运载、教书和教育、看守和看见、担任和挑担，在普通话不同调，有些方言则同音；反过来，断了和决断、上山和上面、下面和下放，有些方言不同调，普通话则同音。这些字方言区的人说普通话都不容易读准。

一字多音的现象在闽方言最为普遍。不但有异读的字多，有时一个字有数种读音，例如泉州话“下”就有七种读音（还不包括变调）：

①ha$_{\text{阳上}}$ 下落、下等

②he$_{\text{阳去}}$ 下毒手

③ke$_{\text{阳上}}$ 悬下（高低）、下手（手艺不高）

④e$_{\text{阳上}}$ 下面、下昼（下午）

⑤he$_{\text{阳去}}$

⑥k^{h}e$_{\text{阳去}}$ 下咧（放着）

⑦e$_{\text{阳去}}$ 两下、即下（这会儿、这些、这一下）

如果不考虑异读，①、②、④、⑦等项就没有什么方言特点了。

由于异读的音相差很远，像上述③、⑥二项，如不经过考证已经很难认清本字，有时甚至另造俗字。

综上所述，汉语方言的词汇差异可以分成五类十九型，列表如下：

<table>
<tr><th colspan="3">类　型</th><th>举　例</th></tr>
<tr><td rowspan="4">(一)
源流
差异</td><td rowspan="2">同源</td><td>异程：古语沿用(1)</td><td>行—走　禾—稻</td></tr>
<tr><td>异流：方言创新(2)</td><td>郎—女婿　落水—下雨</td></tr>
<tr><td rowspan="2">异源</td><td>底层：少数民族语借词(3)</td><td>坂—村　糌巴—炒面</td></tr>
<tr><td>借用：外来词(4)</td><td>波—球　巴刹—市场</td></tr>
<tr><td rowspan="6">(二)
意义
差异</td><td rowspan="2">词汇
意义</td><td>所指：词义广狭(5)</td><td>骹—脚、腿</td></tr>
<tr><td>引申：义项多少(6)</td><td>死、煞—死</td></tr>
<tr><td rowspan="2">语法
意义</td><td>词性：兼类词(7)</td><td>鼻—鼻子、鼻涕、嗅
税—税、租　安逸—精彩</td></tr>
<tr><td>组合：词语配搭(8)</td><td>去—破去　有—有看</td></tr>
<tr><td rowspan="2">修辞
意义</td><td>附加意义：褒贬、避讳(9)</td><td>老头儿—老货</td></tr>
<tr><td>风格色彩：书面语、口语(10)</td><td>几多—多少</td></tr>
<tr><td rowspan="5">(三)
构词
差异</td><td colspan="2">重叠式不同：二叠、三叠(11)</td><td>架架—架子　好好好</td></tr>
<tr><td colspan="2">附加式不同：词头、词尾(12)</td><td>老弟—弟弟　鼻头—鼻子</td></tr>
<tr><td colspan="2">单复音不同：单音词、复音词(13)</td><td>屋—房子　骄—骄傲</td></tr>
<tr><td colspan="2">语素次序不同(14)</td><td>闹热—热闹　鸡公—公鸡</td></tr>
<tr><td colspan="2">其他：双声叠韵、衍音、嵌音(15)</td><td>灰不溜秋　雪及利白</td></tr>
<tr><td rowspan="2">(四)
价值
差异</td><td colspan="2">派生能力不同：基本词、一般词(16)</td><td>岭—山　溪—河</td></tr>
<tr><td colspan="2">使用频率不同：常用词、生僻词(17)</td><td>拍—打　何如—如何</td></tr>
<tr><td rowspan="2">(五)
音变
差异</td><td colspan="2">连读音变：变声、变韵、变调、轻声、儿化(18)</td><td>盖—盖儿　地道—地·道</td></tr>
<tr><td colspan="2">一字多音：不同词里有异读(19)</td><td>下(下等、下面、下放)</td></tr>
</table>

二

根据以上分析，我们来看看在实际方言口语中存在着词汇差异的词究竟有多大比重。我们曾经用几个方言的《北风和太阳》的故事做过小统计。

这个故事在笔者的家乡话——泉州话中，有各类方言差异的词将近一百个，占总词数120个的80%以上。

据《汉语方言概要》所列广州话同一内容的材料，有方言差异的词共91个，占总词数140个的65%。

据《现代吴语的研究》所列苏州话的同一材料，有方言差异的词共64个，占总词数115个的55%。

从这个抽样调查看，闽、粤、吴这些方言和普通话有词汇差异的都在一半以上。这个比例不但与方言品种有关，而且与所选取的材料及"翻译"的方言是否地道有关，对于南方诸方言来说，50%到80%这个大体比例还是有一定参考价值的。

根据这几个抽查材料，我们可以看出，越是地道的口语，越是生活上的常用词，方言词汇差异越大。这是因为在漫长的历史过程中，方言都是根植于口语之中，那些口语中最常用的古老的方言词，因为世世代代口口相传，最不容易受到外界的影响。在现代社会里，由于政治的统一，文化的提高，交通的发达，经济的繁荣，全民共同语——普通话迅速普及并且从口头上和书面上对方言施以强大的影响，层出不穷的新词术语都是首先获得普通话的形式，然后向方言区推广的。普通话的书面语按方音读出来，词汇和语法不必变动，方言地区的人大体都能够听懂。像"坚持四项基本原则""调整、整顿、改革、提高""加紧建设四化，立志振兴中华"之类，用方音读出来，本地人谁听不懂呢？问题是，按方音读出来的普通话书面语，算不算方言材料？我们的意见是，应该以地道的方言口语为准（当然不排除新近从普通话搬用的那些最常用、最重要的为人们所共知的新词术语），如果用方音读出来就算方言材料，方言的概念不就等于方音了吗？方言和共同语也就没有什么界限了，正像用现代标准音可以读出任何古代汉语的作品，如果说那就是现代汉语的材料，岂不是也抹杀了古今汉语的界限！如果就地道的口语而论，方言词汇差异绝不是细微的，而是十分显著的。方言词汇的调查和规范，同语音一样是十分重要的。

有一个感性的证据很能支持我们的论点。一篇完全用普通话词汇、语法规范写作的文章，用任何一种方言读出来，许多人都能大体听懂它的内容。反之，一篇地道的民间故事按相对应的普通话语音读出来，通常要使人摸不着头脑。

关于汉语方言的语音差异和词汇差异，作如下的表达可能更切合实际：汉语方言差异首先表现在语音。诸方言和普通话的语音差异往往有明显的系统。由于普通话的影响，方言语音也在发生变化，但是成系统的变化是比较缓慢的。在词汇方面，尤其是口语中的日常生活用词，诸方言之间的差异也是十分显著的，但是普通话带来的新词术语正在大量地迅速地为方言所接受，一些旧有的方言词则逐步地退出人们的口语。

三

方言的词汇差异，就其不同的性质看，又有五种不同的类型。了解这些不同的性质，对于方言调查和语言规范化是大有益处的。分别举例说明如下。

（一）对立型

方言之间或方言与普通话之间，词形相同，意义互异，通常称为“名同实异”，这种词汇差异属于对立性质。上文所举“走”在北方是行走，在南方是逃跑，就是这一类。再如南昌话“客气”指漂亮，“地方”指门槛，“清汤”指馄饨；福州话“对手”指帮忙，“对头”指互相，劳人大驾要说“起动”，说“加工”成了多此一举。又如，“老虫”在长沙指老虎，在上海指老鼠；“姑娘”在不少官话区兼指女儿，在一些赣语区则指姑妈，在一些吴语区兼指小姑，在福州话中还用来称呼小妾，“交关”在上海是很多，在广州是厉害，在厦门是交易。

这种对立型的差异在交际中往往造成含混、费解，甚至误会，因此，它是方言调查的重点，语言规范的首要对象。

（二）对应型

指的是词形互异，意义完全相同的方言词，通常称为“名异实同”。这个类型往往是意义单纯、明确、附加色彩少的词。上文所举的“吃—食、他—渠—伊”就是。再如闽方言“怕”“说”“惊”、“脱”“说”“褪”、“高”说“悬”；“站”吴方言多说“立”，闽粤客等方言多说“徛”。

对应型的词汇差异是大量存在的。它既便于对比，又很富于方言特色，可以提供许多古今词汇演变的线索，应该是方言词汇调查的主要工作面。在语言教学则应分别情况、区别对待。像上段所举诸例都是常用词，只要有初步的普通话知识，就不会套用方言词，那些本字未明、有音无字的方言词也不容易搬用。至于那些不太常用的词，由于不了解普通话的说法，就很容易把方言词搬进普通话。有时是原封不动地照搬，如许多南方人都说刀很利，粥很浓，福州的学生多数都管蛇叫老蛇，书包叫包包；有时是加以适当改造，如闽语区的人把“靠边走”（方言说“行边头”）说成“走边”或“走旁边”，把“失火”（方言“火烧厝”）说成“火烧房子”或“火烧家”。方言调查时如能把这些既非方言也非普通话的“土国语”也搜集起来，对语言教学是很有用的。

（三）交叉型

上文所说的意义差异是词义交叉（有同有异），构词差异则往往是词素交叉，价值差异是形义相同、派生能力和使用频率不同，音变差异形义相同、语音结构不同，也是一种交叉。交叉型就是“同中有异、异中有同”，是方言差异的最常见现象。正因为交叉，其差异因素就不太突出，许多人不加注意，搬进普通话后，虽不合规范却也不会使人完全不懂,因此,方言区的人学习普通话,最常犯错误又最难改正的正是在这个地带。请看一段闽方言区常见的不规范的普通话对话:

误	正	说明
吃烟不吃?	抽烟吗?	词义广狭不同
我没有吃了。	我不抽了。	义项多少不等
我还没有改。	我还没戒。	义项多少不等
你肥起来了。	你胖了。	词义广狭不同
肥不一定康健。	胖不一定健康。	语素次序不同
来去坐坐吧!	去玩玩吧!	构词差异、义项不等
天暗了,要走了。	天黑了,得走了。	义项不同

要说明交叉型差异的同和异,不但要作调查,而且要比较、归纳,作方言词汇的进一步研究。在教学上,要帮助多数人达到规范化的要求,一定要毫不放松,讲究方法,长期努力,才能收到实效。

(四) 并用型

就是两种说法并行于一个方言。邻近方言互相影响会造成两种方言词的并用,如闽南的龙岩话因为和闽西客话接触,就有不少是闽方言词和客方言词并用的:月娘—月光(月亮)、星—天星(星星)、见笑—跌鼓(丢人)、狗公—狗牯(公狗)。普通话对方言的影响也经常使普通话词和方言词在一地并用。如吴方言的桌子—枱子、里头—里向、本来—本生、畜生—众生、老鼠—老虫;广州话的姐姐—家姐(阿姐)、猪油—猪膏、结实—禁、晚上—夜晚黑。

方言词和普通话的并用将是方言磨掉特殊性、向普通话靠拢的主要途径,这种现象的调查研究对我们考察方言发展规律是很有意义的。

(五) 补充型

有些方言创新的词语在普通话里还没有相应的说法,对于普通话来说是一种补充关系。这种方言词常常是反映地方特有事物、风俗习惯的词，例如福建沿海就有许多与海产有关的方言词。各地都有一些风土口味的食品名称，如厦门的沙茶，福州的肉燕、光饼，南昌的二来子、糊羹，北京的萨其马。其他像湘方言的名堂、里手，吴方言的瘪三、洋泾浜，客家的等郎妹、二百五等等，好多也都是普通话里没有相当的说法的。这类方言词对于研究方言区的自然地理、人文历史、风土习俗都是重要的材料，值得调查研究，有些词目还可以吸收来丰富普通话的。

为方言区人民所喜闻乐见的许多成语、谚语、俗语、歇后语有不少也是普通话里没有的。其中有些已在地方戏曲中加工提炼过，有的已被作家引进文学作品，不少都是思想健康、言简意赅、生动活泼的。例如闽南话：贪字贫字壳（劝人勿贪）、神佛兴，弟子穷（反对迷信）、近溪搭无渡（讥人不会利用好条件）、未曾三寸水，就要扒龙船（讥人不自量力）；闽东话：单竹不成排（劝人合作）、驮箸遮目（欲盖弥彰）、瓮里走鳖（不可思议）。对于方言里的这种文学语言，必须调查整理，去粗取精，加工提炼，在语言上进行规范化处理，以便吸收到全民语言中来。

差异就是矛盾，根据矛盾的不同性质，我们必须采取不同的"政策"：对立型是对抗性矛盾，是规范对象；对应型是对立的差异，是教学重点；并用型是对立和同一共存，方言成分在向通语转化，是考察对象；补充型是同一性现象，经过加工是吸收对象。

［本文原载《语文研究》1982年第2期，后由Е. Б. АСТРАХН译成俄文收入《НОВОЕ ВЗАРУБЕЖНОЙЛИНГВИСТИКЕ》(XXII)，МОСКВА，1989。］

论"不对应词"及其比较研究

一　关于词汇的比较研究

历来关于语言的比较研究多半侧重于语音和语法，这显然是由于语音和语法有更强的而且比较单一的系统性。不论是语言之间或者方言之间，语音和语法的差异都比较容易进行系统的考察，特点也比较容易归纳和表述；词汇的单位多，而且牵连到语音、语义、语法和语用，词汇的系统是多元而复杂的。应该说，词汇的比较研究比语音、语法更难。

然而词汇的比较研究并非无关紧要。不同语言之间词汇差异是显性的，而且数量庞大，类型繁多。不同民族之间是否有亲缘关系，有没有相当批量的处于核心地位的而又常用的同源词，就是最重要的依据之一。语言间的接触是否引起了质变，同一民族的语言在不同的历史时期和不同分布地域的变异是否造成系统的变异，相异词汇的比例大小也应该是考察的重点。

词汇的比较研究必须从考察词汇的异同入手。由于词汇的存在总有一定的语音形式和语义内容，在言语应用中又和语法组合及语用变异相联系，词汇差异的比较便应该有多种视角，不能就词汇论词汇。

从语音方面看，因音别义的各种异读（包括文白异读、别义异读、广州话的语素变调）、多音词的各种连音变读（变声、变韵、变调、轻声、儿化、小称音变等等)都和词汇的意义和形式相关,不论是古今汉语或南北方言之间,差异都是很大的。

在语义方面,不论是词汇意义或者是语法意义,不同的语言和方言之间,差异更是普遍存在的,就汉语的情况说,不同的方言间几乎找不到完全的等义词。词汇意义有"所指对象"的不同,("手"包括胳臂与否),义项的不同(吴语"笑死人"说"笑煞人",闽语"鼻"指"鼻涕"和"嗅、闻"),引申义的不同(四川话的"安逸"可表示"舒服、合适、轻松、精彩、美观和满意"等),还有更多更灵活的修辞意义:语体(书面和口头,正式和随便等),色彩(褒贬、爱憎、避讳等),语用(根据交际对象和情景的不同所采取的用词变异)。语法意义在词义上的反映,主要是表示不同词性的语法意义,例如"把"在官话可作量词、动词和介词,"去"在闽语可作动词、表趋向和表结果的补语;还有词语的不同组合中表示不同的关系意义。例如"有"在闽、粤语可用在动词前或后,如:"有看","看有"。

在语法方面,不论是古今汉语或南北方言,词的构成方式常有不同。有时是单双音的差异:"见、看见","雅、文雅";有时是重叠式或附加式的不同:"架、架子、架架","好、好好、好好好","弟、老弟、弟弟、弟儿","鼻、鼻鼻、鼻子、鼻头、鼻哥、鼻公","糊涂、糊涂涂、糊糊涂涂、糊里糊涂、稀里糊涂"。有时是语素次序不同:"热闹、闹热","公鸡、鸡公"。

布龙菲尔德早就说过:"每一个词汇形式都在两个方面同语法形式相联系。一方面,词汇形式即使抽象地取其本身,也表现出有意义的语法结构,如果它是一个复杂形式,它表现出某种词法的或者句法的结构;如果它是一个词素,它也可以表现出词法上的特征……另一方面,在任何一段实际的话语里的词汇形式,作为一个具体的语言形式,总是伴有某种语法形式的,它在某种功能中出现,而这些出现的特权整个儿组成了这个词汇形式的语法功能。"[①]可见，比较词汇的差异不能不包括语法意义和语法功能。

方言词汇的比较研究，除了以上所说的语音、语义和语法的差异之外，我在《论汉语方言的词汇差异》[②]一文中，还强调了方言词汇之间的源流差异和价值差异。

源流差异就是纵向的词汇比较，在同个语系或同个语言之中，有古代通语或方言的传承或变异，也必然有方言的创新，还会有通语和方言之间或不同方言之间的接触互动所造成的借用、并用或替用（行—行走—走—跑，闻—听闻—听，视—睇—看—瞧—望）；在不同语言之间有接触和融合造成的"底层"词和外来词（闽语称村子为"坂"，可能是古代壮侗语的底层，西北方言的"糌粑"应该是藏语的借词，粤语的"的士、士担、燕梳"则是英语的借词）。

所谓价值差异指的是不同语言或方言之间相对应的词的使用频度的不同和构词能力的不同。例如普通话说"打"，闽方言说"拍"，各自都是常用的动词，构词能力也都很强，"打"在闽南话只用作量词和表示"承包"义的动词，在其他场合，都把普通话的"打"说成"拍"；在普通话，"拍"构词 14 条，"打"构词 179 条。又如长汀客家话多说"岭"少说"山"，普通话"岭"字领头只有"岭南"一说，"山"字领头可以构词 86 条。常用度高、构词能力强，往往就是该语言中的基本词汇，反之则是一般词汇。基本词汇和一般词汇是语言的词汇系统中的最重要的界线，研究价值差异，分清词的常用度和构词能力，显然是考察词汇差异的重要项目。

上述文章发表二十多年了，关于汉语方言的词汇差异的这五种分类：源流差异、意义差异、构词差异、价值差异和音变差异，现在看来还是站得住脚的。源流差异就是词源的比较，意义差异就

---

① 《语言论》第 333 页，袁家骅、赵世开、甘世福译，商务印书馆，1980 年。

② 载《语文研究》，1982 年第 2 期。

是词义的比较，构词差异就是词法的比较，价值差异是词值的比较，音变差异则是词音的比较。

然而，这五种词汇比较，总的说来都只是相对应词的比较，下文所要讨论的是语言或方言之间的不相对应词的比较研究。

二 "不对应词"及其类型

1. "不对应词"的界定

所谓"不对应词"，就是对比的语言或方言之间，一方有的词在另一方找不到相对应的词，要表示相对应的意思，只能用词组来表达，所以也可以说这是语词的不对应（"词"和"语"之别）。同样的意思，一方用一个明确的概念来表达，另一方则没有相应而明确的概念，而是用另外的方法来描写或说明，这是概念的不对应。同样的概念，用"词"或用"语"来表示，是从语言方面说的"不对应词"；没有明确的对应概念，虽然也可以用其他方法来表达，是从逻辑方面说的"不对应词"。简单地说，"不对应词"就是比较两种语言时一边是词，一边不成词。

现代语言学研究语言，总是着重于口语的研究，尤其是方言，通常只有口头形式。普通话里的许许多多书面语词，即使用方音读出来，如果没有进入口语，也不能认为是方言，并没有成为"不对应"。例如"深深、高深、加深、深山、深浅、深入、深交、深刻"。如果读方言音也很难进入方言口语，方言口语中也没有相对应的说法，本文也不认为是不对应的词汇。例如"艰深、精深、幽深、湛深、纵深、资深、深奥、深层、深长、深沉、深广、深闺、深究、深厚、深化、深情、深秋、深思、深谈、深邃、深通、深望、深省、深意、深远、深渊、深重、深挚"。本文所说的"不对应词"是就口语的层面说的。

词汇差异和词义差异不同。词义上的不对应不是本文所说的

“不对应词”。例如,普通话说“生气”(他生气了,他很生气),也说“气”(气得要命,他气我);厦门话说“受气”(伊受气了:他生气了),也说“气”(伊野气:他很生气),还说“气受”(伊气受我:他气我),这是词义上的交叉关系,并没有构成“生气、受气”和“气”这些词之间的“不对应”关系。

多个同义词之中,有的方言多些,有的方言少,有的用这个,有的用那个。例如“男人、老公、当家的、老爹们、外头人、丈夫侬、男的”等等,其实这些不同的说法也只是词义色彩(陪义)的不同而不是概念的不对应。因此,这种差异也不是不对应词的关系。

用不同的语素或构词方式造词,同样的概念各地可以有很多不同的说法,这是造词法的不对应,而不是词和概念的不对应。例如“冰棍儿、冰棒、棒冰、雪条、雪枝、冰条、冰箸”等等,说的都是同样的东西,也都是可以单独成词的。有些造词法的差异有时很像是“词”和“语”的差异,其实是同样的概念用不同的感受来表达。例如“口渴”,武汉、成都、合肥说“口干”,扬州、苏州说“嘴干”,温州说“口燥”。“干、燥、渴”,意思相同,感觉都在口、嘴;梅州说“肚渴”,广州说“颈渴”,潮州说“喉干”,则是感到“渴”的具体部位的不同。粥“稠”官话说“稠”,苏州话说“厚”,着重于说明“米粒多”;成都、长沙说“酽”,建瓯、双峰说“浓”,厦门说“�”,(《广韵》涸:水干)则都是着重于“米汤少”。“打闪”这种自然现象,不同地方的人们从自己看到的现象作了各种不同的理解和表述,如:焰刀(建瓯)、扯闪(长沙)、扯火闪(成都)、闪龙(温州)、睒火蛇(梅州)、天闪(阳江)、抽电(双峰)。又如“上坟”也有各种说法:拜坟(长沙)、挂青(双峰)、挂纸(南昌、梅州)、拜山(广州)、祀地(梅州,地:坟也)、铲山(阳江)、醮冢(建瓯)。这些不同的说法在方言中都还是当成一个词来用的(有的可能是离合词)。这种“同一语言的同一事物的不同名称 ,其语素义跟事物特征的联系不同”,有的学者称为“属性陪义—理据义”的差异。① 总之,这几种情况都只有词义差别,不是词汇差别,因而也不是“不对应词”。

不同语言之间也有许多不对应词,情况更加复杂,brother 既不是哥哥、不是弟弟,也不是哥哥和弟弟;boy 既是孩子、儿子、少年、男孩,也指稚气的青年、服务员、仆人、情人、军人。临高话的 da^1 指“眼睛”,“电珠”也说 da^1dian^2(电眼),“秤星”也说 $da^1sə\eta^3$(秤眼)“踝”说 da^1kok^7(脚眼)。对于不同语言之间的不对应词,应该另行研究 。本文只讨论汉语内部的不对应词。

古今汉语之间由于词汇语法的变化也会造成“词—语”不对应或者概念的不对应,这种不对应是历史演变造成的,不属于词语的生成时的原来状况,例如,“睡觉”的原意在唐代是“睡醒”,后来只是“睡”;“还”原意是“回还”,后来分说“回来、回去”;“蔽”的含义后来分化为“遮蔽、隐蔽”;“可行”原是两个词,表示“可以走”,后来成为一个词,表示“可以实行”。这类古今的差异也不是本文所讨论的“不对应词”。

2. 普通话的词在方言中不成对应的

普通话的口语词在方言中没有相对应的词比较少,造成这种情况的原因是多样的。有的是分说和合说的不同,例如:

“早饭、午饭、晚饭”在南部吴语、闽语、客家话和一些粤语中不能单说,只能连着动词“吃”说。这可能是因为东南方言的“食早、食昼、食夜”等说法如果不说“食”只说单音的“早、昼、夜”不成词,或者会造成含混。

“闭嘴、回家”在许多方言没有相应的说法,前者说“莫讲、嫑讲、免说”等,后者说“转屋企”(广州)、“转到屋里向”(上海)、“倒去厝里”(厦门);或者分解为“回来、回去”(“翻来、翻去”,“转来、转

① 参见张志毅、张庆云《词汇语义学》第 44 页,商务印书馆,2001 年。

去"，"倒来、倒去"）。这种不带方向的"回家"和比较粗暴的说法"闭嘴"，可能是后起的。这两个词在普通话里还都是"离合词"，不是结合得很紧，可以为此做个注解。

"告诉（告送）"的说法通行于官话区和吴、湘、赣语，在不少其他方言不成词，"告诉你"要说成"给你讲"（合肥）、"话你知"（广州）、"共汝讲"（福州）。"告诉"的说法大概也是后起的，古汉语就是说"告之"、"语汝"的。还有，普通话的"个子、老乡"在闽南话里没有对应词，只有分说的词：论个子大小要说"大股、细股"；论高矮要说"躼骹、矮仔"。"老乡"按方音读，只是借用普通话的说法，地道的方言说"乡里侬"，文雅一点说"乡亲"。

多数官话区说的"我们、你们、他们"（有的还合成一个音节wom、nim、tam），在宋元时期经常说成"我辈、你辈"。据吕叔湘先生研究，"们"就是从"辈"音变来的（闽语莆田话"你们"至今还说"汝辈"，可以为证）。在一些南方方言，这几个代词还没有形成后缀，南昌说"我个里、你个里"，梅州说"我等人、你等人"，福州说"我各人、汝各人"，建瓯说"我伙人、你伙人"。闽西的上杭话还有更长的说法"偓大家人、你大家人"。

以上都是概念相同，但有"词—语"之别的"不对应"。

人类为概念命名反映了人们对客观世界的认识和分类，如果认识和分类的考察点不同，就会有不同的命名法，甚至造成"词"与"语"的不对应。例如，肯定和否定就是两种思维和分类的取向，有些概念的不对应就是由于这种取向的不同造成的。这种情形在人们的语义理解中虽然是"相反相成"的，类似于相同的概念，但是往往既有理据意义的差异，也有"词"和"语"的"不对应"。例如"忘、忘记、忘了"，是正面的判断，"记不倒（成都）、不记得（长沙）唔记得（广州）无记得（阳江）"是反面的说明；"掉了、丢了、失了、落脱"是肯定的说法，"无见（阳江）、拍唔见（厦门）"是否定的说法；"外行"是正面的说法,"不在行(武汉)、不里手(长沙)、唔在行(广州)"是反面的说法。说刀"钝(苏州、广州、厦门)、笨(成都)"是肯定说法,"不快(北京、武汉)、鲙利(福州)"是否定说法;"丑、难看、怯视(厦门)、惊人(建瓯)、生得呆(福州)"是肯定的说法,"不好看(武汉)、不心疼(西安)、不客气(南昌)"是否定的说法;"忙"是正面肯定,"无闲(厦门)、唔闲(潮州)、唔得闲(广州)"是反面否定;"生病、害病、病了、病去(福州)"是肯定说法,"不舒服、不好受、不受活(西安)、不好(成都)、不好过(梅州)、唔好(潮州)、无自在(阳江)、唔自然(长沙)"则是否定说法。

以上这些都是普通话有、方言里没有的"概念有无"的不对应。

3. 方言词在普通话不成对应的

在方言里有更多的词在普通话或者其他方言里没有相对应的说法,这都是一些方言特有的创新词,也往往是很重要的特征词。为什么方言词在通语不对应的比通语词在方言不对应的多呢?这显然是因为通语影响方言大,而方言对通语的影响小。

这些方言特有的创新词有的是运用与通语共有的常用语素构成,用来表示某一个特有的概念的,于是有的就成了与通语和其他方言的"同形异义"词。仅以"上、下"两个常用语素为例,在《现代汉语方言大词典》中就收了下列各条某些方言与通语及外地方言不成对应的创新词:

上山:忻州话专指"上山凿石头的工种"

上水:温州话专指"龙舟下水,竞渡开始",哈尔滨指"水上运动开始"

上弄:牟平话指"主动与人建立友好关系"

上身:厦门话指"鬼神或灵魂附着于人身而开始发出异常动作"

上岸:苏州话专指"船只上水进行大修"

上床:扬州专指"坐月子"

上契:广州话指"拜认干娘"

上茬:哈尔滨话指"炕席烧煳了"

上后:西安话指“上厕所”

上棚:上海话指“鸡鸭傍晚回巢归圈”

下南:厦门话指“冬季天气回暖”

下妇:娄底话指“品质低劣的女人”

下茬:银川话指“肯下力气,能拉下脸、不讲情面地办事”

下茶:扬州话指“到女家送定亲礼物”

下话:成都、西安、银川、乌鲁木齐话指“说好话向人求情”

下门:徐州话指“商店开门营业”,南京话指“牌桌上坐在庄家左侧的人”

下风:黎川话指“风吹向的一方”

下活:南京话专指“在澡堂里干修脚、捶腿一类的活”,武汉话指“洗马桶”

下杂:成都话指“劣等的供食用的动物内脏”

下堂:娄底话指“女人离婚”,柳州话指“改嫁”

方言的创新词之所以会成为与其他方言或通语不成对应的特色词,是因为这些词都是在方言地区特定的地理环境和社会生活中根据实际需要创造出来的。

各地的地理通名中都有许多反映本地的地形、地貌的特色词,在其他地方很难找到相对应的词。例如北方官话地区有:

塬:黄土高原的台地,四周有流水冲刷的沟,顶上平坦,边缘陡峭,见于晋陕一带

峁:高原上的丘陵地貌,范围比塬小,晋陕用作山名和村名

崮:四面陡峭、顶部稍平的山,多见于鲁东南

峪:山谷地形,用作山名或村名,分布于华北和西北地区

客家山村的一些通名也与外地不成对应:

嶂:高耸如屏的山	崠:高而有峰顶的山
窝:低洼地	坜:山沟、水沟、山谷、水渠
坝:河旁沙地	坪:大片平地,也称“平洋”

吴方言地区有浦、浜、泾等,清人魏源《东南七郡水利略叙》云:“江所不能遽泄者,则亚而为浦、为港、为渠、为渎、为洪、泾、浜、溇,

凡千有奇。”绍兴一带的河网地区的浦(水滨)、港(河汊)、渎(小河)、溇(盲肠河)、埠(码头)、埭(小土堤)、堰(堤岸)到处都有。

粤方言的珠江三角洲最常见的地理通名是涌(水边的村庄)、滘(分叉的河道)、塱(水边地势低平的地方)。据国家语委汉字组的一次调查,广东省内带“涌”字地名有 2585 处,带“滘”字地名有 269 处,带“塱”字地名有 1088 处。

与地理相关的方言特色词还有表示方位以及同方位有关的词。例如:

关内、关外、河东、河西、岭南、岭北、江南、江北、塞上、塞外、关中、坝上、岭下、临河、湖内之类的地片名和村名到处都有,所指的地片有多大,则是各地约定俗成的。明清时代福建省有八个府,省城的人把他分成上、下四府,于是福州话里就用“下府、下四府、下路、下南”来指称闽南、闽西地区,并且还有一系列相关的特色词,如:“下府人、下路人、下南鬼(贬义)”指闽南人,“下南粿”指闽南做的年糕。

有些方言的特色词是在特定的社会生活中由于特定的需要或根据长期的习俗形成的价值观念创造出来的。例如粤港地区的一些词就很有这种地方特色:

冲凉:淋浴,不论用凉水或热水,都说冲凉

好冻:论天气,不分凉、冷、冻,一概说冻

揸车:自己驾驶私家车(不同于“开车”)

泊车:必须向停车场付费的停车(不与“停车”对应)

游车河:坐在汽车上慢悠悠地沿着街道观赏城市风光

观音兵:喜欢讨好女性并努力为之效劳的男人

发烧友:对某个并非自己所从事的专业的强烈的爱好和追求

利市:送人红包希冀得到好运,特别是有发财的希望

卖广告:支付广告费,以图多卖商品获得利润

唔聚财:使人看起来不顺眼的人或事(只有聚财才是使人看得顺眼的)

着数:合算,还占点便宜(只有占便宜才是符合账目的要求的)

客家方言里一些反映风土民俗的词语也很有特色,在外地方言不能对应:

炒鸡酒:公鸡炒姜加酒煮成,坐月子用

冬至肉:冬至日所制烟熏肉

围龙屋:三进旧式民居

四角楼:一种方形围屋,角上有炮楼

带路鸡:迎亲时所带的一对公鸡和母鸡

挂尾蔗:回门时所带连尾甘蔗

洗三朝:婴儿出生三天用草药水洗澡

穷鬼日:正月初三于路口烧垃圾,以示送走穷鬼

有些方言的特有词是从方言区历史上的人物的言行和事件衍生出来的。例如:

孔夫子的家乡曲阜至今还说"子曰儿",意思是"说话在理";金华吴语则把"只说空话、不干实事的人"称为"伯嚭",那是他们所熟知的这位越国宰相的品格。戚继光曾经在闽东沿海指挥抗倭,后来的福州人为了纪念他,就把日常所吃的大小烧饼叫做"光饼、征东饼"。云南的"过桥米线"则是从一个美妙的传说提炼出来的。

有些方言的基本词汇,因为常用和具有较强的派生能力,就造出了许多特色词,这里只举闽南话数例。

常用词"有、无"构成的特色词:

有影:真的,有这回事	无影:不是真的,没这回事
有盘:合算,能占便宜	无盘:不合算,要亏本
有路:对某种食物有爱好	无路:对某种食物不感兴趣
有额:收获或购买的东西数量足	无额:东西数量不足
有博:有得拼,有希望	无博:没得拼,没希望
有空:家产富足,有趣	无空:手头不宽裕,没趣
有势:有势力,有本事	无势:没本事

常用方言词"唔、乌、否、拍"构成的特色词:

唔通:不可以,不要(别)　　唔过心:过意不去

唔知侬:不省人事,昏迷不行,休克　　唔八:不认识,不曾

唔是空:不是闹着玩儿的,不是玩意儿　　乌青:皮下出血

乌暗眩:一时眩晕,不省人事　　乌焦寒:阴天时干燥又寒冷

乌焦瘖:又黑又瘦

乌白讲:胡说八道

否势:不好意思　　否空:情况不妙

否目色:眼力不足,不善于辨别善恶　　否命:命运不好

否喙斗:挑食,吃东西挑挑拣拣,爱说粗话　　否死:脾气不好

拍遨:打转,绕圈子　　拍通套:串通预谋

拍拼:拼搏,使劲干　　拍无疑:趁其不备

拍拄直:两清,谁也不欠谁的　　拍唔见:丢失了,不见了

还有更多的方言词所以成为不对应词,是因为用修辞造词法造出来的特色词。以广州话为例:

白鸽眼:对上逢迎、对下高傲的人　　白鼻哥:考试落第的人

爆棚:观众或顾客过多而拥挤不堪　　爆火:大发脾气

大送:吃饭时吃菜多　　大嘢:态度傲慢

豆皮:麻脸的人　　飞鼠:蝙蝠

吊钟:一种花　　饭铲头:眼镜蛇

火烛:失火,火灾　　放水:私下给人方便

奸赖猫:耍赖皮　　跟尾狗:无主见、跟人走的人

蟹爪笔:小楷笔　　好死:待人好(含贬义)

好闲:态度坚决而冷淡　　好人事:好心肠,态度和蔼

腊肠裤:一种裤管特小的裤子　　赖猫君:耍无赖的人

客家话里一些描述人品的词语也往往运用比喻,难与外方言形成对应,例如:

戆牯:贬称不明事理、智力差的人　　大番薯:对愚笨者的贬称

纠风鬼:詈称喜怒无常者　　蛮牯:詈称顽童、淘气包

搭带货:好说下流话的人　　嫐告嫲:游手好闲的妇人

那么,方言里的不对应词究竟有多少?现在还很难有大体的

估计。因为词典所收的方言词有宽有窄。如果按照一般的词汇表格去做调查，特色词就出不来，如果兼收了大量和普通话相同的词，不对应词也就会相对收得少些。下文的数据是选取《福州方言词典》（李如龙等编）所做的抽样调查。这本词典不收和普通话相同的词。在该书的前 90 页（A、B、C、D）四个字母开头的 1637 条总词目中，共查出了与普通话不对应的词条 481 条。根据这个数据，不对应词的比例竟达 29.38%。这里略举一些例子，从中也可以体会到方言的特色词是如何命名、如何成词的，为什么会同其他方言及通语造成“不对应”？请看：

巴结体：善于巴结别人的人	扒宝、扒抠：贪婪地捞取不属于自己的财物
爬爬跳：焦急、发怒而坐卧不安	百日里：人死后百日之内（戴孝的期限）
白头孙：年长于叔父的侄儿	白老鼠：身无分文的人
白露烘：白露节气期间的闷热天气	白目拗：不驯服、爱顶撞的人
平八：彻底完蛋，事态不可收拾	平洋：大片平坦的水田
平正：（东西）质量差	病疳：（小儿）发育不良，长不大
病钱使：害病般的贪婪地捞取钱财	病吐泻：上吐下泻，也用来咒骂人
八字伯：略微识字就爱卖弄的人	拔直：平躺着舒展四肢
拔老鼠尾：抓阄儿的一种	拔索尾：为了讨好人而随声附和
办酒仔：一种模仿大人办酒席的儿童游戏	避眼：避人耳目
扁担刀：为打人而挥舞的扁担	扁肉燕：瘦肉和芡粉做皮所包的馄饨
便箸：客气地劝客人将就着吃	褒比：说奉承的话讨好人
菠菠馃：一种清明节吃的馃	报亡：死人入殓前做的法事
抱头：死人入殓时由孝男抱头	抱稳：做事有成功的保证

腹里明:心知肚明

搬舵:使船向左转的掌舵动作

盘数面:一副老干吃亏事的模样

肥伯:老年的胖子

补眠:因睡眠不足而白天小睡

房桶房:专放马桶的小房间

晡时:午后的雷阵雨

半咸淡:半咸不淡,又喻指语言不纯正

半年间:形容时间很长

肥块:肥肉居多的肉块

搬戏台板:戏散后的清理工作,也喻处理善后

半阑成:事情做了一半

三　必须重视"不对应词汇"的比较研究

"不对应词汇"以往研究的不多,一来因为这方面的词汇还没有深入发掘,二来也因为缺少分析研究。一直以来,方言调查和语言调查都是用预先编好的调查表格作为底本去调查的,汉语方言的词汇调查表则是以普通话为依据编制的,方言里的特色词如果在普通话里没有相对应的条目,自然就收不进去。民族语言调查也是以某一民族的词目作参考而制定的表格,也必定会遗漏许多"不对应词汇"的词目。然而正是这些词目应该是方言和民族语言调查的重点,因为这些词汇反映了语言和方言的最重要的特点。词汇的形成有不同的地理和历史背景,就像不同的庄稼长在不同的土壤和气候条件下一样,不调查这类词,就很难反映方言词汇的主要特点。经验证明,只调查一些最常用的词汇,例如"天地、山水、人物、手脚、猪狗、上下、早晚、大小、长短、来去、一二三、不、无"等等,往往只能显示语系之间、关系疏远的语言之间以及相隔年代久远的古代和现代语言之间的差异。掌握的特色词越多,就越能区别关系相近的语言和方言。汉语方言的分区至今还有不少争议,对方言之间的亲疏远近关系也理解得各不相同,一部分原因就

在于方言特色词发掘得不够,已经发掘了一些也没有进行认真的归纳和分析。

“不对应词汇”研究深入了,不但可以使我们对语言和方言的词汇特点理解得透彻,而且对研究地域文化、地方历史、风俗习惯等也有重要的意义。不仅如此,语词的形成反映了使用该语言的人们对客观世界的认知过程、认知方式和认知水平,“不对应词”的调查和比较研究必定也能给认知语言学的研究提供很多很好的新鲜材料。

汉语方言的调查研究已经有近百年的历史了,汉语方言的深入研究对于汉语史、汉藏语研究、汉语语言学研究乃至普通语言学都有重要意义,这也已经成为大家的共识,调查方言词汇还总是依赖现有的调查表,停留于数百条、三两千条的规模上,显然是不能符合要求的了。

为了扩大方言词汇的调查,充分发掘不对应词,可以吸收人类语言学的经验,把语言调查和人类学、社会学、民族学的调查结合起来,从该地区的地理环境和文化背景出发,分门别类,逐项进行深入的调查。诸如地形、地貌的名称,各种遗址、古建筑及其传说故事,特有植被及其物产,日常食物及其制作过程和用具,各色民居和建筑的有关名称和术语,服饰、交通工具及其零件的名称和制作过程的术语,日常起居、四时节日、生老病死、风俗习惯、宗教信仰等方面都有大量的名物和术语。儿歌、童谣、山歌、谚语、民间故事、神话传说等长篇语料也应该大量地词汇,因为这类语料往往可以补充词汇调查的不足。

参考文献

北京大学中国语言文学系语言学教研室　1995　《汉语方言词汇》,北京:语文出版社。

李荣主编　2002　《现代汉语方言大词典》,南京:江苏教育出版社。

孙常叙　1956　《汉语词汇》,长春:吉林人民出版社。

张志毅、张庆云　2001　《词汇语义学》,北京:商务印书馆。

李如龙　1982　《论汉语方言的词汇差异》,《语文研究》第2期。

———　1998　《汉语地名学论稿》,上海:上海教育出版社。

李如龙、梁玉璋、邹光椿、陈泽平　1994　《福州方言词典》,福州:福建人民出版社。

[本文2006年12月25日在上海"东亚语言比较国际研讨会"上宣读过。]

从闽语的“汝”和“你”说开去

一

1999年8月的一天，我请李蓝带路去拜会李荣先生。每次见到李先生，他总要问问闽语的一两个字，而我也都从中得到重要的启发，所以我也把这种拜会当成学习的机会。果然，这次他又问了：厦门话的第二人称代词究竟是“汝”还是“你”？

这个“汝”也问到要害上了。厦门话的第二人称代词说 li˥，属上声调。就这个音说，可以是“汝”也可以是“你”。因为厦门话的泥母、日母都与来母相混，逢鼻化韵读 n，逢非鼻化韵读 l；次浊上声字读上声调，二者相同；鱼韵的部分口语常用字也与止韵多数字相混读为 i（没有撮口呼韵）。例如：

鱼韵字	猪	箸	鱼	去	徐
	꜀ti	ti꜅	꜁hi	k‘i꜄	꜁ts‘i
之韵字	耻	治	耳	起	饲
	꜂t‘i	ti꜅	hĩ꜅	꜂k‘i	ts‘i꜅

大概因为这个原因，有人认为厦门话的第二人称代词是“你”，就厦门话而言也无不可。

为方言词考求本字，只就一个点去考察，碰到这类情形就可能得出不正确的结论。因此李荣先生提出，“本字考”要作“方言比较”。经过几个姊妹方言点的比较，往往就可以排除一些假象，找

到真正的本字。厦门话的“汝”或“你”，如果联系泉州音、漳州音去考察，便可以找到明确的答案。请看以下字音的比较：①

	汝	猪	鱼	女	鼠	除
泉州	ᶜlɯ	꜀tɯ	꜁hɯ	ᶜlɯ	ᶜts‘ɯ	꜁tɯ
厦门	ᶜli	꜀ti	꜁hi	ᶜlu	ᶜts‘u	꜁tu
漳州	ᶜli	꜀ti	꜁hi	ᶜlu /ᶜli	ᶜts‘u/ᶜts‘i	꜁ti

	李	起	时	思	史	四
泉州	ᶜli	ᶜk‘i	꜁si	꜀sɯ	ᶜsɯ	sɯᵓ/siᵓ
厦门	ᶜli	ᶜk‘i	꜁si	꜀su	ᶜsu	suᵓ/siᵓ
漳州	ᶜli	ᶜk‘i	꜁si	꜀su	ᶜsu	suᵓ/siᵓ

在厦门郊区的海沧一带，第二人称代词说ᶜlu，鱼说꜁hu，猪说꜀tu。早期的厦门音和泉、漳音的鱼韵字正好形成 u：ɯ：i 的对应。两三百年前的《汇音妙悟》和《雅俗通十五音》正是反映的这种情形。1909 年编印的反映厦门音的《八音定诀》则兼有 ɯ、u、i 的异读。例如，锄见于“他书”读[꜁t‘ɯ]，又见于“他须”读[꜁t‘u]，鱼见于“喜诗”读[꜁hi]，又见于“喜书”读[꜁hɯ]。现代厦门音“汝”读ᶜli，“鱼”读꜁hi 显然是漳州人来多了，漳州音影响厦门音的结果。而现代漳州话新派文读“女”为ᶜlu，“鼠”为ᶜts‘u 则应是受地位高的城市方言厦门话影响的表现。泉州是闽南开发最早的地方，古城的读音稳定，鱼韵都读[ɯ]，这个音显然更为古老。从 ɯ 变为 u 和 i，音理上也容易理解：一个把唇拢圆，一个舌面前移。

至于之韵字，在泉州只有精庄组读 ɯ(居)韵，其余都读 i；在漳州和厦门则是多数读[i]，精庄组文读为[u]。可见，鱼韵和之韵在闽南话的语音对应里是判然有别的。闽南话第二人称代词是鱼韵

---

① 本文所用闽语材料多引自《闽语研究》和《福建省志 · 方言志》两书，有些是本人田野调查所得。为便于比较，字音只标调类，未标调值；为简便起见，词汇只标本调，未标变调。一字两音的，斜杠前为文读，斜杠后为白读。

的“汝”可以得到确证。

这个“汝”的音，传到潮州和浙南之后数百年了，至今还和泉州音相同，读为 ɯ，潮州话和浙江省苍南灵溪话都是 lɯ^{53}（温端政，1991），在海南省各地和新加坡、马来西亚一带的闽籍华裔中则普遍读为꜂lu，这是厦门初开埠时的厦门音。在台湾的闽南话则读꜂li 的居多，偶尔也有꜂lɯ 和꜂lu 的说法。

和闽南话的 lɯ-li 相对应的鱼韵“汝”字，在闽东读为꜂ny^{32}（福州），在莆田读为꜂ty^{353}，这都是十分明确的。而在之韵只有精庄组的文读音会读成 y（子꜂tsy，史꜂sy），其余都只能是 i。

总之，在闽台、浙、粤、琼各省，沿海的闽语的第二人称代词都是“汝”。

然而，闽语中也有不说“汝”而说“你”的，这便是内陆闽语——闽北方言和闽中方言。在那里，第二人称代词是之韵字而不是鱼韵字。试比较：①

	你	里	辞	芝	李姓	李李子	事
永安	꜀ŋi	꜂ni	꜁sɿ	꜀tsɿ	꜂li	꜃ʃia	ʃia꜄
沙县	꜀gi	꜂le	꜁sɿ	꜀tsɿ	꜂le	꜃sai	sai꜄
建瓯	ni꜅	꜂li	꜂tsu	꜀tsi	꜂li	sɛ꜅	ti꜅
建阳	ₒnɔi	꜂lɔi	꜁so	꜀tsi	꜂li	se꜅	꜂hai
松溪	niɛ꜅	꜂lɛi	꜁tsu	꜀tsiɛ	꜂li	syœ꜅	tei꜆

	女	除	去	书	锯	鱼
永安	꜂ŋy	꜁ty	kʻɯ꜄	꜀ʃy	ky꜄	꜁ŋy
沙县	꜀gy	꜁ty	kʻo꜄	꜀ʃy	ky꜄	꜁gy
建瓯	꜂ny	꜂ty	kʻo꜄	꜀sy	ky꜄	ŋy꜅
建阳	꜂ny	꜁ly	kʻɔ꜄	꜀sy	ky꜄	꜁ŋy
松溪	꜂nœy	꜁tœy	kʻo꜄	꜀sy	ky꜄	ₒŋy

① 闽北方言中建阳、松溪有两类阳平，阳平乙用左下角的 o 表示。

可见，除了个别白读音，鱼韵字在闽北、闽中都读撮口呼韵 y，而之韵字则未见有撮口呼的读法。内陆闽语的第二人称说“你”而不说“汝”也是确然可证的。

二

人称代词是方言中的基本词，是很能体现方言特征的。不仅如此，沿海闽语和内陆闽语之间并非只是偶尔可以发现的一两处此类基本词汇的差异，而是有着一批典型的特征词的差异。从以下词汇材料可以看到，沿海闽语有更多闽语特征词，内陆闽语则由于客赣方言的影响已经放弃部分闽语特征词了（有个别条目保留的是早期闽北方言固有的独特说法）：

普通话	福州	莆田	厦门	汕头	屯昌
人	侬 ꜁nøyŋ	꜁naŋ	꜁laŋ	꜁naŋ	꜁naŋ
他	伊 ꜀i	꜀i	꜀i	꜀i	꜀i
猪	猪 ꜀ty	꜀ty	꜀ti	꜀tɯ	꜀ʔdu
泥土	塗 ꜁tʻu	꜁tʻɔu	꜁tʻɔ	꜁tʻɔu	꜁ɦɔu
书信	批 ꜀pʻiɛ	꜀pʻe	꜁pʻue	信 seŋ꜄	tin꜄
缝（动）	组 tʻiɛŋ꜄	tʻiŋ꜄	tʻĩ꜅	tʻĩ꜄	꜀ɦi
铺（动）	舒꜀tsʻy	꜀tsʻy	꜀tsʻu	铺꜀pʻɔu	꜀fu
嫩（菜）	幼 iɛu꜄	iu꜄	iu꜄	嫩 nuŋ꜅	幼 iu꜄
摘（果子）	摘 tiɛʔ꜆	採꜂tsʻai	挽꜂baŋ	摘 tiaʔ꜆	ʔdia꜆
盖（被子）	竷꜂kaŋ	kaʔ꜆	kaʔ꜆	kaʔ꜆	ka꜆
湿	滥 laŋ꜅	澹꜁taŋ	꜁tam	꜁tam	꜁ʔdam
（绑）紧	模 taiŋ꜅	絙꜁ɛŋ	꜁an	紧꜂keŋ	꜁an
（粥）稠	□kyʔ꜇	洘꜂kʻo	꜂kʻo	kap꜇	kit꜇
（粥）稀	清꜀tsʻiŋ	漖 ka꜄	ka꜄	ka꜄	ka꜄
（肉）瘦	瘖꜂sɛiŋ	精꜀tsiŋ	꜀tsiã	꜀tsiã	瘖꜂tan
闭（眼）	□kʻaiʔ꜆	kʻeʔ꜆	kʻueʔ꜆	合 ap꜇	[illegible] nip꜆

眼泪	目滓 meiʔ꜇ ꜂tsai	maʔ꜇ ꜂tsai	目屎 bak꜇ ꜂sai	目汁 mak꜇ tsap꜆	mak꜇ tsiəp꜆
东西	毛 nɔʔ꜆	物毛 muɛʔ꜇ nɒʔ꜆	物件 biʔ꜇ kiã꜅…	mueʔ꜇ ꜃ki	物꜂mi
女婿	儿婿 ꜁niɛ lai꜄	囝婿 ꜂kyɒ lai꜄	꜂kiã sai꜄	꜂kiã sai꜄①	郎家 ꜁lɔ ꜀kɛ
坟墓	墓 muɔ꜄	mɔu꜄	bɔŋ꜅	坟꜁p‘uŋ	墓꜀mɔu
说话	讲话 ꜂kɔuŋ ua꜅	꜂kɒŋ ua꜅	꜂kɔŋ ue꜅	呾话 tã꜄ ue꜅	讲话 ꜂koŋ ꜀ue
厨房	灶前 tsau꜄ ꜁lɛiŋ	tsau꜄ ꜁le	灶骹 tsau꜄ ꜀k‘a	灶间 tsau꜄ ꜀kãi	灶前 tau꜄ ꜁tai
(肚子)饿	空꜀k‘œyŋ	枵꜀iɐu	꜀iau	困 k‘uŋ꜄	xun꜄
种田	作田 tsɔ꜄ ꜁ts‘ɛiŋ	tsɔ꜄ ꜁lɛŋ	tsoʔ꜆ ꜁ts‘an	种田 tseŋ꜄ ꜁tsʰaŋ	作塍 to꜆ ꜁san
可爱	好疼 ꜂xɔ liaŋ꜄	꜂ho t‘ia꜄	꜂ho t‘iã꜄	好惜 ꜂ho sioʔ꜆	好疼 ꜃ɦo ɦia꜄
中间	大中 tai꜅ ꜀lɔuŋ	中央 ꜀tɒŋ ꜀ɔuŋ	꜀tiɔŋ ꜀ŋ	꜀taŋ ꜀ŋ	□央 ꜃lau ꜀o
(一)个(蛋)	粒 laʔ꜇	其꜁ke	粒 liap꜇	liap꜇	枚꜃mo

普通话	永安	沙县	建瓯	建阳	松溪
人	人꜁nã	꜁lɛiŋ	neiŋ꜄	꜁nɔiŋ	꜁neiŋ
他	渠꜀ŋy	꜀gy	ky꜇	꜀ky	kyo꜇
猪	狶꜂k‘yi	꜂k‘ye	꜂k‘y	꜂k‘y	꜂k‘y
泥土	泥꜁le	꜁le	nai꜄	꜁nai	꜁na
书信	信 sã꜄	sɛiŋ꜄	seiŋ꜄	sɔiŋ꜄	seiŋ꜄
缝(动)	连꜁lɛiŋ	꜁nĩ	luiŋ꜅	꜁lyeiŋ	꜁liŋ
铺(动)	铺꜀p‘u	꜀p‘u	꜀p‘y	꜀p‘o	꜀p‘u
(菜)嫩	嫩 luã꜄	nui꜄	nɔŋ꜅	nuŋ꜄	nueiŋ꜅

---

① 汕头话又说“阿郎꜀a ꜁nŋ”。

摘(果子)	讨ᶜt‘aɯ	ᶜt‘ɔ	ᶜt‘au	ᶜhau	ᶜt‘o
盖(被子)	遮꜀tsia	꜀tsia	꜀tsia	꜀tsia	꜀tsia
湿	湿 tʃ‘e꜄	tʃ‘iɛ꜄	ts‘iɛ꜄	ts‘ie꜄	ts‘iei꜄
(绑)紧	固 kuᵓ	紧ᶜkɔ̃	ᶜkeiŋ	ᶜkiŋ	ᶜkeiŋ
(粥)稠	浓꜁lɐm	꜁lœyŋ	nøyŋᵓ	꜁neiŋ	꜁nœyŋ
(粥)稀	增꜀tsã	꜀tsɛiŋ	꜀tsaiŋ	ᶜlɔiŋ	꜀tsaŋ
(肉)瘦	瘦 søᵓ	sauᵓ	seᵓ	səuᵓ	saᵓ
闭(眼)	睸 ŋi꜄	ts‘ɤ꜄	ts‘i꜄	ts‘i꜄	ts‘i꜄
眼泪	目汁 ᶜmu tsɿ꜄	ᶜbu tsɤ꜄	mu꜄ tsɛ꜄	mu꜄ le꜄	mu꜄ tsi꜄
东西	□ᶜxɒ	ᶜxa	物事 mi꜄ tiᵓ事 haiᵓ		物事 ma꜄ taiᵓ
女婿	婿郎 saᵓ꜁lam	saiᵓ꜁laŋ	sɔŋᵓ	꜁sɔŋ	꜁sɔŋ
坟墓	坟꜁xuã	꜁xuĩ	冢ᶜtœyŋ	ᶜteiŋ	ᶜtœyŋ
说话	话事 uɒᵓ ʃiaᵓ	uaᵓ saiᵓ	uaᵓ tiᵓ	uaᵓ tɔiᵓ	uaᵓ tɛiᵓ
厨房	鼎间 ᶜtiõ ꜀kĩ	ᶜtiã ꜀kɔ̃i	ᶜtiaŋ ꜀kaiŋ	ᶜtiaŋ꜀kaiŋ	ᶜtiaŋ ꜀kaŋ
(肚子)饿	腹饥 pu꜄꜀kye	饥꜀kye	꜀kuɛ	꜀ye	pu꜄꜀kyœ
种田	弄田 laŋᵓ꜁ts‘ĩ	lɔuŋᵓ ꜁ts‘ɔ̃i	打田 ᶜta ts‘aiŋᵓ	ᶜta ꜁t‘aiŋ	作田 tsɔ꜄꜁ts‘aŋ
可爱	得人惜 ta꜄꜁lãtʃ‘iɯ꜄	tɛ꜄꜁lɛiŋ tʃ‘iɔ꜄	好惜 ᶜxau ts‘iɔ꜄	ᶜxau ts‘iɔ꜄	ᶜxo ts‘yo꜄
中间	中央心 ꜀tɐm꜀m꜀sã	꜀ta ꜀i ꜀sɛiŋ	tɔŋᵓ꜀ɔŋ ꜀seiŋ	toŋᵓ꜀oŋ ꜀sɔiŋ	꜀taŋ꜀seiŋ
(一)个(蛋)	隻 tʃio꜄	tʃia꜄	tsia꜄	tsia꜄	tsia꜄

可见闽中、闽北的“你”和沿海闽语的“汝”有异，这不是偶然的个别现象，而是反映闽语东西分片的重要事实，福建闽语的东西之分大于南北之分，这是不容置疑的。

三

据杨伯峻、何乐士研究，古代汉语的第二人称代词，“甲骨文仅见‘女’、‘乃’二字。‘女’就是后来的‘汝’，多用在主位和宾位，用在领位的极少见。‘乃’则只用在领位，‘尔’、‘你’、‘而’，甲骨文不见，金文出现也较晚，只见于东周列国彝器中，而且常用于领位。”（杨伯峻、何乐士，1992）可见“女（汝）”的说法比“你”早，“乃、你”上古音都属支部，并且双声同调，“你”显然是从“乃”变来的。但是“女”的用法直到五代还很常见。据蒋冀骋、吴福祥（1997）《近代汉语纲要》所统计，五代文献中“你、尔、汝”的用例次数是：

	你	尔	汝
王梵志诗	47		4
六祖坛经	1		85
寒山子诗集	18	2	27
敦煌变文集	187	40	246
祖堂集	361	1	742

据此，该书推论说：“大致可以推测，‘你’在口语中取代‘汝’而作为第二人称代词的唯一形式，可能是北宋晚叶。在《王俊蒋岳侯状》里，‘你’出现17次，而不见‘汝’、‘尔’等第二人称代词。”（蒋冀骋、吴福祥，1997：379—380）

在现代方言里，用“女（汝）”表示“你”比较少见。据《汉语方言大词典》，（宫田一郎、许宝华主编，1999）除闽语之外，只见于山西的运城、解县一带的中原官话。运城用作夫妻间亲密的称呼，1919年出版的《解县志》也说：“夫妻称尔、汝，亲密之词也。”这种以“汝”为昵称的用法由来已久。《论语》中，孔夫子常称弟子为“汝”，而弟子则不称师长为“汝”。《世说新语・言语》注引《文士传》说，“（祢衡）少与孔融作尔汝之交，时衡未满二十，融已五十。”又，杜甫《醉时歌》有“忘形到尔汝，痛饮真吾师”句，其中的“汝”都属于昵称。(参阅杨伯峻、何乐士，1992)另据《河北方言词汇编》(李行健主编，1995)河北邯郸地区的广宗第二人称也说“汝”。

和解县的晋语、邯郸的官话不同，“汝”作为第二人称代词在闽语中是普遍的、常见的一般用法，这也是闽语保留着更多的上古汉语常用词的证明之一。

除了闽语之外，吴语的第二人称代词也可能是“汝”。据《江苏省志・方言志》(鲍明炜主编，1998)和《浙江吴语分区》(傅国通等，1985)，第二人称代词在苏州话说 nᴇ[31]，写为“倷”，嘉兴说 ne꜄，海盐说꜀ne，桐庐说 ne꜄，和第三人称的“渠”和远指代词的“许”的白读音 gᴇ、ge，hɛ、he 等韵母都很相近，而“渠”、“许”正是鱼韵字，吴语的第三人称代词的本字是“渠”而不是“伊”，远指代词 hᴇ(嗨)是“许”，已经有许多学者论证过了(游汝杰，1995)，其结论是可信的。即使是其他不读 nᴇ、ne 而读 ȵi 的吴方言，例如靖江、无锡、衢州以及江山、丽水、温州等，也并不是不可能来自鱼韵字的“汝”。试比较以下字音：

	靖江	无锡	衢州
汝	ȵi˧	ȵi˨˩˧	ʔȵi˥˧
去	tɕʻi˥˩	tɕʻi˧˦	kʻi˥˧
徐	ʑi˧˦	ʑi˨˩˧	zi˨˩˧

上文所述的厦门话也正是不把一些常用的鱼韵字读 ɯ、u，而变读为 i 的。看来，这种常用字的变读并非偶合，而是走的同样的路。

如果吴语的第二人称代词也可以肯定是“汝”，靖江等地的鱼韵常用字读为 i 韵也可肯定和厦门话“汝”读 i 是同类的变化，那么，吴语和闽语的早期亲缘关系又可以获得一个有力的证据。

由此可见，考求方言词的本字是透过方音和古音的对应关系

(包括常例对应和变例对应或特例对应)去认识方言词和古代语词的历史关系,为方言词的继承和演变作历史的定位。这是一项十分重要的基础工作,也是把方言语音和方言词汇联系起来相互论证的科学方法。弄清楚方言词的本字不但可以了解方言词的流变,也可以补充方言语音演变的例证。不仅如此,弄清楚方言词的本字还有助于我们去了解方言和不同时代古汉语的关系及方言间的亲疏远近的关系。换言之,只有考定了本字才能进行纵横两向的语音、词汇的比较研究。考本字是理解一个个方言语词的起码条件,也是对方言进行整体研究的必要基础。

有人说,记录方言词汇把音记准,把意义注解清楚就行了,若要用汉字书写方言词,应该"从俗从众",写不出字就"开个天窗"也很好,何必总想到古书上去找个生僻字来写?大家都不认识的字,写了也白写。这是不理解考本字的意义所造成的误解。记录方言词未必一定要考出本字,但是当语言和文字因为音义的变化而失去联系时,正如李荣先生所说的,考本字可以"帮助我们确定语言和文字的联系"。(李荣,1985)如果要拿方言和古汉语和普通话或其他方言作词汇比较,就更需要考本字了。考本字是为了研究方言而不是为了给方言词寻找汉字书写形式。

李荣先生创办《方言》杂志后,便身体力行、倡导两方面的研究,一是考本字,一是研究方言的变音和变调。20年来,许多学者循此开展了许多研究。正是李荣先生的示范和提倡,经过一番实践使我们体会到这是汉语方言研究的好方法。考本字把方言语音的研究和词汇的研究结合起来了,把方言研究和古汉语研究结合起来了,把单点方言的研究和多点方言的比较结合起来了。而属于"构造音位学"的变音和变调不但是方言音韵系统的组成部分,而且使我们了解了方言语音系统和词汇、语法系统相互联系、相互制约的原理。由于这两方面的研究,汉语方言的研究突破了"字音”的局限，结束了停留于记音、整理音系、排列语音对应字表的简单操作，获得了可喜的进展——从描写语言学推向比较语言学的重要进展。

李荣先生就是这样用自己的研究实践来启发后辈学者，倡导科学方法，从而推动学术研究的。他从来不喜欢发表宣言，发布指示，也不愿意空谈理论，构建“理论框架”，或者用一大堆新名词来做醒目的包装，但是，细心的学者都不难从他的研究中得到重要的启发。这真是“润物细无声”啊！

参考文献

陈章太、李如龙　1991　《闽语研究》，北京：语文出版社。

黄典诚、李如龙主编　1998　《福建省志·方言志》，北京：方志出版社。

温端政　1991　《苍南方言志》，北京：语文出版社。

杨伯峻、何乐士　1992　《古汉语语法及其发展》，北京：语文出版社。

蒋冀骋、吴福祥　1997　《近代汉语纲要》，长沙：湖南教育出版社。

宫田一郎、许宝华主编　1999　《汉语方言大词典》，北京：中华书局。

李行健主编　1995　《河北方言词汇编》，北京：商务印书馆。

鲍明炜主编　1998　《江苏省志·方言志》，南京：南京大学出版社。

傅国通等　1985　《浙江吴语分区》，杭州大学学报(增刊)。

游汝杰　1995　《吴语里的人称代词》，《吴语和闽语的比较研究》，上海：上海教育出版社。

李荣　1985　《语文论衡》，北京：商务印书馆。

[本文发表于《方言》2004 年第一期，后由人大复印资料当年第五期转载。]

闽语的"囝"及其语法化

一

汉语的名词后缀用得最广的是"子、头、儿"三种。

从历史演变上说，用作后缀是"子"尾最早。王力先生说："在上古时代'子'已经有了词尾化的迹象……在中古时期，名词词尾'子'字已经很发达了，并且它有构成新词的能力。"(王力，1980：223—226)太田辰夫也说："'子'在名词接尾词中是最早发展起来的……到唐代，'子'就成了几乎所有名词的接尾辞。"(太田辰夫，1987：84—85)"'头'尾的产生，应该是在六朝。"(王力，1980：229)"到了唐代就用得很多。"(太田辰夫，1987：87)至于"儿"尾的产生明显偏后，始于唐而盛于宋。

从现实分布上说，"儿、子、头"在官话区都有，"子"尾在官话方言之外也普遍都有。"头"在吴语用得较多。湘、赣、粤语的"崽、仔"应是"子"的白读音；吴语的 ŋ 尾应是"儿"的音变；赣语的"哩、嘚、仂"和客家的"呃、咧"可能都是子尾变来的。闽、粤方言里没有"儿"尾应该是可以肯定的。厦门话、福州话有"囝儿"的说法，意思是"儿女"，福州话有"儿囝"的说法，意思是"小孩儿"，都不是词尾；广州话有"乞儿"的说法，只是孤证，也不能算词尾。

"子、头、儿"用作后缀之后常常伴随着语音的弱变。儿尾在许多官话方言里合音儿化，在吴语方言是 ŋ 尾化。子尾、头尾除粤语之外大多读为轻声，子尾在晋语也有读为入声韵或其他“变韵”的。语音的弱变正是词尾化产生语法意义后的相应变化，也就是音变语法化。

除了“子、头、儿”，还有一些发生在个别方言区的一些名词后缀。例如吴方言的“佬”。常州：瓷佬、石头佬、红佬、清爽佬。湘方言有跟“儿”相组合的“伢”。澧县：牛伢儿、猪伢儿、秧伢儿、桶伢儿。湘方言的“公、婆”和客方言的“牯、嫲”都可以从动物推及人和物。例如，湘乡：鸡公、鸡婆、单身公、妖婆、烟筒公、偷油婆；大埔：鸡公、鸡嫲、贼牯、斋嫲、石头牯、笠嫲。这些后缀都不能大面积地类推，只能同一小部分名词相配；在同一方言区中也往往有不同表现，并且没有广泛而一致的用法。严格地说，只能算是“准后缀”。

在非官话中，真正在一个方言区普遍通行的，并且可以广泛类推的名词后缀，只有闽方言的“囝”。

二

各地闽方言都把儿子叫“囝”，其读音都符合《集韵》所注的“九件切”：福州 kiaŋ³，仙游 kyã³，建瓯 kyiŋ³，永安 kyɛiŋ³，厦门、潮州 kiã³，雷州、海口 kia³，苍南 kə̃³。连曾经是闽语后来赣语化、吴语化的邵武话和浦城话也说“囝”，字音也符合对应。邵武话小称变为入声，“儿子”又加儿尾，说“囝儿”kin⁷ nə；浦城话 kiãi³。不但儿子称为“囝”，女儿也要加上“囝”。如，福州：诸娘囝，仙游：婶娘囝，厦门：查某囝（潮州 tsau³ kiã³ 是“查某囝”的合音，海口、雷州的“妰姤”并与此同源），建瓯、邵武：阿娘囝；永安：娘囝。男、女合称的“小孩子”也要带上“囝”。如，福州：儿囝（哥），厦门：囝囝 gin³ nã³，潮州：孥囝，建瓯、邵武：囝子（人），永安：囝子倍。“儿女”合称，如福州、厦门、潮州、雷州、海口：囝儿，建瓯、邵武：囝子，也都离不开

“囝”。“子”在上古时代兼表“女”，当时称男称女尚无严格区分，“子见南子”后一个“子”就是女性。闽语的“囝”也是兼用的。可见“囝”确是共同闽语的基本词、核心词、特征词，并且沿用了上古男、女不分的习惯。

据《六书略》所云，唐武后曾选了“囝”字，表示“月”，后来失传了。现在所见“囝”的记录始于唐代诗人顾况所作古诗《囝》，题下自注：“囝，哀闽也。”该诗云：“囝生闽方，闽吏得之，乃绝其阳……郎罢别囝，吾悔生汝，及汝既生，人劝不举。不从人言，果获是苦。囝别郎罢，心摧血下，隔地绝天，及至黄泉，不得在郎罢前。”顾况是中唐肃宗至德（公元756—757年）间浙江海盐的进士。当时闽语才刚形成，应该和吴语还有很多相同之处。然而“囝”却显然是闽语的特产，至今未发现现代吴语有“囝”的说法。苏州话小孩说“小干”[kø]，若说与“囝”同源，何以在与闽语关系更深的浙南吴语反倒没有反映？也许当时的吴语“儿”并不称“囝”，只是由于这说法奇特，才和“郎罢”一起引起喜用方言口语入诗的顾况的注意。顾况平生多在浙赣皖一带活动，曾经跟从入闽为官的雅士韩偓为幕僚，故于闽俗多所了解，才写下了哀闽的《囝》。

除了顾况之外，据《四部丛刊》语料库，“囝”入诗文的用例，在唐代仅张光弼诗集中2例，如：“南方风土要相宜，小盒槟榔好自随，蜑户负鱼朝入市，囝娘把烛夜题诗。”两宋共见19例。其中洪适1例，如：“郎罢携囝街西东，到处欢歌闻好语。”杨万里3例，如：“阿翁阿囝自相随，赏遍江淮春盛时。”“四囝三个攀桂枝，不应一个独见遗。”“阿宜阿囝续弓冶，芦溪书院声无价。”陆游1例，如：“阿囝略如郎罢意，稚孙能伴太翁嬉。”魏了翁2例，如：“囝思郎罢那得见，父曰子行胡不归。”“囝思郎罢久无炊，父曰子行胡不归。”刘克庄6例，如：“久留闽囝谁堪话，却忆番君可与言。”“晴雨幽人曾候鹳，水风闽囝亦占虹。”（闽谚有“虹出东主大水西主风灾”之说。）

"语迟来识罢并囝,性慧过如姊与兄。""囝罢相依萤雪边,安知今如叶□颠。"到了元代有黄溍(婺州义乌人)1例,如:"在室孙男二人,囝女二人。"清代有朱彝尊2例,如:"囝随郎罢载,行歌杂啰唝。""料得牵衣添阿囝,岂容郎罢赋林泉。"陈迦陵2例,如:"阿囝空呼郎罢。"查慎行1例,如:"不须阿囝呼郎罢,但是同舟便有情。"这些以"囝"入诗的诗人中,陆游是绍兴人,在福建多处当过多年的官;杨万里是江西人,在漳州和潮州当过官;刘克庄则是福建莆田人;魏了翁是四川人,但曾两度被贬主管武夷山冲佑观,并曾知福州,任福建安抚使。他们大多在闽地居留过,很容易听到"闽人呼儿曰囝"的。可见,古来"囝"的说法确实只见于闽语区。

一千多年了,"囝"还通行于各地闽语。"郎罢"则在福州及闽东地区普遍使用。只是用字或读音有些差别。福州、古田、闽清、周宁说"郎爸";罗源、宁德、福安、福鼎说"农罢";福清以及闽南漳属的长泰、南靖、平和说"娘爸"。(详见《福建省志·方言志》)这些说法本字应该都是"爸",只是读音有异。不过唐人的写法和现代福州人的写法却是一致的。

奇怪的是,"儿子"这么重要的核心词在闽语如此一致地说"囝",而且有难得的1200年来的诸多书证,然而在所有上古时代的文献中,为什么没有留下一点痕迹?难道真是闽地独创的核心词?

三

许多史实表明,唐以前南方的"百越"和现代说壮侗语的诸民族有渊源关系。罗杰瑞和梅祖麟曾做过论证,在南亚语系有不少与闽语的"囝"的音义相近的同源词,例如越南京语的 con,高棉语的 koun,孟语的 kon,卡西语的 k^hu:n,都是"孩子、儿女"的意思(Norman and Mei,1976)。"儿子"的说法在现代侗语说 la:k^{10}

paːn^{1}，毛南语说 laːk^{8} ^{m}baːn^{1}，黎语说 maːn^{1}；“孙子”侗语说 laːk^{10} k^{h}waːn^{1}，仫佬语说 laːk^{8} k^{h}ɣaːn^{1}，水语说 laːk^{8} haːn^{1}，毛南语说 laːk^{8} c^{h}aːn^{1}。laːk 可能是男性儿孙辈的词头，k^{h}waːn 和 paːn 或^{m}baːn 的合音会不会也和“囝”的音有类似之处？“囝”是《集韵》所收的闽语地区的方言字：“闽人呼儿曰囝，九件切。”古韵书所收的字未必都是汉语的语源。类似这种见诸古韵书而又可能是古代其他民族语言的“底层”，还可以举出一些例子。《玉篇》：“侬，吴人谓人侬，奴冬切。”见于今吴语和闽语。壮语称妻为 naŋ^{2}，儿媳为 naŋ^{2} baw^{4}，女婿为 laŋ^{2} gwi^{2}，naŋ 或 laŋ 可能与“侬”有语源关系。《尔雅》郭注：“水中浮萍，江东谓之薸。”“薸”的说法见于今闽语和客赣语，在侗台语也普遍音为 piːu^{2}、pieu^{2}、fiu^{2}。《方言》：“瞯，睇，陈楚之间、南楚之外曰睇。”《广韵》特计切，又土鸡切。今通行于潮州话及粤语。德宏傣语音 toi^{2}（看）也可能与“睇”有关。《集韵》母敢切：“䭕，吴人谓哺子曰䭕。”今闽南、客家及粤语逗婴儿喂饭就说 mam^{1}mam^{1}。水语和侗语也完全同音：mam^{1}mam^{1}。《集韵》楚庆切：“瀙，冷也，吴人谓之。”这说法见于今闽语及吴语。武鸣壮语天冷说 ɕeŋ^{4}，义同音相近。《集韵》锄庚切：“伧，吴人骂楚人曰伧。”今湘语仍说伧 soŋ^{2}，闽南亦有此说，音 sɔŋ^{2}，义为愚笨、土气。武鸣壮人自称 pou^{4} ɕuːŋ^{6}，可能与此有关。《方言》：“南楚凡相推搏曰拯或曰揔。”《集韵》呼骨切：“楚谓击为揔。”今闽南音 hut^{7}，客家音 fut^{7}。武鸣壮语 fat^{7}，水语 vat^{7} 或许相关。看来，对于一些上古时期并非通语的南方方言应该多从“底层”方面作一番考察。

四

在闽语之中，西部山区的“囝”只见于有限的“囝子、囝儿、娘囝、阿娘囝”等几个常用词，并未用作表小的后缀。原来在闽北和闽中,表小的名词后缀用的是"子"尾。建瓯"子"白读音 tsie³,带"子"尾的名词很多,例如:哥～、妹～、婶～、息～(曾孙)、橘～、剪～、褂～(背心)、麻～(芝麻)、鞭～(腐竹)、筛～、斑～(麻子)、蚁隻～(蚂蚁)、兄弟～、挑～(小锄)、豆腐～(豆腐脑)、擦～(橡皮擦)、杌～(凳子)、豆脯～(豆腐干)、铛铛～(小锣)、戳～(图案)、果～(糕点)、沿沿～(旁边儿)。还有几个表示时间短、数量少的数量结构之后也加"子",例如:一点～、一刻～、一喙～(一小口)。还有少数表小的名词,例如:老鼠～(小老鼠)。永安话的"子"尾读 tsã³。止韵读为 ã 的只有"子"和"滓"二字("耳"也读 lã³,但那是从"而拯切"对应来的,永安话拯韵字读 ã 或 iã),海韵"宰"音 tsã³,同《集韵》子亥切的"崽",应是和湘语粤语一样的"子"的白读音,变读为鼻化韵未知何因。永安话带 tsã³ 尾的名词,如:袋～、爪～(鸟)、孙～、舅～、李～、橘～、果～、贩～、骗～、短命～、狮～、驼～、瞎～、聋～、哑～;也有不少已用作表小的名词带后缀性质的说法,如:羊～(羊羔)、狗～(小狗儿)、豨～(猪苗)、牛～(牛犊)、米～(碎米)。有时带不带"囝"和"子"词义有别。例如:丈夫/丈夫囝(男青年)/丈夫子(小男孩),唵娘(妻子)/娘囝(大姑娘)/娘子(小女孩),唵舅(舅父)/舅子(妻舅)。至于邵武话,子尾已经读为轻声 tsə⁰,常用来表示细小的名物,如:沙～、热秋～(痱子)、刀～(小刀儿)、猪～(小猪儿)、狗～(小狗儿)、羊～(小羊儿)、老鼠～(小老鼠)、索～(小绳子)、黑边～(傍晚)。更多的名词则带着"儿"尾,也读为轻声 ə⁰。例如:星～、茄～、槛～(窗户)、剪～(剪子)、笠～(斗笠)、蚊～(蚊子)、萤萤～(萤火虫)、弟～、妹～、妗～、柑～、麻～(芝麻)、道～(道士)、公～(外公)、弄～(胡同儿)、瓯～(小杯子)、本～、饺～、豆～、栗～、虫～、鱼～、粽～、饼～、梳～、钉～、钻～、裙～、票～、火钳～。可以说,除了"囝儿(儿子)"和"囝子(小孩儿)"之外,闽地特有的"囝"味在邵武已经完全消失了,这也是邵武话“闽语赣化”的重要证据。西部闽语不用“囝”作后缀，则是闽语东西两片的根本差异的表现。

五

在沿海闽语，普遍都用“囝”作名词后缀，但各小区用得多或少，用来表示什么意义，各种用法和读音，却是各不相同的。以下按区作个大略介绍。

潮州、雷州和海南闽语在“囝”尾上的表现是同样的类型。从语音说，“囝”尾的读音与单用作名词时一样，潮州音 kiã^{3}，雷州、海口音 kia^{3}。在潮州，与某些调类连读时会按一般规律读为变调（如“囝”尾的前音节为上声时，囝的原调 53 变为 31）。在雷州和海口，一概读为原调。从所表达的意义说，有好几种用法也很一致。第一，用在名词（单音为多）之后表示较小的人或事或物。例如“后生囝（小伙子）、新妇囝（童养媳）、舅囝（小舅子）、骹肚囝（腿肚子）、雨囝（小雨）、竹囝（小竹子）、树囝（小树）、床囝（小桌子，潮州、雷州）、路囝（小路）、牛囝（小牛儿）、鸡囝（小鸡儿）、空囝（小孔）”。第二，表示某种亲昵或憎恶的感情，例如“姊妹囝、孥囝（小孩儿）、贼囝、矮囝、青盲囝（瞎子）、戏囝（戏子）、短命囝”。第三，有些未必是体积小的物或年轻的人，有时也加上“囝”尾。这是进一步虚化，只起音节作用的后缀。例如“薰囝（烟卷儿，潮州说烟囝）、客囝（小贩）、车囝（车子）、凿囝（凿刀）、凳囝、日昼囝（或说午更囝：中午时分）、历囝（日历，雷州）、手囝（手指头，雷、琼说）、涂囝（泥浆，雷州）、布囝（一种劣质土布）”。第四，用在数量结构之后表示其数量少、时间短或体积小。例如“一歇囝（一会儿，有的说半歇囝）、一丛囝（一小棵）、一滴囝（一点儿）、两粒囝（三两粒儿）、三桶囝（不过三小桶）”。

福州话及大部分闽东方言用作单音名词“囝(儿子)”时读本音 kiaŋ^3,用作后缀时语音弱化,声母脱落并受前音节同化,但不变调。例如,福州话逢前音节的元音韵尾时读 iaŋ^3,如:茶囝(中药汤剂)、鞋囝、椅囝、猫囝;前音节为-ŋ 尾韵时读 ŋiaŋ^3,如:孙囝(孙子、侄儿)、番钱囝(小硬币)、盘盘囝、羊囝、和尚囝(小和尚)。一些体积小的名词可用重叠式,为了强调其小,也可以在重叠式后再加“囝”尾。例如:杯杯囝(小杯子)、袋袋囝(小袋子)、簿簿囝(小本子)、桶桶囝(小桶)、瓶瓶囝(小瓶子)。叠音名词再加“囝”尾的意义一般说来并没有重大差异,只有少数叠音名词和加“囝”尾的词的意义有明显不同。例如“耳耳(器物上提把)—耳囝(耳朵),尾尾(尾巴)—尾尾囝(最末一个)”。有时,极言其小还可以连用两个“囝”尾。例如:椅囝囝、猫囝囝、鸡囝囝、儿囝囝(幼童)。这是其他闽语中未见过的特点。和上述其他闽语一样,闽东的“囝”尾还可以用来表示喜爱或憎恶的感情。例如:姐妹囝、妹妹囝(小姑娘)、命囝(小命儿)、乖囝(好孩子)、英囝(英儿,呼人名),鬼囝(鬼子)、败囝(败家子)、番囝(洋鬼子)、野囝(二流子)。由于用作单音名词和用作后缀读音不同,造成了一些不同意义的同形词。例如:乞食囝(乞丐的儿子/小乞丐)、尾囝(最小的儿子/末尾)。还有一些词加上“囝”尾后词汇意义发生变化。例如:豆腐—豆腐囝(豆腐脑儿)、新妇—新妇囝(童养媳)、客遛(玩儿)—客遛囝(二流子)、后生(年轻)—后生囝(年轻小伙子)。

“囝”用作后缀最为典型、语法化更彻底的是在闽南方言区。

“囝”在厦门话里有四种读音:说 kiã^3 义为儿子;说 kan^3 义为婢女(查某～,俗写作“嫺”,本字也是“囝”,泉州话 kan^3 na^3 正是

"小孩儿",同音义。可证);说 a³ 用作后缀;说 kin³ 或 gin³ 专用于"囝囝"(儿子,小孩,后音为 a³)。在闽南话,名词"囝"和后缀"囝"的读音发生了进一步的变化。但限于闽南本土。

	厦门	台北	泉州	惠安	浙南(平阳,雷渎)	苍南(灵溪)	尤溪
囝儿子	kiã³	kiã³	kã³	kã³	kiã³	kə̃³	ŋ³
囝后缀	a³	a³	ã³	kə̃³	kiã³	kə̃³	ŋ³

至于用作后缀的"囝",在闽南话也用得比其他闽语更加广泛。不但构成的词语多,构成语根的词性和结构也更为多样。以下以厦门话为例略举数端:

1. 表示体积小,数量少,情状微弱的,语根可以有各种结构。如"风~(微风)、雨~(小雨)、碗~、鼓椅~(小圆凳)、交椅~(小靠背椅)、十板~(螺丝刀,外来词)、细汉~(小时候)、柴枝~(小树杈)、四两~、淡薄~(有点儿)、小可~(稍微)、尺半~阔=尺半阔~(就一尺多宽)、三两滴~(一两点而已)"。

2. 表示时间不久长,处所不遥远,语根为时间词或方位词。如"昨日~、前几年~、顶日~(前几天)、头先~(前刻)、无一步~(不一会儿);即位~(这边儿)、溪边~(河旁)、后面~、厝边骹兜~(房前屋后)、三两铺~(二三十里而已)"。若是久远的时间或遥远的距离则不能加"囝"(如:五百年前,一万公里以外)。

3. 表示轻微、缓慢的动作和情状,语根可以是形容词、动词和其他谓词。如"轻轻~坐落去,细腻(小心)~做,慢慢~行,缓[un⁶]缓~来,小心~停咧,点心~则去(吃点点心再走),歇一睏~恰朆喘(歇会儿才不会喘气),七桃~就好(稍微玩玩就好),宽宽~则办(慢条斯理去办)"。

4. 表示喜爱或憎恶的感情,也有各种不同的语根和词序。如"夏扇~(扇子),饮糜~,菜头~(粥和萝卜干都是闽南人喜爱的早点），目珠～（金金）：眼睛亮亮的，四角～（方方的），鼓～面～（小圆脸儿），姊妹～，爸～囝（前音 a^{3}，后音 kiã^{3}：父子俩），翁～某～＝翁～某（夫妻俩），四叔～（昵称），鸡～囝（小鸡儿：极言其小和可爱），短命～（詈语），和尚～，师公～（对和尚和道士的贬称），拍铁～，鼠贼～（小偷），剪绺～（扒手）”。

5. 有些单音名词加“囝”尾后与本义不同，有些语根并不单用，加“囝”后则成词，并可与其他语素连用构成词组。例如“糖—糖～（糖果）、侬（人）—侬～（小人儿）—侬～标（画有美女的广告画）、笔—笔～（笔～尖尖：笔头流利）、粒（粒儿）—粒～（疖子）、錶～（手表）—錶～店、䘨～（背心）—羊毛䘨～、相思～（相思树）、lut^{7}～（lut^{7}：诈骗）—lut7～谱（骗子的手段）、骹（脚）—骹～（狗腿子）、竹～枝（腐竹）、贼～目（贼眼）、李～贵（对李贵的贬称）、港～后（厦门市区地名）”。

6. 带“囝”尾的名词之后还可带上另一个也带后缀性质并表示细小意思的语素，以极言其小或带有某种感情色彩。例如“囝囝婴[gin^{3} na^{3} ẽ^{1}]（婴儿，常见于厦门、台湾），囝囝痞[kan^{3} nã^{3} p^{h}i^{3}]（小家伙，有贬义，常见于泉州一带），囝囝屎[kan^{3} kiã^{3} sai^{3}]（小家伙，有可厌义，常见于永春一带），囝囝𡚸[kin^{3} kə̃^{3} niũ^{1}]（小孩儿，常见于浙南一带，潮汕一带也用，音[niuʔ^{7}]），孥囝鬼[nuo^{2} kiã^{3} kui^{3}]（小鬼头，常见于潮汕一带），𡚸囝屎[niau^{7} kia^{3} tai^{3}]（小家伙，有贬义，常见于海南）”。

曾有人提出，厦门话的用作呼叫语的人名之后读为轻声的 a^{0} 以及重叠动词之间的 a^{3}（看 a^{3} 看，坐 a^{3} 坐）也是“囝”的弱化音。杨秀芳已指出“[a^{0}]与囝是不同的词尾，语法功能不同，变调行为也不同”。（杨秀芳，1991：167）用比较的方法也可证明这个 a^{0} 是“啊”而不是“囝”，因为在泉州音不说 ã^{0}，在闽东不说 iãŋ^{0}，在其他闽语不说 kiã^{3}、kã^{3}。前文所列的“囝”尾始终没有读为轻声的。“看

a^3看，坐a^3坐”是看了又看，坐了又坐，语义正好和“细小、轻微、短暂”义相反，在泉州音也不是鼻化韵的ã，这应该是厦门话从“看了看，坐了坐”的“了”弱化而来的。与从“囝”弱化而来的a^3同音而异义。但可以作为一种证明：厦门话的“囝”尾不但虚化得彻底而且作为助词的语音弱化也更彻底，以至于名词的囝尾和动词的“了”尾在语音上都混同了。

七

以下说几点结论和一些相关的思考。

1.汉语广泛使用的名词后缀应该说有“子、头、儿、囝”四个。它们都是从有关“人子”和“人体”的名词虚化而来的。其出现时代大体上是按上文排列的顺序为先后的。就其在现代汉语的分布说，“子”最普遍，南方为多；“头”用得较少；“儿”主要通行于官话方言区；“囝”则为闽语区专有。在闽语区，除了“囝”，有的方言还用“头”作后缀，但一定没有“儿”尾。在名词后缀上，闽语区也显示了突出的方言特征。在以“囝”为后缀的闽语中，福建本土的片点伴随着语音的弱化（主要是脱落声母），因而民间常写为“仔”尾。在浙南、粤东、雷州、琼州这些“外围”闽语，单音名词的“囝”和用作后缀是同音的。这些情况正可以用来说明闽地的“囝”尾读音是如何变化的。在福建中西部山区的闽语，由于受客赣系方言的影响，“囝”只用作名词而未演化成后缀。那里的闽北、闽中方言名词后缀说“子”的多，到了邻近江西的赣化闽语——邵武话，则用“儿”尾更多。这又是沿海闽语和内陆闽语相对立、相区别的一个重要表现。可见，研究这些名词后缀对于理解和认识闽语的内外关系——外部的与官话及其他东南方言的关系，以及内部的各区闽方言之间的关系——都有重要的意义。

2.这些名词后缀的主要功能是“表小指爱”。为什么选用“子、头、儿、囝”这几个名词语素来充当呢？在早期的人类社会里，用血缘联结的家庭关系中，“亲子”总是幼小而可爱的，“头”对人体来说也是小的，见于一端的，用这些重要基本词汇的意义延伸来“表小指爱”，这是人类语言“就近取譬”(隐喻)来表示语义的一个典型而生动的例证。

语法化是意义的抽象化，这些名词后缀从“表小指爱”开始，不断地推动着语义的延伸：从体积细小(小椅子、小鱼儿、小石头)类推到年岁幼小(小孩儿、小妹囝、小孙子)，再到数量微小(一点儿、淡薄囝、一滴子)，再到时间短促(一时半会儿、两三日囝、三天两头)，再到距离贴近(这边儿、里头、边囝、边头)，再到状态轻微(风儿、雨囝)。从词类说，从名词后缀开始(石子、花儿、木头、猪囝)，延伸到数量词(两斤子、半尺囝)、指代词(这儿、啥子、几家头)，乃至形容词(好好儿、慢慢子、轻轻囝)、动词(没看头、骗子、钳囝、耳聋子)。从喜爱意(哥儿们、靓仔、帅哥儿)也可向反面引申(短命子、和尚囝、小鬼头)。这其中语法意义的扩展和词汇意义的推进是相互促进、同步发展的。由此可见，汉语的语法意义和词汇意义是很难截然分开的。应该把这两个方面的研究结合起来考虑。

3.汉语的语法化往往是经过“词汇扩散”的过程逐渐形成的。就这些常见的名词后缀说，几乎没有一个是可以按照某种规律周遍类推的，而是常常表现出局限性。这一方面是因为词汇意义与语法意义相抵触。例如“子、头、儿、囝”等既是表小的，“天、地、江、海、龙、虎、象、鳄”等庞然大物便挨不上边。某些表示“整体”性“集体”性或抽象性的事物的名词也与之无缘。例如“祖宗、亲戚、五谷、花草、树木、畜生、班级、队伍、血脉、感情、饭菜、桌椅、家私、寺庙”等。各地方言中，重叠的单音形容词能够加“儿、子、囝”的后缀的都只是少数几个，如：好好儿、慢慢子、轻轻囝。官话里也许还可以说“快快儿走”，怕是不可说“热热儿吃”。这说明汉语的语法现象和印欧语有很大不同。前者是意会的，逐个或一定批量地感受认知的；后者是格式化的，如性、数、格在许多西方语言中是大部分都是规定好了的。这又一次说明了汉语的语法意义的研究不能离开词汇意义的理解。

4. 如果说语义的语法化是内容，语音的弱化、黏着化便是经常相伴随着的形式。几个名词的后缀中，“儿”在许多方言里从本音变读为“轻声”，有的又合韵变读为“儿化”，或发生变韵、变调而被称为“小称变音”；“子”尾也往往从本音变读为“轻声”，有的再变读为“子变韵”。“囝”尾也有许多相应的语音弱化变音。这也是汉语语音史和语法史上的一条经常连带表现出来的规律。不过，不同的方法在体现这一规律时差别不小。有的只有语法化而没有音变，有的同一方言中，这一片变音，那一片不变音。这是因为语法化在汉语中是后起的现象（宋、元以来才有明显的表现），而音变是更为后起的伴随现象（可能是明清以来才定型的）。从总体上看，北方官话的语法化和连音变读都比南方方言发展得充分些。这种不平衡也正是汉语方言发展中的不同状态，并构成了汉语方言之间的不同特征。闽方言的“囝”尾在不同的小片方言里，词尾化和变音化都有不同的表现，也说明了这一点。

5. 语法化是汉语语法史和词汇史上的重要研究课题。研究这种课题也必须拿古今汉语和南北方言作纵横两向的比较。只有这样才能帮助我们不至于局限于某一地区或个别方言的现象，不至于局限于对某个断代的语言事实的了解，才能对汉语进行整体的规律性的考察。汉语史和方言学相结合的比较研究也应该是研究语法化的基本方法。

参考文献

王力　1980　《汉语史稿》,北京:中华书局。

太田辰夫　1987　《中国语历史文法》,北京:北京大学出版社。

黄典诚、李如龙主编　1998　《福建省志·方言志》,北京:方志出版社。

黄伯荣主编　1996　《汉语方言语法类编》,青岛:青岛出版社。

北大中文系　1995　《汉语方言词汇》,北京:语文出版社。

李荣主编　1998　《建瓯方言词典》,南京:江苏教育出版社。

李荣主编　1998　《雷州方言词典》,南京:江苏教育出版社。

李荣主编　1996　《海口方言词典》,南京:江苏教育出版社。

杨秀芳　1991　《台湾闽南语语法稿》,台北:大安出版社。

温端政　1991　《苍南方言志》,北京:语文出版社。

蔡俊明　1991　《潮州方言词汇》,香港中文大学中国文化研究所。

陈泽平　1998　《福州方言研究》,福州:福建人民出版社。

林寒生　2002　《闽东方言词汇语法研究》,昆明:云南大学出版社。

钱奠香　2002　《海南屯昌闽语语法研究》,昆明:云南大学出版社。

Norman and mei (罗杰瑞、梅祖麟) 1976 Austroasiatics in Ancient South China: some Lexical Evidence , Monumenta serica 32. 274—301

[本文曾发表于《南开语言学刊》2005 年第 1 期。]

闽南方言的“相”和“断”

一

1.1 闽南方言表示“互相”的副词有“相”和“断”两种说法。在厦门话,“相”读音为[sio^{44}],“断”读音[sã^{44}],两种说法经常可以互相替换。例如:

相八 sio$^{44-22}$ pat$^{32}_{\text{相识}}$　相刣 sio$^{44-22}$ t‘ai$^{24}_{\text{互相残杀}}$　相拍 sio$^{44-22}$ p‘aʔ$^{32}_{\text{打架}}$

相输 sio$^{44-22}$ su$^{44}_{\text{打赌}}$　相招 sio$^{44-22}$ tsio$^{44}_{\text{相邀}}$　相笑 sio$^{44-22}$ ts‘io$^{21}_{\text{相讥}}$

相倚 sio$^{44-22}$ ua$^{53}_{\text{相依}}$　相斟 sio$^{44-22}$ tsim$^{44}_{\text{亲嘴}}$　相拄 sio$^{44-22}$ tu$^{53}_{\text{相遇,找零钱}}$

相亲像 sio$^{44-22}$ tsim$^{44-22}$ ts‘iõ$^{22}_{\text{相像}}$　相知影 sio$^{44-22}$ tsai$^{44-22}$ iã$^{53}_{\text{相知}}$

相尊存 sio$^{44-22}$ tsun$^{44-22}$ ts‘un$^{24}_{\text{互相尊重}}$　相牵成 sio$^{44-22}$ k‘an$^{44-22}$ siŋ$^{24}_{\text{互相提携}}$

以上双音节词、三音节词中的[sio$^{44-22}$]都可以换说成[sã$^{44-22}$],意义并不发生变化,大家也都认为说的是厦门话。就具体的个人来说,有的习惯于说[sã$^{44-22}$],有的则习惯于说[sio$^{44-22}$],详细的分布状况和原因还有待于进一步调查。

1.2 闽南话的“相(断)”有时并不表示“互相”之义,而是单方面的行为或态度。例如:

薰支蜀丛来相请 hun$^{44-22}$ ki^{44} tsit$^{4-21}$ tsaŋ^{24} lai^{24} sio(sã$^{44-22}$)ts‘iã$^{53}_{\text{给我一支烟}}$。

唔通相骗 m$^{24-11}$ t‘aŋ^{44} sio(sã$^{44-22}$)p‘ian$^{21}_{\text{别骗我}}$。

我来共汝相辞 gua^{53} lai$^{24-11}$ kaŋ^{22} li^{53} sio(sã$^{44-22}$)si$^{24}_{\text{我来向你告辞}}$。

汝着相教示 li^{53} t‘io · sio(sã$^{44-22}$)ka$^{21-53}$ si$^{22}_{\text{请你赐教}}$。

两圆付汝相添 lŋ^{22} l^{24} hɔ^{22} li^{53} sio(sã$^{44-22}$)t‘ĩ$^{24}_{\text{几个钱给你凑个数}}$。

二

2.1 “相”[sio^{44}]和“厮”[sã^{44}]的不同说法反映了闽南话南北两片的差异。“相”通行于南片，包括漳州市所辖地区，龙岩、漳平二市县和广东的潮汕地区。“厮”通行于北片：泉州市所辖地区。厦门和台湾省各地则兼有“相、厮”两种说法，这显然是因为那里的人大多是明清以来从泉州、漳州两府移居的。

各地“相、厮”的读音还有一些小差异：

相　꜀sio 见于福建省厦门、漳州两市所辖地区，漳平以及台湾省各地。

꜀siõ 见于福建省龙岩市。

꜀sie 见于广东省潮州、汕头一带。

厮　꜀sã 见于福建省厦门市、泉州市及同安、安溪、永春、德化等县，也通行于台湾省各地。

꜀sa 见于福建省泉州市及晋江、南安、惠安等县。

泉州市区的“厮”有[꜀sã ꜀sa]两读，因人而异，但并不是自由变读。据初步了解，既非城南城北之别，也不是老中青的变异。泉州是古来的府城，许多人祖上是从郊县迁来的，不同的人读音不同可能与祖籍及交际范围有关。

2.2 “相(厮)”和后面的动词、形容词的组合关系在泉州地区和漳州地区方言多数是相同的，有些组合关系不尽相同。例如：

泉州地区	漳州地区
厮共 sa^{33} kaŋ^{31} 帮忙	相共 sio$^{44-22}$ kaŋ^{22} 相同
厮同 sa^{33} taŋ^{24} 相同	相相同(合音)sio$^{44-22}$ siaŋ^{24} 相同
厮使 sa^{33} sai^{55} 性交	相奸 sio$^{44-22}$ kaŋ^{11} 性交
厮□sa^{33} keʔ^{23} 顶撞	相对桀 sio$^{44-22}$ tui$^{11-53}$ k‘iat^{55} 顶撞
厮放半 sa^{33} paŋ$^{31-55}$ puã^{31} 相帮	相放伴 sio$^{44-22}$ paŋ$^{11-53}$ p‘uã^{22} 相帮

断执 sa^{33} tsip$^{55}_{\text{相逐}}$	走相掠 tsau$^{53-44}$ sio$^{44-22}$ liaʔ$^{55}_{\text{相逐}}$
断赞□sa^{33} tsan$^{31-55}$ tsaʔ$^{55}_{\text{相助}}$	相帮赠 sio$^{44-22}$ paŋ$^{44-22}$ tsan$^{22}_{\text{相助}}$
断怪舍 sa^{33} kue$^{31-55}$ sia$^{31}_{\text{相责怪}}$	相怪数 sio$^{44-22}$ kue$^{11-53}$ siau$^{11}_{\text{相责怪}}$

2.3 1899 年，C. Douglas 所编《厦门方言辞典》已经注意到[sa]多见于厦门、泉州以及台湾境内各地，[sio]多见于漳州（见该书 438 页）。但这种说法不够准确。实际上漳州地区说“相”，泉州地区说“断”，各自并不混用。漳州人能听懂[꜀sa]，但认为是泉州腔，泉州人也能听懂[꜀sio]，也认为是漳州腔。至于厦门和台湾则是二者混用的。两地混用的情形在一些辞典里有所反映，例如：①C. Douglas 1899《厦门方言辞典》；②厦门大学 1982《普通话闽南方言对照词典》；③蔡培火 1969《闽南语国语对照常用辞典》；④村上嘉英 1982《现代闽南语辞典》等四部词典所收条目统计：（音标后面数码表示所收条目数）

	断	断～相	相
厦门话①	꜀sã (10)	꜀sã～ sio (2)	꜀sio (3)
②	꜀sã (11)	꜀sã～ sio (2)	꜀sio (6)
台湾话③	꜀sã (84)	꜀sã～ sio (4)	꜀sio (1)
④	꜀sã (6)	꜀sã～ sio (11)	꜀sio (7)

从现有书面资料看，厦门和台湾“断”都比“相”更加常用。

三

3.1 关于[꜀sã]和[꜀sio]的本字，《普通话闽南方言对照词典》认为[꜀sã]是“参”的白读，[꜀sio]是“肖”的白读，其余三部辞典都认为[꜀sã]、[꜀sio]是“相”的两种白读。这些说法都值得商榷。

3.2 漳州地区的[꜀sio]应是“相”的白读音。漳州音“相”文读[꜀siaŋ]，宕摄开口三等字异读的对应关系一般是文读 iaŋ，白读 iɔ̃，这是漳州音、龙岩音相同的规律。但漳州话里有少数字白读脱落鼻化，[-iɔ̃]读为[-io]，这一特殊对应有两个字可作旁证：

长　文读[꜁tiaŋ]　白读[꜁tio]～泰，县名

唱　文读[tsʻiaŋ꜄]　白读[tsʻio꜄]～歌

“消”是效摄三等去声字，效摄三等字有[iau-io]的文白对应，漳属云霄县的“霄”就读[꜀sio]。但肖，《广韵》私妙切：“似也，小也，法也，像也。”并无互相之义；《集韵》除去声外另有思邀切，注曰：“衰微也，《史记》‘申吕肖矣’，徐广说。”字义与互相亦无关系。可见，说[꜀sio]是“肖”的白读是不确的。

3.3 泉州片的[꜀sa～꜀sã]不可能是“相”的白读音。宕摄字完全没有[a、ã]的白读。《普通话闽南方言对照词典》认为是“参”的白读也是不妥的。闽南方言口语常用的“参”字，通常有两个来源：覃韵字“参”，～加，仓含切，厦门、泉州都读[꜀tsʻam]，侵韵字“参”，洋～，所今切，厦门读[꜀sɔŋ]，泉州读[꜀səm]。“参”字厦门、泉州两地都没有[a、ã]的读法。就字义说，“参”和“相”也难以相通。

[꜀sa、꜀sã]应是“厮”的白读音。“厮”属支韵，支韵字在泉州音不少白读为[a、ia、ua]，例如：

[a]　奇꜀kʻa^{33}～数 | 骑꜁kʻa^{33} | 徛꜃kʻa^{22}站立 | 崎꜂ka^{22}陡坡

寄 ka^{31} | ꜀渏 kʻa^{33}箱和桶的量词，如：一～箱、一～桶

[ia]　蚁꜂hia^{22} | 桸꜀hia^{33}勺，如蜓～：葫芦瓢

[ua]　施꜀sua^{33}拍～：撒落 | 纸꜂tsua^{55} | 徙꜂sua^{55}移动 | 倚꜂ua^{55}依靠

有些口音韵的字，泉州音和厦门音读为鼻化韵，泉州音见于 a ia ua 等韵，厦门音还见于别的韵。例如：

	泉州音	厦门音		泉州音	厦门音
他	꜀tʻa^{33}～꜀tʻã^{33}	꜀tʻa^{44}～꜀tʻã^{44}	怕	pʻã꜄^{31}	pʻã꜄^{21}
酵	kã^{31}	k ã^{21}	艾	hiã꜅^{31}	hiã꜅^{22}
且	꜂tsʻiã^{55}	꜂tsʻiã^{53}	寡	꜂kua^{55}～꜂kʻua^{55}	꜂kuã^{53}～꜂kʻuã^{53}
否	꜂pʻai^{55}	꜂pʻai^{53}～꜂pʻai^{53}	鼻	pʻĩ꜄^{31}	pʻĩ꜅^{22}
异	i꜄^{31}	i꜅^{22}～ĩ꜅^{22}			

可以假设，泉州片的[꜀sã]是从[꜀sa]变来，[꜀sa]是支韵字“厮”的白读音。

3.4 “厮”是[꜀sa ꜀sã]的本字，还可以莆田方言作为得力的旁证。莆田话“厮”读[ɬo⁴⁴]和“斯”同音，意义用法和泉州话完全相同，只是有些词语的组合不同。例如：

厮忖 $ɬo^{53-13}$ $t'ia^{42}$ 相爱　　厮趆 $ɬo^{53-13}$ (t-)lue^{42} 相随

厮八 $ɬo^{53-13}$ (p-)$βɛʔ^{21}$ 相识　　厮倚 $ɬo^{53-13}$ $uɒ^{453}$ 相依

厮笑 $ɬo^{53-13}$ $ts'iɐu^{42}$ 相讥　　厮揽 $ɬo^{53-13}$ $laŋ^{453}$ 相搂抱

厮知定 $ɬo^{53-13}$ $tsai^{53-13}$ (t-)lia^{11} 相知　　厮挂累 $ɬo^{53-13}$ kua^{42} lui^{11} 相连累

厮勘看 $ɬo^{53-13}$ $k'an(-ŋ)^{42}$ (k'-)nua^{42} 相问候

厮亲像 $ɬo^{53-13}$ $ts'in(-ŋ)^{53-33}$ (ts'-)$niɐu^{11}$ 相似

拍厮告 $p'a^{21-55}$ (ɬ-)lo^{53-13} (k-)o^{42} 告状

莆田方言早期属于闽南方言，现在和闽南方言有较大的差别，这是后来才形成的。从广东省的潮汕平原、雷州半岛到海南省的闽南方言区，至今还流传着祖上来自莆田的传说和族谱记载。莆田话用“厮”表示“互相”，反映的是早期闽南话的特点。笔者认为泉州话的[꜀sa ꜀sã]本字是“厮”就是从莆田话得到启发和论证的。

3.5 闽南话的姊妹方言福州话有个说法也可作为“厮”的旁证。福州话常用俗语“无咧厮钩 mo^{52-31} $lɛ^{31}$ sa^{44} kau^{44}”表示没有牵连、无从稽考的意思。福州话支韵字白读多为[ie]，个别字读[ia]，读为[a]的仅“厮”一例。

四

4.1 唐以前，“厮”的意思是差役。《广韵》：“厮养也，役也，使也。”这就是后来“小厮”的用法。“厮”用作互相，多见于宋元白话。宋·欧阳修《渔家傲》有“莲子与人长厮类，无好意，年年苦在中心里”句。宋·庄季裕《鸡肋编》卷上云：“浙西谚曰‘苏杭两浙，春寒秋热，对面厮啜，背地厮说’，言其反复如此。”《朱文公集·答杨子直书》：“见自无事，不要似此寻事厮炒，使旁观指目。”上文所引“厮类、厮啜、厮说、厮炒”都表示互相。《水浒》中“厮杀、厮打、厮拼、厮扑、厮守、厮见”的说法随处可见，其中的“厮”也是互相的意思。

4.2 《董解元西厢记》明嘉靖本.中华书局1963年版中，“厮”常和“相”交互使用，“厮”见于唱词，查阅全书，作互相解的用法有二十多处。举例如下：

厮遮拦	不是～，解元听分辩。（卷一）
厮虎吓唬	俺也不是～，孩儿每早早地伏输。（卷二）
厮见	贼军～，道：“咱性命合休也！”（卷三）
厮称	沈郎腰道，与绛条儿～。（卷三）
厮啈哄骗	九百孩儿，休把人～，你甚胡来我怎信？（卷三）
厮系	俏一似风魔，眉头儿～着。（卷四）
厮觑	～者，神天报应无虚设。（卷四）
	～者，总无言，未饮心先醉。（卷六）
厮调戏	怎禁受红娘～。（卷四）
厮迤厮逗	多应是你～下的般言语。（卷四）|甚～，把人调弄。（卷五）
厮伴	共谁闲相守，与影儿～着。（卷五）
厮埋怨、厮奚落	休恁厮埋怨，休恁厮奚落！（卷五）
厮落	怕你个冤家是～。（卷六）
厮般	管有兀谁～着。（卷六）
乾厮啹白打趣	红娘莫恁把人～。（卷六）
厮瞒昧、厮咭啈	只管厮瞒昧，只管厮咭啈？（卷六）
厮憋赌气	几番待撇了不籍，思量来当甚～。（卷七）
厮欺谩	把人衰羸勾～，天须开眼！（卷七）
厮趋跄	掂详了这～，身分便活脱下钟馗一二三。（卷七）
厮合燥胡闹	把奴吃恁摧残，～，不出衙门寻个身亡。（卷八）

厮间谍	被旁人～。（卷八）
厮合造	休～，您两个死后不争，怎结末这秃屌？（卷八）
厮欺厮负	你甚倚强压弱，～，把官司诳謊，全无畏惧。（卷八）

[本文曾提交1989年8月夏威夷的第23届国际汉藏语学会，后刊于《方言》1989年第4期。]

说“八”

“八”是《说文》所立部首，其说解云：“八，别也，象分别相背之形。”清人王筠的《文字蒙求》把“八”归入“指事”，说是“字象分别相背之状”。八字两笔，撇捺异向，确是分别相背的形状，究竟这只是字形的说解，还是口语用词的词义训释呢？

后来，“八”假借为数词，大概因为和“八方”、“八卦”、“八仙”等相关联，它成了最常用的数词之一，久借不归，“八”的本义反倒少用了，从《玉篇》、《广韵》起，许多字书的注解都只说“数也”。查了几部近几年间重新编写的大型字典词典，只有《汉语大字典》把“分开”立为“八”字的第一个义项。《辞源》、《辞海》未立此义项，所收的百余词条中也没有这个义项的用例；《汉语大词典》收了“八”字头词目438条，只有“八八”一词有“谓二物分异或相背”的含义，但仍未立“分别、相背”的义项。如果说两千年来的典籍中“八”的这个初义的用例并不多见，这大概是可信的；但如果因此而取消这个义项，甚至怀疑许慎的说解，显然是不妥的。

语言的发展系乎时也系乎地。有些字的本义在后代的语词中少用或不用了，有的共同语不用而方言用，有的书面语不用而口语用，这都是常见的现象。关于“八”的本义，在现代的闽方言中还可以找到许多用例。“礼之失而求诸野”，这说明，方言调查可以补足书面语训诂的局限，为词汇史的研究提供更可靠、更重要的根据。

“八”在沿海的闽方言中普遍有两个共同的义项，一是用作动词，表示“认识、理解和知晓”；一是用作副词，表示“曾经”，有的地方还有表示“乖背”的用法。现举例如下。

福州话：

会八 ε^{52} paiʔ^{23}——𫧃八 mε^{52} paiʔ^{23}　知道某件事、认识某个人、理解某道理都可说“会八”，反之说“𫧃八”，当地人说普通话时都转说成“懂”和“不懂”。

八字 pεiʔ^{5} tsεi^{242}　识字，“𫧃八字，看告示。”这是讥讽不懂装懂、装腔作势的人的俗谚。

八传 pεi^{21}tuoŋ^{52}　知道（𫧃八传：不知道）

八事 pεiʔ^{5} tai^{242}　懂事（多指小孩）

八势 pεiʔ^{5} siε^{213}　识时务（也说“八势况”）

八板 pεi^{23} pεiŋ^{32}　守规矩

八正 εiʔ^{5} tsεiŋ^{213}　识相

八曾 pεiʔ^{21} tsεiŋ^{52}　曾经

八背 pεiʔ^{5} puoi^{242}　背时，倒霉（也单说“背”）

1870年出版的《Alphabetic Dictionary of the Foochow Dialect》大概是为了与数词相区别，把这些“八”写为“仈”。“仈”《戚林八音》未收，民间也未通行。

厦门话：

八 pat^{32}—伓八 m^{21} pai^{32}　“八”可单说，用作动词表示“认识，理解”，用作副词表示“曾经”。否定式说“伓八”。如说“八道理”（识理）、“伓八路”（不认得路）、“八侬伓八名”（认得人不知道名字）、“八契无田作”（识得田契却没有田地耕种，谚称徒有能力没有条件）“伊八去着我伓八去着”（他去过我没去过）。

八货 pat^{5} he^{21}　识货（又说“八物”pat^{5} mĩʔ^{5}）

八目 pat^{5} bak^{5}　有眼光，识别能力强

厮八 sã^{22} pat^{32}　相识（否定式为“伓相八”）

八字 pat^{5} li^{22}　识字（潮州还说“八字小墨”）

八厝栽 $pat^5 ts^{ʻ}u^{53} tsai^{44}$　认识老祖家，意为可以放心，日后有事尚可追究

未八未 $be^{21} pat^5 be^{22}$　未曾，相当于口语所说“早着呢!”（也说“未曾未”）

闽南话这个“八”，在教会罗马字字典中仍写为“八”，早期潮州话唱本写训读字“识”，《普通话闽南话对照词典》不知何故，作“认识”解写为“捌”，作“曾经”解写为“八”。

那么，究竟闽方言的这些说法，是不是源自“八”字呢，这还需要作一些音韵和训诂的论证。

“八”，中古音属山摄开口二等黠韵，上古音属质部（开口）入声，声母都是帮母。在福州话只有 $paiʔ^{23}$ 一读，不会有争议。在闽南话，用作数词读白读音，用作动词和副词读文读音：

	八（数词）	八（认识，曾经）
厦门	$pueʔ^{32}$	pat^{32}
漳州	$peʔ^{32}$	pak^{21}
潮州	$poiʔ^{21}$	pak^{21}

下列几个常用词都来自上古质部，在闽方言各点的读音都对应严整：

	八（数也）	节（过～）	劼（挤）	瞯（眨）
福州	$paiʔ^{23}$	$tsaiʔ^{23}$	$k^{ʻ}aiʔ^{23}$	$k^{ʻ}aiʔ^{23}$
厦门	$pueʔ^{32}$	$tsueʔ^{32}$	$k^{ʻ}ueʔ^{32}$	$k^{ʻ}ueʔ^{32}$
漳州	$peʔ^{32}$	$tseʔ^{32}$	$k^{ʻ}eʔ^{32}$	$k^{ʻ}eʔ^{32}$
潮州	$poiʔ^{21}$	$tsoiʔ^{21}$	$k^{ʻ}oiʔ^{21}$	$k^{ʻ}oi\ ʔ^{21}$

以上例词中，后两个需要考证。劼，闽方言意为用力挤，拥挤。《广韵》：“劼，格八切，用力，又固也。”瞯，《广韵》：“瞯，苦穴切，阕，终也。”音合，与闽方言“目闭”义相关。

上古质部入声多认为是 et 的音，eʔ、oiʔ、ueʔ 显然是从 et 蜕变

而来的，而 at、aiʔ，则与中古黠韵的拟音 æt 较为相近。“八”通假用作数词应是很早的事，甲骨文中“八”就是常见字，数词“八”保留较早读音在情理之事。用文白读来区别口语里不同用词的不同读音，这在闽南方言是十分常见的，仍以山摄入声字的异读为例（泉州音）：

末 buat^{24} ～尾（没落）　　buaʔ^{24} 芥末

血 hiat^{5}（产血，经血）　　huiʔ^{5}（一般的血）

夺 tuatʔ^{24}（掠得）　　təʔ^{24}（中药药性互相抵消）

节 tsiat^{5}（省略，略去）　　tsat^{5}（一节，节制）tsueʔ（过～）

缺 kʻuat^{5}（缺席）　kʻəʔ^{5}（短缺，欠缺）　kʻiʔ^{5}（器破）

绝 tsuat^{24}（断绝）　tsəʔ^{24}（绝种）　tsueʔ^{24}（切断）

在词义方面，我们可以联系《说文》八部的其他字义的说解来考察，因为同部首的字在意义上常是相关的。

“八，别也，象分别相背之形。”

“分，别也，从八从刀，刀以分别物也。”

“八、分”都是分别之义，在闽方言，把东西分开、分拨、分赠说“分”（福州 puoŋ^{44}，厦门 pun^{44}，潮州 puŋ^{33}，都仍读重唇音）；把事理区别开来，能识别、晓识说“八”，一虚一实，这是一对同义词的合乎逻辑的分化。

《说文》八部还有以下一组近义字：

“曾，词之舒也，从八从曰四囧声。”

“尚，曾也，庶几也。”

“詹，多言也，从言从八从产。”

其中关于“曾”的训释不确，近人杨树达、于省吾都曾指出过（参阅《汉语大字典》“曾”字条）。“曾”有增加之义、曾经之义，这是十分明确的。《广雅・释诂》：“尚，加也”可作“尚，曾也”、“詹，多言也”的旁证，说明从“八”还有“增多”之义。能识别就是增多了理解，这就是“别也”和“加也”的语义联系。尚、尝音近，“尝”不就是“曾经”的意思吗？福州话的“八曾”就体现了“分别”和“曾经”的引申联系。

《说文》八部还有两例说明了“八”有“相背”之义，这就是“公”和“必”。

“公，平分也，从八从厶，八犹背也，韩非曰：‘背私为公’。”

“必，分极也，从八弋，弋亦声。”

“八犹背也。”背由北得声，北、八双声，并且都是“象相背之形”，有相背离之义。福州话“八背”表示“背时、倒霉”之义，也是“八”有背义的绝好证明。“必”的说法也见于闽方言，福州音 pɛiʔ²³，厦门音 pit³²，不论是皮肤皲裂、竹管开裂或土地龟裂，都可说“必”。“分极”也就是分开的两极，裂成两边的意思。

可见“八”的“识别、知晓、曾经、乖背”之义在语义上也是可以沟通的。

《说文》八部竟有这么多字的音义在闽方言都可找到口语用词的例证，这说明《说文》的说解应是有当时实际口语的依据的，我们不能任意加以怀疑和否定。同时，这也说明了闽方言的许多口语用词的渊源可以追溯到东汉时期的通语。“八”的这些义项在闽方言如此一致，如此常用，而在其他方言和历来的典籍中又是如此少见，这就足见闽方言对于研究早期汉语是何等的重要了。

附记：这几年，“八”成了吉利字眼流行开来了，据说是“八”和“发”语音相近，有人还拿 888 之类号码拍卖，此风大有越五岭、渡长江、过黄河之势，连经常在埋怨“八背”，谓“不伦不类”为“有七无八”的福州人也在希望“八”会给他们带来“发”，说来真有点滑稽。

［本文曾刊于《中国语文》1996 年第 3 期。］

关于东南方言的“底层”研究

李方桂多次提出，“汉语与别的汉藏语系语言的比较研究”是“发展汉语上古音的一条大路”。周法高先生说得更具体：“就汉语而研究汉语总不容易跳出前人的圈子来。”如果对汉藏诸语言能有所认识，“便可以扩大我们研究的领域，改进我们的看法，而使我们的方法更加细密，进一步可以上溯到原始汉语的阶段，而企图对汉藏语有所构拟，那么，这一门学问便有很大的发展了。”（周法高，1972）过了20年，1992年国际中国语言学会在新加坡成立，首任会长王士元在演讲中又提倡“研究多种非汉语”，并指出，“特别要注意它们和汉语方言的相互影响”。（王士元，2002）

究竟东南方言是原住民改口说的并不地道的以少数民族语言为基础的“古南方方言”，还是吸收某些民族语言特点的汉语的新地变异？近些年来研究东南方言的学者颇有一些不同的看法。看来，在底层研究尚未深入进行的情况下，还不宜匆忙做出结论。无论如何，底层研究是值得提倡，应该加强的，待有了更多的了解之后，应该可以从方言结构体系的整体上做出科学的分析，也可以联系民族融合过程中的文化差异和互动去进行必要的论证。

一

已有的底层研究往往是从若干词汇入手的。此类研究可以说是“初级阶段”，这种做法是无可厚非的。事实上也已经触及问题的本质，使人们得到重要的启发。例如粤语、闽语地区的许多地名中带有“那/拿、六/禄、湳/畓、畬、峯”以及“凼、寮、坂、岽、潭、垌、垅”等字，这些地名显然是壮侗语族的先民在汉人南下之前就已命名，后来一直沿用下来的。这种现象用来说明原住民族居住地的分布比之地下发掘的文物是更有说服力的。有一批见诸多种东南方言的日常生活很常用的单音词，在古代汉语中找不到合适的对应字（俗称“有音无字”），许多学者也从“古百越语”（今壮侗语）里找到读音相近、语义相同的说法，不少已被人们普遍认可。例如：

“（粥）稠”，广州 kyt^{8}、kit^{8}，泉州 kap^{8}，潮州 $kɯk^{8}$；武鸣壮语 kɯt，柳江壮语 kɯk，临高话 $kɔt^{8}$。

“松脱、滑落”，广州 $lɐt^{7b}$，梅州、厦门 lut^{7}；龙州壮语 $lu:t^{7}$，西双版纳傣语 lut^{7}。

“嗜好”，广州 $ŋam^{5}$，泉州 gam^{5}；武鸣壮语 gam^{5}，完全同音。

“想、思考”，广州 nam^{4}，梅州 $ȵiam^{3}$；邕宁、柳江壮语 nam^{3}。

“傻”，厦门 $gɔŋ^{6}$，广州、梅州 $ŋɔŋ^{6}$；傣语 ŋoŋ，黎语 ŋaŋ。

“次（动量词）”，厦门 pai^{3}，梅州 pai^{3}；壮语、布依语、傣语均 pai^{2}。

“多”，闽语读齐韵从母去声，建阳 lai^{6}，福州 $sɑ^{6}$，厦门 $tsue^{6}$ 均符合对应；通什黎语 $ɬai^{1}$，彬桥壮语、芒市傣语 $la:i^{1}$，可能同源。

“盖上”，闽语读为溪母勘韵去声（厦门），亦可读入声，各点均能对齐：厦门 $k^{h}am^{5}$、$k^{h}ap^{7}$，福州 $k^{h}aiŋ^{5}$；与壮侗语可以对应：武鸣壮语 $ko:m^{5}$，傣语 $hɔm^{5}$，水语 $kəm^{5}$。

“（用热水）烫”，梅州 luk^{8}，广州 lok^{8}；武鸣壮语 $lo:k^{8}$，龙州壮语 luk^{8}，德宏傣语 lok^{8}。

“挖”，福州 $lɛu^{1}$，温州 lau^{1}；侗语 $lɐu^{1}$ 的音义也很相近。

“吮吸”，福州 $sɔʔ^{7}$，厦门 $suʔ^{7}$，广州 $ʃɔk^{7}$；侗语 sot^{9}、$ɕut^{9}$，武鸣壮语 $θut^{7}$，泰语 $su:t^{7}$。

“泡沫”，福州 $p^{h}uoʔ^{8}$，厦门 $p^{h}eʔ^{8}$；多数傣语音 pok^{9} 或 pok^{7}，读

音也很相近。

此外，闽语里还有不少说法和壮侗语的一些点音义也似有对应关系，很值得深入研究。以闽南话为例：

“填（坑）”，闽南说 t^{h}un^{6}，傣语马关 t^{h}ɛn^{4}，元江 t^{h}ɛn^{5}，芒市 t^{h}əm^{1}，景洪 t^{h}ɯn^{1}。

“计算”，闽南说 t^{h}ak^{8}，芒市傣语说 ta:k^{8}。

“洗（衣）”，闽南说 lak^{8}，水语说 lak^{7}，武鸣壮语、傣语 sak^{8}，龙州壮语 ɬak^{8}，布依语 saʔ^{8}。（壮侗语之间 l—s 有对应关系）

“喝”，闽南说 lim^{1}，临高壮语说 lum^{4}，佯僙 ro:m^{4}，巴哈布央语 ram^{45}。

“下陷”，闽南说 lam^{5}，“烂泥田”说“畓田”，因为有音无字，《十五音》造了这个俗字。傣语多有类似说法：芒市 lan^{5}，景洪 lum^{5}，金平、马关 lum^{5}。

“死”，闽南有戏谑说法 tai^{3}，壮、傣、水语都说 tai^{1}，侗语说 təi^{1}，苗瑶语中巴哼话说 tei^{6}，勉语说 tai^{6}，都似有对应关系。

“成束的稻草”，闽南说 ts^{h}au^{3} ha^{2}，后者有音无字，也用作量词。武鸣壮语茅草说 ha^{2}，龙川音 ka^{2}，布依语说 ɣa^{2}，泰语说 k^{h}a^{2}，也可能成对应。

“手脚结的茧”，闽南说 lan^{1}（粤语也说 lan^{5}），读音相近见于邕宁壮语 nen^{55}（意义疙瘩），都读为平调。

“少量舀取”，闽南说 taʔ^{7}，在西双版纳和德宏傣语、泰语、傣雅语非常一致地说 tak^{7}，但不一定舀得少，这是闽语借自壮侗语无疑。

值得注意的是有些汉语方言的核心词，虽然也可以在古汉语韵书和典籍上查出音切、义注和用例，经过与少数民族语言的比较，也可以确认这些词并非汉语的语源，而是和南方民族语言同源的。例如潘悟云、陈忠敏的《释“侬”》(1995)一文，经过详细论证之后，指出："侬是古代广泛分布于江南的方言词，既有'人'义，也用来自称。在现代的吴、闽、徽、赣、粤诸方言中还有它的分布。""侬可能就是古百越语词，意义为族称和自称。古代百越人在接受汉语的同时，把他们自己语言中用于族称和自称的 noŋ 保留下来，成了这些方言中'人'义和第一人称的方言词。"关于这一点，就闽方言的情况还可以做一些补充。除闽北方言称人为"人"之外，现代闽语还普遍称人为"侬"，而且普遍用来指第一人称。如："侬唔去，硬叫侬去。"(人家我不去，硬叫我去。)在闽南话里不少地方复数人称代词还说"我侬、汝侬、伊侬"，和吴方言旧时的"三侬"之说毫无二致。与"侬"相类似，闽语里还有另一个用得很普遍的"囝"。《集韵》收了这个字，注音是"九件切"，和各地读音都很贴合：闽南话 kiã^{3}，闽东话 kiaŋ^{3}，闽北话 kyaiŋ^{3}，海南话 kia^{3}。义注"闽人呼儿为囝"也十分准确。大多数闽方言这个"囝"已经虚化，用作相当于普通话的"儿、子"的"表小指爱"的名词词尾，如说"椅囝、刀囝、猴囝"。很难设想，这么重要的核心词在上古汉语中毫无踪迹，突然从闽地创造出来，并且用得这么广泛和频繁。最大的可能就是从古百越语借用的。罗杰瑞和梅祖麟(1976)早就指出这是古代南方方言从南亚语借用的。根据考古学、民族学的研究成果，闽台地区相近的文化可以追溯到三四千年之前，这一带新石器时代的文化可以肯定是南岛文化。和闽语的"囝"音义相同的说法可以在孟高棉语族里找到。(李如龙，2005)

诸如此类的核心词还有一些，只见于东南方言，未见于早期文献和官话方言区，都在多种南方少数民族语言里可以找到音义相当的常用词，有些词虽然古韵书有过记载，是因为这些底层词在当时的东南方言已经很常用，所以收进了韵书。例如：

"骹"，闽语音 k^{h}a^{1}，指脚又指腿。是很常用而且构词能力强的核心词。壮语音 ka^{1}、kha^{1}，傣语 xa^{1}，黎语 ha^{1}，水语 qa^{1}。《集韵》

收了此字，口交切，注："胫骨近足细处。"在古今汉语里普遍常用的是"足"和"脚"，如果是上古汉语传下来的，何以用例极少，而那么多南方民族语却"不约而同"地借用了这个指马的"近足细处"的汉语词呢？这个说法若不是汉台语的同源词，便是闽语向壮侗语借用的底层词。

"娓"，客家人普遍呼母曰 me^{1}，俗写为"娓"，音同"尾"。在壮语和傣语普遍称母为 me^{6}，一般构拟原始壮侗语都写作 $^{*}me^{c}$ 或 $^{*}mi^{c}$、$^{*}bi^{c}$。看来，按照母亲的语言称母，是合乎情理的，这是客方言向壮侗语借用的确证。姟(㛂)则是汉人按其传统观念所定的社会称谓。

东南方言同壮侗等民族语言接触已有两千多年历史。有些底层词由于广泛运用也可能进入了古时的通语。这类词既然是反映最重要概念的核心词，也可能就是汉语和壮侗语早期就有的同源词。总之，多做此类基本词的比较是非常必要的。这种语料多起来了，对我们判断古今汉语、南北方言与南方诸民族语的各种关系将会发挥很大的作用。

二

关于先喉塞音声母问题。李方桂先生(1977)根据一些壮侗语 b、d 声母字分布在阴调类的事实，把原始侗台语的这类声母拟为 ʔb、ʔd。陈忠敏(1995)对东南方言与壮侗语的先喉塞音问题，概括了如下的论点：先喉塞音在东南方言中集中表现在唇音和舌尖音两类，分布在吴、闽、粤、湘诸方言；从发音方法上有保留 ʔb、ʔd 的，有弱化为浊音 m、n、v、l 和清音 ʔ 的；除帮端两类外还见于见母，读为 ʔɟ。现代的侗台语正是这样，四个语支的多数方言都有先喉塞音声母。ʔb、ʔd 为多，有的还有 ʔg，没有 ʔb、ʔd 声母的语言(如侗语),与之相对应的也是 m、l 等通音。汉语东南方言的这些表现,显然是壮侗语留下的底层现象。这已经成了学者们普遍认可的定论。这里想补充说明几点:

1. 先喉塞音在闽方言中远不是只表现在海南闽语的 ʔb、ʔd 两种典型的发音上,在闽南本土,尤其是厦门话里也有系列的表现,其类型是变读为无喉塞的浊音。例如:

"八",表示"认识"、"曾经"之意(李如龙,1996)。在各地闽南话多读为 p,泉州 pat^7,潮州 pak^7,但在厦门说 bat^7。

"摆",动量词(如上文所述,可能是壮侗语底层词),泉州、潮州 pai^3,厦门 $mãi^3$。

"要、意欲",本字未明,闽南俗写作"卜",福州 $puɔʔ^7$,泉州 $boʔ^7$,厦门 $beʔ^7$,漳州 $bueʔ^7$。

"缚",表示"包圆买下"。泉州 $pauʔ^8$,厦门 $mãuʔ^8$。

"反",左手说"反手",漳州 $pãi^3$ ts^hiu^3,厦门 bai^3 ts^hiu^3。

"掇",推拿的"拿"闽南话说掇,泉州 $ləʔ^7$,厦门 $leʔ^7$。用手把轻物拿起也说。

"条",用于纸条(指长条形的纸)、椅条(长凳),泉州、厦门 $liau^2$。

"边",用于"临边",意为"立刻",厦门 $liam^2$ $mĩ^1$。

"双手搬动重物",本字未明,泉州 ka^2,厦门 gia^2。

"用手轻举长条物",本字未明,泉州 $kaʔ^8$,厦门 $giaʔ^8$。

"锦",泉州、漳州 kim^3,厦门 gim^3。

"夹",用于"夹菜",泉州、厦门 $gueʔ^7$;用作名词、动词都是 $gueʔ^8$。

2. 在闽北方言,先喉塞的痕迹不但在帮(並)端(定)见(群)有表现,在精母也有。从今读的类型说,在石陂、建阳分别读为 b、β、d、l、dz、g、ɦ 等,多为浊音,在建瓯多读为清音 p、Ø、x 等,也有一些字读为l。在声调上往往和来自非先喉塞的同类清声母有别。这些字也就是有名的闽北"清音浊变"的现象。这些字从调类上说平上去入都有；从词性说，名、动、形都有。用先喉塞的浊音底层来说明是最确切的了。兹按声类列举音义最明确的例字如下：

帮(非)	崩	飞	反	补~衣	痱~子	发	迫窄
石陂	baiŋ²	ɦye²	paiŋ³	pyo³	py⁵	buai³	ba³
建阳	βuaiŋ²ᵇ	ɦye²ᵇ	βuaiŋ³	βiɔ³	py⁵	βɔi³	βa²ᵇ
建瓯	paiŋ³	yɛ³	paiŋ³	piɔ³	py⁵	puɛ³	pa³

端(知)	担动词	单~身汉	赌	转	躲	戴动词
石陂	daŋ³	tuaiŋ¹	du³	teiŋ³	□tu¹	tuai⁵
建阳	laŋ²ᵇ	lueiŋ²ᵇ	lo³	lyeiŋ³	ly³	le⁶~帽 lue⁵~手表，~孝
建瓯	taŋ⁸	tuiŋ³	tu³	tyiŋ³	ty³	tuɛ³

精	焦干	增粥稀	簪	灒味淡	早	醉	荐草垫
石陂	diau²	dzaiŋ²	dzaiŋ³	tsiaŋ³	dzɔ³	dzy⁵	dzuiŋ⁵
建阳	liɔ¹	lɔiŋ²ᵇ	laŋ²ᵇ	liaŋ³	lau³	ly²ᵇ	ly²ᵇ
建瓯	tiau³	灒 tsaiŋ³	tsaŋ³	tsaiŋ³	tsau³	tsy³	tsy³

见(1)	高	菇	饥	稿稻草	狗	笕通水管
石陂	ɦɔ²	ɦu²	ɡye³	（秆）	ɦu³	aiŋ³
建阳	ɦau²ᵇ	o²ᵇ	kye¹	（秆）	həu³	aiŋ³
建瓯	au¹	u³	kyɛ³	ɔ³	e³	aiŋ³

见(1)	羁拴	割	蕨	公老~	铰剪
石陂	gai²	ɦuai³	ɦye³	ouŋ¹	（剪）
建阳	kai¹	kɔ⁷	ɦye²ᵇ	oŋ¹	kau¹
建瓯	kai³	uai³	yɛ³	ɔŋ¹	kau⁸

见(2)	嫁	教~书	救~命	肝	秆	裹~粽	桔	韭
石陂	ka⁵	kau⁵	kiu⁵	xuaiŋ¹	kuaiŋ³	xɔ³	xi⁷	xiu³
建阳	xa⁵	kau⁵	xiɔ⁵	xueiŋ¹	kueiŋ³	（包）	xi⁷	xiu³
建瓯	xa⁵	xau¹	xiau⁵	xuiŋ¹	kuiŋ³	xo⁵	xi⁷	xiu³

对照闽北的这类情形，回头看看闽南，也可以找到一些旁证：

“迹”，单用意为痕迹，也用于方位指代词“即迹（这里）、许迹（那里）”。泉州、厦门音 liaʔ^{7}。

“爪”，骹爪、爪牙都说 liau^{3}，泉漳厦同音。（以上是精母）

“锅”，闽语铁锅说鼎，但陶锅、铝锅仍说锅。泉州音 ə^{1}，厦门音 e^{1}，漳州音 ue^{1}。

“顾”，单说表示袒护。泉州、厦门音 ɔ^{5}。

“今”，仅见于惠安话，“今暗”说 im^{1} am^{5}。（以上是见母）

关于闽北方言的“清声母浊化”，罗杰瑞曾有过原始闽方言的另一类声母的拟测，后来，王福堂认为是受吴方言的影响而表现为上古音层次和中古音层次的叠置。（王福堂，2004）现在看来，吴语也有先喉塞音的痕迹，闽北与吴语区毗连，说是受吴方言影响也并不错，然而，何以闽南也有，而且海南还有更加充分的直接表现？这是闽北受吴语的影响难以解释的。看来，用壮侗语的底层来解释，才是一步到位，抓到了根本。至于闽北的见母字分为两类，在清音化的建瓯一类读零声母，一类读 x，显然是读 x 的先清化，读为原调，而读为零声母的是后来才清化的，即 ɦ→h/ɦ→ø，声调上还保留着一个小尾巴。从这点出发，可以看到陈忠敏（1995）一文最后所根据的东南方言先喉塞音声母与壮侗语有别的特点提出的“在汉语南方方言里，先喉塞音对声调不起分化作用”这个说法是不全面的。在闽北，先喉塞音弱化为浊音之后，曾引起了声调的转移。

再讨论关于精组字读 t、t^{h} 及相关问题。

麦耘（1997）认为珠江三角洲以西的粤方言中有不少把一些精、清母字读为 t、t^{h}，从心邪等母读为 θ 或 ɬ 的现象，和壮侗语的同类表现形成对应，应该是早期粤西、桂东的“汉化与未汉化而以汉语为第二语言的当地人的口音”。现代壮侗语的塞擦音普遍都不发达（尤其是送气的 ts^h），黎语通什话和壮语的不少方言至今都还没有塞擦音声母。在借用汉语词时，壮语用 s 对应精组字和章组的擦音字（如心 sim^1，书 $saɯ^1$，城 $siŋ^2$）；用 ɕ 对应知庄章组的其他字和精组的细音字（如车 $ɕi^1$，中 $ɕuŋ^5$，茶 $ɕa^2$，装 $ɕaiŋ^1$，砖 $ɕi:n^1$，井 $ɕiŋ^3$，象 $ɕi:ŋ^6$）；在傣语则精庄章不分，塞擦音读 ts，擦音读 s。李方桂先生在构拟原始台语时把 tɕ、$tɕ^h$、dʑ 与 s、z 处理为互补的关系。麦耘认为原始壮侗语应有一套 tθ、$tθ^h$、θ 声母，后来变为 ts、ts^h、ɬ，再后来又变为 t、t^h、ɬ。

精组字读为塞音，在壮侗语牵涉到古音拟测，在汉语东南方言还分布在赣语和闽语，并且牵连到透定母读为擦音的问题，确实是东南方言的壮侗语底层研究的重要题目。

壮侗语不少方言没有塞擦音，即使有也是送气音缺位，苗瑶语则有多套塞擦音，王辅世、毛宗武（1995）《苗瑶语古音构拟》就列了五组 34 个塞擦音。但是张琨（1983）在《原始苗语的声母》一文中说过："并非所有苗语的塞擦音声母在原始苗语都是塞擦音。就像我们所见到的，有的是后随 *r 或 *l 的塞音的反映形式。另一些又是来源于后随 *j 的舌根塞音。"看来，许多现在有的塞擦音是后起的，所以吴安其的《汉藏语同源研究》（2002）所构拟的原始侗台语和原始藏缅语都只有 s，没有 ts、ts^h。并且认为"原始汉藏语无塞擦音"。看来，塞擦音在古今汉藏语的来龙去脉确实值得进一步探讨。

在东南方言，精清母字读为 t、t^h，集中表现在海南闽语和武夷山两侧的赣语和闽语，这些方言里还连带着把透定母字读为 h 声母。闽方言普遍是从母混精、庄章归精、澄归定，因此在海南闽语读为 t、t^h 的还包括了一部分章、从、澄等声母字，而清、昌等声母字因为变读为 s（和许多壮侗语一样，看来也是一种底层现象），所以没有参加这种对应。例如：

	左	朱	罪	纸	醉	早	枣	走	杂
海口	to^{3}	tu^{1}	tui^{1}	tua^{3}	tui^{5}	ta^{3}	tau^{3}	tau^{3}	tap^{8}
琼海	to^{3}	tu^{1}	tui^{6}	tua^{3}	tui^{5}	ta^{3}	tau^{3}	tau^{3}	taʔ^{8}

	砖	准	作	粽	桃	腿	啼	台	跳
海口	tui^{1}	tun^{3}	tɔk^{7}	taŋ^{5}	ho^{2}	hui^{3}	hi^{2}	ha^{2}	hiau^{5}
琼海	tui^{1}	tun^{3}	toʔ^{7}	taŋ^{5}	xo^{2}	xui^{3}	xi^{2}	xai^{2}	xiau^{5}

	头	潭	炭	脱	糖	听	桶	虫
海口	hau^{2}	ham^{2}	hua^{5}	hut^{7}	ho^{2}	hia^{1}	haŋ^{3}	haŋ^{2}
琼海	xau^{2}	xam^{2}	xua^{5}	xut^{7}	xo^{2}	xia^{1}	xaŋ^{3}	xaŋ^{2}

在赣语区，只有宜黄、乐安、南丰等少数点把精、庄母读为 t。例如宜黄：租 tu^{1}，楚 t^{h}u^{3}，灾 tai^{1}，早 tɔu^{3}，债 tai^{5}，而更多的点都把清从母字和一些初崇母字读为 t^{h} 声母，洪音居多，有的点也有细音字。下例中，南城、建宁是赣东典型老赣语，反映比较完整。另有桂东的蒙山县西河镇说的是客家话，也有同样的反映，附在这里介绍，也可以说明客赣关系较深的一种表现：

	坐	叉	蔡	财	草	巢	餐	擦	切	前
南城	t^{h}ɔ^{1}	t^{h}a^{1}	t^{h}ai^{5}	t^{h}ai^{2}	t^{h}ou^{3}	t^{h}au^{2}	t^{h}an^{1}	t^{h}ai^{7}	tɕ^{h}iɛʔ^{7}	tɕ^{h}ian^{2}
建宁	t^{h}ɔ^{3}	t^{h}a^{1}	t^{h}ai^{5}	t^{h}ai^{2}	t^{h}au^{3}	t^{h}au^{2}	t^{h}an^{1}	t^{h}ai^{7}	ts^{h}iet^{7}	ts^{h}ien^{2}
西河	t^{h}ɔ^{1}	t^{h}a^{1}	t^{h}ɔi^{6}	t^{h}ɔi^{2}	t^{h}au^{3}	t^{h}au^{2}	t^{h}an^{1}	t^{h}at^{7}	t^{h}ian^{1}	t^{h}ien^{2}
邵武	t^{h}o^{6}	t^{h}a^{1}	t^{h}ai^{5}	t^{h}ai^{2}	t^{h}au^{3}	t^{h}au^{2}	ts^{h}an^{1}	t^{h}ai^{7}	t^{h}ien^{1}	t^{h}ien^{2}

透定母读为 h 声母在老赣语区是与清从等母字读 t^{h} 相呼应的，另有赣中的吉水只有透定读 h 而没有清从读 t^{h}，上述西河客话则有清从读 t^{h} 而无透定读 h。例如：

	台	袋	桃	头	豆	淡	腿	炭	蛋	大
南城	hai^{2}	høy^{6}	hou^{2}	hiɛu^{2}	hiɛu^{6}	han^{1}	høy^{3}	han^{5}	han^{6}	hai^{6}
建宁	hai^{2}	hei^{6}	hau^{2}	həu^{2}	həu^{6}	ham^{6}	hei^{3}	han^{5}	han^{6}	hai^{6}
吉水	hɔi^{2}	hɔi^{6}	hau^{2}	hɛu^{2}	hɛu^{6}	han^{1}	hɔi^{3}	han^{2}	than^{6}	hai^{6}

在闽北的武夷山东侧，从邵武、泰宁到崇安、建阳也有比较完整的反映，以邵武、泰宁和建阳为例：

	拖	吞	托	袋	潭	草	葱	错	贼	族
邵武	xai^{1}	xon^{1}	xo^{7}	xoi^{5}	$xən^{7}$	$t^{h}au^{3}$	$t^{h}uŋ^{1}$	$t^{h}o^{5}$	$t^{h}ə^{7}$	$t^{h}u^{6}$
泰宁	hai^{1}	hun^{1}	ho^{3}	hai^{6}	$hŋ^{5}$	$t^{h}o^{3}$	$t^{h}uŋ^{1}$	$t^{h}o^{5}$	$t^{h}oi^{5}$	$t^{h}u^{7}$
建阳	hue^{1}	$huŋ^{1}$	$hɔ^{7}$	lui^{6}	$laŋ^{2}$	$t^{h}au^{3}$	$t^{h}oŋ^{1}$	$t^{h}ɔ^{5}$	$t^{h}e^{8}$	lo^{8}

何大安在《论赣方言》一文（1986）中曾注意到清从读 t^{h} 和透定读 h 是“互相关联”的，但这是否底层现象，他“暂时存疑”。

现在把帮端等读先喉塞，精清等读 t，t^{h} 和透定读 h 这些相关的问题合并起来讨论其分布特征、表现的性质及发生的年代（所属的历史层次）。

这三种东南方言声母上的重要特点最集中、最充分地表现在海南闽语之中，其次是赣东和闽北方言，三者都涉及了。在粤语的表现是：帮端和精清为伴，在赣语则多为清从和透定同行，在吴方言只有帮端的读法有表现。从整体上看，三者确实是互相关联的。

为什么说这三种特征是东南方言中的壮侗语底层呢？最主要的理由是这些表现仅见于古百越人（壮侗语诸民族）的原住地上形成的东南方言，而未见诸官话区。辛世彪的文章（2002）曾提到关中方言也有些点把精清也读为 t、t^{h}，但那只见于细音字，明显是 tsi、$ts^{h}i$ 由于 i 的影响把擦音 s 挤掉的结果。其次，就壮侗语方面看，“多数语言有一套带先喉塞音声母 ʔb-和 ʔd-，个别语言还有 ʔȡ-和 ʔg-，但逐渐趋向简化和消失。”（马学良主编，2003）就从和东南方言关系最深的壮傣语支的情况看，壮语没有 ts、ts^{h} 声母（s 实际读音为 θ 和 ɬ），布依语和傣语只有 ts、s，没有 ts^{h}，壮语和布依语只有 h（或 x）没有 t^{h} 和 k^{h}。可以想象，壮侗语支的先民学习汉语时可能就是用 t、t^h 代替 ts、ts^h（精清），用 h 代替 t^h（透定）的。实际上本文未列入讨论的还有东南方言中的赣、客、粤、湘诸方言广泛存在的溪母读为 h（合口字又变为 f），乃至滂母字读为 h（见诸闽北建阳）或 f（见诸海南闽语），应该也是和壮侗语的这个声母格局相关联的底层现象。第三，就东南方言的内部语音结构系统看，这些变异并非语音系统之内的有关条件所造成的，也不是词汇、语法现象的反映，用语言接触的"底层"现象来解释是最合理的了。

为什么会出现各地方言的不一致表现呢？例如在海南闽语和西片粤语是精清读为 t，t^h，在多数赣语和闽北闽语则是清从读为 t^h，而透定读为 h，在粤语则没有表现 。在这一点上，壮侗诸语言的声母对照表给了我们最大的启发。上文已经提到，壮语没有 ts、ts^h，只有 ɬ、θ，没有 s；在布依语和傣语先有了 ts，还没有 ts^h，水语的 ts^h 只用于汉语借词。可见，壮侗诸语言的舌尖塞擦音是后起的（可能就是受汉语影响而产生的），就产生的顺序说，先有 s，后有 ts，最后才有 ts^h。可见东南方言中的不同表现是分层次的，原封不动地保留 ʔb-、ʔd-和精清读 t、t^h，透定读 h，乃至溪群母字读 h 和滂并母字读 h 或 f 是最早、最完整留存下来的底层；精母字不读 t，只有清、从母字读 t^h，是在壮侗语出现了 ts 声母后才移借过来的。

为什么这些现象会集中、全面地表现在海南闽语和闽北闽语呢？在东南方言中，闽方言就目前的状态说是和上古汉语关系最深的，有许多"前广韵"的特点，这是学界公认的。而海南孤悬海上，闽人上岛是在操壮语的临高人之后，开始时人数一定不如临高人多。几百年间海南人的闽语和临高人的壮语共处，相互间的接触和影响一定比其他地方更多，这是很容易理解的。闽北原是闽越人的老根据地（武夷山下发掘的大规模的汉城可以为证），后来越人迁走了,汉人入住了,到了宋代曾一度繁荣,明代之后,因邓茂七起义而经济衰退而一时没落成了闭塞的山区,与外界往来极少,保存许多早期形成的语言现象,这也是情理中的事。

那么,这些"底层"现象究竟形成于什么年代呢?既然认定为"底层"现象,总的说来应是南下汉人与百越族原住民融合的早年留下来的现象。这些现象一旦出现之后,虽然也会有整合和变化,但由于汉族的文化上的优势,总的说来,总是逐渐地汉化——纳入汉语演变的轨道,逐渐减少原住民语言的异质特征。同时,在考察有关语言现象的历史层次的时候,还应该参考语言演变的历史过程来定位,也要联系社会历史背景的事实来考虑。不同的现象可能有先后,从这些现象的分布有时也可以得到分析历史层次的启发。

帮端等声母字读为先喉塞音,既然在壮侗语的四个语支都有广泛的分布,在东南方言中,吴、闽、粤、湘都有表现,这应该是汉语和壮侗语广泛地接触,长期影响的结果。随着时间的推移,底层现象又是逐渐消磨着,变得越来越少。帮端的先喉塞音既然还有广泛的表现,就不会是中古之后才形成的。辛世彪(2002)曾根据闽粤语的先喉塞音只配阴调而认定"此现象是发生在浊音清化之后,即北宋以后引起的链式反应"。现在看来,这个推论不妥。第一,闽北的先喉塞音也有出现在阳调类的(已如上述),即使是只出现在阴调类,也可以做相反的理解:当浊音未清化,阴阳调类尚未分化的时候它就出现了,汉语的浊音字清化了,它们并未清化,于是就在原调类待下去。

第二,有些汉语方言浊音清化后,不论原来是清是浊,一概还读为原调类(阴调类),与此是同理的。很早就研究先喉塞的日本学者平田昌司(1983、1984)说过:"汉越语反映三等重纽的区别,其借用年代在于唐代。因此,我们可以相信,唐代已经有些南方方言把帮端母读为缩气音。”这一推论是很有道理的。

第三，精组读为 t、t^h，麦耘(1997)和辛世彪(2002)也认为是北宋浊音清化之后发生的。他们的重要依据是，从邪和定母清化之后并没有跟其他清化的浊音走，而是继续读为不送气清音。这一点和另外的一个问题是相联系的：究竟精清读为 t、t^h 和透定读为 h 是壮侗语原生面貌或是从塞擦音 ts、ts^h 变过来的。麦耘推测壮侗语的精清母字是从另一个塞擦音 tθ、$tθ^h$ 变来的，但是看来在更早的原始壮侗语应该是没有塞擦音，只有 t、t^h 的。壮语至今没有 ts、ts^h，布依语至今没有 ts^h，水语的 ts^h 也只用于汉语词的对音，这就是有力的证明。如果壮侗语的 ts、ts^h 是受汉语影响而来的，①那么，ts、ts^h 的出现应比 ʔb、ʔd 的存在更晚一个时期，这样，ts、ts^h 读为 t、t^h 就正好是稍后于 ʔb、ʔd 的影响出现的。这时沿着原有的塞音模式，又吸收了汉语的清化的 ts、ts^h 的结构特点，用 t、t^h 来代替 ts、ts^h 也便很好理解了。既然精清的读为塞音和帮端保留先喉塞音或略加改造，去掉先喉塞保留其浊音，二者之间就有着一个阶段的时间差。在保留浊音上也具有了不同的性质。在赣东和闽北正是客赣系方言送气音大发展的浪潮上，精母已经没有 t 的读法，清从一概读为 ts^h，也就顺理成章了。至于与此相连带的透定读为 h，显然是一种推拉作用的结果，因为清从母字和透定母字都不少，没有这样的推移，同音字就太多了。

可见，从壮侗诸语言的现实语音结构和这些底层现象的分布和社会历史情况来看，这些底层现象应该是上古到中古之间形成

---

① 关于壮侗语受汉语的影响，是一个很值得注意的问题。戴庆厦(1990)说：“古越人使用的语言不会是汉藏语言，而是与印尼语有关的南岛语系语言。后来这种语言长时间地，大面积地受到汉语的影响而发生了巨变以逐渐形成为今日的壮侗语。壮侗语与汉语的关系，可以视为有亲属关系，因为语言影响已导致语言的质变，而与影响的语言有机地形成亲缘关系。”

的，其中并有先后。帮端的先喉塞在先，其后是精清读 t、th，再后是透定的擦化。

三

关于东南方言和壮侗语的语音比较还有几个覆盖面较小，但存在明显的对应关系的问题，这里也提供一些福建方言的材料加以论证。

第一，关于影晓匣云的拟为小舌音。

潘悟云在《喉音考》(1997)一文中提出，上古汉语的影晓匣云应该是一套小舌音。它们到中古的演变关系是：

影 q→ʔ，晓 q^h→h，云 G→ɦj，

匣 → 一二四等 G、ɡ→ɣ

匣 → 三等 ɡ→ɡ

他用大量汉藏语材料和上古谐声材料以及域外对音资料做了详细论证。结论可谓信而有征。许多学者都已经认同。这里罗列几个闽语方言词，都是原来难以确定本字的，用这套拟音来解释就通透了。

"蛙"，闽南管青蛙叫 sui^3 kue^1，以往都以为是"水鸡"，确实 kue^1 也与"鸡"同音。但是有的地方又说 $kap^7 kue^1$ 就很难解释了。在不少壮侗语里蛙类也有类似的说法，如仫佬语：青蛙 $kwai^3$，田鸡 $kəp^7$，傣雅语：青蛙 $ka:p^7$，麻韵闽南话白读为 ue(如花、瓜)，kue^1 可以确定为"蛙"，音合义切。

"邀"，建瓯话用作连词，相当于通语"和，同"，音 iau^1，如说"我邀渠话过"(我同他说过)。闽南话也有连词 $kiau^1$，如说"汝邀伊做阵来"(你同他一起来)。"邀"可以看作是早期闽语共有的词。

"娃",闽南旧时尊称女性往往在名字后加上 kuā^{1},与"官"同音,俗写做"娟"。实际上应该是"娃"读 kua 并带上鼻化。闽南话 a、ia、ua 等韵有些字会加上鼻化音,例如:怕 p^{h}ã^{5},炸 tsã^{5},且 ts^{h}iã^{3},寡 kuã^{3}(次浊声母马、拿、雅更是读成鼻化韵)。唐代旧制就是称呼中年妇女为"娃"的。

"埋人、埋物于地",闽南话都说 kam^{3},《集韵》感韵影母和见母都有与此义相关的字。邬感切:盦,覆盖也。罯,《说文》覆也。揞,《博雅》藏也。埯,阬也。掩,覆取也。古禫切:礞,以石盖也。䈞,盖也。这也反映了早期汉语影母和见母是有许多音近义同的字的。说影母读 q-可信。

晓母读为 k^{h},也有不少口语常用字可以作证:呼鸡呼狗,福州话说 k^{h}u^{1},厦门话 k^{h}ɔ^{1},姓许,闽南话普遍说 k^{h}ɔ^{3}(音同苦)。薅草,闽南说 k^{h}au^{1}。"鞋靴"福州音 k^{h}uo^{1}。火,建阳音 k^{h}ui^{3}。老虎,建瓯音 k^{h}u^{3}。豨(《集韵》许岂切,豕),建瓯音 k^{h}y^{3}。桸,《广韵》许羁切:"桸,杓也。"闽语用于水勺、粪勺。福州音 xiɛ^{1},厦门音 hia^{1},永安音 k^{h}ya^{1},都是很好的例证。

匣母字在上古是浊塞音,在各地闽语的白读音都有一二十个字读为 k 声母,就是从 g-清化而来的,这早已引起学者的注意,例如"糊、厚、咸、悬(高)、县、行(走)、猴、寒、汗、含、滑、猾、下(低)、环"等,都是经常被引用的例字。这里还有另外几个字值得一提:

"鲑",《广韵》户佳切,"出《吴志》"。《集韵》注得更具体:"吴人呼鱼菜总称。"今福州话音 kiɛ^{2},建瓯 kai^{2},厦门音 kue^{2},潮州音 koi^{2},雷州、海口音 kɔi^{2},义为腌制的小杂鱼。厦门话"无鲑无菜"正是指荤菜(鱼菜总称)。此字未见于今吴语,是闽语更保守地留存了古吴语的一例。

"峡",厦门音 k^{h}ueʔ^{8},义指"夹缝"。可用于"山峡",也可用于"灶峡"。

“墘”，福州音 kieŋ²，厦门音 kĩ²，建瓯音 haiŋ⁵，显然来自匣母，“墘”是俗写，与“船舷”的“舷”是同源字。

“下”，厦门音 ke⁶ 意为低，音 kʰe⁶ 是“放下”之意。另有 e⁶ 是方位词“下面”和动量词“一下”。标志着不同的层次并因音别义。

“荷”，《广韵》胡可切，见于客家话，浊上读阴平，梅州音 kʰai¹。就是“戴月荷锄归”，今义为“肩挑、担负”。

匣母字在闽语有 k、kʰ 和 ø 三种读音，不少学者认为上古有两类，潘悟云已有相关的论述，此处不再讨论。云母字在闽语有读 h 声母，如雨（福州 huɔ⁶，厦门 hɔ⁶），远（福州 huɔŋ⁶，厦门 hŋ⁶），园（福州 huoŋ²、厦门 hŋ²），晕（厦门 hun⁶），纬（厦门 hui⁶）。这应该是上古的 G 变为中古的 ɦj-清化之后的音。还有没有保留浊塞音读法的例证？在闽南话可以确认的只有几个字：曰 guat⁸，这是塾师一代代传习下来的。袁 guan²，于姓氏，一般读音比较保守。团员、团圆都有人读 guan²，也许是连读的影响。泉州一带至今还流行的梨园戏，“梨”只有文读音 le²，园可以文白两读 guan²、hŋ²。小时候听《陈三五娘》，有过“行为”读为 kiã² gi² 的音，后来研究闽南话了，觉得奇怪，这两个字不读文读 hiŋ² ui² 而读白读，而云母字为却读为疑母！现在看来，这是十分讲究唱腔和道白的艺人们世代相因保护下来的“正古音”。

龚煌诚最近在《从汉藏语比较看上古汉语若干声母的拟测》一文中写道：“随着汉藏语言比较的进展，慢慢的显现汉语来(l-)母字对应的是藏语的 r-，而汉语的喻(r-)母所对应的却是藏语的 l-。”（龚煌城，2004：33）“汉藏语的比较研究支持匣、群、于三母同出一源的假设。”匣群云在 G、g 上的纠缠应该是有结论的时候了。

第二，关于塞音韵尾脱落后的鼻尾化。

罗美珍(1984)报道过傣语“武定话凡第 8 调（阳入声短元音）的字都变为-ŋ 尾；绿春话有一部分人把塞音韵尾都读为-ŋ 尾，有一部分人读为高元音-ɤ 尾，但保留少数词念-ŋ 尾。”例如：

	爱	指甲	沸		嘴	七	菜
版纳	hak^{8}	lep^{8}	fot^{8}	版纳	sop^{7}	$tset^{7}$	$p^{h}ak^{7}$
武定	$ha\eta^{4,8}$	$li\eta^{4,8}$	$fe\eta^{4,8}$	绿春	$su\varepsilon\eta^{3,7}$	$tsi\eta^{3,7}$	$p^{h}a\eta^{3,7}$

黄勇(1995)报告过侗语里类似的音变：“侗语中有相当一部分-p 尾和-t 尾在一定元音条件下并入了鼻音尾-n。”例如：

	提	十	吹	尾巴	七
章鲁	sap^{7}	$ɕəp^{8}$	$səp^{8}$	$sət^{7}$	$sət^{7}$
李树	$sən^{5}$	$ɕən^{5}$	$sən^{6}$	zen^{5}	$ts^{h}en^{5}$

在闽北赣语的邵武、光泽话里，古咸深二摄的入声字，韵尾-p 弱化(浊化)为-m 和-n。例如：(引自李如龙，1991)

	答	塔	纳	夹	法	急	立	十	汁
光泽	tam^{7}	xam^{7}	nom^{8}	kam^{8}	fam^{7}	$kəm^{7}$	$ləm^{8}$	$ɕim^{8}$	$tɕim^{7}$
邵武	tan^{7}	$t^{h}an^{7}$	non^{6}	$kien^{7}$	fan^{7}	$kən^{7}$	$lən^{6}$	$ɕin^{6}$	$tɕin^{7}$

在赣东的余干话，不但-p 尾发生浊化，变为鼻尾，连-t、-k 尾也发生同类的变化。例如：(引自李如龙、张双庆，1992)

	合	笠	泼	蜜	脚	角	贼	额	屋
余干	hot^{n8}	$lət^{n7}$	$p^{h}ot^{n7}$	$mət^{n8}$	$tʃɔk^{ŋ7}$	$kɔk^{ŋ7}$	$ts^{h}ɛk^{ŋ8}$	$ŋɛk^{ŋ7}$	$uk^{ŋ7}$

余干的鼻音尾只是塞音之后一个后续的轻音，到了光泽、邵武就喧宾夺主成为主体韵尾了，而塞音成分则只留下发音短促的声调特征。这两种情况不但论证了在赣语有与傣语方言里那种塞音韵尾鼻尾化的情况，而且提供了一条演变途径的例证。剩下的问题是，赣语和傣语的这种相似表现究竟是类型的趋同呢，还是底层的留存。从理论上说，两种可能性都存在，但如果联系到壮傣语支的先民在这一带住过，而赣语又有多种语言对应可以说明是底层现象，人们很容易判断为后者。

第三，关于闽南话鼻音声母擦音化。

考察东南方言的底层现象还不能不提到闽南话里鼻音声母擦

化的现象。先把常用字中鼻音声母读为 h-的列在下面，除注明的之外，都标厦门音：

明母	茅	棉	默	晚	媒	莓	枚
	hm^{2}	hĩ^{2}南安	hmʔ^{8}	un^{3}	hm^{2}	m^{2}	m^{2}

泥日母	年		诺	箬	燃	耳	肉	喏唱～
	hĩ^{2}海口	ɦĩ^{2}琼海	hioʔ^{8}南安	hioʔ^{8}	hiã^{2}	hi^{6}	hik^{8}	hia^{6}南安

疑母	岸	危	艾	颜永春	鱼渔	瓦	砚	额～头	迎
	huã^{6}	hui^{2}	hiã^{6}	hiã^{2}	hi^{2}	hia^{6}	hĩ^{6}	hiaʔ^{8}	hiã^{2}

这其中有几点必须做些说明。“花骨突”说“花莓”，花的量词可说“枚”均音 m^{2}。“晚季”漳州读 muĩ^{3}，泉州读 un^{3}，这三个不读 h-的应该是 h-的脱落。其中的“晚”是微母字，但与近代音微母读 ø 绝无关系，可以从海南“年”的异读得到启发。琼海的 ɦ 和海口的 h 必是一先一后的演变，ɦ 的读法和闽南的 ø 就十分相近了。又“棉”读 hĩ^{2} 见于旧式织布机上挂经线的硬线做成的扣子，称为“hĩ^{2} tsaŋ^{5}”，本字是“棉棕”。“默”常叠用表示沉默不语但有心计。“诺”是肯定应答之词，和《世说新语》里的说法毫无二致。南安音 hiauʔ^{8}、hioʔ^{8}，漳州音 hiɔ^{8}，厦门人已经不说了。“年”的 h 音见于粤琼闽语，闽南本土不读擦音。“唱诺”是对着菩萨或祖宗神位作揖。“迎”读为 hiã^{2} 用于“用手抱菩萨”。“颜”hiã^{2} 的读音保存在今永春达埔镇，当地俗名“颜里巷”，住的是颜姓之民。

高本汉根据古明母和晓母有不少通谐字，拟构了 xm 的音，后来，学者们在西南民族语言里发现了许多配套的清鼻音声母。李方桂《上古音研究》(1980)为上古音拟有 hm/m、hn/n 等对立的声母，这个观点已被上古音和汉藏语学者普遍接受。“从现在汉藏语系中的苗瑶语、藏缅语来看，大多数语言中这类鼻音和边音的清化声母都是成套的。……因此上古汉语的清化流音声母似不应仅有m̥,而且应有 n̥ ȵ̊ ŋ̊ l̥跟它相配,形成一个完整的系统。”(马学良2003)在壮侗语里,壮傣语支未见清鼻音,侗水语支则有。可见是与相邻苗瑶和藏缅的西片才有。这也许就是它在东南方言中作为底层现象保存得较少的原因罢。

四

拿东南方言和南方民族语言作比较,探讨方言的底层现象,不论是从单个词汇入手进行音义比较,或者是从语音入手,寻找对应关系,都会面临三种不可避免的选择:所找到的底层是发生学上的同源关系,还是横向接触的借用关系,抑或是类型上的雷同?这三种关系是属于不同性质的,我们不加分析和判断,总是用“关系词”将它们一锅煮终非久计。我们应该理解已经发掘的语言事实,总结语言演变和接触的规律,使整个研究得到纵深发展。

底层现象通常被理解为早期民族融合过程中两种语言的相互借用。这里必须指出,早期的借用是双向的,而不是单向的。就东南方言和壮侗语的关系说,唐宋之前,东南方言有壮侗语的底层,壮侗语也有东南方言的底层。例如“筷子”,壮语说 taɯ^{6}(武鸣)、t^{h}u^{6}(龙川),侗语说 ɕo^{6}。这是向汉语借用的“箸”。读 t、t^{h} 的应是唐以前的音,和现在的闽语和赣语相近(泉州 tɯ^{6},建宁 t^{h}ə^{6});读 ɕ 的是宋以后的音(因 ɕ 对应 tɕ^{h})和赣客语相近(河源 ts^{h}y^{6},南城 tɕ^{h}iɛ^{6})。桌子,武鸣壮语说 ta:i^{2},来自粤语(广州 t^{h}ɔi^{2})或吴语(上海 dɛ^{2})的“枱”;龙州壮语说 tɕo:ŋ^{2},来自闽语的“床”(莆田 ɬuŋ^{2},潮州 ts^{h}əŋ^{2}),侗语说 pi^{2} pa:n^{2} 则来自“盘”,今邵武话说盘儿 p^{h}ɔn^{2} nə^{0}。此外,还有好些是近现代向粤语方言和西南官话借用的,这是人所共知的。应该说东南方言向壮侗语借用是多语源的,但从时间上说都完成于千年以前的古代，而壮侗语向汉语或汉语方言所借用的底层词则是多来源、多层次的。因为彼此的借用都有了很长的历史，加上古时候也可能有更多的方言差异，有时就会使底层词和同源词难以辨认。例如“骹”(口交切)，壮侗语有不少方言也说，闽方言则十分普遍，彼此语音是对应的，语义上或兼指腿、脚或只指腿，有些分歧。上古汉语有“足”，近代汉语有“脚”，“骹”的用例见于汉魏，字形和音义见于《说文》和《集韵》，或指小腿或指踝骨，或指人或指马都很含糊。像这种情形，究竟是谁向谁借用了，或者本来就是同源词，在不同地方、不同时期用起来，发生了音义的变异？可见，由于交往历史长、分化语种多，如果未经周详的调查，要对底层词作出同源或借用的判断，确实是不容易的。

词汇的借用在古往今来的语言接触中是经常发生的。汉语在借用外族语词上相当保守，有些语言的外来词的数量甚至可以超过本族词。一个底层词的钩沉很容易被轻易地归结为借用而被轻视，然而借用多了，量变会不会引起质变？如果会，又需要多少比例？有没有混合语的存在？如果有又该按照什么样的比率来界定？这些问题都曾经提出过，似乎并没有引起足够的重视，也没有找到解决问题的答案。然而语音对应规律找到了，也会有人认为那是类型上的雷同，有时要说明是同源关系也不容易。可见，还是要回到同源关系、借用关系和类型关系上考察三者之间有什么不同的特征。就像走到一个山头上的游客，既然只有三条登山的路，就可以考察一下这三条不同的路有什么不同？

本文所列举的东南方言的底层现象只是很小的一部分。依靠这些材料自然难以探讨区分三足鼎立的界线，但是也许还可以从中得到一些启发。

方言向民族语言早期借用的底层词，通常在方言和民族语各自的内部是普遍通行的，语音上不但存在着明显的对应，而且读音相近，语义也比较一致，而且在民族语言中多未分布到别的语族，在汉语则未见于更古时期的通语和其他方言。例如吴闽语的“侬”，闽语的“囝、鲑”都属于这类情形。这些根词借用的时间长了，又很常用，所以汉语古籍中也有明确的记载。如果未必太常用，有时方言中自创俗字，例如粤语的“谂、啱”，闽语、客家的“戆”。有时一直是“有音无字”或者采取代用字，例如闽南和客家的动量词“摆”，lut⁷(滑落)；客家的 me¹，既有韵书的记录“娶”，也有本地的俗字“娓”。

音类上存在明显的对应常常牵连到一批语词，而且通常是常用词。但是在方言和民族语言双方往往都是管着不同的字，有的表现充分，有的仅有零星的留存。上文提到的帮端母读先喉塞或浊塞音，精组字读为 t、tʰ，透定母读为 h，鼻音声母读为清擦音以及塞音韵尾弱化的鼻韵尾等等，都属于这类情形。这其中应该说三种类型都有，既有同源的，也有借用的，还有类型上的雷同，必须根据各种情况作具体分析。

先喉塞音主要见于壮侗语诸方言和汉语东南诸方言，在藏缅、苗瑶语族和上古汉语及北方方言都没有反映，应该属于东南方言中受壮侗语影响留存的特征。精清读为 t、tʰ 和透定读为 h，情况与此相类，民族语言主要见于壮侗语。壮侗语的塞擦音和各类送气音都是后起的，而上古的谐声关系中端、精之间并没有明显的关联。东南方言星星点点的局部表现也是早年受壮侗语影响的不同程度的留存。不过，吴安其(2002)认为原始汉藏语没有塞擦音，如果此论成立，也可能这一条可以升级为原始汉藏语同源关系的残余表现。不过从目前掌握的情况看，这种可能性不大。清鼻音声母，在壮侗、苗瑶、藏缅各语族都有所表现，但不广泛，也不彻底。上古汉语的谐声关系明、泥、疑和晓母则关系密切。李方桂拟测上古声母立了 m̥ n̥ ŋ̊ l̥，这一条似乎站在可上可下的十字路口。至于塞音韵尾的弱化为鼻尾，这明显属于类型上的雷同，而且发生的年代并不久远，应是在宋元丢失入声韵尾之后。塞音韵尾的弱化之路，从类型上说无非是由变浊到转类：-p→-p[m]→-m，-t→-i（察→蔡），-k→-u（削、薄），由合并到脱落：-p、-t、-k→-t、-k→-ʔ→∅ 等等几种。侗傣语和余干、邵武的情形只能是类型的趋同。

可见，并不是发现了语音上的明显对应都是发生学上的同源关系。同源的关系是纵向的演变关系，牵连全局的关系，其语音对应应该是语音结构系统中的要项，根据各种对应能把各种表现链接起来，成为理解整个演变过程，而又能说明全局的规律。例如从无声调到有声调的各种停靠站，从有复辅音到无复辅音的各种演化过程，从词缀演化成韵头的各种对应。这其中最重要的是能理出演变过程和规律而不只是零散的事实的罗列；能覆盖全面而不是只说明局部。借用的底层则是横向的接触，往往是局部的小系统，形成对应的语种有多有少，表现的程度有充分有不充分，管的词和字有广有狭。这种特征通常是不能牵动全局的。诚然，接触的影响可以由少到多地积累，量变到一定程度也可能造成质变。近些年来，关于壮侗语有一种越来越有影响的观点，认为它由于长期而广泛地受到汉语的影响而从南岛语的无声调双音词语言渐变为有声调（并按平上去入的格局分化），由双音节缩减为单音节词，逐渐变得越来越像汉语。换言之，接触也可以造成类型的转化，造成亲缘关系的转移。用发生学的同源关系和横向接触的不断渗透和整合来解释澳泰语系诸语言的现实关系，也许是汉藏语研究的一条宽广的新道。然而也有另一种思路，由于发现东南方言的许多底层现象而怀疑这些方言原先并非汉语，而是一种“古南方语言”或者就是从古百越语变来的。这种说法显然是缺乏根据的。因为从整个的共时架构看，从古今演变的脉络看，东南方言和上古汉语、中古汉语的渊源关系是无法推倒重建的。

类型是对语言结构系统的分类，语言系统有大系统小系统，都各有自己的类型。对系统的分类总是几个可数的封闭性的选项。声调的有无只有两种，入声的有无就比较复杂：有入声调类的，可以读促调，也可以不读促调；无入声调类的原入声字归入何调，归入别调之后是否完全不留痕迹，又有很多不同情形。语言的比较必须兼顾同源，接触和类型三个方面。事实上三者之间也是紧密相关联的，必须如实地把三者联系起来进行综合分析才能对语言系统的性质有科学的认识。在综合分析的时候还应该兼顾定量分析和定性分析。轻唇读为重唇，舌上读为舌头，全浊上读归阴平，都反映了源流关系的异同，但是有的是成片的，例外不多；有的只是几个字保留了旧读，不构成系统，也不能成为类型的差异。拿它作为定性的根据是不合适的。鼻音韵尾有几个，是否转化为鼻化元音，这是类型上的差异，在语言接触中往往有相互的影响，有些变异是成系统的，但是个别音类上的分合并没有动摇大的系统。邻近的同类方言中分不分 n-、l-或 n-、-ŋ，这是很常见的，彼此照样沟通无碍，拿它来为方言定性分区也是没有说服力的。可见，语言的比较还必须进行综合的分析，看不同的语言或方言是怎样把同源现象、接触现象和类型的变异整合成一个共时的系统。总之，从具体语言现象入手，进行源流的、接触的、类型的分析，再综合地考察整体的系统，这才是比较研究的全过程。

参考文献

周法高　1972　《上古汉语和汉藏语》，《香港中文大学中国文化研究所学报》。

王士元　2002　《语言的变异与语言的关系》，《王士元语言学论文集》，北京：商务印书馆。

周耀文、罗美珍　2001　《傣语方言研究》，北京：民族出版社。

李方桂　1977　《台语比较手册》，檀香山：夏威夷大学出版。

——— 1940 《龙州土语》,檀香山:夏威夷大学出版。

——— 1947 《武鸣壮语》,檀香山:夏威夷大学出版。

——— 1980 《上古音研究》,北京:商务印书馆。

马学良主编 2003 《 汉藏语概论(第二版)》,北京:民族出版社。

潘悟云 1997 《喉音考》,《民族语文》第5期。

潘悟云、陈忠敏 1995 《释“侬”》Journal of Chinese Linguistics,23。

陈忠敏 1995 《作为古越语底层形式的喉塞音在今汉语南方方言里的表现和分布》,《民族语文》第3期。

——— 1989 《汉语、侗台语和东南语在语言先喉塞对比研究》,《语言研究》第1期。

——— 1988 《论南汇方言的三个缩气音》,《语言研究》第1期。

辛世彪 2002 《新会荷塘化音系特点及分析》,李如龙主编《汉语方言研究文集》,广州:暨南大学出版社。

吴安其 2002 《汉藏语同源研究》,北京:中央民族大学出版社。

麦 耘 1997 《中古精组字在粤语诸次方言的不同读法及其历史涵义》,Journal of Chinese Linguistics, 25。

戴庆厦 1990 《从藏缅语看壮侗语与汉语的关系》,《中央民族学院学报》增刊。

曾晓渝 2004 《也谈水语全浊声母^{m}b、^{n}d的来源》,《曾晓渝自选集》,天津:南开大学出版社。

王福堂 2004 《原始闽语中的清弱化声母和相关的“第九调”》,《中国语文》第2期。

龚煌城 2004 《从汉藏语比较看上古汉语若干声母的拟测》,《汉藏语研究论文集》,北京:北京大学出版社。

梁敏、张均如 1996 《侗台语族概论》,北京:中国社会科学出版社。

何大安 1986 《论赣语方言》,《汉学研究》第5期。

郑张尚芳 1988 《浙南和上海方言中的紧喉浊塞音声母初探》,《吴语论丛》,上海教育出版社。

平田昌司 1983、1984 《吴语帮端母古读考(上、下)》,《均社论丛》第14—15号。

罗美珍 1984 《傣语长短元音和辅音韵尾的变化》,《民族语文》第6期。

黄勇 1995 《李树侗话辅音韵尾的演变规律》,《民族语文》第2期。

李如龙、张双庆　1992　《客赣方言调查报告》，厦门：厦门大学出版社。

李如龙　1991　《闽西北七县市的方言》，《闽语研究》，北京：语文出版社。

———　1996　《说“八”》，《中国语文》第3期。

———　2005　《闽语的“团”及其语法化》，《南开语言学刊》第1期。

万波　2002　《赣语 t t^h 声母的来源及其历史层次》，《民族语文》第3期。

邢公畹　1999　《汉台语比较手册》，北京：商务印书馆。

王辅世、毛宗武　1995　《苗瑶语古音构拟》，北京：中国社会科学出版社。

张　琨　1983　《原始苗语的声母》（*Proto-Miao Initials*），贺嘉善译，《民族语文研究情报资料集(2)》，中国社会科学院民族研究所语言室编。

Norman and mei（罗杰瑞、梅祖麟）　1976 Austroasiatics in Ancient South China：some Lexical Evidence，Monumenta serica 32.274—301。

[本文原在2004年厦门大学举行的第38届国际汉藏语言学会议上宣读过，后刊载于《民族语文》2005年第5期。]

闽南方言和台语的关系词初探

本文分两部分罗列及比较闽南方言和台语(即壮侗语族)的关系词。一是从台语里常被认为是本族固有词中发现的和闽南方言语音对应、词义相同或相关的词。这些词写成汉字往往是些生僻字,在其他汉语方言比较少见,语音上反映的是早期汉语的特点,词义上则常有引申或转移,因而不容易辨认。另一类是从闽南方言中发现的和台语语音相同或相应,词义相同或相关的词。这些词往往无本字可考,语音上不符合汉语的结构规律,词义上也多有特点,为其他方言所少见。

本文用来比较的材料是:闽南方言取早期的代表点泉州话;台语则列举龙州、武鸣的壮语,龙里羊场或安龙八坎的布依语和西双版纳、德宏的傣语,个别词目用到这些点以外的材料随文作注。比较时尽量说明它们的音韵对应关系和词义引申关系。标音时用数码标调类,以平上去入为序,阴调为单,阳调为双。

一　在汉语有字可稽的

(一) 第一组　夫芳肥粪坂

词目	本字	闽南话 (泉)	壮语 (龙/武)	布依语 (羊/八)	傣语 (西/德)
男人	夫	$ta^1 pɔ^1$ 大~	$ti^1 po^6$ / $pou^4 sa:i^1$	$pu^4 sa:i^1$ /	/ $pu^1 tsa:i^2$

丈夫	夫	ta^{1} pɔ^{1} laŋ^{2} 大～人	tu^{1} po^{6} /		p^{h}o^{1} / p^{h}o^{1}
香	芳	p^{h}aŋ^{1}	/ pyaːŋ^{1}	/ hom^{1}	hɔm^{1} / hɔm^{1}
肥胖	肥	pui^{2}	pi^{2} / pi^{2}	pi^{2} /	pi^{2} / pi^{2}
肥料	粪	pun^{5}	/ pɯn^{6}	pɯn^{6} /	fun^{5} / fun^{5}
村	坂	puã^{3}	baːn^{3} / baːn^{3}	ban^{4} /	baːn^{3} / maːn^{3}

本组五个字都是上古汉语"重唇"声母、中古汉语"轻唇"声母字。在闽南方言和台语，多数也读重唇音声母；韵母和声调多数点也是对应的，只有"夫"的声调有些参差。"芳"在傣语读-m 韵尾，在闽方言也有读-m 韵尾的，如永安话"芳"读 xm^{1}（其他宕摄字如帮 pɒm^{1} 张 tiam^{1} 光 kɒm^{1}）。"坂"从《广韵》又作"阪"，阮韵府远切："大阪不平。"闽南方言称坡地为坂，如说"山坂"suã^{1} puã^{3}、"溪坂"k^{h}ue^{1} puã^{3}，许多位于坡地的村落名为坂头、坂仔、张坂、林坂等；台语的"坂"指"村子"，也用来作村落的通名，西双版纳的"版"就是一例。

（二）第二组　箸杖

词目	本字	闽南话（泉）	壮语（龙/武）	布依语（羊/八）	傣语（西/德）
筷子	箸	tɯ^{6}	thu^{5} / taɯ^{6}	tɯ^{6}	t^{h}u^{5} / t^{h}u^{5}
棍子	杖	t^{h}ui^{2} t^{h}ŋ^{4} 槌～	/ tɯŋ^{4}	tɯŋ^{4}	
舀	摘	taʔ^{7}	tak^{7} / tak^{7}	taʔ^{7} /	tak^{7} / tek^{7}

本组三字都是上古汉语"舌头音"声母、中古汉语"舌上音"声母字，闽南方言和台语也读"舌头音"，韵母和声调也符合对应。摘，《集韵》麦韵陟革切："取也"。闽方言和台语舀取液状物就说"摘"。

（三）第三组　糍索铳清欶

词目	本字	闽南话（泉）	壮语（龙/武）	布依语（羊/八）	傣语（西/德）
糍粑	糍	tsi^{2}	tɕi^{2} / ɕi^{2}	tsi^{2} /	tsi^{5} /
绳子	索	soʔ^{7}	tɕəːk^{8} / ɕaːk^{8}	tsaːʔ^{8} /	tsək^{8} / tsək^{8}

枪	铳	tsʰiŋ5	ɕuŋ5/ɕuŋ5	tsuŋ5/	ʃʰoŋ （金平县）
（天）冷	清	tsʰin5	/ɕeŋ4	tɕiaŋ4	
吮吸	欶	suʔ7	/ɕut7	/sɯt8	

本组五字都是古代汉语"齿音"声母字，在闽方言和台语都有 ts、tsʰ、s 或 tɕ、tɕʰ、ɕ 等读法。"糍"，福州话 si2，"铳"、"清"在闽南的漳浦和惠安崇武读为 siŋ5、sin5。后两字在汉语方言中比较少见，是古汉语的常用字。《说文》仌部："清，寒也，从仌青声"，七正切。又欠部："欶，吮也，从欠束声"，所角切。

（四）第四组　舷解狭悬扢

词目	本字	闽南话 （泉）	壮语 （龙/武）	布依语 （羊/八）	傣语 （西/德）
边缘	舷	kĩ2	/hen2	jian2/	him2/him2
会，懂	解	ue4，e4	/ɣo4	zo4/	hu4/hu4
窄	狭	ueʔ8	kap8/kap8	jiap8/	kap8/ip7
上，高	悬	kũi2	/kɯn2	kɯn2/	
擦	扢	ut8	/uːt7	uːt7/	

本组五字在古汉语都是"牙喉音"匣母字，在闽南方言和台语都有 k- kʰ- ∅ 等读法。"舷"在古汉语只用于船沿，在闽南方言和台语泛指一切边缘，如闽南话可说床舷、桌舷、溪舷、舷头（边上），俗写作"墘"，常用作地名。"解"在泉州话读 e4 意指会、能，如说"解来"（能来），"解用得"（能行）；读 ue4 意指懂事、晓理，如说"伊真解"（他很懂事）。《广韵》蟹韵胡买切："解，晓也。"这就是北京话说"解数"的"解"。"狭"在西双版纳用来表示鞋子小不合脚，泛指的狭窄说 tip4。"悬"在古代汉语本义就是高、挂，悬崖者，高崖也。在闽南方言，"悬"是形容词，如说"悬手"（高手）"悬下"（高低）；福州话"上端"也说"悬顶"。在台语用作方位词"上"，如武鸣壮语和羊场布依语"上面"都说 paːi6 kɯn2，高、上词义相关。"扢"见于《集

韵》没韵下扢切："扢，摩也。"泉州话也是"被擦上"，如说"扢着乌墨"（被黑墨水涂上）；台语的"扢"是主动拭擦，都和摩擦义相关。

（五）第五组　奇姥

词目	本字	闽南话（泉）	壮语（龙/武）	布依语（羊/八）	傣语（西/德）
单数	奇	k^{h}a^1	k^{h}a^1/	ka^1/	kik^8/
祖母	姥	mã^3	ma^3/		

本组二字都是韵母接近上古音的。"奇"上古属歌部，各家拟音都认为主要元音是 a，泉州话上古歌部、中古支韵字不少读 a 韵的：寄 ka^5、骑 k^{h}a^2、崎 ka^4（陡坡，《集韵》纸韵巨绮切："崎，岿崎，山貌。"）、徛 k^{h}a^4（站立，《广韵》纸韵渠绮切："徛，立也。"），台语读音与此相同。更值得注意的是，单只的鞋子和筷子龙州说"奇鞋"k^{h}a^1 kaːi^1、"奇箸"k^{h}a^1 t^{h}u^5，西双版纳说"箸奇"tu^5 kik^8，在泉州话说"鞋奇"ue^2 k^{h}a^1、"箸奇"tɯ^6 k^{h}a^1，而泉州附近的山区安溪也有"奇箸"k^{h}a^1 tɯ^6 的说法。泉州话称祖母为 mã^3，俗写作"妈"，妈是后起字。本字就应是"姥"。姥韵、马韵上古同属鱼部，各家拟音主要元音是 a 或 ɑ，闽方言和台语仍保留了 a，但龙州壮语用来称祖父的妾，祖母则称 naːŋ^2。

（六）第六组　澹骹敹宧

词目	本字	闽南话（泉）	壮语（龙/武）	布依语（羊/八）	傣语（西/德）
湿	澹	tam^2	tum^2/tum^2	n^2/	tum^2/jam^2
腿，脚	骹	k^{h}a^1	k^{h}a^1/ka^1	ka^1/	xa^1/xa^1
盖，蒙	敹	k^{h}am^5	hum^3/xam^4	/kom^5	hum^5/hom^5
松，稀疏	宧	laŋ^5，saŋ^5	ɬəːŋ^6/loŋ^2	zuŋ^5/zuŋ^5	haːŋ^5

本组四字语音变化合乎常例，但原字现代少用，所以难以识别。澹，《广韵》作淡，谈韵徒甘切："淡，水貌。"《集韵》又作澹。闽南方言和台语与此音义相符。骹，《说文》骨部："骹，胫也，从骨交声。"《广韵》又作跤，肴韵口交切："骹，胫骨，近足细处。"胫就是小

腿，近足细处就是小腿下端。闽方言及龙州壮语“骹”包括腿及脚，武鸣壮语，布依语及傣语指腿。敥，见于《集韵》陷韵口陷切：“敥，物相值合。”闽方言及台语把盖子盖上，用布蒙上都叫“敥”。宦，《集韵》宕韵郎宕切：“宦，空也。”泉州话稀疏说成“疏宦”，读 sue^{1} laŋ^{5}，sue^{1} saŋ^{5} 均可，“空出一行”说 laŋ^{5}。“宦”在龙州壮语和布依语是松散之意，音韵合此，在武鸣壮语和傣语指衣服松宽，《广韵》“宦”另有鲁当切，武鸣读音合此。

（七）第七组　倒滚潭床乖蛤数

词目	本字	闽南话（泉）	壮语（龙/武）	布依语（羊/八）	傣语（西/德）
返回	倒	to^{5}	ta:u^{6}/tau^{5}	tau^{5}	
沸	滚	kun^{3}	kun^{5}/kon^{3}	kun^{3}/	
池塘	潭	tʰam^{2}	tʰum^{2}/tam^{2}	tam^{2}	
桌子	床	tsʰŋ^{2}（潮州）	tɕo:ŋ^{2}		
聪明	乖（巧）	kuai^{1} kʰa^{3}	kwa:i^{1}/kwai^{1}	kvai^{1}	
青蛙	蛤（蛙）	kap^{7} kue^{1}	kup^{7}/kop^{7}	kop^{7}	kop^{7}/kop^{7}

本组六字都是比较常见的字，语音的变化也符合常例，词义和一般用例有些不同，在闽南方言和台语却是比较一致的。“倒”读去声单用表示返回之义，如泉州话“倒去”to^{5} kʰɯ^{5} 就是回去，在台语常用作补语。水沸说“滚”在其他汉语方言也可发现。“潭”在闽南方言指较深的池塘，也指溪流深处，在台语专指大小池塘。管桌子叫“床”见于闽南方言的潮州话和泉州附近的姊妹方言莆田话。莆田话桌子叫“tsʰuŋ^{2}”，床铺叫 ɬuŋ^{2}，同是“床”字，用不同声母区别词义，竟与龙州壮语的 tɕoŋ^{2}/ɬaŋ^{2} 之别毫无二致。“乖”在泉州话单说指小孩子听话，说乖巧意为聪明伶俐。与台语的“乖”相合。“蛤”在台语是单音词，在泉州话，蛙类中大的叫“蛤蛙”，小的叫“蛤仔”。

以上各类关系词有的是现代汉语还在通行的字，有的是南方诸方言常见的字，一般都认为这是台语向汉语借用的词。过细地比较，这类字还不少，例如“东西南北、金银铜锡、油肉茶糖、春夏秋冬、车桥纸墨、输赢送娶”等等。

(八) 第八组　六笼露漏亮篮

词目	本字	闽南话（泉）	壮语（龙/武）	布依语（羊/八）	傣语（西/德）
六	六	lak^{8}	ɣok^{7}/huk^{7}	zoʔ^{7}/zok^{7}	hok^{7}/hok^{7}
(鸡)笼	笼	laŋ^{2}	ɣuŋ^{2}/huŋ^{5}	zuaŋ^{5}/zoŋ^{5}	
露水	露	lɔ^{6}	ɣaːi^{2}/naːi^{2}	zaːi^{2}/zai^{2}	/lai^{2}
漏	漏	lau^{5}	ɣo^{6}/ɬu^{6}	zo^{6}/zo^{6}	ho^{6}/ho^{6}
光亮	亮	liɔŋ^{6}	ɣoːŋ^{6}/ɬuŋ^{6}	zuaŋ^{6}/zoŋ^{6}	sɔŋ^{5}/
篮子	篮	nã^{2}	ɣuŋ^{2}/huŋ^{3}	zuam^{2}/zom^{3}	sɔŋ^{2}/sɔŋ^{2}

本组六字也是常用字，但语音上(主要是声母)差异较大，不易辨认其同源关系。实际上这些字闽方言和台语之间存在着明显的声母对应关系：在壮语，声母是 ɣ、h、ɬ，在布依语是 z，在傣语是 s、h、l；在闽方言有 l、s 两种读法。上文第六组“宧”泉州音有 laŋ^{5}～saŋ^{5} 两读便是一例，在闽西北地区古来母字读 s-声母的更多，上述例字就有：

	建阳	崇阳	永安	沙县(夏茂)	邵武	将乐
六	so^{8}	su^{8}			su^{7}	ʃu^{8}
篮	saŋ^{2}	saŋ^{2}	sõ^{2}	sɔ̃^{2}	san^{7}	ʃaŋ^{7}
露	so^{6}	su^{6}	sɔu^{5}	su^{5}	so^{5}	ʃo^{5}

(九) 第九组　常时　头白　外家　蛮皮　挂喉

这是一组双音词，只就泉州话和龙州壮语作比较：

词目	本字	泉州话	龙州壮语
时常	常时	siɔŋ^{2} si^{2}	tsəːŋ^{2} ɬi^{2}
孝巾	头白	tʰau^{2} peʔ^{8}	tʰaːu^{2} pʰaːk^{7}
娘家	外家	gua^{6} ke^{1}	vaːi^{6} kia^{1}
刁皮	蛮皮	ban^{2} phə^{2}	maːn^{2} pʰi^{2}
上吊	挂喉	kua^{5} au^{2}	kua^{3} ko^{2}

由于调查未周，未能用更多条目和更多台语方言作比较，这类双音词深入地调查，一定还有很多。至于现代社会里台语向汉语借用的新词，如“工人、农民、英雄、模范、干部、同志”等等，就更是不胜枚举了。

二 在汉语无字可考的

(一) 第一组

词目	闽南话(泉)	壮语(龙/武)	布依语(羊/八)	傣语(西/德)
傻	$gɔŋ^6$	$ŋu:ŋ^6/ŋoŋ^5$		$aŋ^5/ŋə^3$
(脚)跟	$tĩ^1$	$/tin^1$	$tin^1/$	tin^1/tin^1
招(手)	iat^8	vat^8	$/vit^8$	
扔	hit^8	vit^7/vut^7	$vit^8/$	$fɛt^8$
短貌	tak^7	$to:t^7/$		
厚貌	tut^7	$tət^7$		
表方位词头	t^han^3	t^han^5		

本组七条都是闽南方言和台语语音相应、语义相符的关系词而在古汉语无源可考的。

泉州话 $gɔŋ^6$ 俗写作“戆”(福州话 $ŋɔuŋ^6$，俗写作“歁”)。戆，《说文》心部：“愚也。”段注引师古张陈王周传注曰：“旧音下绀反，今音读竹巷反。”《广韵》绛韵陟降切：“戆，愚也。”声韵均不合。泉州话 $gɔŋ^6$ 可能是绛韵或宕韵，参考闽方言永安话读 $ŋɒm^5$ 只能是宕韵；知母、匣母均无 g-的读法，可见“戆”非 $gɔŋ^6$ 的本字。泉州话 $gɔŋ^6$ 与台语的 $ŋu:ŋ^6$、$ŋoŋ^5$ 应同有另源。

台语管脚叫 tin^1，泉州话 $tĩ^1$ 不单说，只说“骹后 $tĩ^1$”，即指脚后跟。泉州音 $tĩ^1$ 可能是梗摄三等或四等字，参考福州话 $au^6 taŋ^1$ 则只能是四等青韵字。青韵端母未有此义字，应是来自台语的

tin^{1},“后～”(脚跟)就是脚之后。

泉州话 iat^{8} 是山摄三等或四等入声音读,与此同义,福州话说 iaʔ^{8},属梗摄三等入声音读,可见 iat^{8}、iaʔ^{8} 并未有共同的古汉语字源,可能都来自台语的 vat^{8}、vit^{8}。

泉州话 hit^{8} 意为扔或甩。其音韵地位是臻摄入声匣母,臻摄只有一三等,一三等未见匣母,可见这一声韵组合与汉语声韵组合规律不合,可能来自台语的 vit^{7}、vit^{8}、fɛt^{8}。

tak^{7} 和 tut^{7} 是泉州话形容词词尾,这种词尾有时和形容词词干双声,有时词尾又可重叠。龙州壮语也有这种构词法。试比较:

泉州	龙州
短 tə^{3},tə^{3} tak^{7}	短 tin^{3},tin^{3} to:t^{7}
长 tŋ^{2},tŋ^{2} tɯ^{1}	低 tam^{5},tam^{5} te:t^{7}
厚 kau^{4},kau^{4} tut^{7} tut^{7}	厚 na^{1},na^{1} tət^{7} tət^{7}
低 ke^{4},ke^{4} biʔ^{7} biʔ^{7}	黑 dam^{1},dam^{1} da:t^{7} da:t^{7}

龙州壮语在方位词前冠以 t^{h}an^{5} 的词头,如上面说 t^{h}an^{5} nɯ^{1},里面说 t^{h}an^{5} daɯ^{1},下面说 t^{h}an^{5} tam^{5}。泉州话的 t^{h}an^{3} 用来表示放置的方位,如说“t^{h}an^{3} to^{3}”(倒着放),“t^{h}an^{3} k^{h}a^{5}”(竖着放)、“睏 t^{h}an^{3} 横”(横着睡)。二者仅调类有出入,可能也有同源关系。

(二) 第二组

词目	闽南话(泉)	壮语(龙/武)	布依语(羊/八)	傣语(西/德)
陷	lam^{5},lɔŋ^{5}	/lom^{1}	/lam^{5}	lum^{5}/um^{5}
钻	nŋ^{5}	/do:n^{3}	nuan^{4}/	dɛn^{3}/
滑落	lut^{7}	lu:t^{7}/		lut^{7}/
选取	ləʔ^{7},le^{5}	lə:k^{8}	le^{6}/	lək^{8}/lək^{8}
刚刚	gam^{1} gam^{1}	ga:m^{3} ga:m^{3}/		
嗜好	gam^{5}	/gam^{5}		
说	nauʔ^{7}	/nau^{2}	nau^{2}/	

本组七条都是次浊声母出现于阴调类的单音词,泉州话和台

语诸方言的情况大体相同。按汉语中古音到现代音的演变规律，次浊声母字除上声字外都应读为阳调类，在台语，次浊声母见于阴调类的现象较多，这些关系词正反映了闽南方言和台语的一个共同特点。

泉州话陷入烂泥说 lam^5，使人下陷的烂泥田叫“深田～”，后一种用法有 lam^5、$lɔŋ^5$、$lɔŋ^1$ 三种读音。闽南话（漳州）韵书《汇集雅俗通十五音》甘部上去声监韵柳母下有“垄”字，音 lam^5，注：“俗云水田。”又《增补汇音》甘部监韵上去调柳母下也收了“垄，泥水深也。”另收了“畓，田畓”。今龙海县还有自然村名“加畓坑”，本地音 $ka^1 lɔŋ^5 k^hɛ̃^1$。“垄、畓”都是民间创造的会意字，从音看应和台语的 lom^1、lam^5 同源。

泉州话 ŋ 韵多来自山摄合口或宕摄开口的一等字，n 是 l 的变体，$nŋ^5$ 显然不是“钻”字的音，和台语的 $do:m^3$、$nuan^4$ 则十分相近，可能同源。

lut^7 的音义在闽南方言和台语最为一致，而且都是常用词，义项也多。例如闽南话绳索、绳结之类脱落说 lut^7（篮索～去，结头～去，裤带～去）；下降也说 lut^7（分数～落来，～落山：下山，～职：丢官），应是同源词。

“选取”一词在布依语是“去声字”le^6，在壮、傣语是“入声字”$lək^8$；泉州话则兼有去、入两读，le^6 是“分类选择”，$ləʔ^7$ 是用于拣取。去声的读法似为“类”字，在福州话读为 lui^6。

$gam^1 gam^1$ 有人认为是从粤方言借用到台语的，但闽南话也有类似说法，客家话和湘方言里也发现过，大家都向粤方言借用的可能性不大，又是次浊声母见于阴调类，不合汉语声韵组合规律，可能也是汉台语早期共有的词。

武鸣壮语 $ŋam^5$ 是“心想”，泉州话 gam^5 是嗜好入迷，如说“薰烧野～”（烟瘾很大），也是音同义近的关系词。

泉州话"说"可说成 nauʔ⁷,如说"七～八～"(七说八说),"伊有 nauʔ⁷ 蜀句"(他随便说了一句),也可和"说"连用,"nauʔ⁷ nauʔ⁷ 说"是胡说,连续地说。nauʔ⁷ 可能是向台语借用的。

(三)第三组

词目	闽南话(泉)	壮语(龙/武)	布依语(羊/八)	傣语(西/德)
洗～衣	lak⁸	ɬak⁸/sak⁸	saʔ⁸/	sak⁸/sak⁸
松不紧	liŋ⁶	ɬəːŋ⁶/ɣuŋ⁵	zuŋ⁵/	lum¹/lom¹
滚～下来	lin⁵	lan⁶/ɣiŋ⁴	ziŋ⁴/	/iŋ³

本组三条是根据上文第一部分第八组所列闽方言和台语的早期声母对应规律类推出来的,在汉语里也无源可考。泉州话 lak⁸ 只用于洗衣,和台语泛指的洗 sak⁸ 语音相应,词义相同,应有同源关系。曹广衢《壮侗语中和汉语有关系的词的初步分析》一文认为是"洒"字,《说文》洒有洗义,洒古文是灑,从丽得声,上古在支部(中古音为齐韵)支部和锡部有谐声通转关系,sak⁸ 可能就是洒。泉州话的 lin⁵ liŋ⁶ 和台语的说法音义对应亦较明显,lin⁵ 只是次浊声母见于阴调类的(如第二部分第二组所述)可能都有同源关系。

从初步比较所得材料看来,闽方言和台语的关系词大体有三种不同类型。

第一,有些可能是远古时代汉台共有的同源词,它们的特征是:

1. 在闽方言和台语都属于反映日常生活中最重要概念的基本词汇,在古代汉语文献中有源可考,而不是闽方言的特殊创新。

2. 语音上音类有对应关系但音值往往并不相近;语义上相关连但往往并不相同。例如"六露篮舷悬骹宜"等等。

3. 在台语中有一些不同语源的同义词。像武鸣壮语"六"有 ɣok⁷、lok⁸ 两读,前者是早期同源词,后者是后来向汉语借用的,是不同语源的词;又如,富 mi²,fou⁵,甜 vaːn,tiːm²,前者是本族语词,后者是汉语借词，也是不同语源的同义词。

第二，有些可能是上古时代台语向汉语借用的词。它们的特征是：

1. 在闽方言和台语都是常用词，在古汉语文献中也有源可考的（此条同第一类）。

2. 语音和语义不但相应、相关，而且相同或相近，可用汉语语音发展规律论证的，例如"肥芳箸杖奇姥"等等。

3. 在台语另有本族固有的同义词，例如龙州壮语：冷 ɕeŋ^{4}，nit^{7}；转回 tau^{6}，ma^{1}；祖母 ma^{3}，naːŋ^{2}。前者是早期汉语借词，后者是本族固有词。

第三，有些可能是台语留给闽方言的底层词。它们的特征是：

1. 在闽方言和台语都是常用词。在古代汉语无源可考的。

2. 语音和语义不但相应、相关而且相同或相近，但难以用汉语语音发展规律来论证，有的就不符合汉语音韵组合规律，上文第二部分前两组诸例都可能是此类底层词。

此外，当然还有晚近台语向汉语借用的词，这类借词数量很大，有常用词也有非常用词，从语音说或近于粤方言，或近于西南官话，都有明显的对应规律可循，从词义说也十分一致，变化较少，本文未详细比较此类借词。

为关系词定性是一项十分复杂的工作，需要占有对比双方的翔实的语言材料，并且对汉台语各自的历史和相互关系的历史有深入的了解。这里提出的几种类型及其所具特征只是初步的观察报告。

我们相信，就东南部的汉语方言和台语作深入的调查和过细的比较，一定可以探知更多的东南诸方言的特殊差异及其渊源；也一定可以进一步了解汉台语的相互关系和相互影响，论证汉台语之间的亲属关系。本文只是这方面工作的一次初步尝试。

参考文献

李方桂　1940　《龙州土语》,中央研究院历史语言研究所,单刊甲16。

———　1953　《武鸣壮语》,中国科学院(内部参考)。

韦庆稳、覃国生　1980　《壮语简志》,北京:民族出版社。

喻翠容、罗美珍　1980　《傣语简志》,北京:民族出版社。

喻世长等　1959　《布依语调查报告》,北京:科学出版社。

喻翠容　1980　《布依语简志》,北京:民族出版社。

百越民族研究会　1982　《百越民族史论集》,北京:中国社会科学出版社。

曹广衢　1983　《壮侗语中和汉语有关系的词的初步分析》,《民族语文》第2期。

罗美珍　1983　《试论台语的系属问题》,《民族语文》第2期。

李如龙　1983　《闽西北方言来母字读s-的研究》,《中国语文》第4期。

[本文曾提交1983年在夏威夷举行的第16届国际汉藏语言学会议。]

方言与文化的宏观研究

一　语言与文化

1.1　语言是最重要的文化现象

人类在群体生活中最初的伟大创造便是语言。语言和思维的产生使人类最后脱离了动物界，开始了人类文明史。有了语言，人们之间的思想得以沟通，行动得以协调，人类认识自然、改造世界的经验才能得以传承，于是，人类文化得到了不断的发展。

1.2　语言是文化的载体

人类认识各种物质和现象，创造各种工具和产品，都必须用名称来表达。人类思维的每一个成果，不论是正确的还是错误的，包括对客观世界的分类，形成的概念，想象的形象，判断的命题，推理的结论，无一不是用语言肯定下来的。语言是人类文化最重要的载体。

语言不但反映着文化的创造，记录着文化的变迁，许多文化概念还成为人们思维的出发点和固有的定式，经常在影响着人们的行动。正如 L. R. 帕默尔说的："语言忠实反映了一个民族的全部历史文化，忠实反映了它的各种游戏和娱乐，各种信仰和偏见。……语言不仅是思想和感情的反映，它实在还对思想的感情产生种种影响。"①

---

① L. R. 帕默尔《语言学概论》第 139 页，商务印书馆，1983 年。

1.3 语言和文化是不同的客体

作为两个不同的客体，语言和文化各有不同的结构，不同的习性和不同的发展规律。它们之间可以相映照、相联系，也可以相背弃、相分离。说着同一语言的群体可以在短时期里发生重大的文化变革，有的群体改换了语言，文化传统并未发生根本的变化；同一个民族在不同的地方可以使用不同的语言，不同的民族也可以使用相同的语言。可见语言和文化并非形影相随、互为表里的必然联系，也不是水乳交融、无法分解的浑然一体，而是历史约定的相关联的两种事物，它们之间有性质的不同，各自的发展也未必是同步的。

研究语言不能不顾及文化，研究文化也不能无视语言，但语言和文化的研究又是不能互相替代的。

二　方言与地域文化

2.1 方言与民族语言

方言和语言并没有本质的区别，不过是方言通行在说的是同一种语言中的较小的地域。多数的方言是从早期的共同语言中分化出来，由于地区的隔离逐渐发生变异而形成的。如果分化之后和祖语不再有文化联系，它便会发展成独立的语言；如果继续保持文化上的联系，并且在更大地域同时通行着共通语，它便是方言。通行于一定地域的话是独立的语言或不独立的方言，这与语言本身的特点无关，而是社会文化的历史所决定的。

一般说来，在方言地区的社会生活中，共同语的通行较之方言总是占优先的，共同语的语言特点也经常对方言施加着影响，在特定情况下，方言也可能与共同语形成竞争，对共同语施加反影响。方言势力的强弱以及和共同语的关系如何，也取决于时代的和地域的文化。

2.2 方言分化的文化原因

人口增长、资源不足，向新区殖民，有时会造成方言的分化。战争、割据所引起的社会分裂、动乱和灾荒所带来的人民的迁徙，也是常见的形成方言的原因。两个民族共处于一个地域并且相互融合，两种语言便会相互影响，各自发生变异，甚至形成新的方言，有时还会发生语言的同化。两种方言的接触也会造成语言的渗透，形成方言差异。不论是纵向的分化或横向的渗透，方言差异的产生，方言区域的形成都有历史的原因和文化的背景。

2.3 方言与地域文化的共同特征

地域方言对于前代的祖语总是有所继承、也有所创新，它和民族共同语之间总是同中有异，异中有同。不同的方言，有的继承的多、创新的少，有的继承的少、创新的多；于是它们同共同语之间就同多异少或者异多同少。这其中的差别也不取决于方言本身而取决于文化。一般说来，分手的时间长、迁徙的路程远，来往的机会少，和其他民族相融合的规模大，方言的变异就大，继承的共性就少。地域文化从民族文化中分化出来也与此同理，与此相应。这是地域方言与地域文化的共同特征。

2.4 汉语方言与中国文化

汉民族有悠久的历史，众多的人口，分布在广阔的地域，汉语在历史上形成了多样、复杂的方言。与此相应的，汉民族文化也包含着许多各具特色的地域文化。中国是多民族的国家，汉语和汉民族文化的发展过程又和众多的兄弟民族的语言和文化有过接触。因此，汉语方言和中国的地域文化不论在形成过程方面，在类型特征方面，都显得特别的复杂多样。全面地研究汉语方言和中国的地域文化一定可以使我们对于方言与文化的关系得到深刻的了解。

研究方言与文化的关系可以作微观的研究,即透过具体的方言事实去追寻文化演变的踪迹;也可以作宏观的研究,即研究各方言在整体上的特征,归纳其类型,考察这些特点、类型和文化背景的关系。

本文就是关于汉语方言和中国文化的宏观研究。从整合、差异、分布、接触、运用和演变六个方面考察不同方言的表现及其与历史文化的关系。

三　方言的整合

3.1　方言是一种历史现象

任何方言都不可能在三年五载之间形成,总要经过相当的历史时期才得以定型。定型之后,在不同的年代还会受到共同语的制约性的影响和邻近方言的渗透性的影响,因此,现今的方言系统总是历史积累的结果,都可以看到不同历史层次的语言特点的叠置。但是,所谓叠置,并不是杂乱无章的堆砌,而是一种整合,不经整合就不能形成共时的结构系统。不同的方言在叠置这些不同历史层面的成分时,表现了不同的整合力。整合力强的方言往往以某一时代的材料为主体整合而成,结构比较单纯,历史层次比较少,而且通常有一些独特的结构规律的创新,其结构系统比较严整。整合力弱的方言则常常经过多次调整,兼容了多种历史层次的成分,结构系统比较驳杂,缺乏独特的结构规律的创新。

例如,中古的阳声韵的读音,梅州的客方言大体保留了广韵时代的韵类和韵值;广州话保留当年的韵尾,全面地变换其韵腹;厦门话的文读系统与广韵的音值也较为接近,在白读音则有不少韵类(主要是低元音韵腹的)变为鼻化韵;上海话整合法是鼻音脱落和合并:原-m、-n 尾逢低元音变阴声韵,逢高元音并为-ŋ 尾,原-ŋ 尾逢低元音变鼻化韵，逢高元音不变；福州话是合并而不脱落，-m -n 拼为-ŋ尾，用双韵尾(ɛiŋ ouŋ øyŋ 等)来区别韵类。这些整合法都表现了明显的规律性，大多层次比较单纯。湘语和南部赣语有-n、-ŋ 尾和鼻化韵，闽西赣南的客方言还有些点把部分阳声韵读为阴声韵(如连城、安远)就含有较多层次而显得对应繁复，系统驳杂。①

3.2 语言系统的发展是不平衡的

方言在声韵调三方面的整合力往往有不同的表现。上述广州话和梅州话在阳声韵上的对应比较整齐，层次少，但是广州话的声母对应就比较繁复，叠置的层次多，例如古溪母字就有 k、kw'、h、f 等读法，今音的零声母则包含着古声母的影、云、以、疑、日、晓、匣、溪等声母；梅州话则声调的层次多，古浊上字有归阴平的、归上声的，也有归去声的。但是，在总体上还是可以看出，有的方言整合得比较单纯、严密，有的方言则层次多、结构驳杂。例如在闽方言里，福州话、厦门话属于前者，建瓯话、永安话则属于后者。厦门话虽然历史层次多，但是其文白对应、变调和轻声等规律比较严整，福州话虽然声类和韵类合并得多，但是其韵头韵尾的多样结构以及多音连读时的变声、变韵、变调也表现了整合的严密性。建瓯话不但声调的分化十分杂乱，②声韵母的整合也包含着繁复的对应，永安话单举一例即可见其一斑，其-m 尾韵的字竟包含着古音的咸、山、臻、宕、梗、通六个摄的字。③

3.3 方言中那些覆盖面很广、规律严谨的又是很具特色的创新是方言整合力的重要表现

除上文所举厦门话的文白异读、福州话的声母类化之外，像北

---

① 本文列举的方言材料中，凡是众所周知、较为常见的均未一一注明出处。

② 参见李如龙《建瓯话的声调》，《中国语文》，1990 年第 2 期。

③ 参见李如龙《闽语研究·闽北方言》，语文出版社，1991 年。

京话的儿化轻声，吴方言的连音变调和小称变调，粤方言的区分长短元音和介音的转化、赣方言的送气不送气区别声调等等，都属于此类现象。这些现象都是我们认识各方言的特征时所必须特别注意考察研究的。

3.4 什么样的方言整合力比较强？影响方言整合力的文化因素是什么？

田野工作经验告诉我们，凡是古老文化城市，大方言区的中心点，其整合力都比较强，其方言结构系统比较严整；偏远农村的小方言区、方言区的边缘地带、移民史比较复杂的地方，方言的整合力都比较差，结构系统比较繁杂。至于影响整合力的文化因素，从纵向方面看，多次大规模的人口变动势必带来方言层次的多次叠加和整合；从横向方面看，受到共同语和其他方言、其他语言的多方影响，则会使整合遇到阻碍。这便是决定整合力强弱的两个基本的因素。

四　方言的差异

4.1 任何方言区都是由许多地点方言组成的

既是同一方言区，各方言点之间就总有共同的特点，也有一定的差异。不同的方言区里，这种方言点之间的差异，有的很大，有的很小。有的方言区有明确的富有权威性的代表点，有的方言代表点缺乏权威性，有的甚至没有明确的代表点。各方言的这两方面特点又是相互联系的。代表点方言权威性越高，方言区的内部差异就越小，这种方言区可以称为向心型方言；反之，代表点缺乏权威性，方言区的内部差异就越大，这种方言区是为离心型方言。

4.2 方言区是向心的或是离心的，与方言区的地理环境和历史文化因素有关

方言区是向心的或是离心的，和方言区的地理环境有关，例如分布地域大小、人口密度高低、水陆交通的状态。一般说来，分布地域集中、人口密集、交通便易的方言区常常是向心的。但是更重要的是历史文化的因素。例如，历史上的行政区划是否稳定并和方言区域一致？方言形成之后有没有经历过大规模的人口变动？商品经济的发展程度如何？有没有形成特点鲜明的地域文化？作为一个民系或社区，多数人之间凝聚力如何？这都是比较重要的因素。

4.3 最典型的向心型方言是粤方言

一般认为粤方言是汉唐两代的数百年间，吸收古楚语和古南越语的成分，在中原古汉语的基础上经过一定变异整合而成的。①它的分布地域不算太大，大部分人口集中在珠江三角洲。那里地势平坦、河汊交错、气温适度、雨量充足，不但宜于农耕，发展商品经济亦有极好条件。珠江出海口早就辟为商港，其对外贸易已有久远历史。广州又一直是广东省的政治文化中心，尽管粤方言内部也有一些差异，广州音作为标准音向来具有极高威信。海内外四五千万说粤语的人之间，通话并无困难。尤其是流播海外的粤语，其口音之一致恐怕与几大洲的英语的一致性不相上下。

4.4 典型的离心型方言是徽州方言

徽州方言的分布地域不大，人口也比较密集，但是地处皖南山区，是富春江、鄱阳湖和长江三个水系的分水岭，整个社会生活是对外封闭，对内隔离，除了少数商人文士出外谋生，大多数人长期过着自给自足的小农生活，商品经济很不发达，没有大城市，没有政治文化中心，也没有明显的代表点方言。十几个县范围内，有些县城之间不能通话，甚至一县之内有几种难以沟通的方言。

---

① 参见李新魁《论广州方言形成的历史过程》，《李新魁自选集》，河南教育出版社，1993年。

4.5 一个方言区之内,未必都是向心的或离心的

客家方言的南片(粤北粤东及闽西赣南的边界)是向心的。那里虽然也是交通阻塞的山区,商品经济极不发达,但是却有公认的梅州文化中心,更重要的是建立在许多族姓的血缘和中原故土的地缘的基础上的客家民系,以中华正统的观念为核心,形成了极强的凝聚力。他们把祖上传下来的语言视如神圣。到处都有"宁卖祖宗田、不卖祖宗言"之类的俗谚。因此,这一带,包括从这里迁出的湘、赣、川、桂、台、琼等省乃至海外各国的客家方言岛,虽然星散各地,人口不多,口音还是相当一致,通话并不困难。梅州话则有代表方言的绝对威信。北片的闽西赣南实际上只是客家民系的摇篮地,当年并未形成浓烈的客家意识。既然没有这条纽带,便只能还是落后的山区的自然经济,缺乏文化中心形成的只能是离心型的方言。有的县内竟有几种互不相通的土语(如福建的连城县)。也没有一种话具有代表性。

在吴方言区,北片的苏沪杭一带是向心的,南片的温处衢一带是离心的;在闽方言区,沿海的闽东闽南是向心的,沿山的闽北闽中是离心的。

五　方言的分布

5.1 方言的分布可以作静态的考察

人类的生活离不开高山平原、江河湖海,方言的分布总与地理环境有关。但是地理的因素是受历史所制约的。有的地方,山脉是方言的分界,太行山之东是华北官话,西边是晋方言;武夷山东侧是闽方言,西面是赣方言。有的方言却是沿山分布的,例如徽州方言和客家方言。更多的方言是沿江河分布的,这是因为人类历来多沿水聚落。例如,赣江有赣语,湘江有湘语,珠江有粤语。然

而，有时江河却是方言的分界，例如长江口的南北岸是吴方言和江淮方言。一般说来，沿山分布的方言歧异多，沿江分布的方言较为一致。但也有相反的情形：云贵高原和横断山脉高峰林立，“猿猴欲渡愁攀缘”，但西南官话却十分一致；瓯江流域是个低山丘陵地带，那里的南片吴语却十分歧异。可见，静态的考察也必须联系方言的历史背景才能得到解释。

5.2 客家方言和闽南方言为什么沿山沿海分布？

客家先民是在几次战乱中逐步南迁的，唐宋之交，他们为了逃避战祸又从立足未久的江南赣北来到比较平静的闽西赣南，初来时，唯恐藏之不密，只往僻静的山里跑。况且他们是最迟南下的中原人，好地方也已经住满了先到者了。到了宋元之交和明清之交，那里也成了战场，他们以汉人正宗自居，以天下为己任，参加了抗金、抗清的勤王部队，继续南下来到粤东粤北。他们何尝不想下山到珠江两岸谋生活，但立即就发生了尖锐的“主客之争”。于是成了“凡客皆住山，无山不住客”的局面。只是到了清初“复界”，他们才有机会来到坚壁清野过的荒凉的沿海。

闽南方言是沿海分布的。唐宋间的数百年，闽南的先民在漳、泉二州垦发蕃息，很快就人满为患了。唐代天宝初那里还不满3万户，到北宋崇宁初达36万户，户数翻了十几倍，占福建户数近半。闽南的原住民闽越人据说是习水善舟的，《汉书·严助传》说他们“习于水斗，便于用舟”。《越绝书》则把他们描写为“水行而山处，以船为车，以楫为马，往若飘风，去则难从”。看来，闽南人这一手学得很成功，他们架起木船一路南行，两宋之间从漳州到潮州，又到了雷州、琼州，沿着海岸线定居。潮、雷二州唐初才有八千多户，一片蛮荒，连海南岛计算在内，到了宋初也才有10万户(其中还包含不少少数民族)，到了元代则增至73万户，增长7倍多(同期闽南本土人口才增一倍多)。可见闽南话是两宋时代迁往粤琼沿海的。当时闽人所造海舶是国中上品，闽南船队远航南海、印度洋，泉州港跃为世界大港。到了明末清初，闽南人又沿海北上，移居闽东、浙南，跟随郑成功东渡海峡收复台湾开发宝岛，闽南话又遍布全台。至此，闽南话占据了东南五省(闽、粤、琼、台、浙)的海岸线，约占全国海岸线的三分之一。有清300年间，说闽南话的闽南人、潮州人、海南人又陆续出洋“过番”，足迹遍布东南亚各国。闽南方言的沿海分布体现了“闽人以海为田”的传统，记录了他们浪迹天涯的辛酸，也展现了他们征服海洋、开拓世界的业绩。

5.3　方言的分布还可以作动态的考察

有的方言形成之后又不断扩展地域，这种方言可以称为扩散型方言。

上述的闽南话是扩散型的，粤方言也是扩散型的。如果说闽南话是近海流播的话，粤方言则是远洋散布。闽粤两种方言的这种同中有异的分布，也可以从文化史上找到解释。闽人营海是以海为田，捕鱼、航运，继而沿海定居，在新地谋生，不敢走得太远，因为老想着养家糊口，果若发迹便会返回故土，修桥造路，光宗耀祖，最后落叶归根。粤人营海则是以舟为桥，一程走过一程，唯恐走得不远，到了异邦，就忙着建街为市，想着落地生根。这就是非洲、美洲的许多唐人街至今仍通行着地道的“白话”的原因。广州港比泉州港兴起早，商业经济也发育得早，这就是闽粤海洋文化的同中之异。

5.4　有的方言形成之后便逐渐收缩

湘方言就是收缩型的方言。大小城市不断放弃方言成分，由老湘语变为新湘语，逐渐向普通话靠拢。待到新湘语蜕变为普通话之后，湘方言就退缩到农村去了，这是一种收缩。

闽北方言另是一种收缩。从魏晋的建安郡到唐宋的建州，闽北是福建最发达的地区。在北宋的鼎盛时代，“建瓷”、“建茶”都是上缴宫廷的珍品和出洋的名牌货。朱熹建立的理学中心所培养的人才在全国范围内发生过长时期的影响。闽北人出将入相,叱咤风云,文人学士,接踵而出。宋元之后,闽南沿海兴起,闽北山区却因几次农民战争而迅速衰落。闽北方言的范围不断收缩:浦城县中北部由于浙人涌入,蜕变为吴方言,邵武、建宁一带由于赣人的移居,蜕变为赣方言,闽东方言沿闽江上溯占据了南平市郊的一些乡镇,南平市区则因北兵屯驻而成为官话方言岛,南部的沙溪流域也产生变异,成了另一个新的方言区。闽北方言区几百年间收缩了一半。

六　方言的接触

6.1　方言接触中的强弱势

既是同一语言中的方言,又是统一国家中的地区,方言区之间就必有往来,方言之间必有接触,共同语也总是与方言并行共用的。在这两方面横向接触中,不同的方言表现有很大不同。强势方言在方言接触中具有同化力,使别人接受它的影响,对于共同语的推行则具有抗拒力,企图保持自己的独立性。弱势方言与此相反,接触中容易受影响、受排挤、受蚕食。

凡是整合力强的、向心型的方言,总是强势方言。反之,整合力弱的、离心型方言必定是弱势方言。扩散和收缩则是强弱势的作用的不同结果。

方言在横向作用中的强弱势也是地域文化特点所决定的。

6.2　粤方言是强势方言的典型

早在唐宋时期,粤方言一经形成就有自我整合、摆脱共同语影响的趋向。中古之后塞擦音声母的分化,鼻音韵尾的合并,塞音韵尾的弱化和脱落、浊上归去、入派三声这些在许多方言普遍发生的变化都被粤方言拒绝了。粤方言的语音结构和大多数方言成了有趣的对立，你有韵腹我挖掉，你没韵腹我加上，如：iau →iu ian→in uan→un yan→yn；iu→iəu ui→uai in→iən un→uən。在岭南文化中，我们也可以看到和这种现象十分协调的性格特征。粤人走向海洋、接触外面的世界后，终于发现了祖宗之法不足守，逐渐养成了反传统的性格。从安土重迁变成四海为家，从恪守道统变成经世济用。从康南海的“公车上书”到省港大罢工，从金田村暴动到黄花岗起义，不都是发生在这里的事吗？

广东境内的闽方言和客方言原本并非弱势方言，但是与粤方言是无法较量的，由于政治、经济、文化的优势，粤方言成了省内通用语，闽、客两方言深受其挤压和渗透，共同语也遭到强硬的抵制。在东南亚的华人社区，广府帮总是占少数，但白话的普及率仅次于闽南话，而在港澳地区，粤方言是当然的主人，连新界农村的客家原住民、北角聚居的数十万闽南人也都放弃母语改用白话。

6.3 闽北方言可以作为弱势方言的典型

近几百年间闽北方言退缩一半已如上述，关于共同语的普及，那里还呈现了奇妙的景象。从武夷山到戴云山，论经济文化是全省最落后的地方，方言也数它最复杂，可是这一带却是全省普通话推广最好、普及最早的地方。连穷乡僻壤的集市上，目不识丁的老妇也可以使用普通话做买卖。说是物极必反，方言太复杂，非推广普通话不可，然而为什么有的方言复杂地区并非如此？关键在于那里的话是弱势方言。人们普通的心态是，本地话土，不够用，不如普通话好听。因而，说普通话成了文明的标志。有些本地人组成的家庭都用普通话作为家庭语言，孩子在学校里说惯了普通话，方言并没有学多少，大人则说，同他们说普通话和书上写的相同，有利于孩子学习。

6.4 在方言交界地带，强势方言和弱势方言也有不同的表现

强势方言的边界常常有双方言带，使两种方言之间“交叉”地过渡。例如广东省境内的闽—粤、粤—客、闽—客等方言交界处就普遍存在着双方言带，[①]在闽西客话和闽南话交界处，也有一条狭长的双方言带。由于方言的强弱势的差异，双方言带都有一方向另一方倾斜的现象。广东境内的双方言带都是向粤方言倾斜的，即说闽南话、客家话的人兼通粤方言；福建境内的双方言带则向闽南话倾斜，说客家话的人兼通闽南话。可见，闽粤方言都是强势方言，而粤方言的强势尤在闽方言之上。

6.5 弱势方言的交界处，有时会形成一串混合型的小方言，使两种方言之间“渐变”地过渡

这种现象可在福建找到典型的例子。在闽方言与赣方言的交界处，顺昌、将乐两县的方言越往东闽方言成分越多。越往西则赣方言的成分越多。在闽中山区的大田县和尤溪县，地处闽东、闽南、闽中三区方言的接合部，那里有一群小区方言，靠西的后路话、新桥话近于闽中方言，靠东的汤川话、洋中话近于闽东方言，靠南的前路话，街面话则近于闽南方言，中部的尤溪城关话则谁都像，也谁都不像。[②] 这些方言位于方言区边缘，边缘方言通常是弱势的，在互相交往中就容易发生彼此的影响，久而久之就混合而相近了。在长期的小农生活中，这种几个乡、几个墟场的小区，大体上就是大多数当地人一生的活动空间，他们懂一种小区方言也就够用了，学习远处方言既无必要也无可能。半个世纪以来，社会生活发生急剧变化，这些地区正是推广普通话最快最好的地方。将乐、大田、尤溪就是多次受到表彰的全国和全省的先进典型。

也有一些弱势方言的交界处是多语交叉的。例如徽州方言的

---

① 参见叶国泉、罗康宁《广东双方言区的分布及其成因》，载《双语双方言》，香港彩虹出版社，1992年。

② 参见李如龙《尤溪县内的方言》和《闽中方言》，载《闽语研究》，语文出版社，1991年。

一些土语交界处，许多普通百姓可以同时说着几种话。在闽浙沿海交界处的福鼎、苍南、平阳等县，温州吴语、闽东和闽南方言的变种杂然聚合，兼通几种话也是家常便饭。这种地区往往是人口密集、地盘不大，共处的小方言又多，频繁的交往把许多人都培养成天才的语言家。

6.6 方言有时也接触外族语言、外国语言

强势方言在与外国语接触之中会产生有限的借词，例如大家所熟知的粤港的英语借词。有时还会造成双向的交流，例如闽南话和印尼—马来语相互间都有不少借词。[①] 像上海产生的洋泾浜英语（用吴语语音折合英语词汇的读音，再按吴语语法缀合成句）应该是方言弱势的一种表现。上海是新兴的城市，对于共通语，它有一定强势，但在十里洋场中还有许多租界，在半殖民地时代，方言在另一方面又显得处于弱势。

七 方言的运用

7.1 方言使用的面和度

语言本来是人们须臾不能离开的，听、说、读、写、想、唱都要用到它。然而在现代社会里，由于共同语的普及，方言的使用范围（面）和使用的频度（度）都受到了限制。由于方言对于共同语的抗拒力的大小以及其他地域文化传统的不同，方言间使用的面和度有很大差异。活跃型方言使用得广而常，萎缩型方言使用得窄而少。

一般来说，通行地域广、人口多的大区方言比较活跃，人口少

---

① 参见李如龙《闽南方言和印尼语的相互借词》，《中国语文研究》，香港中文大学，1992 年第 5 期。

的小区方言则容易萎缩；和普通话差异小的方言比较活跃，差异大的方言容易萎缩。上海话很活跃，徽州方言迅速萎缩，官话之中华北、东北、西南等官话是活跃的，西北官话较为萎缩，上述的闽中闽北过渡地带的方言既小又怪，是萎缩的典型。

也有和普通话相去甚远的方言至今还十分活跃，其中有大区的方言也有小区的方言。这些方言的活力来自何方，很值得深究。

7.2 大区方言中，最具活力的是粤方言

粤方言的使用范围广，使用频度也高。本地人之间，总觉得使用方言更能表情达意，改说普通话反而别扭，广播电视兴起之后，为适应这种需求，只得安排许多方言节目。外地人在这里因为有充分的听说的机会，多能逐渐适应。住久了大多也能听懂，许多人还能说。学校里读书用粤音，至今依然盛行，这种老传统是许多方言都无法保持的了。在文艺生活中，不但粤剧及其清唱还拥有广大的听众，用粤方言编唱的现代歌曲，电影插曲层出不穷，大有跨五岭、越长江、渡黄河之势。在自由化的香港，报刊还辟有用粤语写作的专栏，出版社印有用粤语写作小说，每一个粤语的音都有字可写，这也是汉语方言中仅见的奇特现象。

闽方言中的莆仙话只通行两个县，300 万人口，但是当地人方言意识十分强烈，使用得很充分。只要没有外地人参加，开大会也用方言做报告，在外地听到乡音，生人立刻成了故友。莆仙戏确实有很高的艺术水平，至今还十分盛行。他们的优点是不强加于人，和外地人交往，大多数人还是能够使用普通话的。

在粤语区和莆仙话区，当然还有另一面。外地人大量涌入的新城市（如深圳、珠海）已经普及了普通话，数十万的外地涌入的劳工正在使普通话不断扩大使用面。在学校里，辛勤的园丁为了未来和大局正在努力教下一代掌握普通话。看来，方言的长期存在和普通话的不断普及并不是不可并存的。

7.3 方言地区有没有方言艺术形式，其艺术水平如何，对于方言的活力也有相当的影响

相声对于北京话的传播，评弹对于苏州话的保存，越剧对于绍兴话的影响，都是具有重要意义的。泉州话的艺术形式有梨园戏、高甲戏、打城戏、傀儡戏（提线木偶）、布袋戏（掌中木偶），还有伴奏的清唱“南曲”。不伴奏的歌谣则有“歌仔”、山歌、童谣乃至随口编唱的哭嫁、哭丧等。真是雅俗兼有、声情并茂、风格多样，琳琅满目。方言艺术不但扩大了方言的艺术鉴赏，而且不断为方言加工提炼，使它更具表现力。这对增强方言的活力是大有作用的。说闽南话的龙岩一带流行汉剧，新创的山歌戏用的是普通话，这种情况则只能促使方言的萎缩。

7.4 方言使用范围的缩小，有大体一致的规律

近几十年来，由于地方戏曲的滑坡，影视事业的发展，教育的普及和语文规范化的贯彻，方言最先退出的是文化生活。随着市场经济的发展，不同方言区的人交往愈来愈多。加上政治宣传和行政管理的需要，方言正逐渐退出经济生活和政治生活。家庭生活成了方言最后的存活空间，待到青少年掌握不好方言，普通话也带进了家庭，方言就带有残存性质了。目前的汉语方言在使用范围和频度上还有很大的差别。针对这种情况，我们在制定和贯彻语言政策时，应该区别对待，工作多点弹性。

八　方言的演变

8.1 随着社会生活的变革，方言总要发生变化。但是不同的方言变化的速度很不相同

同一个区的方言，中心区变得慢，边缘地带变得快，外地的方言岛变得更快，例如闽南方言，在闽台两省变得慢，到了雷州半岛、海南岛、浙南等地就变得快，江西境内的一些小方言岛已变得面目全非。城市和农村相比，城市变得快，乡间变得慢。湘方言城区都浊音清化了，这是最典型的例证。

就不同的方言区说，大区方言变得慢，小方言变得快，向心型的方言比离心型的方言变得慢。闽东方言的福州话从明朝末年到现在基本未变。当年编的《戚林八音》至今还是闽剧艺人合辙押韵的依据。闽北方言就变得快。就声母说，有的还有全套浊音声母(b、g、d、ʥ、ɦ)，有的已全部清化，声调从4个到8个不等。可见，共时的歧异正是历时多变的记录。①

8.2　决定方言演变快慢的直接原因主要是方言势力的强弱

强势方言在语言接触中影响别区方言而不是受外区方言影响，对共同语是抵制和抗拒的，因而保留前代语言特点多，创新成分少，老中青之间差异不大。弱势方言则是相反的情形。南方诸方言中粤语、客家、闽语是强势方言，比较稳定少变，湘赣语是弱势方言，变异较快。

社会生活是封闭型或开放型，也是影响方言变化快慢的文化因素。封闭的社会少受外界影响，社会生活节奏慢，方言必然保守少变；开放型的现代化社会接触外界多，受到多方面影响，生活节奏快，方言因而多变异。南片吴语是封闭的，属稳固型方言，北片吴语是开放的，属变异型方言。上海市区老派口音有韵母51个，声调6个；新派口音只有韵母32个，声调5个。②

然而广州、香港不也是开放型的现代化社会吗？为什么粤语又是稳固型方言呢？这就必须比较上海和广州的不同文化内涵。上海的开放既对外又对内，它与江北及长江中游的交往十分密切，

---

① 参见李如龙《闽北方言》，《闽语研究》，语文出版社，1991年。

② 参见许宝华、汤珍珠等《上海市区方言志》，上海教育出版社，1988年。

苏北的农民前来打工，宁汉商人来找出海港口。由于和下江官话接触多，上海话是在向官话靠拢。广州的开放主要面对香港，香港则是直接与大量外国人打交道，省港两地的粤语本来就没有多少差别，因此只会加固粤语的稳定。

8.3 考察方言现象的文化原因，既要看到一般性趋向，也要注意特殊因素，贵在具体分析

有些城市的方言数十年间发生了重大变化，往往有很具体、很特殊的原因。例如南京话，直到20世纪中叶还是江淮官话，这主要是太平军大起大落之后，皖、鄂及苏北人大量迁入的结果。但是日寇的"南京大屠杀"使全市人口减少三分之一，随后数年作为首都，又有许多北方人充入而增至百万。如今的南京话已经从江淮官话转变为普通话。① 这是人口的大规模变动影响方言急剧变化的例子。

厦门在明末还是一个小渔村，同安县在那里设防称为"中左所"。五口通商后人口剧增，泉州和漳州人来此共处，语言上也如合伙投资各取若干特点组成新的系统。因为这个新系统中和了漳泉音，成了漳泉两边的人都便于接受的中介，加上厦门经济地位的提高，数十年间厦门话成了闽台两省闽南话的新的代表。这是新的港口城市的兴起引起方言变化的例子。

［本文曾发表于《黔南学报》1994年第4期。］

---

① 参见鲍明炜《南京方言历史演变初探》，《语言研究集刊》，江苏教育出版社，1986年。

论语言的社会类型学研究

一

1.0 索绪尔论证了语言是一种结构体系，又指出了语言是一种社会现象，这是他对语言学理论的两大贡献。他把语言的研究区分为内部语言学（把语言作为结构体系来研究）和外部语言学（把语言作为社会现象来研究），也是很有见地的。但是他又宣称“语言学的唯一真正的对象是就语言和为语言而研究语言”，把外部语言学排斥在语言学门外，这就显然是片面的了。

1.1 历史比较语言学从亲属语言的比较出发，构拟原始共同语，寻求诸亲属语言间的对应关系，联系社会历史说明语言的分化和演变同社会生活的关系，这实际上就从历时方面把内部语言学和外部语言学宏观地结合起来，使语言史的研究走上了科学的道路。

1.2 现代社会语言学考察了语言在社会生活运用中的共时变异，探索这些变异和各种社会群体（语言社团）的区分的相互关系，这是从共时方面把内部语言学和外部语言学结合起来的微观研究，也已经取得了可喜的成绩。

1.3 语言地理类型学从语言结构特点的地理分布入手，对语言进行共时的比较，并联系社会的历史，说明它对语言演变的影响，其研究方法也是把内部语言学和外部语言学结合起来。作为语言学的一个分支，这一研究也已被多数语言学家所接受。

1.4 由于语言区域的社会文化背景的不同，语言（或方言）在内部结构方面和交际功能方面，在共时的内外关系和历时的演变方式方面，都有不同的特点。运用内部语言学和外部语言学相结合的方法，对这些特点进行全方位的考察，归纳出不同的类型，从而多方面地说明语言的构成和演变同社会文化背景的关系，这便是语言的社会类型学研究，也可称为文化类型学研究。

1.5 本文以汉语方言为例，对语言的各种社会类型做一番初步的考察。

二

2.0 社会生活对语言的影响是多方面的，语言的社会类型也应该进行多视角的考察和划分。

2.1 社会文化背景对语言的结构特点有多方面的影响。

2.1.1 作为社会的交际工具，语言都有一定的活动空间，它总是由许多点在频繁的交际活动中交织而成的面。这种活动的面有大有小，所谓“语言—方言—次方言—土语”就是一些大大小小不同层次的活动面，每一个层面都由更小的两个以上的层面所构成。各小层面之间的结构差异就是人们所说的方言差异。从理论上说，方言差异是永恒的、无限的，任何方言调查都只能是粗疏的抽样调查，任何方言的划分也只能是概略的区分。不同的语言（或方言）就其下一层面的结构差异说有向心和离心两种类型。向心型内部差异小，离心型内部差异大。汉语东南部的几种大方言中，相对而言，粤、客方言是向心的，吴、闽方言是离心的。吴方言内部，北片是向心的，南片是离心的。福建境内的闽方言，闽东闽南是向心的，闽中闽北是离心的。

2.1.2　人类文明的演进打破了不同社会之间的藩篱，语言的活动空间随着社会生活的复杂化而不断扩展，不同语言（或方言）之间的相互影响也越来越大。在现代社会里，能回避这种影响的语言只是极少数，但是，影响的深浅以及由于这种影响造成的语言结构系统的差异的大小，又是各不相同的。我们把语言之间、方言之间或方言与共同语之间的相互影响称为语言结构的外部关系。各种语言结构的外部关系明显地表现为封闭的和开放的两种社会类型。在民族语言中，日语、印尼语是开放型的，汉语、藏语是封闭型的。在汉语的大方言中，粤、闽方言是封闭的，湘、赣方言是开放的。封闭型方言难以接受外方言的影响，吸收共同语的成分也是有条件、有限制的（例如只引进新词、术语、书面语词，引进时用方音折合），因而这类语言内部结构单纯。开放型方言往往大量吸收别方言的成分，无条件地接受共同语的影响，其内部结构是混杂的。不少地处方言区分界的小方言，由于兼收并蓄而变成混合型方言，难于归入某个方言区，福建中部山区就有这类方言。琼南的迈话、湘西的瓦乡话也属于这种类型。

据上述两种内外关系区分社会类型是共时的区分。

2.1.3　语言的社会类型还可以进行历时的区分，这便是稳固型和变异型。任何语言的演变都只能是缓慢的渐变，否则它就无法完成上下几代人之间的沟通，因此，语言的结构体系总是由若干历史的层面复合而成的。由于社会文化背景的不同，各个语言体系的历史层面有多有少，不同历史层面的更替有快有慢。稳定型语言保留前代语言特点多，创新成分少，老中青之间差异小；变异型语言则创新成分多，老中青之间差异大。在汉语方言中，粤、客、闽方言是稳固型的，湘赣方言是变异型的；吴方言的北片是变异型的，南片是稳固型的。

2.2　社会生活特点对语言的交际功能也有多方面的影响。

2.2.1　就共时的内部关系说，语言有多功能和单功能的不同社会类型。所谓多功能就是可在社会生活的各个领域通行，存在着口语的、书面的、文学的、科学的各种文体。现今世界上还有半数以上语言没有文字，书面语体就只能是残缺的。功能的差异在地域方言中表现得很充分。粤方言不但通行于口头，而且形成相当完整的书面表达体系，也有经过艺术加工的文学语言(其中不仅有韵文，还有散文)。不论是日常生活的话题、最新政治事件的评论或最现代化的科技知识的传授，都可以用它来表达。这种情形在和共同语差异较大的汉语方言中是绝无仅有的。另一种多功能的方言是由于词汇语法和共同语差异较小，用方音折合后可以套用共同语的各种表达体系(如湘赣方言)，这两种"全功能"又是形同实异的。单功能的方言往往只通行于日常生活的口头交际，既缺乏书面语形式、文学加工形式，也难以在政治生活和科技活动中应用。闽方言区(包括台湾)不少青少年已无法用方音朗读书报。在闽北山区，青少年用普通话识字读书，开会办公通用普通话，方言已经逐渐退出政治、文化生活，原有的方言民歌、童谣濒于绝迹。由于没有本地戏曲，民间流行的是用吴方言唱的越剧，主要的娱乐活动就是看普通话电影电视了。

2.2.2　在外部关系方面，方言的社会功能类型表现为扩展型和收缩型的对立。就方言之间说，扩展型方言占据别方言的地盘，对别方言施加影响，有的已成了超方言区的区域共通语；收缩型方言则表现为缩小通行地域和接受别方言的影响。在两种类型的方言交接处，收缩型方言区的人能听懂扩展型方言，扩展型方言区的人听不懂收缩型方言。在广东境内客方言、闽方言的边界乃至非边界的城镇，许多人兼通粤方言，它已经成为广东省多数地区的共通语。在方言与民族共同语的关系上，扩展型方言表现出强烈的优越感，交际生活中对共同语抵制、相持，最佳状况只能是双语并用，即和本地人说本地话，对外地人说普通话。在这种地区普通话难以普及。在收缩型方言区，人们有方言自卑感，觉得本地话不好听、不便表达、难于与外地人沟通，于是主动缩小方言使用范围，学用区域共同语或普通话。在福建西部，多数市县已经普及普通话，上个世纪60年代以来市县广播站已取消了方言节目，连天气预报也用普通话播送，山区老农也能接受。有些纯本地人组成的家庭，连在家里也不大说方言了，这是收缩型方言的典型。

2.2.3　语言社会类型在功能上的表现还可以从历时方向考察分类。有些语言(或方言)在历史发展过程中形成了规范形式，甚至规范程度较高，有的至今未能形成规范。前者可以称为规范型，后者可以称为俚俗型。能否形成规范和是否形成中心(代表点方言)，与有无方言韵书和读物，有无地方戏曲、曲艺等方言文学都有关系。粤方言以广州话为标准，无疑是汉语方言中规范程度最高的。徽州方言、湘南方言、闽北方言和浙南吴语就都是中心不明、规范不清的俚俗型方言。

以上种种类型的区分可以综列为下表：

		结构类型	功能类型
共时	内部关系	向心——离心	多能——单能
	外部关系	封闭——开放	扩展——收缩
历时		稳固——变异	规范——俚俗

2.3　语言的社会类型划分所采取的方法也是多样的。

2.3.1　语言的各种社会类型中，有的反映的是带根本性的特征，有的是从属性的表现。相对而言，向心与离心、多能和单能是最重要的特征，其余的特征常常是由此引申、派生出来的。向心型方言往往对外是封闭的，内部的演变则是缓慢(稳固)的。多能的方言对外往往是扩展的，自我发展过程中则便于形成规范。当然，也有不整齐的情形。例如赣方言，彼此是离心的，有的方言点是开放型的，尤其受普通话的影响大，内部演变也快（例如鄱阳话）；而有的方言点则是封闭的、稳固的（例如临川话）。在社会功能上，赣方言是多能的，但却往往缺乏明确的规范。

2.3.2 本文所区分的社会类型采取二分法，即拿两极来对比。事实上，在两极之间有广阔的中介。多数方言正是处在中间状态，过细地分析，处于中介的语言在和两极的距离上又有等差。对于具体的语言来说，具备哪种类型特征，典型程度如何，都必须就具体情况作具体分析。

三

3.0 决定语言的社会类型的社会因素是多方面的。不同的社会因素对语言的影响是不等值的，某一语言的社会类型是哪些因素所使然，也需要作具体考察和分析。以下只列举一些较重要的因素举例说明。

3.1 地理环境是社会生活的物质条件，对语言生活有一定影响。一般说来，平原、草原和海岛如果人口密集、交通便利，内部交往多，那里的语言多向心型，高山、丘陵地带则多离心型方言。分布在东北、华北两大平原和长江口、珠江两个三角洲的河网地区的方言都是向心型的，内部差异小，规范比较明确。海南、台湾两个大岛的闽南方言也如此。汉语方言最复杂的东南各省的丘陵地带，这显然和山岭的阻隔相关。许多方言区都是沿江河流域分布的，这既反映了人类依水聚落的特点，也说明内河航运在过去的年代对沟通语言有重要意义。从成都到南京，n-l 不分，iŋ、əŋ 多读为 in、ən，这和长江大动脉的沟通应是不无关系的。

3.2 生产方式是社会生活的经济基础，对语言生活影响较大的是商品生产发展的状况。许多近代民族共同语形成于统一的资本主义民族市场出现的年代，就是因为商品流通大大促进了全国范围的交往，民族共同语从而代替狭隘的方言成为不可或缺的媒介。一般说来，发展较早的城市多是向心型方言的中心。早期的苏州、泉州，后期的上海、厦门，以及古今一致的北京、广州、福州都是实例。上海兴起后，上海话取代了苏州话的中心地位，而上海居民中土生土长的极少，苏州、常州一带、苏北农村和浙江宁波是三个主要人口来源，据说现代上海话是宁波口音占有优势，这与宁波早已是发达的商业港应有直接联系。相反，自给自足的原始个体农业是离心型语言的温床，早期的游牧经济和现代化工业则有利于语言的集中统一，这是不言而喻的。

3.3 人文历史对社会语言生活的影响往往有决定性意义。在这方面，主要因素有三：开发历史、人口结构和文化传统。

3.3.1 为什么云、贵、川的西南官话会如此统一？除了四川盆地，那里尽是崇山峻岭，却孕育着向心型方言，原因就在于汉族开发西南、带去汉语是明末清初的事，只有三百年历史。与此同时，闽南人跟随郑成功开发台湾，至今，那里的闽南话和漳（州）、泉（州）、厦（门）的口音还十分相近，甚至超过和闽南连片的潮州、龙岩口音或闽南本土的云（霄）、诏（安）、东（山）口音。一般说来，方言差异的大小和移民历史的长短是成正比的。

3.3.2 所谓人口结构，指的是民族成分的构成和移民的来源及层次。东南方言复杂，原因之一是南来的汉人千百年来和原来的土著——百越发生了民族融合，至今还不难在方言中找到古百越语的"底层"。海南省的闽南话和其他地区的闽南话差异很大，原因之一就是闽南人移居海南后长期与临高人和黎族人共处。客与赣两个姐妹方言，虽然都是中原南迁的移民带来的，但是客家话向心，赣语离心，原因就在于移民的历史层次不同。典型的客家在广东及闽粤赣边界。客家迁此主要是宋元之交的一次移民。而赣语区的汉人移民史复杂得多，远者在汉代，近者到明清，经历过多次大规模的迁入和移出。至于各种方言岛大致都还可查明移民的年代和原因，这就无需举例了。

3.3.3　文化传统是社会生活的精神维系，它对语言生活的影响也是巨大的。凡是精神文化方面特点显著，形成了独特而强烈的传统观念的地区，方言意识比较鲜明而浓厚，其方言就稳定而向心，客家虽然都生活在贫穷的山区，商品经济也很不发达，但客方言却是向心的，分布在七个省的客家话大抵都能通话，这和强烈的客家意识关系极大。他们于动乱之世离开了中原故土，长期的颠沛流离和客地的荒芜贫瘠使他们益加怀念失去的家园，他们唯有团结奋斗、自重自立。于是他们因出身民族之正宗而引以为荣，世世代代修续族谱，在许多方面恪守祖训，到处流传着"宁卖祖宗田，不卖祖宗言"的家规，这种民族、宗亲的认同感正是维持客方言稳固性的精神力量。闽方言的莆仙区，只有两个县、三百万人口，莆仙话也是向心而稳固的典型，其浓烈的方言意识和乡土观念、团结精神也是十分协调的。莆仙人甚至创造了自己的宗教——儒道释合一的"三一教"，创造了自己的神明——妈祖。三一教未广泛传播，妈祖庙则遍及太平洋各国。

3.4　政治状况决定着社会生活的氛围，对语言生活也发生着一定的影响。战争与动乱造成人口的大幅度减少和大规模迁徙，直接牵连着方言的分化、转移和变动。汉语的几个大方言主要就是在汉末和唐末两次动乱和分裂的时代形成的。开放、强盛、扩张时期形成或转移的方言往往向心而稳固，封闭、衰落时期分化转移的方言则更多是离心而多变甚至消亡。同是闽南方言，唐宋间扩展到潮汕平原、明清间扩展到台湾的就向心而稳固，宋元间播迁到雷州半岛和海南岛的就变异更多，明末"迁海"移民和清末随太平军北上失散后就地定居的闽南人后裔，虽然时间更短，其闽南话已濒于失传。少数老年人还能说也变得面目皆非了。我近年调查过的赣州、上饶的两个这类方言岛都是这种情形。与政治有关的还有历史上的行政区划，对于方言的社会类型也有一定影响。行政区划稳定、政治管辖较强的地区，其方言多稳定而向心；行政属辖多次变动的地区，其方言多变异而离心。福州的闽语、嘉应州的客家话、广州的粤语都属于前一种情形，赣东北的吴语、徽语，闽北的赣语、闽西的客家话则属于后一种情形。

四

4.0 以下试以福建境内五个较为大片的方言为例，联系社会历史背景，就其语言社会类型特征作简略的综合分析。

4.1 闽东方言分布在闽江下游及其以北的闽东腹地 18 个县市，以福州话为代表。沿江各县经营农业、果林业、渔业和运输业，属江营文化，人民靠着闽江交往频繁，这里的方言是向心型，内部差异小。唐末之后，福州一直是全省政治中心，福州话威信高。闽东腹地宋代分立福宁州，方言略趋离心，但福州话在那里影响仍大。在语言结构上，闽东方言对外是封闭型的，不易受外方言或共同语的影响，内地最常用的称谓“同志”，在福州话也要按方言语法改称“依志”。闽东方言的变化是缓慢的，属于稳固型。明末编的福州话韵书《戚林八音》和现今福州音少有不同，闽剧艺人还用作合辙押韵的依据。书面语朗读有文读系统，有方言说唱（评话和伬唱）、戏曲（闽剧），可见，闽东方言是多能型并形成明确规范。在闽东地区，方言意识较浓，称外方言为“两个声”，功能上对外属扩展型。沿闽江上溯，福州话在南平、顺昌乃至将乐、建瓯等县城亦可在市面上通行。普通话的推广，城乡差异大，城镇人能听会说，但在本地人之间不说，农村里不少人听、说还有困难。

4.2 闽南地区历来人多地少，农业缺乏潜力，但沿海良港多，早有养殖业、盐业和航海、造船业的经营，宋元以来先后兴起了泉州港、月港（漳州）和厦门港，人民素有向海洋发展的传统。唐宋以来，近的向南部的潮汕、雷州、海南，北部的闽东、浙南，东部的台湾、琉球沿海播迁；远的涉渡重洋，陆续在东南亚各国开垦定居。晋江、九龙江虽短，但流量大，内地出海亦有船运之便，永春、德化的瓷器和安溪的茶叶外销久负盛名，这种海播型文化一直向内地延伸。现今之闽南方言不仅占据着全国海岸线的三分之一，而且广泛散布于东南亚，正是以这种海播文化为背景的。海港城市泉州、厦门先后成为这一向心型方言的中心，闽南本土的32个县市大致都可通话。明清以来的韵书《汇音妙悟》《十五音》《八音定诀》等一直流传到民国年间，梨园戏、高甲戏、歌仔戏（芗剧）、木偶戏、布袋戏和南曲、锦歌等地方文艺久盛不衰，这都是造成闽南方言的稳固性、规范性和多能性的重要因素。由于文化基础较好，早年读书吟诗有整套文读音系统，民国以来识字则推行国语，普通话也推广得较好，是典型的普通话和方言的双语制。

4.3 闽北方言分布在原建州、建宁府所属六县和南剑州的南平、顺昌等地，即武夷山区和闽江上游的建溪流域。这里原是福建开发最早的地区，汉代本有闽越人聚居，后有江右的吴人和江左的楚人及中原汉人先后来此垦殖。宋元之后，几次大规模的农民战争不但摧残了这里本已繁荣的经济，而且造成人口的巨大变动。吴、赣方言区的人再度涌入，加上这一带山高水急，交通不便，自然经济之下的商品交换只有方圆十里的日中为市的墟集。这种山耕文化使闽北方言成了离心型方言。内部差异甚大，西片有数个全浊声母、八个声调，东片浊音全部清化、声调多只剩六个，彼此颇难通话。现有方言音类与古音对应很不整齐，仔细地比较可以看出其中包含着数个语音、词汇的不同历史层次，这是历代共同语和多种邻近方言影响的结果，闽北方言也是开放型、变异型的典型。在功能方面，历来缺乏书面语形式和地方文艺形式，虽有过《建州八音》的印行，影响不大，建阳话威信不高，区内未能形成统一规范，同区方言认同感淡薄，民间并无闽北方言之称。百十年来官话影响大，各地小方言直接向共同语集中，普通话已从学校机关推向厂矿和集市，普遍以说普通话为荣、为便，方言逐渐退居于日常生活的领域，有些家庭甚至也已形成说普通话的习惯。在外部功能上是典型的收缩型。

4.4 闽赣方言实际上是四种闽语赣化的小方言，各以县名称述之。这里本是建州辖地，宋代成立邵武军，明清为邵武府，位于武夷山南侧，多崇山峻岭，亦属山耕文化。方言的底层是闽北话，宋元之后大量赣人越过武夷山涌入定居，表层已经赣语化。其中光泽、建宁两县与江西往来频繁，赣化最为彻底，连“骹（脚）、鼎（锅）、厝（房子）、塍（田）”等闽语核心词汇亦已被替换。邵武、泰宁则尚有木船可通南平，保留闽方言成分较多，然古全浊声母亦多变为送气清音。四县之中，建宁、光泽有三套鼻音和相应塞音韵尾，七种声调，邵武只有 n、ŋ 尾和六种声调，泰宁无塞尾、无入声，仅五种声调，无 f 声母。内部差异之大已无法通话。邵武话既无韵书，也缺乏权威性。闽赣方言是典型的离心型方言。相对而言，建宁、光泽属封闭型、稳固型，邵武、泰宁则是开放型、变异型。功能上则全是单能的收缩型、俚俗型。全区亦已普及普通话，连农村老妪也积极学习，青少年中能说纯正的本地话的正在急剧减少。

4.5 客家地区的文化形态属于移垦文化。闽西地区由于迁徙的历史过程不同，在语言的社会类型上同粤东客方言中心区的表现不尽相同。这里七个县旧属汀州府，南片上杭、永定、武平三县与粤北客家迁居时间相仿、地域相连，方言特点亦相近，大致与梅县一带同属向心型、稳固型。中片长汀（原府城）、连城两县变异大，差异也大，入声韵与入声调大多归入阴声韵和舒声调。由于山川阻隔、民族融合（原为畲族聚居地），连城县内竟有互不通话小方言六七种。北片清流、宁化两县本是客家由赣入闽的早期通道，但因来时已有土著（畲族及更早入闽的汉人），后来又由于交通阻塞，与南迁客家失却联系，既无明显的“客家意识”，客方言的特征也不齐全了（如浊上字并未读阴平）。可见，中北片应属离心型、变异型、开放型。就功能上说，全区都是单能的、收缩的、俚俗的，书面语则多套用共同语，普通话亦已大体普及。

4.6 以上各区在社会类型上的表现可列表比较如下：

社会类型 方言区 （文化形态）	向心型	离心型	封闭型	开放型	稳固型	变异型	多能型	单能型	扩展型	收缩型	规范型	俚俗型
闽东方言（江营）	++		++		++		+		+		++	
闽南方言（海播）	++		+		+		++		++		+	
闽北方言（山耕）		+		++		++		++		++		+
闽赣方言（山耕）		++		+	+	+		++		++		++
闽客方言（移垦）	+	+		+		+		+		+		+

五

5.0 研究语言的社会类型既要用内部语言学的方法进行共时的描写和历时的比较，也要用外部语言学的方法考察语言使用情况和社会文化背景对语言的各种影响。

5.1 共时描写：对方言代表点进行全面深入的描写，尤其注意考察其规范程度及老中青三代人之间的差异。同时要作上面的比较。上面调查点至少要能反映本区内部有代表性的方言片的差异；上面比较的材料则必须各点都能对齐。

5.2 历时比较:通过方言与不同时代的共同语的比较,理清方言材料所反映的各个不同的历史层次;拿方言和相关的亲属语言、姐妹方言及外族语言作比较,弄清方言材料的语源构成。

5.3 功能调查:考察社会各阶层、社会生活的各个领域的语言交际生活的现状。从整体上了解方言、区域共同语及普通话在不同的社会生活领域的使用情况;就各种人群调查不同年龄、性别、职业、文化程度的人掌握和使用各种语言的情况。各项调查都应该有记录材料和统计数据以便分析。

5.4 文化考察:凡是同语言生活相关的社会文化背景材料都应该引起注意,努力搜集。例如本地区开发史、移民史(包括移入和迁出)、战争史、行政区划的变动、经济发展史乃至民俗、宗教、文化、教育、艺术等等,都可能对形成语言的社会类型特征有直接或间接的作用。方言材料中的成语、谚语、典故等也常常可以提供文化背景的参考。

六

6.0 研究语言的社会类型有多方面的意义。

6.1 语言社会类型学研究可以说是外部语言学的综合研究,它将使我们更加广泛而具体地了解社会生活对语言演变的各种影响,认识语言随着社会的发展而发展的客观规律,从而加深对语言社会本质的理解。在共时方面,社会生活的各个侧面影响语言的发展有什么不同的作用?在历时方面,不同时代的各种社会因素对语言的发展各有什么不同的作用点和不同的效果,这都有待于更多的语言社会类型的分析来作出概括。

6.2 语言类型学研究必须大量运用社会文化史的研究成果,反过来也必能为社会文化史的研究提供重要的参考。相关学科的研究总是相互为用、相互促进的，这是现代科学发展的重要特点之一。

6.3 分清语言的不同社会类型，了解它们的不同发展规律，对于制定语言政策有重要的意义。语言发展规律是不以人的意志为转移的，语言政策若能顺乎客观规律，便能促使语言得到健康的发展，受到人民的欢迎，更好地为社会生活服务。语言政策如果不能切合语言的社会类型特征，势必难以落实。例如推广普通话的政策在不同的社会类型区就必须区别对待。对向心型、稳固型、扩展型的方言区就不能操之过急，强行推广，要求的目标先宜双语并用；对离心型、变异型、收缩型的方言则不能限制其发展，挫伤其积极性，宜于引导它向着规范化的方向努力。

[1990年在香港城市理工学院举办的"汉语及英语的理论及应用"学术讨论会上宣读，后发表于《语文建设通讯》(香港)1992年第3期。]

闽南方言与闽台文化

语言是人类社会最重要的交际工具，是人类思维长期发展的成果。它不但是物质文化和精神文化的每一个变化和发展的忠实记录，也是社会文化活动赖以进行的凭借。语言不但是文化的形式，它的发生和发展本身就是一种社会文化现象。

方言是全民语言的地域变体。社会的分裂、人民的迁徙、地理的阻隔和民族的融合造成了方言的分化，方言的形成是文化发展中的历史现象。方言之间的差异直接反映着不同地域的社会生活所形成的文化差异。不同的自然环境、不同的经济生活、不同的习俗和观念无一不在方言中留下自己的印记。不同的方言之间所反映的地域文化特征不但有许许多多这类具体概念和语词上的差异，而且有共时的整体的类型特征和历时的多层面的发展特点。

闽南方言是汉语闽方言中分布最广，使用人口最多的一支。它形成于闽南地区，播散于东南沿海的五个省和东南亚的许多国家。在闽南方言所分布的广袤地域之中，闽南和台湾的闽南话不论在内部结构上或是外部的文化特征上都最为接近。这是有着深刻的社会历史原因的，也是非常耐人寻味的。本文是就这个问题所作的研究报告，限于篇幅，先写成一个论纲发表出来，希望引起同道的关注并请方家指教。

一 闽台两省的闽南方言

(一) 闽南方言的形成

闽南方言是东晋到初唐之间在福建东南部形成的。汉人大批入闽,最早应是东汉末年孙吴经营江东之时,主要途径是自闽北到闽东而后到闽南。西晋太康三年(公元 282 年)原管辖着全闽的建安郡分出了闽东的晋安郡,闽南则建有东安、同安两个县。东晋之后,入闽的汉人更有批量的增加。如《晋书·地理志》(卷 318)所云:"闽越遐阻,避在一隅,永嘉之后,帝室东迁,衣冠避难,多所萃止。"最早到达闽南的中原汉人用自己所思念的故国为晋江命名,这种说法应是有历史根据的。南朝的二百年间,福建较之江左江右相对平静,又有不少汉人自闽北经闽东来到闽南。到 5 世纪初的梁天监中,今闽南地区(晋安郡南境)又分置南安郡。唐初高宗总章二年(公元 669 年)闽西、闽南畲民起义,朝廷派中州人陈政统府兵五千多前来平定,不少河南人跟从而来并在闽南落户,这是又一次中原汉人垦发闽南的重要史实。据《元和郡县图志》的统计数字,距总章年间不到百年的开元年间,闽南的泉漳二州所辖的七个县(南安、晋江、南田、仙游和龙溪、漳浦、龙岩)已有 55 万多户,占全闽 5 州 23 县总户数的一半以上。到这个时候,闽南方言应是定型了的。(当时的莆仙方言还没有从闽南方言中分出来。)现今的闽南方言语音还有许多与隋唐的韵书《切韵》、《广韵》相符,足可证明这一点。从初唐形成到现在,闽南方言已有近 1500 年的历史。

(二) 闽南方言的流播

中唐之后,土地兼并,赋税繁重,政风腐化,在闽南地区,加上人多地少,发展受限,闽南人口或逃亡迁徙或被贩卖为奴,户口数迅速减少。据《元和郡县图志》和《通典》,自开元到建中间不及百年，泉州的户口从50,754户锐减为24,586户。外流的人口哪里去了？看来是向南迁徙了。在上述统计户数中，漳州户数不但未减，反而从1,690户增加至2,633户。有的可能进一步到了潮汕平原。据《新唐书·地理志》唐代潮州和循州七个县全是中下小县总共只有13,945户，到了宋代，据《宋史·地理志》，循州分出惠州，潮州分出梅州，共有11个县，其中"紧县1"，"望县3"，"中县2"，共有195,365户，总户数较唐代增加了近15倍。应该说，潮汕地区和海陆丰一带的闽南话就是中晚唐之后从闽南陆续传去的。至今潮汕平原乃至后来再从那里迁往雷州半岛和海南岛的诸族姓还自称祖上来自"莆田荔枝村"，这种民间的口碑应该不会是讹传。因为到宋以后莆田方言就逐渐和闽南话分离了。莆田也确是人口密集的6,000户以上的"上县"，那里所出产的荔枝也早在唐代就负有盛名。

宋元之后，泉州港兴起，造船、航海和对外贸易兴盛一时，闽南人不但进一步在粤、琼两省的沿海定居，而且广布于东南亚各国。有关海外交通的诸多典籍不乏直接的记载。至今仍通行于那些地方的闽南方言以及马来语所借用的数百条闽南话语词则是现实的明证。

明清之后，泉州港衰歇，倭寇骚扰，益发人多地少的闽南，经济凋零，除了继续南渡菲律宾、新、马、印尼、泰、越等国谋生之外，有的由海路北上或捕鱼或从事手工业，移居闽东（霞浦、福鼎）沿海和浙南（江山、平阳、苍南）沿海。有的因清初沿海"迁界"而被迫移居内地，这些小批量的迁徙留下了现今的闽东、浙南、江西等地的闽南方言岛，而大批量的国内迁徙则是跟随郑成功父子收复台湾和垦殖台湾。

郑成功高举"反清复明"大旗，发起驱除荷兰殖民者的战争，为反抗清廷的"迁界"、封锁，又大力组织军队的屯垦并发展海上贸易。先后渡台依附他的泉漳二州百姓达数万人，康熙年间，清廷据有台湾，本拟虚其地，经晋江人施琅之谏而止，虽仍禁止军政人员携眷入台，入台闽人已近30万。至乾隆年间，禁令渐除，之后，入台人数迅速增加。据《台湾府志》，乾隆年间全台有15,000多户，72万人；到嘉庆十六年（公元1811年），全台已有24万户，200万人。应该说，以泉州腔为主，掺杂着漳州腔的台湾闽南话就大体形成了。

（三）闽台两省闽南方言的分布

就现实的情况说，福建境内的闽南方言主要分布在泉州市所辖的鲤城区、石狮市和南安、晋江、惠安、安溪、德化、金门等七县二市，厦门市及所辖的同安县，漳州市区及所辖的龙海、华安、长泰、南靖、平和、漳浦、云霄、东山、诏安十县市，（平和、南靖、诏安三县的西沿还有客家方言。）以及龙岩地区的龙岩、漳平二市，三明市的大田县西南部。除了这一连片的"本土"之外，省内还有13个县有闽南方言岛，人口较多的有福鼎县沿海12乡的97村，近20万人；霞浦县沿海33村，4万多人；福清市南部、顺昌县中部、沙县中部各数万人。全省说闽南话总人口约1,500万。福建境内的闽南话大体分为四种口音，北片泉州市属地区和多数省内方言岛是泉州腔，南片漳州市辖区是漳州腔，厦州、金门是杂有泉漳两种口音的厦门腔，西片漳平、龙岩属于龙岩腔。

闽南方言也是台湾省内的主要方言，除中部山地高山族居住区通行高山语和苗栗、新竹两县多数客家人说的客家话外，岛四周的沿海平原和丘陵地区大都通行闽南话，自北至南的丘陵地带还分布着许多客家方言岛。事实上许多客家人和高山族同胞也兼通闽南方言。使用闽南话的人口占全省人口的80%，大约也是1,500万人。台湾省内的闽南话也有泉州腔、漳州腔之别，大体上北部和南部多泉州腔，中部多漳州腔，在许多地区两种口音相互穿插也相互影响，多数人所说的闽南话也像厦门话那样综合着泉、漳两种口音并以泉州腔占优势。

（四）海峡两岸的闽南话最为接近

就国内的分布说，闽南方言可分为五大块，即本土闽南话、台湾闽南话、潮汕闽南话、琼雷（海南省和广东省的雷州半岛）闽南话和浙南闽南话。在这五大块之中，闽南本土和台湾省这两大块的闽南话是最为接近的。下文就语音方面的差异举些例子说明。

琼雷闽南话以文昌话为例，声母方面有紧喉音 ʔb、ʔd，分 n-l，ts^h 读 s（炒菜说"洒赛"），ts、s 读 t（驶船说"歹唇"），k^h 读 h（开空说"辉夯"）；还有大量的"训读"现象（如思读想，贫读穷，看读望，捆读缚等等）。这些都是其他闽南话所未有或少见的。潮汕闽南话以潮州话为例，声母 m、n、ŋ 和 b、l、g 有别；韵母中没有-n、-t 尾韵（班＝帮，八＝北），有 ɿ 韵（资此思），u 读 ou（粗布，乌裤），ue 读 oi（洗鞋，买卖）；单字声调平上去入各分阴阳（八调齐全）以及连读变调中有双音词后音节读变调的条例等等，也是颇具特色的。浙南闽南话有-n、-ŋ 韵尾，没有-m 韵尾（林＝鳞，心＝新），塞音韵尾只有-t，没有-p，-k，变调规律也有许多特殊性。

而台湾闽南话的语音系统和本土闽南话几乎没有差别，声母都是 15 个，声调 7 种，连读变调也和厦门极为相近，不论是泉州腔或是漳州腔，所有的韵母都没有超过本土闽南话的范围。无怪乎两个素不识面的台湾人和闽南人在一起可以畅通无阻地交谈。

为什么在五大块闽南方言中竟会是隔着海峡，先后断绝过八十年往来的闽台两地最为相近，其余连片于大陆的反而变异更大？不妨先看看其余三大块变异较大的原因。潮汕闽南话在各大块中从闽南分出最早（中晚唐至两宋），之后又一直为岭南道所辖，论自然条件也比闽南好，地平、山少、水多，因而得到独立的发展。琼雷二州是宋之后陆续从潮汕、海陆丰转徙而去的，那里本来就有黎、壮、瑶族诸语言和粤方言，历史虽较潮汕地区的闽南话短，却难免受到较大影响，因而发生较大变异。至于闽东和浙南的一块，虽是清初才陆续北移，但因地盘狭小，人口也不多，迁出之后与本土来往稀少，深受闽东方言和浙南吴语的影响是必然的。

传到台湾的闽南方言，从来源成分说，和厦门话一样都是泉州腔和漳州腔的融合，从时间说，只有三百余年，原有的土著高山族人数不多，所操语言属南岛语系，和汉语相去甚远，且文明程度悬殊，自不容易对闽南话施加影响。更重要的是自康熙22年（公元1683年）到光绪11年（公元1885年）的二百多年间，台湾隶属福建管辖，官方及民间的往来一直是十分频繁的，即使在清廷残酷迁界期间或是建省之后亦从未间歇过。1895年之后，日本侵略者占据台湾五十年，虽然穷凶极恶地实行殖民统治，千方百计摧毁我民族意识，推行奴化教育，以至禁止使用汉语汉文，其结果只能引起台湾人民更为强烈的反抗。仅开头的二十年间，台湾人民的武装反抗斗争就有一百多起。具有深厚的文化底蕴的闽南方言不但没有被消灭，反而保留得更加完整、更加地道（台湾通行的客家话也一直少有变化，至今与梅县一带的口音毫无二致）。

二　闽南方言的文化类型特征

方言是在一定地域的历史文化背景之中形成和发展的。研究方言和地域文化的关系可作共时的考察，也可作历时的分析，共时的考察可以是微观的，也可以是宏观的。微观的考察主要是透过某些方言词语去追寻命名时所反映的社会生活的史实，例如某些名称（番薯、番姜）说明了经济史上引进外地作物的事实；某些人地名的应用（国姓爷、成功路，晋江、漳江、泉州里、南安村）寄托了人们对故人故土故国的特殊感情；避讳反映了禁忌的习俗；亲属称谓则反映了历史上的家庭婚姻制度。宏观的共时考察可以从诸多方言的比较去探索方言的文化类型。本节就是这种宏观的共时考察。用所概括的五种文化类型特征，来进一步说明闽南本土和台湾省内的闽南方言的文化类型特征是最为接近的。

（一）向心型

每一个方言区都是由一群小方言组成的。有的方言区中的小方言差异大，各自为"正"，漫无中心，连方言区和小方言都没有明确稳定的名称。闽方言中的五个方言区，只有闽南话和莆仙话是民间通行的习惯名称，早期闽南话分化出来的这两个区的内部差异都相对比较小，尤其是漳泉厦地区和台湾省的闽南话。差异之所以小是因为有方言代表点作为中心，对各地小方言发生影响。闽南话早期代表方言是泉州话，早年形成的闽南方言艺术都以泉州音为标准音，泉州兴起于唐代，极盛于宋元，经济繁荣，文化发达，这是顺理成章的事。入明之后，漳州月港兴起，大有代替泉州港之势，漳州府人口骤增，形成了自己的中心，这就是和泉州音相去不远但特色鲜明的漳州腔。郑成功建设厦门军事基地之后，厦门日渐聚集了泉漳二府的人，遂改"中左所"为思明州，清末五口通商之后又得到迅速的发展，成为闽南地区出入境的大港，泉州腔和漳州腔在这里融合为新的厦门腔。近百年来厦门话已经上升为闽南方言的新的中心、新的代表。台湾的泉州腔和漳州腔实际上也在不断地交混，向厦门话靠拢。

作为闽南方言的"中心"的标志，闽南地区早有编纂方言韵书的传统。早期的泉州标准音有黄谦所编的《汇音妙悟》，初刻于嘉庆五年（公元 1800 年），距今已近 200 年。后来的漳州音和厦门音又有《十五音》和《八音定诀》，这些闽南话韵书在民间一直流传到本世纪上半叶，实际上发挥着为闽南方言维持标准音规范的作用。闽南方言韵书之多是其他汉语方言所少见的，这也有力地说明了闽南方言是一种向心型的方言。

闽台的闽南话所以成为向心型方言，是这里的地理环境和文化背景决定的。除了沿海与内河冲积平原之外，这里都是低山丘陵，唐以来人口稠密，交通便利，又由于城市海港的兴起，商品经济相当发达。闯南洋，营外贸，开发台湾，长期以来一直是海峡两岸闽南人社会生活中的共同事业。因为交往日多，新的方言差异就难以发展，而有着先进的城市和海港，则容易形成中心。

（二）稳固型

从古今的流变说，闽台闽南话属于稳固型，即变化较慢，生命力强。就近的说，200 年前的《汇音妙悟》和《十五音》与今天的泉州漳州的语音并无显著不同；400 年前闽南话戏曲（《荔枝记》等）的刻本现代人还大体可以读懂。拿远的说，闽台闽南话的一些白读音至今还保留着隋唐以前的上古音，例如"轻唇读重唇"：飞、分、放、款、纺、富、腹、缚、肥、缝，口语都读 b 或 p；"舌上读舌头"：中、追、猪、抽、拆、畅、茶、绸、锤，口语都读 d 或 t；在文读音上不少则保留着唐宋间《广韵》系统的音，如三套鼻音韵尾与塞音韵尾俱全；甘心-m、合集-p、安身-n、扎实-t、农耕-ŋ、目的-k。词汇语法上也有许多和中古诗文完全一致的说法。例如"画眉深浅入时无气"，"有诗无"，"今在无"，"寒梅着花无"；"小蛮问我诗成未"，"花开未"；这类词句就与今日闽南话无异。

这种变化缓慢的稳固性和历史上的相对稳定有关，闽南地区垦发之后，偏安一角，未曾有大动乱。还与地处海陬，人口密集有关。本地人尚且要奔走海洋，外地人口更是难以移居进住。在语言内部特点上，闽南方言形成了文白异读的两套系统，也是促成它的稳固性的因素。文读便于读书作文，与外地人交往；白读则便于本地人的日常口语交际。对内对外，口头和书面的沟通均可两便。

生命力之强大在闽台闽南话也是极为显著的。上文所述日本占据台湾五十年，闽南话不但未被磨灭，反倒更少变化，便是突出的事实。闽东、浙南的许多方言岛，有的只有数百人也能存在数百年之久。现今的新加坡百分之八十的华裔中，闽南话势力最大。印尼与马来西亚、菲律宾等地也有许多通行闽南方言的聚落和社区。可以说，从海峡两岸外出的闽南人，不论批量大小，时间长短，路程远近，总要顽强地保留自己的母语。这种力量来自对故土的眷恋，对乡情的珍惜，以及对自己祖先所创造的文化的自豪；同时，也由于出外谋生的艰难奋斗之中，需要有乡亲们的相互提携和协同团结。共同的方言，不正是沟通感情、协同动作的最佳工具吗？

（三）扩散型

正因为闽南方言是稳固的，随着闽南人的海上播迁，闽南方言也在中国沿海乃至整个东南亚海域扩散。单就国内而论，数百年间它就从闽南本土扩散为五个省的五大块，占据着全国海岸线约三分之一，向外扩展的地域和人口都早已超过本土。单是国内的四大块的人口就在四千万以上，超过本土人口的两倍。东南亚各国至少还有两千万。像闽南话这样向外扩散的规模是其他方言难以比拟的，客家话在国内外的流播和粤方言在国外的流播，地域可能不比闽南话小，但人口是一定不如闽南话多的。

向外流播是一种扩散，向后到者传播以及为相邻者接受，是另一种扩散的方式。在闽南本土是没有别的方言岛的，陆续到来的人在语言上都被同化了。近百年间，像厦门、台北这样的大城市甚至大批外省人涌入之后，也多数接受了闽南话，尤其是他们的第二代，几乎没有例外。在台湾，虽然有客家方言岛，大多数客家人都兼通闽南话。闽南的方言边界——南靖、平和、诏安的西沿，通行的是客家方言，那里的人大多数也兼通闽南话。相对而言，边界上的闽南人兼通客家话的人数要少得多。在东南亚各国的华裔社会中，往往是闽南籍、客家籍和广东（粤语区）籍的人杂居，也是后者兼通闽南话的人比闽南人兼通客家话或粤语的人多。例如马来西亚和新加坡，闽南话实际上成了华人社会的共通语，至少，50 年前就是这种情况。

闽南方言的这种扩散力量显然是它的向心力、稳固性所决定的，同时也和它拥有丰富多样的语言艺术加工形式，和它的多功能性有关。

（四）多能型

闽南方言，尤其是海峡两岸的闽南话，不但有丰富的口语表达手段，而且可以用文读音诵读古诗文，文白相间诵读白话文。不但有日常生活的俚俗语体，而且有文学加工的典雅艺术语体。这说明了闽南方言在社会生活的各个领域都可以充分地发挥其交际作用，它的交际功能是全方位的。这种特点，可以称之为多能型。

中国东南部汉语方言和共同语相差较大的汉语方言中，粤方言也是典型的多能型方言。从人们的日常交际到儿童读书识字，乃至讲解科学知识，编故事、写小说，粤方言都可以应用自如，无需借助共同语。闽方言中的一些小区，甚至像福州话这样的古老方言，年青一代已经难以用方言诵读古今书面语了。

和粤方言相比，闽南方言的应用领域不如它那样广泛，方言书面语也缺乏完整的书写体系，不像粤方言那样，说得出的音都有写得来的字，但是方言文学加工的形式之多样，粤方言则不如闽南话突出。

闽南方言的文艺形式，最早有以说为主的木偶戏和以唱为主的南音。南音又称南曲，是从唐代宫廷音乐继承下来的，唱词典雅，曲调悠扬。木偶戏又有提线式和布袋式（掌中班）两种。提线木偶多见于佛事活动，演的以目莲故事为主，又称“目莲傀儡”；布袋木偶多演历史故事，水浒、三国故事应有尽有。漳州兴起之后，又有漳腔的清唱形式——锦歌，是民间小调加工而成的，内容多反映现代生活，曲调流畅活泼。在宋元南戏的基础上，吸收南音的曲调成了梨园戏，明代中叶就十分兴盛。到了清代中期又出现了兼重武打的高甲戏。民国初年，台湾还创造了以锦歌清唱为基础的歌仔戏。传回大陆之后又称为“芗剧”或“台湾调”。在潮州汕头平原还有潮剧，在雷州半岛有蕾剧，在海南岛则有琼剧，像这样同一个方言区并存着如此多种多样的文艺形式，实是各方言区所未见的。

方言文艺的充分发展和闽南地区的商品经济的发展，城市的兴起，有着直接的关系。经过多种形式的文学加工，方言词汇更加丰富，句型更加多样，从而更富于表现力，方言代表点的语音和词汇也进一步扩大其影响。因此，它又是造成闽南方言的向心性、稳固性的扩散力的重要因素。

（五）双语型

这里说的双语型指的是方言与共同语的关系，即在方言地区虽然广泛地通行本地方言，却不排斥民族共同语，而是共同语和方言双语并用，并在方言使用中大量吸收共同语的成分（主要是词汇和语法上的）。

在早期的南音唱词和梨园戏戏文之中，我们可以看到许多词句都和当时的书面共同语十分相近。方言口语向前发展，和宋元以来的白话造成越来越大的差异之后，人们对于学习共同语也越来越重视。清初雍正五年，朝廷曾明令闽粤两省建立“正音书院”，推广当时所流行的官话的读音，看来这在民间还发生了一定的影响。1800 年印行的《汇音妙悟》就收了不少“正音”（即按官话读的字音），印制《十五音》的漳州颜锦华木板同时刻印了蔡伯龙所著《官音汇解》一书，将方言词语与官话逐条对照（此书后来被蒋致远收入《中国民俗丛书》）。到了晚清的切音字运动，两位早期发起人——同安人卢戆章和漳州人蔡锡勇都十分重视指导人们学习普通话。在他们的著作《一日了然初阶》和《传音快字》中,都有“京腔”拼音方案。卢戆章在1893年所写的《中国第一快切音新字原序》中说“十九省语言文字既从一律,文话略相通,中国虽大,就如一家,非如向者之各守疆界,各操土音之对面无言也。”民国之后,革除旧学,兴办新学。在闽南地区,自从普及新学之后,儿童读书识字都从学习注音字母、拼读普通话字音入手。台湾光复之后的国民教育也十分注重学习国语。因此,在闽台两地,通行闽南话的地区,略有文化的人都兼通国语,与本地人说闽南话,与外地人说普通话,普遍成了一种传统习惯。

闽南方言和粤方言都是向心型、稳固型、扩散型、多能型的方言,唯独在双语型这一点上,二者有明显差异。粤方言区的普通话远不如闽南方言区普及。究其原因可能与地理位置及文化传统有关。福建毕竟不像地处岭南的广东那么边远,沿水路与江浙乃至长江流域的交往略可称便。自唐代以来,闽南士子求学从政代有人出,从朝野文人到平民百姓都未曾忘却自己的祖先是从中原南迁的,宗谱之续,绵延不断。文教略为发达的地方就自称“海滨邹鲁”“文物之邦”,以承续华夏正统为荣。重视推广共同语和这种文化氛围是一致的。

三 闽台方言与闽台文化历史发展的特点

以上所述,说明了闽南方言区的分布地域中,漳、泉、厦地区和台湾省的闽南方言在文化类型特征上是最为接近的,这两个板块同属一种方言口音。正是因为它们同属于一个文化圈,我们如果进一步对这个文化圈进行一番宏观的纵向考察,就不难看到这个文化圈所具有的历史发展的特征。它将给人们带来许多深刻的启示。

(一)传统文化的继承和新环境下的创新——从中原文化到海洋文化

闽南人世世代代都记住自己是中原地区迁徙而来的炎黄子孙,对于故国寄托着无限崇敬之情,出外华侨称家乡为“唐山”,称华裔为“唐人”。既说明华人出洋始于唐,也说明人们对盛唐是引以为荣的。对于在中原地区形成的文化传统,人们也都能恪守不移。从一些常用方言词就可以看出这一点。在闽南话里,做人尚“忠直”,“奸雄”“奸臣头”则为人所不齿,必须提防“大奸似忠”,这类俗语连目不识丁的老妇也能说;称厚道、老实为“古道”“古意”;待客讲究“礼数”,办事讲究“理路”,办法总要讲究分寸,称为“法度”;褒扬的是“能征惯战”的“豪杰兄弟”,鞭挞的是“不受教训”的“懦夫”“乞食骨”(贱骨头)。无论在社会上或家庭内都必须“照君臣礼”,务农要“认路认份”,经商则信崇“有道得财”。凡是“古上书”(上了古书的)都被认为是理所当然的。有许多成语谚语虽是用文读音说的都早已家喻户晓,童叟皆知(下详)。虽然闽地边远,初来时这里还是一片草莱,士大夫们一直以发扬中原文化为己任,以承续儒家精神为光荣。

然而移居闽南的先民毕竟来到了一个崭新的环境。从华北平原的一派平川到丘陵起伏的沿海,从中州京畿到百越杂处,不论是地理条件或社会环境都有极大差异。在披荆斩棘,筚路蓝缕的时代,看来,他们从古越人那里学来的刀耕火种和近海捕捞还不足以养家糊口,兴家立业。逐渐地“骨力食力”(勤为本)的人民经过长期的摸索,终于懂得了在不多的“洋田”(大片水田)里轮作套种,多种经营,种植水稻、旱稻、花生、黄豆、甘蔗、黄麻,在山地种茶、种果,炼铁、烧瓷,在沿海围垦、捕捞、种蛏、采蛎,进而造船航海,经营进出口贸易。到了宋代,泉州的造船业已经冠于全国,《太平寰宇记》将船舶列为闽南土产。《舆地纪胜》所收《泉州诗》云:“州南有海浩无穷，每岁造舟通异域。”有了大量的船舶和熟练的水手，泉州港一跃成了东方大港。上个世纪70年代泉州后渚港发掘的宋代货船从规模到工艺都令人叹为观止。宋高宗绍兴年间建立的泉州市舶司成了南宋王朝的摇钱树。宋代泉州商人的足迹北到高丽，东到日本，南到印尼，西达阿拉伯。泉州港的贸易显然大大刺激了闽南地区农业手工业的发展。安溪的茶，晋江、南安、永春、德化的瓷器早就有了大宗的出口贸易。应该说，到了两宋时期，闽南地区已经形成了系统的海洋文化；沿海带动内地，城市带动农村，商业带动手工业，造船航运、贸易、移民都是面向海洋、走向世界的。到了外部世界之后，人们学会了同异帮异族的和平相处，眼界开阔了，观念改变了，才干也增长了。正是有了海洋文化的陶冶，到了明清两代，有李贽的反潮流，有洪承畴的识大局，有郑成功的伟大壮举。尤其是郑成功复台，不但能组织和训练每船装有200精兵的400艘战船队，而且能在严令沿海迁界、对台进行禁运封锁的情况下，独操广得“通洋之利”，方能“以海外弹丸地，养兵十数万，甲胄戈矢，罔不坚利、战舰以数千计……而财用不匮。”(郁永河《禅海纪游·伪郑逸事》)

从今天海峡两岸的闽南方言谚语，还可以找到许多海洋文化凝练出来的哲理。例如“穷无穷种、富无富栽”是对天命的质疑；“天无绝人之路”“东洋无洋过西洋”说的是向海洋进发；虽然“行船走马三分命”，但是“无拼无性命”“敢死提去食”“敢拼则会赢”，只要有“横心做一倒”的拼搏精神；出外冒险需有“同行不如同命”的互助友爱，“相分食有伸(剩)，相争食无够”；到了外地又得“入风随俗，入港随弯”；能够“好歹钱相夹用”(交各种各样朋友)；懂得“敬神不如敬人”。这类本地人所熟知的俗谚真是比比皆是。

海洋文化曾经给中华文化注入了新的血液，提供了宝贵的对外开放的历史经验，今天我们又处于一个崭新的对外开放的时代，研究闽南方言文化圈的海洋文化就更有现实意义了。

（二）地域文化和民族文化的统一——乡土观念和民族精神的结合

闽南—台湾的方言文化圈是一种地域文化。这种文化有一种特别强烈的乡土观念。这块宝地曾使他们的祖先避过了中原的战乱，得以生息，又得以发展，因而世世代代的闽南人对自己的乡土寄托着无穷的眷念。“乌篮血迹”（出生地、摇篮地）在闽南话里是十分神圣的字眼。出洋的侨胞潦倒病笃也要拖着残躯返回乡梓，将骨头埋在故土。发家兴业的富豪则恪守“番平钱，唐山福”的信条，把钱寄回老家，为家族修祖坟、建新居，为乡里修桥造路，兴办文教卫生事业。再破旧的“祖厝”人们也不愿意拆除，因为是“祖公业”，再贫穷的家乡也要回来探望，为的是“显祖荣宗”。初次出洋的“新客”，语言不通，“头路”（职业）难觅，往往可以“把草找亲”，在堂亲本家那里“浪帮”（寄食）数月经年亦属寻常。一去不复返，不认祖籍亲邻的“成番”者，人们鄙称为“无良心”的“番猪”。移居台湾的闽南人也往往聚姓而居，聚籍而居，并用自己的故乡之名为新村命名。早年的台湾地图上“泉州里、南安村，安溪里、诏安村”之类地名随处可见。这类村落往往续修族谱，连“镇境”的“佛公”（菩萨）也要从故乡“搬请”而去，供奉如故。今日台湾，林默娘（妈祖）的天妃宫，吴本（吴真人）的慈济宫，郭忠福（郭圣王）的凤山寺，这些由闽南地区的活人神化而供奉的寺庙，香火之盛比闽南地区有过之而无不及。

这种浓郁的乡情又是和爱国主义、民族主义精神紧密结合在一起的。在和平时期，狭隘的宗族观念可能使细小的利害争执酿成乡村之间、族姓之间的械斗，然而在民族大义之上又能精诚团结，一致对外。这样的时刻，必有贤者奋起号召，组织千百万志士作殊死的抗争。抗倭英雄俞大猷，“开辟荆榛逐荷夷”的郑成功，抵抗日寇的丘逢甲、刘永福，之所以能一呼百应，四方慑服，就因为闽台人民素有这种威武不能屈的爱国精神和民族气节。

渡海、出洋的闽南人的民族主义还有一条难能可贵的原则，就是扶善抗恶，不怕硬、不欺软。数百年间，倭寇、“红毛”（指荷兰人）、“花旗”（指美国人）这类殖民主义者、帝国主义者对闽台人民的压迫和残害是罄竹难书的，闽台人民对他们的抗争，也是此起彼伏、从未间断过的。而对于所到的“番邦”（侨居国）的“番仔”，闽南人历来是友善地向他们和平相处，取长补短，共同发展生产，建设侨居地。移居东南亚的闽南人大多数兼通当地民族语言，据1972年统计，新加坡华人兼通马来语的达45.8%（郭振羽《新加坡的社会语言》），在新、马以及印尼一带，闽南话和马来语有不少“双向互借”的同义词。即同一概念，马来语有闽南话借词，闽南话也有马来语借词，有些语词竟已分不清谁借谁。例如闽南话的“食”，马来借读为ciak，马来语的makan（吃），闽南人借读为“马干”；闽南话的“情理”马来语借读为cengli，马来语的patut（规矩），闽南人借读为“巴突”：闽南话的“食力”马来语借读为cialat或celaka，意指遭殃，闽南话又将词义加重了的calaka借回（音“之蜡甲”）。这种少见的民族间的语言交流不正是闽南人和马来人和平相处，友好沟通的见证吗？在渡海、开发台湾的先民中，有一个精通高山语的吴凤，他为了汉人与高山族同胞的友好相处，苦口婆心说服高山族人革除猎人头的恶俗，最后献出自己的生命，换来了社会的进步。吴凤的动人故事，一直在民间被颂扬着。

（三）士族文化与平民文化的相互渗透——语言艺术上的典雅与俚俗的共存并用

在封建社会里，任何地域文化和民族文化都有士族文化和平民文化两种，二者之间有对立、矛盾、相互排斥的一面，也有相互渗透、相互转化的一面。闽南方言区明显地把这两种文化融为一体了。这充分地表现在方言和文学艺术上。

如上文所述，闽台地区的方言文艺既有典雅的南音清唱、梨园戏，又有民歌基础上加工的歌仔戏、芗剧；既有韵文唱词的提线傀儡，又有口语叙述的掌中木偶。老一辈文人还有一套吟诵古诗的曲调，这是典雅的文言，民国之后又有韵白相间的方言故事"搭嘴古"，最早兴起于台湾，上个世纪40年代就有著名艺人蓝波里，近年来厦门地区也有所发展，这是通俗生动的方言口语。正是这样的雅俗共存，使闽台的地方文艺格外丰富多彩，这在其他方言地区也是极为少见的。

在语言方面，众所周知，闽南话的字音有文读音和白读音之别，文读音往往用于文言词、书面语词，白读音则用于日常生活的通俗语词。在常用的口语中，这两种读音又是相互穿插，混合使用的。下面仅以若干谚语为例（＝为文读，＿为白读，～为训读）：

文读音	白读音
家和万事成	多牛踏无粪
一男一女一枝花	一声雷天下响
早出日，不成天	春寒雨那溅
人无千日好	近溪搭无渡
天无绝人之路	相分食有剩
有功无赏	有船无港路
十赔九不足	十个掌头有长短
清官难断家务事	仙人拍鼓有时错
惯者为师	船过水无痕
害人则害己	百般起头难
来者当受，去者不留	赡用驶船嫌溪弯
上不正则下歪	做贼一更，守贼一暝
眼不见为净	目珠赡贮得沙
人穷志不穷	穷厝莫穷路
先小人后君子	肥水唔流别人田

受死不受辱　　　　　　好头唔值好尾

自然，在这个文化圈里，也有贫富之间的剥削，也有酷吏与善民的对立，然而两种文化的相互渗透也并不是毫无根据的。可以想象，辗转迁徙而来的闽南先民初到这里披荆斩棘，不论贵贱，困顿是共同的，后来的艰难创业，不论主仆，均须吃苦，这样的时间长了，两种文化的渗透自会更多。

（四）城市文化与乡镇文化的沟通——城市方言与乡村方言的交融

中国早期的城市的兴起，看来和西方的资本主义原始积累有所不同。在中国的封建社会里，只有手工业、航运业和商业贸易，城市的繁荣对农村商品经济的发展有一定刺激，虽然打破了传统的自然经济的格局，却不像西方那样造成农村的严重破产。闽南兴起的城市都是些小城市，一开始就把商品生产辐射到农村（如制茶、烧瓷），内河和外海航运的船工、水手也都来自农村，城市之间的交往是比较平和的。由于耕地本来就不足，城市资本向外发展的更多，向农村的自耕农兼并土地并不十分剧烈。土地改革时工商业地主数量不多，占地也不广。出洋谋生的华侨更多是乡下人，在许多侨乡，华侨发迹之后，多将资金用于家庭消费和兴建家业，在城市投资的较为少见。城乡的生活水平相去不远。城里人在文化上对乡下人的歧视也相对淡薄。农村的剧团、乐队在城市只要艺术水平较高，一样受到欢迎。带着乡下口音的乡下人在城里受欺凌的现象不像有些城市那样突出。反映在方言中，城市方言往往接受农村方言的成分。厦门兴起之后形成的厦门腔就是泉州腔和漳州腔的融合，拿语音的韵母系统来说，至今还可以在厦门音里找出泉漳腔的不同来历：

泉州腔　　　　　　　　　　漳州腔

u 须＝输（漳：须 i）　　　　u 资＝朱（泉：资 ɯ）

a 家＝胶（漳：家 e）　　　　o 高＝哥（泉：高 ɔ）

ue 瓜＝鸡（漳：瓜 ua，鸡 ɛ）　　　　ɔ 茂＝暮（泉：茂 io）

iɔŋ 良＝龙（漳：良 iaŋ）　　　　iam 针＝尖（泉：针 am）

ŋ 酸＝霜（漳：酸 uĩ）　　　　iap 汁＝接（泉：汁 ap）

如果说语音还有较强的系统性的话，在词汇方面乡村方言汇集于城市方言的现象就更加突出了。由于闽南的城市历来规模不大，与乡间距离不远，城乡联系十分紧密，因此，许多乡下语词也传入城内，形成大量的同义词。以泉州话的几个常用单音动词为例：

表示“给予”的动词，早期泉州多说“乞［$k^{h}it^{5}$］”（见于明末的《荔枝记》）这种说法最普遍，后来泉州话多说“度［$t^{h}ɔ^{31}$］”或“传［$tŋ^{24}$］”。而流行于晋江的“涂［$thɔ^{24}$］”，流行于惠安的“糊［$k^{h}ɔ^{24}$］”、“裤［$k^{h}ɔ^{31}$］”也已传入泉州，城内人也认可了。

表示“相遇”的动词，泉州原说“撞着［$tŋ^{22}$ tio^{1}］”，南安说“拄着［tu^{55} tio^{1}］”，晋江、惠安说“遇着［bu^{31} tio^{1}］”，今泉州城内亦三种说法皆通。

表示“放置”的动词，泉州多说“下咧［$k^{h}e^{31}$ le^{1}］”（厦门音［he^{22} le^{1}］），南安、晋江说“在咧［sai^{31} le^{1}］”，惠安说“跨咧［$k^{h}ua^{31}$ le^{1}］”，各种说法在现今泉州城内亦均可接受。

表示“在”的动词，泉州说“在咧［$tɯ^{33}$ le^{1}］”，惠安说“着咧［$tioʔ^{24}$ lei］”，城内今亦可通。

表示“住在”的动词，南安说“按咧［an^{31} le^{1}］”、“那咧［na^{31} le^{1}］”。泉州说“带咧［tua^{31} le^{1}］”，同安说“垫咧［$tiam^{21}$ le^{1}］”，今泉州话也均可通行。

以上是对闽台的闽南方言文化在已有的发展过程中表现出来的特点的粗略概括。方言是不断变化的，文化也是不断发展的。近数年来，闽台的隔绝终结了，大量的台胞返回内地探亲访友、寻根谒祖，不少台胞来闽南经商办厂，畅通无阻的闽南方言正在为海峡两岸的同胞续写文化史的新篇章发挥着重要的作用。研究昨天是为了把握今天，安排明天。从这个文化圈的历史特点中，我们是可以获得许多宝贵的启示的，让我们为这条文化演进的长河推波助澜吧！

[本文提交1992年2月，在厦门举行的闽台文化学术讨论会。后收入该会论文集《同源同根，源远流长》，海峡文艺出版社，1993年10月。]

从客家方言的比较看客家的历史

60年前，客家研究的先驱罗香林教授在他的名著《客家研究导论》里设计了庞大的客家研究计划，把客家方言的研究列为重要的一项。他主张全面调查客方言，“将其词汇，音读以及语句构造用语言学方法记录出来，再用中国音韵学固有法例，分析它的声纽、韵部、呼等以及四声等等，以与中土各期各地诸音韵参合比较，推求其间递演嬗变的痕迹所在，一以表白客语实际与本体，一以推证客家与其他族系的交互关系。”（罗香林，1933）也正如罗先生所说，“这种工作繁重至极”，至今半个多世纪过去了，关于客方言的研究虽然发表了不少新材料，综合比较和历史研究却不太多，以上目标还不能说是达到了的。

语言是一种文化现象，它记录着人类思维的成果，是传承文化的最重要工具。语言又是一种历史现象，它总是随着社会的分化和统一，民族的迁徙和融合以及物质文明的演变而不断发展着。英国语言学家帕默尔(L. R. Palmer)说过：“语言忠实反映了一个民族的全部历史、文化，忠实反映了它的各种游戏和娱乐，各种信仰和偏见。”(1983：139)语言的历史和文化的历史是可以互相论证、互相发明的，半个多世纪以来，语言人类学、社会语言学、文化语言学的研究不断证实着这一原理。今天，当我们把客家方言和客家历史联系起来研究的时候，我们不仅赞叹罗香林先生的远见卓识，而且应该有更加广阔的视野和更加深层的思考。

透过客家方言研究客家文化可以有多种视角。例如从风俗词可以了解民间习俗，从谚语可以考察社会的心理和观念，从“底层”现象可以寻求民族融合的痕迹。考虑到南来的客家最早定居在闽西赣南和粤东粤北，湘桂川台和香港地区的客家都是从这个中心区迁去的，所谓“纯客县”主要分布在这一带，这里的客方言应是最有代表性的，因此，本文拟从粤赣闽的客方言的比较入手，对其共同的语音、词汇特点进行历史的分析，从而说明客家方言和客家民系形成的历史。对其内部的方言差异进行历史和共时的分析，从而说明客方言的南北分片及其社会原因。

本文所比较的材料取自最近出版的《客赣方言调查报告》(李如龙、张双庆主编，1992)。限于篇幅只取其中的10个点：广东省的梅州、翁源、连南、河源、揭西，福建省的长汀、宁化，江西省的宁都、赣县、大余(除赣县取蟠龙镇音外，其余各点均为市区、县城音)，包括字音70条，词汇100条，列为两个附表(详见文后表一、表二)。

一 客家方言的主要共同点及其历史分析

在语音方面，粤赣闽客家方言的主要共同点是：(括号内的数字是附表的表一、表二中的序号。)

1. 古全浊声母今读为相应的送气清音，例见表一：白豆坐贼丈重极近；表二：坪(71)鼻(94)弟(100)婆(102)徛(107)。

2. 古轻唇音非组字中多数字的文读音读为 f，少数常用字读为重唇音 p、p^h、m，例见表一：分粪斧肥妇；表二：痱(99)尾(137)。

3. 古晓匣母合口字多数点混于非组读 f，例见表一：花红欢火。

4. 大多数点有 v 声母，含古影、微、云、匣等母字，例见表一：

王围;表二:禾(76)黄 (85)屋(88)。

5. 见系二等字大多未腭化,读为 k、k^h、h,例见表一:家界街江角闲;表二:虾(87)间(89)交(124)。

6. 古精庄组不分,均读 ts、ts^h、s,例见表二:私师栽债粗初。

7. 古歌/麻韵的读音多为 o、ɔ 与 a、ia 之别,例见表一:哥多/社马野,又上述例字坐、火/花、家。

8. 遇摄的鱼/虞韵还存在着某些区别,与模韵则有分有合。例见表一:粗初柱/去区鱼;表二:渠(127) 。

9. 蟹摄开口一二等字多读为 ɔi(oi)/ai 之别,例见表一:栽债盖该/界街。

10. 蟹摄开口四等齐韵常用字有读为洪音 ɛi、ai 而与支韵有别的,例见表一:洗齐;表二:第(100)系(123)。

11. 山摄开口一二等字多为 ɔn(on)/an 之别,例见表一:旱肝/闲;表二:秆(77)/间 (89)。

12. 江/唐二韵字(含入声)多混读为 ɔŋ/ɔk,例见表一:江角/钢各。

13. 梗摄文读与曾摄混同,常用字多有白读音 aŋ、iaŋ-/ak、iak。例见表一:白极明清惜/等;表二:坪(71)萦(92)静(96)偋(113)。

14. 古全浊上声常用字多数点白读混为阴平调,例见表一:坐丈重近妇社舅;表二:弟 (100)徛(10)孩(108)。

15. 古次浊上声常用字不少点白读亦为阴平,例见表一:马野有两里买;表二:尾 (137)。

16. 某些口语常用字读音一致而特别,如:五、吴读 m(或 n、ŋ),无读毛音,毛读阴平,知读 ti,唔读 m,我(佴)你他(渠)读为同调。详见表一:五吴无毛知;表二:123、125—127。

从汉语语音发展的历史过程看,客方言的这些特点属于四个不同的历史层次。

第一类反映的是中唐以前的语音特点，包括上述第 2、8、10、16 各条。轻唇从重唇分化出来是中晚唐北方音发生的变化，客方言非组字多读 f 是参与中晚唐变化的结果，少数常用字读 p、ph、m 是中唐以前旧音的残余。中唐以前鱼虞分韵，晚唐五代间中原汉语混押，反切混用，客方言某些鱼虞不同读法也是中唐前旧音的保留。唐诗中四等齐韵字独用，不与三等祭废韵字通押，据魏建功、李荣研究，广韵的齐韵应读洪音 ɛ 或 e。至晚唐五代朱翱反切齐与祭两韵合流，入宋之后蟹摄三四等和止摄相混，可见齐韵读为洪音也是中唐之前的旧音。第 16 条的特字读音中，知读 ti 是"舌上读舌头"，我读 ŋai(倨)保留了歌韵韵腹为 a 的特点，都是唐以前的古音遗存。这类语音特点虽然古老，但从牵涉到的字说只是少量特例，从分布地域说也往往限于局部地区，因而只是前代旧音的残留，并非客家方言的主流特征。

第二类反映的是晚唐五代间的语音特点，包括上述第 4、9、11、13 各条。云匣母合流发生在晚唐五代间，朱翱反切匣、云、以不分可以为证，客方言进一步和影、微合并当然是宋以后的事。山蟹两摄一二等字据王力考证，在晚唐五代依然有别，宋代才合流，客方言虽不是完全分读，ɔi－ai/ɔn－an 的对立却是明显存在的。曾梗两摄唐诗分押不混，至五代的朱翱反切依然有别，宋以后混同，客方言白读音分曾梗也是晚唐五代语音特点的保存。某些特字中无读毛(或冒)，吴、五、鱼读为鼻音韵和湘赣吴等方言有些类似，也应是客家先民移居赣北时发生的变异，时代也大体在晚唐五代。这一类语音特点虽然也带有残余性质，但所管的字和分布的地域都明显比第一类更为广泛。

第三类是反映两宋语音特点的，包括上述第 1、4、5、6、7、12 各条。全浊声母的清化一般认为完成于宋代，但是，据王力研究，在北方是逢平声送气、逢仄声不送气，和今天官话方言相仿。客方言则是不论平仄一概读送气清音，这种同流异向的变化正说明了同时异地的方言差异。客家人唐宋间就离开中原南下，在浊音清化的大潮之下，客家话和北方话各奔前程，造成了这种同中有异。影、微、云的大合并也是宋代完成的汉语声母的一大变化，在北方清化为零声母（微云并入影），在客方言是影云并入微，读为 v，在这一点上也同样表现为同流异向。至于见系二等未发生腭化仍然读为 k，k^h、h，则是客方言与北方话同流同向的延续。在宋代，照二的庄组普遍分化了，在北方部分混入精组，部分混入知章组；客方言里精庄总是合流的，与知章是否有别在各地表现不一，就其共性说，庄混入精是宋代的变化是无疑的。关于歌/麻韵值的变化，据王力考证，宋代就是 ɔ—a 的对立了，在这一点上，客方言和北方话毫无二致。关于宕江二摄的合流，王力的《汉语语音史》据朱翺反切认为是宋代才完成的变化，周祖谟的《宋代汴洛方言考》则据唐诗的通押认为"自唐代而然"，也是"欲广文路，自可清浊皆通，若赏知音，即须轻重有别"吧！不妨理解为中晚唐的时候宕、江两韵语音相近，用韵多有通押，而完全混同则见于宋代。综观以上各条，属于两宋这一历史层次的语言特点不但条目多，各条所管的字也多，和前代的变异又大，在客方言内部也比较一致，这些特点对客方言来说是带有全局性的，可以说是客方言的共同基础。隋唐到宋元，在汉语语音史上是中古和近代两个历史时期，除了这些条目，当然还有许多其他的变化，例如东冬韵合并，豪肴韵不分，咸摄一二等的相混，都发生在宋代，也是客方言与许多其他方言同步发生的变化，限于篇幅，本文未加罗列和说明。

第四类是宋代之后客方言特有的创新。上文所述第 1 条全浊声母清化、第 4 条影微云匣的合流不但有前代的变化基因，也有宋以后的后续变异。纯然是宋以后的变异就是第 3 条和 14、15 等条。晓匣合口字与非组字在北方和许多南方方言至今不混，而客方言大部分相混，显然是宋以后 f-、v-声母强化之后的新地变异。关于部分全浊和次浊上声字变读为阴平调，可以说是客方言最显著的特点了。有些赣方言也有些全浊上声字读归阴平，但次浊上声字未见，这可以看作客赣方言有深刻的历史联系的一斑。许多学者论证过，全浊上声混入浊去发生于唐代，完成于两宋，后来成为汉语各方言常见的流向。客方言中也有些常用字读归浊去，例如"后、静、是、笨"(客方言口语不说"是、笨")，但更多的常用字读为阴平，例如"舵苎坐社柱弟被抱厚妇舅淡旱伴上动重近"，非常用字是绝不读阴平而归浊去的，例如"市件道造部待善尽荡蟹"。可见在中原汉语浊上归去刚露头时，客家人就南下了，走的是浊上归阴平的特殊道路。在唐末五代时期，赣方言与此应是同步的，今南城、都昌、吉水、弋阳等地还保留浊上归阴平的格局。后来客赣方言的全浊上声(非常用字)归入去声则应是受共同语或邻近方言的影响，而次浊上混入阴平则是客家定居之后，即宋代以后的特殊变异，所以赣方言无此反映。

根据以上的历史分析，从客方言共有的语音历史层次看，应该说它是晚唐五代之间与中原汉语分手，南下之后经过湘、赣、吴一带的动荡，宋代时在闽西、赣南定型的，后来又在自己分布地域内发生了一些很具特色的变异。

在词汇方面，各地客家方言的一致性也十分明显，这就是八个省区的客方言之间较易通话的重要原因。附表所列只是客方言内部统一而又同其他方言有别的常用词(见表二 71—127)。

这些方言词中，不少是唐宋字书或诗文中有过说解和用例的，今音与反切合乎对应，词义也十分贴近。单是其中的单音词就有以下各条：

甽　《集韵》朱闰切：沟也。今通称水渠，俗写圳。

禾　汉以前泛指谷类，唐以后多指水稻，唐诗里就有大家所熟知的名句“锄禾日当午”。

秆　《广韵》古旱切：“禾茎”，即稻草，音义俱合。

櫼　《集韵》将廉切：“《说文》楔也”，音义俱合。

钁　《广韵》居缚切：“《说文》大鉏”，鉏即锄，音义合。

䔲　《广韵》林直切：“赵魏间呼棘”，棘即刺，音义合。

镬　《广韵》胡郭切：“鼎镬”，即铁锅，音义合。

萦　《广韵》于营切：“绕也”，音义俱合。

燎　《集韵》朗鸟切；又力吊切：“一曰戏也”，音义合。

徛　《广韵》渠绮切：“立也”，音义俱合。

荄　《集韵》下改切：“《博雅》，一曰担也”，音义合。一说为“荷”，胡可切。

偋　《广韵》防正切：“～隐，僻也”，今义藏匿，音义合。

屙　始见于《玉篇》，宋以后口语常用。《景德传灯录》“喫沩山饭，屙沩山屎……”。

倮　《集韵》求于切：“吴人呼彼称，通作渠”，音义合。

有些方言词读音亦与唐宋字书相应，唯字义有所变化，或扩大或缩小或引申。例如：

坪　《广韵》符兵切：“地平”，今用作名词，指山间平地，并常用作地名的通名。

黸　《广韵》落胡切：“黑甚”，今指铁锈，因呈黑色。

豚　《广韵》丁谷切：“尾下窍也”，原指肛门，今引申为器皿的底部，取其放置时如臀部坐地。

䏲　《集韵》甾茎切：“足筋”，今指脚后跟并引申说手肘为手～。

浼　《集韵》母伴切：“污也”，今专指身上污垢。

㧊 《集韵》晡横切："相牵也"，今指拉、引、拔。

𧽍 《广韵》甫遥切："轻行"，今指跳跃。

搲 《集韵》乌瓦切："吴俗谓手爬物曰～"，今谓手抓。

鬬 《广韵》都豆切："相易物俱等"，今指零件、木榫的组装，预制时必"物相对等"。

矺 《广韵》陟格切："磓也"，今指压住，音合义相关。

蠞 《集韵》昨结切："虫名，《尔雅》似蝉而小，青色。"今称蟑螂为黄～或蜞～。

其他一些条目也是由于字义特殊引申而与共同语及其他方言造成差异，例如，称修理为整，吃饭、喝水、吸烟都称为食，衣破曰烂，落下谓跌，烤火说炙火等等。

还有一些方言词是运用共同语的常用语素构成的，这类词语显然是后起的创新。例如，家里说屋下，玉米说包粟，苍蝇说乌蝇，痱子说热痱，婆婆说家婆，鸟原指男阴，今作动词"交合"，鸟的本意变读阴平是为避讳，称坟为地亦应属避讳。动物雌雄性称鸡公、牛牯等可能是南下后受百越语影响而新生的构词法。"公、嫲"一类词尾的扩大用法（虾公、鼻公、虱嫲），以及称人的词头"老"（老公、老婆、老弟、老妹），称物的词尾"头"（镬头、钁头）等也是客方言的特有变异。

客家方言保留唐宋古语多，单音词多（如房子称屋，屋子称间），这说明客方言自中原汉语分化出来后更保守固有的说法，然而许多固有的语素在使用过程中也发生了意义的转移，新的社会生活也必定要求词汇的创新。从词汇演变看，说客方言分化于唐末，定型于宋代也是合适的。

二　客家方言的南北差异及其特点分析

粤赣闽连片的客方言之间也有不少语言差异，这些差异明显地把中心区客方言分为南北两片。南片是粤东粤北，北片是闽西赣南。

在语音方面，南北两片的主要差异如下：

1. 北片不少点把来母细音字读为 t 声母，南片较少这种反映。例见表一：两里六粒；表二：联(120)笠(139)。

2. 见系声母南片多保存 k，k^h、h 的读法，北片逢今细音多腭化为塞擦音 tɕ 或 tʃ、ts，例见表一：极近去区舅结丘晓；表二：鑊(79)徛(107)几(122)渠(127)。

3. 南片多按古音读法分尖团，见系为 k，精组为 ts，北片多数点不分尖团，见精声母混同，例见表一：结丘晓/节秋小。

4. 蟹摄字南片多读为带-i 韵尾的复合元音韵，北片不少点无-i 韵尾，读为开尾韵，例见表一：界街栽债盖洗齐买；表二：核(108)系(123)。

5. 效摄字南片都有-u 韵尾，北片不少点-u 尾脱落或变为弱化的-ɯ，例见表一：毛晓小；表二：老(100)嫽(105)趣(109)交(134)。

6. 流摄字南片都有-u 或-i 韵尾，其中侯韵主要元音多为 ɛ 或 e，北片或韵尾脱落或为弱化的-ɯ。侯韵韵腹也较复杂。例见表一：豆舅有；表二：头(79)斢(117)牛(133)斗宿(136)。

7. 阳声韵字南片多数点有-m、-n、-ŋ 三种韵尾，至少有-n、-ŋ 两种，没有鼻化韵的读法，北片除个别点均无-m、-n 韵尾，并有多点多摄字读为鼻化韵，例见表一：丈重分粪红欢王江闲黑暗肝钢明清等两。

8. 入声字南片多数点有-p、-t、-k 三种韵尾，至少有-t、-k 两种，没有-ʔ 韵尾，北片除个别点外均无-p、-t、-k 韵尾，有的点合并为-ʔ 韵尾，有的点概无塞音韵尾。例见表一：白贼极角各惜六粒结节。

9. 南片调类都是 6 种，入声各分阴阳，北片情况复杂，少的只有 5 调，多的有 7 调。现将各点调类调值及其与古四声清浊主要对应列表对照如下：

古音类 / 今调值	平		上			去		入			调类数
	清	浊	清	次浊	全浊	清	浊	清	次浊	全浊	
梅县	1[44]	2[11]	3[31]	3/1	56/1	56[52]		7[1]	7/8	8[5]	6
翁源	1[22]	2[51]	36[21]	36/1		5[55]	36	7[2]	7/8	8[5]	6
连南	1[44]	2[24]	3[22]	3/1	56/1	56[51]		7[2]	7/8	8[5]	6
河源	1[33]	2[31]	3[24]	3/5	6/5	5[12]	6[55]	7[5]	7/8	8[2]	6
揭西	1[53]	2[24]	36[21]	36/1		5[42]	36	7[2]	7/8	8[5]	6
长汀	1[33]	27[42]	3[24]	3/1	68/1	5[54]	68[21]	27	27/68	68	5
宁化	1[33]	2[35]	3[31]	3	68/1	5[112]	68[21]	7[5]	7/68	68	6
宁都	1[43]	2[24]	3[213]	3/1	6/1	5[31]	6[55]	7[2]	7/8	8[5]	7
赣县	1[33]	2[211]	3[31]	3/1	56/1	56[53]		78[5]			5
大余	1[33]	2[11]	3[42]	3	5/1	5[24]/1		1/78[5]			5

以上南北片的各条差异都是南片接近于唐宋古音而北片则是宋以后的变异，概无例外。唐宋古音来母读 l，见系声母读 k、kh、h，分尖团，蟹摄字读-i 尾，效流摄字读-u 尾，阳声韵收-m、-n、-ŋ，入声韵收-p、-t、-k，这都是音韵学的基本常识，无需论证的。

在词汇方面，南北两片的差异可从表二 128—170 见其一斑。这些不多的例词至少可以说明南北词汇差异的三个特点。

1. 南片各点之间用词比较一致，北片则有较多差异。例如南片说今日（今天）靓（漂亮）淋（浇）挖（抠）睡目（睡觉）支（一支烟）踭（累）番（一床被）人客（客人），北片都有两种说法；南片说笠嫲（斗笠）兜尿（把尿）头拿（拿袋）撩（惹）下背（下面）么个（什么）分（给，被）同（和），北片都有三种以上说法。

2. 南片所保存的古词语比北片更多。表二词例中南片说法见诸古字书的就有：

嗌　《集韵》蒲奔切:“吐也。”今谓吹气为～,音义合。

斫　《广韵》之若切:“刀斫。”今谓刀剁为斫,音义合。

空　《广韵》乌八切:“手～为穴。”今谓抠,音义合。

佮　《集韵》葛合切:“《说文》合也。”今指合伙,音义合。

跈　《集韵》逵秽切:“小弱也。”今指疲累,音义合。

櫼　已见上文所引。今引申指动词挤,音义合。

此外,南片方言词中见诸《广韵》《集韵》的本字尚多,可参阅《客赣方言调查报告》(李如龙、张双庆,1992)。

3. 南片保留富于方言特色的词语较多,北片则显然受共同语或其他方言的影响而改变这些说法。表二所举词语中就不乏此类例证:落水/落雨,担竿/扁担,头牲/畜牲,鸡春/鸡蛋,尾/尾巴,遮/伞,笠嫲/斗篷、斗笠,斫/剁,嗌/吹,挖/抠,櫼/挤,佮/合,撩/惹,知得/晓得,惊/怕,跈/累,番(一番被)/床,支(一支烟)/行,张(一张刀)/把,下背/下面、下头,爱/要。

三　客家方言的形成和分片可与客家的历史相论证

根据上文分析,粤赣闽的客家方言所共有的语音和词汇特点大量反映了宋代汉语的特点,有些则是来到客地后的变异,可见客方言是宋代定型的。这和罗香林先生所说的客家民系的形成“以赵宋一代为起点”是相符合的。两宋时期形成的客方言主要分布在赣南闽西,这对客家民系的形成确实只是起点,真正形成客家民系应是在明清时期的粤东和粤北。换言之,方言的形成和民系的形成并是不同步的。试用一些史料和社会分析来说明这一点。

客家是一个移民群体,对客家的历史来说最重要的莫过于移民史。下面是据梁方仲教授所编的《中国历代户口、田地、田赋统计》

(1980)的资料整理的现今粤赣闽客家地区历代人口数变动的简表：

地域	闽西		赣南		粤北、粤东		全国
年代 (资料出处)	建制	户口	建制	户口	建制	户口	
唐天宝元年 (新唐书)	汀州	4680户 13702人	虔州	37647户 275410人	韶循连州 潮州程乡县	79135户 323996人	8525763户 48909800人
宋崇宁元年 (宋史)	汀州	81454户	虔州兴国 军、南安军	187789户	韶循连梅 南雄五州	174333户	14041980户
元至正15年 (新元史)	汀州路	41423户 238127人	赣州路 南安路 南康路	121898户 588814人	韶循连梅 南雄惠六路	48794户 359627人	13867219户 59519727人
明隆庆年间 (读史方舆 纪要)	汀州府	35220户	赣州府 南安府	46695户	韶州府 南雄府 惠州府 潮州府(半)	59290户	7582245户
清嘉庆年间 (嘉庆会典)	汀州府	1485903人	赣州府 南安府 宁都直隶州	3858039人	韶惠潮府 南雄连州 连山州	4927944人	353377694人

从上表可以看到，自盛唐到北宋初的三百年间，闽西的汀州户数增长达17.4倍，赣南的虔州增长4.98倍，而地域最大的广东有五个州仅增长2.2倍，全国平均增长数是1.64倍，可见安史之乱及五代十国之后，北人南移是总趋势，但南下的客家先民主要集中在闽西赣南，入粤的不多。闽西赣南原是畲族的住地，少部分是先期到来的南下流民，客家南来之后，户数翻了四五倍，十数倍，他们的文明程度又显然比原住民高，实际上是“反客为主”了，他们所带来的中原汉语一定很快就占了优势。到了元初，又经过了二百年的经营，和唐代中叶相比，人口数增长最多的还是闽西，为1737％，其次是赣南213％，广袤的粤东、粤北仅为110％，比全国增长数的121％还低。而元代之后的五百年间(至清嘉庆)闽西赣南的人口增长数只比全国人口增长数略高(闽西623％，赣南655％，全国593％)，而广东境内的客家地区则猛增1398％。可见客家的大本营自闽西赣南移向粤北粤东是明清两代的事。倘若

没有向闽西、赣南回流,以及向湘桂乃至四川、港台和海外的播迁,粤地客家增长数和闽赣客家增长数还要悬殊。

元代之后客家人入粤,当地的原住民已不是文化低下的少数民族,也不是立足未稳的早期流民,而是汉代以来就在那里生息开垦的汉人了,因而入粤客家的"反客为主"就艰难得多,他们只能在人口稀少的贫瘠山地垦殖,一旦到了平原地带,江滨海口,主客之争便随之而来。然而人口的迅速增长又使他们不得不向外图谋扩展,一是面对主客之争推向粤中,一是再作长途迁移。客家民系的真正形成正是明清两代在粤东粤北实现的。

说客家方言的形成与客家民系形成不同步,方言定型于11—12世纪的闽赣,民系形成于16—17世纪的粤省,不但有语言特征和史料为据,现实的客家地区的客家意识的差异也可资证明。在闽西赣南的偏北县份,即使是唐末以后作为大量客家族姓"转运站"的宁化县也没有明显的客家意识,数年前甚至多数人还不知道"客家"这个名词。只有和广东接壤的县份(福建的永定、上杭、武平;江西的"三南"、安远、大余等)因为有许多居民是从广东回流的,也因为与广东交往多才有明显的客家意识,但也不如粤境客家地区强烈。

让我们再从客方言南北两片的不同特点来进一步说明闽赣和粤地客家的不同历史文化背景。

如上文所述,后来转徙入粤的南片客方言比先期到达闽赣的北片客方言更为一致,更为古老,也更具方言特色,这一奇特的语言现象是两个地区的历史文化背景的差异所决定的,其中最重要的事实便是主客之间的争斗。

粤北和粤东地处五岭的南坡及其所延伸的低山丘陵,气候和土壤条件比闽赣地区优越,入粤客家生产发展更快,人口也随着高速增长,很快就显得人多地少,一旦开始向外扩展,主客之争便尖锐起来,清代中叶之后甚至发展成大规模的械斗,有的延续数十年，双方死伤数十万人。在这种情况下，客家要立足要发展，没有强大的内聚力和坚定的精神支柱是不可能的。而语言正是共同文化的最重要载体，为了维护固有的文化传统——客家人世世代代引以为荣的中原文化的传统，在客家意识浓烈的地区，"宁卖祖宗田，不卖祖宗言""宁卖身，不卖音"成了社会共同遵奉的信条，家庭民系之内的互相团结和协调行动又促成了各地方言之间保持着高度的一致性。因此，南片客家话成了向心型、稳固型的方言。所谓向心型就是内部差异小，形成标准音并对各次方言辐射着强烈的影响。在南片客家方言所分布的地区，以及从那里再度迁出的闽赣南沿、湘桂、川中乃至港台和海外侨居地，客家之间都可通话无阻，嘉应州所在地的口音成了标准音(在台湾称为四县音)。所谓稳固型就是语音和词汇系统保持稳定，有明显的存古和求异的倾向，不易接受外来的影响。

与此相反，北片客方言更多地具有离心型、变异型的特征。那里的客家先民入居时代早，在艰难的环境中长期移垦、积聚，缓慢地发展，和原住民相处较为平和，实际上发生了民族和族群的融合，历史上畲客并称，以及许多蓝雷二姓的居民自认为客家便是客畲融合的明证。客家住地至今并未绝迹的"刀耕火种"，显然是中原南来的先民向畲民学来的，客家山歌和畲歌在歌唱方式以及内容和曲调上都有类似之处。在赣南，明清自广东倒流的"棚民"和原住民的关系也比较协调，先是季节性的耕作，逐渐成了定居户。在行政建制上，闽西赣南作为闽赣两省的一个州和本省邻州各有不同的往来。可见，在长期发展过程中，闽赣两地接受不同语言、共同语和兄弟方言的影响更多。这就决定了北片客方言是无中心的，没有一种地点方言具有权威性，可以作为标准语，内部差异大，众多小方言各自为政。例如，连城一县之内互不通话的小方言多达十余种，这就是它的离心型特征。所谓变异型就是演变速度快，固有成分和特点未能长期保持，容易吸收其他方言的影响。上文所述中古阳声韵在闽西赣南读成鼻化韵或脱落鼻音成为阴声韵便是极端的典型。

关于两个附表(表一、表二)的说明：

①词汇只取最常用的一种说法。

②字音有文白异读的均取，上文下白，中间用逗号隔开。

③声调按原书标法，1、2、3、5、6、7、8 表示阴平、阳平、阴上、阴去、阳去、阴入、阳入，56 表示不分阴阳的去声，78 表示不分阴阳的入声，36 表示阴上、阳去合流，68 表示阳入混入阳去，27 表示阴入混入阳平。“—”表示与前格同音，承前省略。词表中加( )的音表示另有别种说法。

表一　客家方言字音对照表

序号	例字	梅县	翁源	连南	河源	揭西
1	白	$p^{h}ak^{8}$	—	—	—	—
2	豆	t^{h}ɛu^{56}	t^{h}ɛu^{36}	t^{h}æi^{56}	$t^{h}uai^{6}$	t^{h}ɛu^{36}
3	坐	ts^{h}ɔ^{56} ts^{h}ɔ^{1}	$ts^{h}ou^{1}$	ts^{h}əu^{1}	$ts^{h}u$ɔ^{5}	ts^{h}ɔu^{1}
4	贼	ts^{h}ɛt^{8}	—	—	$ts^{h}at^{8}$	ts^{h}ɛt^{8}
5	丈	ts^{h}ɔŋ^{5}， ts^{h}ɔŋ^{1}	ts^{h}əŋ^{36}， ts^{h}ɔŋ^{1}	tʃ^{h}ɔŋ^{56}	ts^{h}ɒŋ^{6}	tʃ^{h}ɔŋ^{36}， tʃ^{h}ɔŋ^{1}
6	重轻~	ts^{h}uŋ^{1}	ts^{h}iuŋ^{1}	tʃ^{h}oŋ^{56}	ts^{h}oŋ^{5}	tʃ^{h}uŋ^{1}
7	极	$k^{h}it^{8}$	—	—	—	—
8	近	$k^{h}iun^{56}$， $k^{h}iun^{1}$	$k^{h}in^{36}$， $k^{h}in^{1}$	k^{h}ən^{1}	$k^{h}in^{5}$	$k^{h}un^{36}$
9	分	fun^{1}， pun^{1}	—	fən^{1}， pən^{1}	hun^{1}	fun^{1}， pun^{1}
10	粪	pun^{56}	pun^{5}	pən^{56}	hun^{5}	pun^{5}
11	斧	$p^{h}u^{3}$	pu^{36}	fu^{3}	$p^{h}u^{3}$	fu^{36}， pu^{36}
12	肥	$p^{h}i^{2}$	fui^{2}	fəi^{2}	fi^{2}	$p^{h}ui^{2}$
13	妇	fu^{56}	fu^{36}， pu^{1}	fu^{56}， pu^{1}	hu^{6}， pu^{5}	fu^{36}， p^{h}ɛi^{1}

续表

14	花	fa^{1}	—	—	—	—
15	红	fuŋ^{2}	—	hoŋ^{2}	—	—
16	欢	fɔn^{1}	fan^{1}	fɔn^{1}	fuan^{1}	fan^{1}
17	火	fɔ^{3}	fou^{36}	fəu^{3}	fuɔ^{3}	fɔu^{36}
18	王	vɔŋ^{2}	—	—	vɒŋ^{2}	vɔŋ^{2}
19	围	vi^{2}	vui^{2}	vɔi^{2}	vui^{2}	—
20	家	ka^{1}	—	—	—	—
21	界	kiai^{56}	kiai^{5}	kai^{56}	kai^{5}	—
22	街	kiɛ^{1}	kai^{1}	—	—	—
23	江	kɔŋ^{1}	—	—	kɒŋ^{1}	kɔŋ^{1}
24	角	kɔk^{7}	—	—	kɒk^{7}	kɔk^{7}
25	闲	han^{2}	—	—	—	—
26	私	sɿ^{1}	—	si^{1}，	sɿ^{1}，	—
27	师			sɿ^{1}	siɛ^{1}	
28	栽	tsai^{1}	—	tsuɔi^{1}	tsai^{1}	—
29	债	tsai^{56}	tsai^{5}	tsai^{56}	tsai^{5}	—
30	粗	tsʰɿ^{1}	tsʰy^{1}	tsʰu^{1}，	tsʰu^{1}，	tsʰu^{1}，
31	初			tsʰəu^{1}	tsʰuɔ^{1}	tsʰɿ^{1}
32	哥	kɔ^{1}	kou^{1}	kəu^{1}	kuɔ^{1}	kɔu^{1}
33	多	tɔ^{1}	tou^{1}	təu^{1}	tuɔ^{1}	tɔu^{1}
34	社	sa^{1}	—	ʃa^{56}	sa^{5}	ʃa^{1}
35	马	ma^{1}	—	—	ma^{5}	ma^{1}
36	野	ia^{1}	ia^{36}	ia^{1}	ia^{5}	ʒa^{36}
37	鱼	n^{2}	ŋy^{2}	ny^{2}	ŋy^{2}	ŋ^{2}
38	柱	tsʰu^{1}	tsʰy^{1}	tʃʰy^{1}	tsʰy^{5}	tʃʰu^{1}
39	去	kʰi^{56}，hi^{56}	kʰi^{5}	hi^{56}	hy^{5}	kʰi^{5}
40	区	kʰi^{1}	kʰy^{1}	—	—	kʰi^{1}
41	盖	kɔi^{56}	koi^{5}	kuɔi^{56}	kuai^{5}	kɔi^{5}
42	该	kɔi^{1}	koi^{1}	kuɔi^{1}	kuai^{1}	kai^{1}
43	洗	sɛi^{3}	sɛi^{36}	sɛi^{3}	siɛ^{3}	sɛi^{36}

续表

44	齐	ts^{h}i^{2}，ts^{h}ɛi^{2}	ts^{h}ɛi^{2}	—	ts^{h}iɛ^{2}	ts^{h}ɛi^{2}
45	旱	hɔn^{1}	hon^{1}	huɔn^{1}	huan^{1}	hɔn^{1}
46	肝	kɔn^{1}	kon^{1}	kuɔn^{1}	kuan^{1}	kɔn^{1}
47	钢	kɔŋ^{56}	kɔŋ^{5}	kɔŋ^{56}	kɒŋ^{1}	kɔŋ^{5}
48	各	kɔk^{7}	—	—	kɒk^{7}	kɔk^{7}
49	明	min^{2}，miaŋ^{2}	—	—	—	—
50	清	ts^{h}in^{1}，ts^{h}iaŋ^{1}	ts^{h}in^{1}，ts^{h}aŋ^{1}	ts^{h}in^{1}，ts^{h}iaŋ^{1}	ts^{h}in^{1}	ts^{h}in^{1}，ts^{h}iaŋ^{1}
51	惜	sit^{7}，siak^{7}	—	—	—	siak^{7}
52	等	tɛn^{3}	tɛn^{36}	tɛn^{3}	tan^{3}	tɛn^{36}
53	舅	k^{h}iu^{1}	—	—	k^{h}iu^{5}	k^{h}iu^{1}
54	有	iu^{1}	—	—	jiu^{5}	ʒiu^{1}
55	两斤～	liɔŋ^{1}	—	—	lyɒŋ^{5}	liɔŋ^{1}
56	里～面	li^{1}，ti^{1}	—	—	li^{3}	li^{1}，ti^{1}
57	买	mai^{1}	—	—	mai^{5}	mai^{1}
58	五	n^{3}	m^{36}	m^{3}	—	ŋ^{36}
59	吴	n^{2}	m^{2}	—	ŋu^{2}	ŋ^{2}
60	无	mɔ^{2}	mou^{2}	mau^{2}	mɔ^{2}	mɔu^{2}
61	毛松～	mau^{1}	mou^{1}	mau^{1}	mau^{2}	mɔu^{1}
62	知	tsɿ^{1}，ti^{1}	—	—	ti^{1}	tʃi^{1}，ti^{1}
63	六	liuk^{7}	luk^{7}	lok^{7}	lok^{8}	liuk^{7}
64	粒	lɛp^{7}	lit^{7}	—	lip^{7}	—
65	结	kiat^{7}	kiet^{7}	kiɛt^{7}	kiat^{7}	kiɛt^{7}
66	丘	hiu^{1}	khiu^{1}	—	hiu^{1}	k^{h}iu^{1}
67	晓	hiau^{3}	sau^{36}	hiau^{3}	—	hiau^{36}
68	节	tsiat^{7}	tsiet^{7}	tsiɛt^{7}	tsiat^{7}	tsiɛt^{7}
69	秋	ts^{h}iu^{1}	—	—	—	—
70	小	siau^{3}	siau^{36}	siau^{3}	—	siau^{36}

续 表 一

序号	例字	长汀	宁化	宁都	赣县	大余
1	白	pʰa^{68}	pʰɤ^{68}， pʰa^{68}	pʰak^{8}	pʰaʔ^{78}	pʰa^{1}
2	豆	tʰəɯ^{68}	tʰiəɯ^{68}	tʰiu^{6}	tʰio^{56}	tʰæ^{1}
3	坐	tsʰo^{1}	—	—	—	tsʰo^{5}
4	贼	tsʰe^{68}	tsʰɤ^{68}	tsʰək^{8}	tsʰɛʔ^{78}	tsʰe^{1}
5	丈	tʃʰɔŋ^{68}， tʃʰɔŋ^{1}	tsʰɔŋ^{68}	tsʰɔŋ^{1}	tsʰõ^{56}	tsʰɔ̃^{1}
6	重轻～	tʃʰoŋ^{1}	tsʰɤŋ^{1}	tsʰuŋ^{6}	tsʰəŋ^{56}	tsʰəŋ^{5}
7	极	tʃʰi^{68}	kʰi^{68}	tsʰək^{8}	tɕʰiɛʔ^{78}	tɕʰie^{1}
8	近	kʰeŋ^{1}	kʰiŋ^{68}， kʰɛ̃i^{1}	tsʰən^{6}	tɕʰiŋ^{1}	tɕʰiəŋ^{1}
9	分	feŋ^{1}， peŋ^{1}	fɛ̃i^{1}， pʰɛ̃i^{1}	fən^{1}	fəŋ^{1}	fɛ̃^{1}
10	粪	—	fɛ̃i^{5}， pɛ̃i^{5}	fən^{5}， pən^{5}	fəŋ^{56}	fɛ̃^{5}
11	斧	fu^{3}， pu^{3}	—	pu^{1}	fu^{3}	—
12	肥	pʰe^{27}	fi^{2}， pʰɛi^{2}	fɛi^{2}， pʰɛi^{2}	fi^{2}	—
13	妇	fu^{68}， pe^{1}	fu^{68}， pʰɤ^{68}	fu^{6}， pʰu^{1}	fu^{56}	fu^{1}
14	花	—	fɑ^{1}	fa^{1}	hua^{1}	—
15	红	foŋ^{27}	fɤŋ^{1}	fuŋ^{2}	həŋ^{2}	—
16	欢	hũ	faŋ^{1}	fuan^{1}	hõ^{1}	huã^{1}
17	火	fo^{3}	—	—	ho^{3}	—
18	王	vɔŋ^{27}	vɔŋ^{2}	—	võ^{2}	ɔ̃^{2}
19	围	vi^{27}	vi^{2}	vɛi^{2}	ve^{2}	vø^{2}， yø^{2}
20	家	—	kɑ^{1}	ka^{1}	—	—
21	界	—	ka^{5}	kai^{5}	kæ^{56}	kæ^{5}
22	街	tʃe^{1}	ka^{1}	kai^{1}	kæ^{1}	kiæ^{1}

续表

23	江	—	—	—	kõ^{1}	kɔ̃^{1}
24	角	ko^{27}	ko^{7}	kɔk^{7}	koʔ^{78}	ko^{3}
25	闲	haŋ^{27}	haŋ^{2}	han^{2}	hã^{2}	—
26 27	私 师	—	sɤ^{1}	sə^{1}	sɿ^{1}	—
28	栽	tsai^{1}， tse^{1}	tsɛi^{1}	tsuai^{1}	tsæ^{1}	tsø^{1}
29	债	—	tsa^{5}	tsai^{5}	tsæ^{56}	tsæ^{5}
30 31	粗 初	tsʰu^{1}	—	—	—	—
32	哥	ko^{1}	—	—	—	—
33	多	to^{1}	—	—	—	—
34	社	—	sɑ^{68}， sɑ^{1}	sa^{56}	sa^{3}	sa^{5}
35	马	—	ma^{3}	ma^{1}	ma^{3}	—
36	野	ia^{3}	—	—	—	ia^{3}， ia^{5}
37	鱼	ŋe^{27}	ŋɤ^{2}	ŋie^{2}	ŋe^{2}	m^{2}
38	柱	tʃʰʉ^{1}	tsʰu^{1}	—	—	tɕʰy^{3}
39	去	tʃʰi^{5}， he^{5}	kʰiəɯ^{5}， kʰɤ^{5}	sie^{5}	tɕʰi^{56}	ɕi^{5}
40	区	tʃʰi^{1}	kʰiəɯ^{1}	tsʰu^{1}	tɕʰi^{1}	tɕʰy^{1}
41	盖	kue^{5}	kua^{5}	kuai^{5}	kæ^{5}	kuø^{3}
42	该	kue^{1}	kua^{1}	kuai^{1}	kæ^{1}	kuø^{1}
43	洗	se^{3}	sie^{3}	siai^{3}	se^{3}	si^{3}
44	齐	tsʰi^{27}， tsʰe^{27}	tsʰi^{2}， tsʰie^{2}	tsʰi^{2}	tɕʰi^{2}	—
45	旱	hũ^{1}	huaŋ^{1}	huan^{1}	hã^{56}	hɔ̃^{5}
46	肝	kũ^{1}	kuaŋ^{1}	kuan^{1}	kã^{1}	kɔ̃^{1}
47	钢	—	—	kɔŋ^{1}	kõ^{56}	kɔ̃^{1}
48	各	ko^{27}	ko^{7}	kɔk^{7}	koʔ^{78}	ko^{1}

续表

49	明	maŋ^{27}，miaŋ^{27}	miŋ^{2}，miɑŋ^{2}	miŋ^{2}，miaŋ^{2}	miŋ^{2}	miəŋ^{2}，miã^{2}
50	清	tsʰeŋ^{1}，tsʰiaŋ^{1}	tsʰiŋ^{1}，tsʰiɑŋ^{1}	tsʰin^{1}，tsʰiaŋ^{1}	tsʰiŋ^{1}	tɕʰiəŋ^{1}，tɕʰiã^{1}
51	惜	sia^{27}	si^{2}，siɑ^{2}	sik^{7}	ɕiɛʔ^{78}	ɕie^{78}
52	等	teŋ^{3}	tiŋ^{3}，tẽi^{3}	təŋ^{3}	—	tɛ̃^{3}
53	舅	tʃʰiəɯ^{1}	kʰəɯ^{1}	tsʰəu^{1}	tɕʰiu^{1}	tɕʰiu^{5}，tɕʰiu^{1}
54	有	iəɯ^{1}	iəɯ^{3}，iəɯ^{1}	iəu^{3}	iu^{1}	iu^{5}
55	两斤～	tiɔŋ^{1}	liɔŋ^{1}	liɔŋ^{3}	niõ^{3}	tiɔ̃^{5}
56	里～面	li^{3}，ti^{3}	li^{3}	li^{1}	li^{3}	ti^{5}
57	买	me^{1}	ma^{3}	mai^{3}	mæ^{1}	—
58	五	ŋ^{3}	—	—	vu^{3}，ŋ^{3}	m^{3}
59	吴	ŋ^{27}	vu^{2}	ŋ^{2}	vu^{2}	m^{2}
60	无	mɔ^{27}	mau^{2}	mɔ^{2}	mɔ^{2}	—
61	毛松～	mɔ^{1}	mau^{2}	mau^{1}	mɔ^{1}	mɔ^{2}
62	知	tʃʅ^{1}，ti^{1}	tsʅ^{1}	—	—	—
63	六	təɯ^{27}	liəɯ^{68}	liuk^{7}	tiuʔ^{78}	ty^{1}
64	粒	ti^{27}	lie^{7}	lip^{7}	tiuʔ^{78}	tie^{1}
65	结	tʃe^{27}	kie^{7}，ki^{7}	tsat^{7}	tɕiɛt^{78}	tɕie^{78}
66	丘	tʃʰiəɯ^{1}	kʰəɯ^{1}	səu^{1}	tɕʰiu^{1}	—
67	晓	ʃiɔ^{3}	hiau^{3}	sau^{3}	ɕiɔ^{3}	—
68	节	tse^{27}	tsie^{7}	tsiat^{7}	tɕiɛʔ^{78}	tɕie^{78}
69	秋	tsʰiəɯ^{1}	—	tsʰiu^{1}	tɕʰiu^{1}	—
70	小	siɔ^{3}	siau^{3}	—	ɕiɔ^{3}	—

表二　客家方言词语对照表

序号	普通话	方言	梅县	翁源	连南	河源	揭西
71	平地	坪	p^{h}iaŋ^{2}	—	—	—	—
72	水渠	圳(沟)	tsun^{56} nɛi	tsiun^{5}	tʃɔn^{56}	tsun^{1}	tʃun^{5} kiɛu^{1}
73	家里	屋下	vuk^{7} k^{h}ua^{1}	vuk^{7} k^{h}a^{1}	ok^{7} k^{h}ai^{1}	—	vuk^{7} ka^{1}
74	坟	地(坟)	t^{h}i^{56}	t^{h}i^{36} fun^{2}	fɔn^{2}	t^{h}i^{6}	t^{h}i^{36}
75	铁锈	黸(哥)	lu^{1} kɔ^{1}	lu^{1}	—	—	—
76	稻子	禾	vɔ^{2}	vou^{2}	vəu^{2}	vuɔ^{2}	vɔu^{2}
77	稻草	秆	kɔn^{3}	kon^{36}	kuɔn^{3}	kuan^{3}	kɔn^{36}
78	楔子	櫼	tsiam^{1}	tsiaŋ^{1}	tsiɛn^{1}	—	—
79	锄头	钁头	kiɔk^{7} t^{h}ɛu^{2}	—	kiɔk^{7} t^{h}æi^{2}	kiɔk^{7} t^{h}uai^{2}	kiɔk^{7} t^{h}ɛu^{2}
80	玉米	包粟	pau^{1} siuk^{7}	—	pau^{1} sok^{7}	—	pau^{1} siuk^{7}
81	草刺	艻(头)	nɛt^{7} t^{h}ɛu^{2}	lɛt^{7}	nɛt^{7}	nat^{7}	lɛt^{7}
82	公牛	牛牯(公)	ȵiu^{2} ku^{3}	ŋɛu^{2} ku^{36}	ŋæi^{2} ku^{3}	ŋyai^{2} ku^{3}	ŋɛu^{2} ku^{3}
83	母牛	牛嫲	ȵiu^{2} ma^{2}	ŋɛu^{2} ma^{2}	ŋæi^{2} ma^{2}	ŋyai^{2} na^{5}	ŋɛu^{2} ma^{2}
84	苍蝇	乌蝇	vu^{1} in^{2}	—	—	—	vu^{1} ʒin^{2}
85	蟑螂	黄蚻	vɔŋ^{2} ts^{h}at^{8}	vɔŋ^{2} ts^{h}at^{7}	vɔŋ^{2} ts^{h}at^{8}	k^{h}i^{2} ts^{h}at^{8}	k^{h}i^{2} ts^{h}at^{7}
86	虱子	虱嫲	sɛt^{7} ma^{2}	—	—	siat^{7} ma^{2}	sɛt^{7} ma^{2}
87	虾	虾公(伯)	ha^{2} kuŋ^{1}	ha^{2} pak^{8}	ha^{1} koŋ^{1}	—	ha^{2} kuŋ^{1}
88	房子	屋	vuk^{7}	—	ok^{7}	—	vɔk^{7}
89	房间	间	kian^{1}	kan	—	—	kian^{1}
90	铁锅	镬头	vɔk^{8} t^{h}ɛu^{2}	—	vɔk^{8} t^{h}æi^{2}	vɔk^{8} t^{h}uai^{2}	vɔk^{8} t^{h}ɛu^{2}
91	(缸)底	豚	tuk^{7}	—	tok^{7}	—	tut^{7}
92	绕(线)	萦	iaŋ^{1}	—	—	jiaŋ^{1}	ʒaŋ^{1}

续表

93	吃、喝	食	sɛt^{8}	sit^{8}	—	—	ʃit^{8}
94	鼻子	鼻公	p^{h}i^{56} kuŋ^{1}	p^{h}i^{36} kuŋ^{1}	p^{h}i^{56} koŋ^{1}	p^{h}i^{6} koŋ^{1}	p^{h}i^{36} kuŋ^{1}
95	交合	鸟	tiau^{3}	tiau^{36}	tiau^{56}	tiau^{3}	tiau^{36}
96	手肘	手睁	su^{3} tsaŋ^{1}	siu^{3} tsaŋ^{1}	ʃiu^{3} tsaŋ^{1}	siu^{3} tsaŋ^{1}	ʃiu^{3} tsaŋ^{1}
97	脚跟	脚睁	kiok^{7} tsaŋ^{1}	—	—	kyak^{7} tsaŋ^{1}	kiɔk^{7} tsəŋ^{1}
98	污垢	浼	man^{56}	man^{36}	man^{56}	muan^{6}	man^{36}
99	痱子	热痱	ȵiat^{8} pi^{56}	ŋiet^{8} pui^{5}	niɛt^{8} puɔi^{56}	ŋiat^{8} mui^{5}	ŋiɛt^{8} mui^{5}
100	弟弟	老弟	lau^{3} t^{h}ai^{1}	lou^{36} t^{h}ɛi^{1}	lau^{3} t^{h}ei^{1}	lau^{3} t^{h}iɛ^{1}	lɔu^{36} t^{h}ɛi^{1}
101	丈夫	老公	lau^{3} kuŋ^{1}	lou^{36} kuŋ^{1}	lau^{3} koŋ^{1}	—	lɔu^{36} kuŋ^{1}
102	妻子	老婆	lau^{3} p^{h}ɔ^{2}	lou^{36} p^{h}ou^{2}	lau^{3} p^{h}əu^{2}	—	lɔu^{36} p^{h}ɔu^{2}
103	婆婆	家婆 （娘）	ka^{1} ȵiɔŋ^{2}	ka^{1} p^{h}ou^{2}	ka^{1} p^{h}əu^{2}	ka^{1} p^{h}uɔ^{2}	ka^{1} p^{h}ɔ^{2}
104	儿媳	新妇	sim^{1} p^{h}iu^{1}	sin^{1} pu^{1}	—	sin^{1} pu^{5}	sɛn^{1} p^{h}ɛi^{1}
105	玩儿	嫽	liau^{56}	liau^{36}	liau^{56}	liau^{6}	liau^{36}
106	拔（毛）	扐	paŋ^{1}	—	maŋ^{1}	—	paŋ^{1}
107	站立	徛	k^{h}i^{1}	—	—	k^{h}i^{5}	k^{h}i^{1}
108	挑	孩	k^{h}ai^{1}	—	（tan^{1}）	k^{h}ai^{1}	—
109	跳	趯	piau^{1}	—	—	—	（t^{h}iau^{5}）
110	压（着）	矺	tsak^{7}	—	—	—	tʃak^{7}
111	（手）抓	搲	ia^{3}	ia^{36}	（tsa^{1}）	ia^{3}	ʒa^{36}
112	修理	整	tsaŋ^{3}	tsaŋ^{36}	tʃaŋ^{3}	tsaŋ^{3}	tʃaŋ^{36}
113	藏（着）	偋	piaŋ^{56}	piaŋ^{5}	piaŋ^{56}	piaŋ^{5}	（k^{h}ɔŋ^{5}）
114	（衣）破	烂	lan^{56}	lan^{36}	lan^{56}	lan^{6}	lan^{36}
115	掉（下）	跌	tiat^{7}	tiet^{7}	tiɛt^{7}	tiat^{7}	tiɛt^{7}

续表

116	烫(伤)	燎	luk^{8}	—	lok^{8}	(nat^{7})	luk^{8}
117	安装	斗	tɛu^{56}	tɛu^{5}	tæi^{56}	tuai^{5}	tɛu^{5}
118	烤火	炙火	tsak^{7} fɔ^{3}	tsak^{7} fou^{3}	tʃak^{7} fəu^{3}	tsak^{7} fuɔ^{3}	tsak^{7} fɔu^{36}
119	拉(屎)	屙	ɔ^{1}	ou^{1}	əu^{1}	ɔ^{1}	ɔu^{1}
120	缝(衣)	联	lian^{2}	lien^{2}	liɛn^{2}	lian^{2}	liɛn^{2}
121	(我)的	个	kɛi^{56}	kɛi^{5}	ɛ	kɛi	kai^{5}
122	多少	几多	ki^{3} tɔ^{1}	ti^{36} tou^{1}	ki^{3} təu^{1}	ki^{3} tuɛ^{1}	kit^{7} tɛu^{1}
123	不是	唔系	m^{2} mɛi^{56}	m^{1} mɛi^{5}	m^{2} hɛi^{56}	m^{2} hai^{6}	m^{2} hɛi^{5}
124	找遍(了)	寻交	ts^{h}im^{2} kau^{1}	t^{h}ɛn^{2} kou^{1}	t^{h}in^{2} kau^{1}	ts^{h}im^{2} pau	t^{h}in^{2} kai^{1}
125	我	俚	ŋai^{2}	—	—	ŋuai^{2}	ŋai^{2}
126	你	你	n^{2}	—	ni^{2}	ŋi^{5}	ŋi^{2}
127	他	渠	ki^{2}	—	—	ki^{2}	—
128	下雨	落水(雨)	lɔk^{8} i^{3}	lɔk^{8} siui^{36}	lɔk^{8} sɔi^{3}	lɔk^{8} sui^{3}	lɔk^{8} sui^{36}
129	冰	(凌)冰	pɛn^{1}	—	pin^{1}	—	pɛn^{1}
130	今天	今日	kin^{1} ȵit^{7}	kin^{1} ŋit^{7}	kin^{1} nit^{7}	kin^{1} ŋit^{7}	—
131	种田	耕田	kaŋ^{1} t^{h}ian^{2}	kaŋ^{1} t^{h}ien^{2}	kaŋ^{1} t^{h}iɛn^{2}	kaŋ^{1} t^{h}ian^{2}	kaŋ^{1} t^{h}iɛn^{2}
132	扁担	担竿	tam^{5} kɔn^{1}	tan^{1} kon^{1}	tan^{1} kuɔn^{1}	tam^{1} kuan^{1}	tam^{1} kɔn^{1}
133	放牛	掌牛	tsɔŋ^{3} ȵiu^{2}	tsɔŋ^{36} ŋɛu^{2}	tsɔŋ^{3} ŋæi^{2}	tsɒŋ^{3} ŋuai^{2}	tsɔŋ^{36} ŋiɛu^{2}
134	牲畜	头牲	t^{h}ɛu^{2} saŋ^{1}	—	t^{h}æi^{2} saŋ^{1}	t^{h}uai^{2} saŋ^{1}	t^{h}ɛu^{2} saŋ^{1}
135	鸡蛋	鸡春(卵)	ke^{1} l ɔn^{3}	kɛi^{1} ts^{h}iun^{1}	kɛi^{1} tʃhɔn^{1}	kie^{1} ts^{h}un^{1}	kiɛi^{1} lɔn^{3}
136	(鸟)窝	斗，宿	tɛu^{56}	tɛu^{5}	tæi^{5}	tuai^{5}	tɛu^{5}
137	尾巴	尾	mi^{1}	mui^{1}	mɔi^{1}	mi^{1}	mui^{1}

续表

138	雨伞	遮，伞	tsa¹ vɛi	san³⁶	tsa¹	—	tʃa¹
139	斗笠	笠嫲等	lɛt⁷ ma²	tit⁷ ma²	lit⁷ ma²	(tsok⁷ mau⁶)	lip⁷ ma²
140	把尿	兜尿	tɛu¹ ȵiau⁵⁶	tɛu¹ ŋiau⁵	tæi¹ niau⁵⁶	tuai¹ ŋiau⁶	tɛu¹ ŋiau³⁶
141	脑袋	头拿	tʰɛu² na²	—	thæi²	tʰuai² na²	tʰɛu² na²
142	客人	人客	ȵin² hak⁷	ŋin² kʰak⁷	(kʰak⁷ nin²)	ŋin² hak⁷	ŋin² kʰak⁷
143	漂亮	靓	liaŋ⁵⁶	liaŋ⁵	liaŋ⁵⁶	liaŋ⁵	lɛn⁵
144	妹夫	老妹婿	lau³ mɔi⁵⁶ sɛi⁵⁶	lou³⁶ moi⁵ sɛi⁵	lau³ mɔi⁵⁶ sɛi⁵⁶	(muai⁶ hu¹)	lɔ³⁶ mɔi⁵ sɛi⁵
145	吹(气)	嗌	pʰun²	pʰun²	—	pʰun²	—
146	剁	斫	tɔk⁸	—	—	tyɛ⁵	tɔk⁷
147	浇(菜)	淋	lim²	lin²	—	lim²	—
148	(平)抠	乞	iat⁷	vat⁷	vɛt⁷	vat⁷	kʰaŋ⁵
149	挤	櫼	tsiam¹	tsiaŋ¹	tsi¹	tsiam⁵	—
150	睡	睡目	sɔi⁵⁶ muk⁷	soi³⁶ muk⁷	ʃuoi⁵⁶ mok⁷	sui⁵ mok⁷	ʃɔi³⁶ muk⁷
151	斟(酒)	斟、酾	tsəm¹	tsin¹	tʃin¹	sai¹	tsim¹
152	给(他)	分	pun¹	—	pɔn¹	(pa³)	pun¹
153	说话	讲话	kɔŋ³ fa⁵⁶	kɔŋ³ va³⁶	kɔŋ³ va⁵⁶	kɔŋ³ va⁶	kɔŋ³⁶ vɔi⁵
154	合作	佮	kap⁷	kak⁷	kat⁷	kɔp⁷	kap⁷
155	惹	撩	liau²	—	—	—	—
156	知道	知得	ti¹ tɛk⁷	ti¹ tɛt⁷	—	ti¹ tat⁷	ti¹
157	害怕	惊	kiaŋ¹	—	—	—	—
158	吵架	吵交	tsʰau³ kau¹	kɔŋ³ hɛu³⁶	tsʰau³ kau¹	—	(siɔŋ¹ au⁵)
159	累	跔	kʰɔi⁵⁶	kʰɛi³⁶	kʰɛi³	kʰuai⁶	hɔt⁷
160	一尾鱼	条，只	tʰiau²	—	—	—	—

续表

161	一床被	番，床	fən^{1}	—	（tʃ^{h}ɔŋ^{1}）	fan^{1}	—
162	一支烟	支	ki^{1}	tsɿ^{1}	tʃɿ^{1}	ki^{1}	—
163	一把刀	张，把	tsɔŋ^{1}	pa^{36}	pa^{3}	tsɒŋ^{1}	（ki^{1}）
164	一片叶子	皮，块	p^{h}i^{2}	—	k^{h}uai^{56}	lok^{7}	p^{h}i^{2}
165	下面	下背	ha^{1} pɔi^{56}	ha^{1} poi^{5}	hai^{1} puɔi^{56}	ha^{1} pui^{5}	ha^{1} pɔi^{5}
166	什么	么个	mak^{7} kɛi^{56}	mak^{7} kai^{5}	mak^{7} kai^{2}	（it^{7} ŋia^{5}）	mak^{7} kai^{5}
167	借给我	分，把	pun^{1}	—	pən^{1}	（pa^{3}）	pun^{1}
168	我和你	同	t^{h}uŋ^{2}	—	t^{h}oŋ^{2}	—	t^{h}uŋ^{2}
169	得去了	爱，要	ɔi^{56}	oi^{5}	ɔi^{56}	uai^{5}	ɔi^{5}
170	被打	分，把	pun^{1}	—	pən^{1}	（pa^{3}）	pun^{1}

续　表　二

序号	普通话	方言	长汀	宁化	宁都	赣县	大余
71	平地	坪	p^{h}iaŋ^{27}	p^{h}iaŋ^{2}	—	p^{h}iã^{2}	—
72	水渠	圳（沟）	tʃeŋ^{5} kəɯ^{1}	tsɯŋ^{5}	tsun^{5} tsə^{3}	tsəŋ^{56}	tɕiəŋ^{5}
73	家里	屋下（里）	vu^{27} ha^{1}	vu^{7} ha^{1}	vuk^{7} k^{h}a^{1}	vuʔ^{78} kua^{1}	vu^{1} li^{3}
74	坟	地	t^{h}i^{68}	—	（mu^{6} nau^{2}）	thi^{36}	—
75	铁锈	黸	—	—	—	—	lu^{5}
76	稻子	禾	vo^{27}	vo^{2}	—	ø^{2}	o^{2}
77	稻草	秆	kū^{3}	kuaŋ^{3}	kuan^{3}	（o^{2} t^{h}ɔ^{3}）	kɔ̃^{3}
78	楔子	櫼	tsiẽ^{1}	tsiaŋ^{1}	tsiɛn^{1}	tɕiẽ^{1}	tɕiɛ̃^{1}
79	锄头	钁头	ŋio^{27} t^{h}əu^{27}	（via^{7} li^{1}）	tsok^{7} t^{h}iu^{2}	tɕioʔ^{78} t^{h}ia^{2}	tɕio^{2} t^{h}æ^{2}
80	玉米	包粟	pɔ^{1} siəɯ^{27}	pau^{1} siuk^{7}	pau^{1} siuk^{7}	pɔ^{1} ɕiuʔ^{78}	po^{1} ɕy^{1}
81	草刺	竻	le^{27}	li^{68}	lit^{7}	leʔ^{78}	le^{1}
82	公牛	牛牯	ŋəɯ^{27} ku^{3}	ŋəɯ^{2} ku^{3}	nəu^{2} ku^{3}	niu^{2} ku^{3}	liu^{2} ku^{3}

续表

83	母牛	牛嫲 （婆）	ŋəɯ^{27} ma^{27}	ŋəɯ^{2} ma^{2}	nəu^{2} p^{h}o^{2}	niu^{2} p^{h}o^{2}	liu^{2} p^{h}o^{2}
84	苍蝇	乌蝇	vu^{1} iŋ^{27}	vu^{1} iŋ^{2}	—	—	vu^{1} liəŋ^{2}
85	蟑螂	黄蚻	vɔŋ^{27} ts^{h}at^{68}	vɔŋ^{2} ts^{h}a^{68}	vɔŋ^{2} ts^{h}at^{1}	õ^{2} ts^{h}aʔ^{78}	k^{h}ə^{78} ts^{h}a^{1}
86	虱子	虱嫲 （婆）	ʃe^{27} ma^{27}	sɤ^{7} mɑ^{2}	səp^{7} p^{h}o^{2}	səʔ^{78} p^{h}o^{2}	sə^{78} p^{h}o^{2}
87	虾	虾公	ha^{27} kuŋ^{1}	ha^{27} koŋ^{1}	ha^{1} kuŋ^{1}	ha^{2} kuŋ^{1}	—
88	房子	屋	vu^{27}	vu^{7}	vuk^{7}	vuʔ^{78}	vu^{1}
89	房间	间	tʃiẽ^{1}	kaŋ^{1}	kan^{1}	kã^{1}	—
90	铁锅	镬头 （锅头）	（ko^{1} t^{h}ɐɯ^{2}）	（ko^{1} t^{h}iəɯ^{2}）	vɔk^{8}	voʔ^{78} t^{h}iu^{2}	o^{1}
91	（缸）底	豚	tu^{27}	tu^{7}	tuk^{7}	tuʔ^{78}	tu^{1}
92	绕（线）	萦	iaŋ^{1}	—	—	iã^{1}	—
93	吃、喝	食	ʃʅ^{68}	sɿ^{68}	sək^{8}	seʔ^{78}	se^{1}
94	鼻子	鼻（公）	p^{h}i:^{68} koŋ^{1}	p^{h}i:^{68} kɤŋ^{1}	p^{h}i^{6}	p^{h}i:^{56} kəŋ^{1}	p^{h}i^{1} kəŋ^{1}
95	交合	鸟	tiɔ^{3}	tiau^{3}	—	tiɔ^{3}	—
96	手肘	手䏲	ʃəɯ^{3} tsaŋ^{1}	səɯ^{3} tsoŋ^{1}	səu^{3} tsaŋ^{1}	ɕio^{3} tsã^{1}	sæ^{3} tsã^{1}
97	脚跟	脚䏲	kiɔk^{7} tsaŋ^{1}	tʃiɔ^{27} tsaŋ^{1}	kio^{7} tsaŋ^{1}	tsok^{7} tsã^{1}	tɕio^{1} tsã^{1}
98	污垢	浼	maŋ^{3}	maŋ^{68}	man^{6}	mã^{56}	mã^{1}
99	痱子	热痱	ne^{68} pe^{5}	ŋie^{68} pɛi^{1}	nat^{8} pi^{5}	nieʔ^{78} pi^{56}	lie^{1} fi^{3}
100	弟弟	老弟 （弟佬）	lɔ^{3} t^{h}e^{1}	lau^{3} t^{h}ie^{1}	lau^{3} t^{h}iai^{1}	lɔ^{3} t^{h}i^{1}	（t^{h}i^{1} lɔ^{3}）
101	丈夫	老公	lɔ^{3} koŋ^{1}	lau^{3} kɤŋ^{1}	lau^{3} kuŋ^{1}	lɔ^{3} kəŋ^{1}	—
102	妻子	老婆	lɔ^{3} p^{h}o^{27}	lau^{3} p^{h}o^{2}	—	—	lɔ^{3} p^{h}o^{2}
103	婆婆	家婆 （娘）	ka^{1} niɔŋ^{2}	kɑ^{1} p^{h}o^{2}	ka^{1} p^{h}o^{2}	—	—

104	儿媳	新妇	seŋ^{1} pe^{1}	siŋ^{1} pʰɤ^{68}	sin^{1} pʰu^{6}	ɕiŋ^{6} fu^{56}	ɕiəŋ^{1} fu^{1}
105	玩儿	嫽(嬉)	liɔ^{68}	(hɛi^{1})	(huai^{1})	liɔ^{56}	le^{5}
106	拔(毛)	搒	—	pɑŋ^{1}	paŋ^{1}	pã^{1}	—
107	站立	徛	tʃʰi^{1}	kʰi^{1}	tsʰi^{1}	tɕʰi^{1}	—
108	挑	㧡	—	(taŋ^{1})	kʰa^{1}	kʰæ^{1}	—
109	跳	𧽘	piɔ^{1}	piau^{1}	—	piɔ^{1}	—
110	压(着)	矺	tʃa^{27}	tsɑ^{7}	tsak^{7}	(tsəŋ^{3})	tsa^{3}
111	(手)抓	搲	ia^{3}	via^{3}	—	ia^{3}	—
112	修理	整(修)	tʃaŋ^{3}	(siəɯ^{1})	tsaŋ^{3}	tsã^{3}	—
113	藏(着)	偋	piaŋ^{5}	piɑŋ^{5}	piaŋ^{5}	piã^{56}	piã^{2}
114	(衣)破	烂	laŋ^{68}	—	lan^{6}	lã^{56}	lã^{1}
115	掉(下)	跌	te^{27}	tie^{7}	tiat^{7}	tieʔ^{78}	tie^{1}
116	烫(伤)	熝	lu^{68}	—	lut^{8}	læ^{56}	lu^{78}
117	安装	鬭(装)	təɯ^{5}	tiəɯ^{5}	təu^{5}	(tsõ^{1})	tæ^{5}
118	烤火	炙火	tʃa^{27} fo^{3}	tsɑ^{7} fo^{3}	tsak^{7} fo^{3}	tsaʔ^{78} hɔ^{3}	tsa^{78} fu^{3}
119	拉(屎)	屙	o^{1}	ŋɤ^{1}	vo^{1}	o^{1}	—
120	缝(衣)	联	tiẽ^{27}	lieŋ^{2}	lian^{2}	liẽ^{2}	tiã^{2}
121	(我)的	个	ke	kɑ^{5}	ke	keʔ^{78}	kiæ
122	多少	几多	tʃi^{3} to^{1}	ki^{3} to^{1}	tsi^{3} to^{1}	tɕi^{3} to^{1}	—
123	不是	唔系(不是)	ŋ^{27} he^{68}	(pɤ^{7} sɿ^{68})	maŋ^{2} hɛi^{6}	ŋ^{2} he^{56}	m^{2} me^{1}
124	找遍(了)	寻交	tʃʰeŋ^{27} kɔ^{1}	tsʰiŋ^{2} kau^{2}	—	tɕʰiŋ^{2} kɔ^{1}	—
125	我	偓	ŋai^{1}	ŋa^{3}	ŋai^{1}	ŋæ^{3}	ŋa^{3}
126	你	你	ni^{1}	li^{3}	nie^{1}	ni^{3}	ne^{3}
127	他	渠	ke^{1}	kɤ^{3}	tɕie^{1}	tɕi^{3}	—
128	下雨	落雨	lɔ^{68} i^{3}	lo^{7} iəɯ^{3}	lɔk^{8} vu^{3}	loʔ^{78} i^{3}	lɔ^{1} y^{3}
129	冰	(凌)冰	ləŋ^{27} peŋ^{1}	lieŋ^{2} piŋ^{1}	liŋ^{2} piŋ^{1}	—	piəŋ^{1}

续表

130	今天	今日 （朝，晡）	（tʃeŋ^{1} pu^{1}）	kiŋ^{1} tsau^{1}	tsəm^{1} tsau^{1}	tɕiŋ^{1} nieʔ^{78}	（tɕiəŋ^{1} pu^{1}）
131	种田	作田	tso^{27} tʰiẽ^{27}	tsɔ^{7} tʰieŋ^{2}	tsɔk^{7} tʰian^{2}	tsoʔ^{78} tʰiẽ^{2}	tso^{78} thiẽ^{2}
132	扁担	担竿 扁担	taŋ^{1} kũ^{1}	pieŋ^{3} taŋ^{1}	pian^{3} tan^{1}	piẽ^{3} tã^{1}	—
133	放牛	睐牛	niaŋ^{5} ŋəɯ^{27}	iaŋ^{5} ŋəɯ^{2}	naŋ^{5} nəu^{2}	niã^{2} niu^{2}	liã^{5} liu^{2}
134	牲畜	头牲 畜牲	tʰəɯ^{27} saŋ^{1}	tsʰu^{7} saŋ^{1}	tsʰuk^{7} saŋ^{1}	tsʰuʔ^{78} sã^{1}	tɕʰy^{1} sɛ̃^{1}
135	鸡蛋	鸡蛋	tʃe^{1} tʰaŋ^{68}	kie^{1} tʰaŋ^{68}	ka^{1} ka^{1}	tɕi^{1} tʰã^{56}	tɕi^{1} tʰã^{1}
136	(鸟)窝	窦，宿	siəɯ^{3}	səɯ^{3}	sau^{2}	tio^{56}	se^{3}
137	尾巴	尾（巴）	me^{1} pa^{1}	mɛi^{3} pa^{1}	mɛi^{3} pa^{1}	mi^{1} pa^{3}	mi^{3} pa^{3}
138	雨伞	伞	saŋ^{3}	—	san^{3}	sã^{3}	—
139	斗笠	笠嫲	təɯ^{3} ti^{27}	lie^{7} ma^{2}	lit^{7} pʰo^{2}	tio^{3} pʰəŋ^{2}	tæ^{3} ti^{1}
140	把尿	兜尿	təɯ^{1} niɔ^{68}	tsʰa^{68} ŋiau^{68}	tiak^{7} nau^{6}	tiẽ^{1} niɔ^{56}	tiɛ̃^{1} liɔ^{1}
141	脑袋	头拿 脑壳	tʰəɯ^{27} na^{27}	lau^{3} kʰo^{7}	nau^{3} kuai^{6}	nɔ^{3} kuei^{56}	lɔ^{3} kuø^{3} kʰo^{2}
142	客人	（人）客	neŋ^{27} kʰa^{27}	ŋiŋ^{2} kʰa^{7}	kʰak^{7}	kʰaʔ^{78}	kʰa^{1}
143	漂亮	精	tsiaŋ^{1}	sɔŋ^{3}	piau^{1} tsi^{5}	piɔ^{1} tsɿ^{56}	piɔ^{1} tsɿ^{5}
144	妹夫	标致 妹郎	mue^{5} lɔŋ^{27}	mɛi^{68} lɔŋ^{2}	muai^{5} lɔŋ^{2}	mei^{56} lɔ̃^{2}	mø^{3} lɔ̃^{2}
145	吹（气）	吹	tʃʰue^{1}	tsʰɤ^{1}	tsʰui^{1}	tsʰe^{1}	tɕʰyø^{1}
146	剁	斫，剁	to^{5}	to^{7}	to^{5}	to^{56}	to^{5}
147	浇（菜）	淋，沃	（pʰa^{27}）	vu^{7}	lim^{2}	（tɕiɔ^{1}）	tiəŋ^{2}
148	（平）抠	空，抠	via^{1}	kʰəɯ^{1}	kʰəu^{1}	kʰio^{1}	kʰie^{1}
149	挤	櫼，挤	tsi^{3}	tsiaŋ^{1}	（ŋat^{7}）	tɕi^{3}	—
150	睡	睡目	ʃue^{68} mu^{27}	hie^{7}	—	ɕieʔ^{78} ŋã^{3}	ɕie^{3} kɔ^{1}
151	斟（酒）	酾	sai^{1}	sa^{1}	sai^{1}	sæ^{1}	—
152	给（他）	分，搦	（te^{27}）	pɛ̃i^{1}	nak^{7}	na^{3}	na^{1}

续表

153	说话	话事	va^{68} sɿ^{68}	va^{68} sɛi^{68}	va^{6} sə^{6}	va^{56} sɿ^{56}	va^{1} sɿ^{5}
154	合作	佮,合	ho^{68}	ko^{7}	hap^{8}	kaʔ^{78}	hua^{2}
155	惹	撩,惹	liɔ^{27}	ŋia^{3}	liau^{2}	nio^{36}	(ti^{3})
156	知道	晓得	ʃiɔ^{3} te^{27}	hiau^{3} tɤ^{7}	sau^{3} tək^{7}	ɕiɔ^{3} teʔ^{78}	ɕiɔ^{3} te^{78}
157	害怕	怕	pʰa^{5}	—	—	pʰa^{56}	pʰa^{5}
158	吵架	讲口	kɔŋ^{3} həɯ^{3}	kɔŋ^{3} kʰəɯ^{3}	kɔŋ^{3} həu^{3}	kɔ̃^{3} hio^{3}	kɔ̃^{3} hæ^{3}
159	累	累,跴	le^{5}	lua^{68}	lui^{6}	læ^{2}	tsʰø^{1}
160	一尾鱼	只,尾	tʃa^{27}	mɛi^{2}	tsak^{7}	tsaʔ^{78}	tsa^{1}
161	一床被	番,床	faŋ^{1}	sɔŋ^{2}	tsʰɔŋ^{2}	tsʰɔ̃^{2}	tsʰɔ̃^{2}
162	一支烟	行,杆	haŋ^{2}	kaŋ^{3}	haŋ^{2}	kiŋ^{1}	kiẽ^{1}
163	一把刀	把	pa^{3}	—	—	—	—
164	一片叶子	皮	pʰi^{27}	pʰi^{1}	pʰi^{2}	—	—
165	下面	下头	ha^{1} tʰəɯ^{27}	ha^{68} mieŋ^{68}	ha^{6} kau^{1}	ha^{1} tõ^{56}	ha^{5} læ
166	什么	什么	soŋ^{27} si^{1}	sɯŋ^{1} mɤ^{7}	sə^{3} sət^{8}	səŋ^{56} moʔ^{78}	sə^{3} mo^{1}
167	借给我	得,分	te^{27}	pɛ̃i^{1}	kən^{1}	te^{78}	la^{78}
168	我和你	跟,同	ta^{27}	tsʰi^{2}	kən^{1}	taʔ^{78}	tʰəŋ^{2}
169	得去了	要	iɔ^{5}	(ha^{68})	iau^{5}	iɔ^{56}	iɔ^{5}
170	被打	得,分	te^{27}	pɛ̃i^{1}	pʰi^{6}	na^{3}	laʔ^{78}

参考文献

李如龙、张双庆主编 1992《客赣方言调查报告》,厦门:厦门大学出版社。

福建省方言调查指导组　1963　《福建省汉语方言·闽西客话概况》(讨论稿)。

罗香林　1933　《客家研究导论》,台北:古亭书屋。

梁方仲　1980　《中国历代户口、田地、田赋统计》,上海:上海人民出版社。

邓迅之　1982　《客家源流研究》,台北:天明出版社。

L.R.帕默尔　1983　《语言学概论》,李荣等译,北京:商务印书馆。

周振鹤、游汝杰　1986　《方言与中国文化》,上海:上海人民出版社。

王　力　1985　《汉语语音史》,北京:中国社会科学出版社。

周祖谟　1966　《问学集·宋代汴洛方言考》,北京:中华书局。

———　1988　《唐五代的北方语音》,《语言学论丛》第15辑,北京:商务印书馆。

李新魁　1988　《宋代汉语的韵母系统研究》,《语言研究》第1期。

黄雪贞　1987　《客家话的分布与内部异同》,《方言》第2期。

邓晓华　1988　《闽西客话韵母的音韵特点及其演变》,《语言研究》第1期。

[本文于1992年9月在香港中文大学的国际客家学研讨会上宣读过,后收入该研讨会论文集,香港中文大学出版,1995年。]

马来西亚华人的语言生活及其历史背景

马来西亚的华人大约有五百多万。在东南亚，从绝对数说，仅次于印度尼西亚境内的华人。从在全国总人口中所占的比例说，仅次于新加坡。从保存华人的语言和文化说，马来西亚的不少地方还保留着华人社区乃至汉语方言的社区，在这些社区中还有相当浓郁的中华文化氛围，这在东南亚各国已经不为多见了。这种情况，向来为有关学者所关注。近几年来，马来西亚来华留学的学生逐渐增多，在暨南大学求学的就达百余人。在同他们接触中，我们对马来西亚华人社区的语言和文化增加了许多感受。为此，在我们建立的"东南亚华人语言研究"课题中，关于马来西亚华人语言的研究就成了首选的内容。

1994 年秋天，我们在马来西亚来校留学生中进行了关于当地华人的语言生活的调查访问，也发了一些问卷。后来，在这些同学的协助下，又把同样内容的问卷带到马来西亚的南方学院，请那里的学生填写。这样，我们先后收回了 134 份答卷。鉴于大多数是来自柔佛州的华裔学生填写的，我们选定了 114 份这样的卷子进行统计和分析。在调查过程中，马来西亚留学生丘光耀、黄玉婉、吴翠美等热情支持，协助做了不少工作，应该感谢他们。我的硕士研究生王芳、刘志先也参加了具体工作，这也应该加以说明。以下是结合我们的访问座谈对于这些问卷所作的分析报告。

一　社会语言品类

马来西亚华人社会是一个十分特殊的多语社会。

从不同的民族语言说，那里普遍通行着汉语、马来语和英语。马来族是马来西亚人数最多的主体民族，马来语是马来西亚独立后的国语。居住在马来西亚的华人，数百年来和马来人有频繁的交往，一般人都能使用马来语作日常交际(包括没有文化的老一代华人)，新一代在学校受过教育的则都接受过国语的训练，听说读写都不成问题。英语则只在文化程度较高的华人中通行。

就汉语的情况说，最普及的是普通话，在当地称为华语。这是因为辛亥革命之后，那里兴办的新式华文学校就采用了普通话作为教学语言。近数十年来，华语的广播、电视、电影也十分普及。

关于华语和国语(马来语)的普及情况，是我们问卷调查的第一项。在97份有效答卷中，答案如下：

	已普及	大体普及	不大普及
国语	38	54	5
华语	56	40	1

所以有以上不同看法，一来与答卷者住地的不同情况有关，二来对于怎样算是普及，各人也可能有不同尺度。按照一般的情况而论，华人在总人口中所占比例越大，华文学校办得越多，华语就越普及。柔佛州华人在总人口中的比例，按1980年的资料占38.4%，在全马来半岛平均数(33.8%)以上(林水檺、骆静山，1984:454)，而且与华人占大多数的新加坡毗邻，华文学校也比较多，南方学院、宽柔中学都设在这里。应该说，这里的华人社区中的华语比马来语普及是符合逻辑的。

除了华语之外，那里还分布着许多闽、客、粤方言。人数最多的是闽南话，包括当地所称的福建话（漳泉一带闽南话）、潮州话、海南话；其次是粤方言（当地称广府话或广东话）、客家方言（客家话）；还有闽方言中的闽东方言（福州话）和莆仙方言（兴化话）。在我们的110份答卷中，学生的母语包括：

总计	福建话	潮州话	客家话	广东话	福州话	海南话	兴化话
110	50	17	20	17	3	2	1

而且对于"本地通行的主要方言"（包括"第一方言""第二方言"）这些栏目，绝大多数答卷都填上了明确的方言名称。只是有的把"华语"也作为"方言"的品种填上了。可见，在柔佛州，大体上还存在着汉语方言的社区。例如，在居銮，有客家话、福建话，在永平有福州话、客家话，在古来，有广东话、客家话，在蔴坡有福建话、广东话。

在更早的时候，汉语方言在东南亚各地的分布有更加明确的地域。例如，半个世纪前的1947年，柔佛州内汉语方言的分布就曾有如下的记录（麦留芳，1985：89）：

	新山县	新山市	居銮	峇株巴辖	蔴坡
广东人	13%	20%	27%	9%	9%
福建人	7%	17%	26%	47%	53%
海南人	7%	10%	9%	6%	10%
客家人	55%	10%	28%	10%	6%
潮州人	11%	36%	3%	15%	23%
其　他	6%	7%	6%	13%	3%

我们的问卷调查是随机的，就各方言人数在总体上所占的比例来说，却也与50年前的情形大体相仿。

华人到马来西亚的历史可以追溯到汉代。然而大量到马来西亚定居是近一百年间的事（林水檺、骆静山，1984）。除了"卖猪仔"去的契约华工之外，大多是以投亲靠友的方式陆续迁徙，并且按方言和祖籍相同的集中聚居的。因为在那远隔重洋的异国他乡，如无亲人和老乡的照应，是很难立足的。定居之后，宗祠、公冢、宫庙乃至按姓氏组织的宗亲会、按祖籍组织的同乡会、联谊会等组织，在乡亲之间济贫救困、养老送终、互助合作创办实业或者是争取权益、反抗压迫等方面都起过不可低估的作用。这就是方言流播和形成帮派的历史背景。

日本侵略者发动太平洋战争之后，东南亚各国不论国籍、不分民族地被卷入灾难，帮派的界线不如以前明显了。在战后民族独立国家的现代化经济建设中，按方言区分帮派一再受到冲击，越来越显得不合时宜，也失去原先的作用，如今只是历史遗留下来的一些陈迹。然而用方言词语所记录下来的某些观念以及与此相关的某些习俗，以方言形式流传下来的历史故事，曲曲乡音，却可以唤起人们的依稀记忆，带来安慰和鼓舞，这便是方言地域不容易被最后打散，方言不容易最后消亡的深层次的文化原因。

马来西亚的华人中掌握英语的差异主要决定于文化程度，和年龄也有一定关系，和方言母语关系不大。我们的问卷有父辈家庭成员和平辈家庭成员掌握华语和英语的情况及其文化程度情况的调查项目。以下是各方言区两代人掌握华语和英语的情况：

方言区	有效答卷	父辈人数	平辈人数	父辈						平辈			
				通华语			通英语			通华语		通英语	
				小学以下	中学	大专以上	小学以下	中学	大专以上	中学	大专以上	中学	大专以上
福建、潮州话	55	105	103	61	38	6	10	21	6	85	18	70	18
客家话	20	39	30	26	16		1	9		22	8	16	7
广东话	17	27	32	20	5	2	2	4	2	20	12	16	11
其　他	4	9	6	5	3	1	1	3		1	5	1	5

从上表也可以看到，不论老辈、小辈，华语是相当普及的。据我们访问，即使是八九十岁的老太太，也大体能听懂华语。而英语主要是青年一代掌握的，青年人中极少不上中学的，上了中学就有

英语的训练和要求，老一辈华人是否懂英文，一是与文化程度有关，二是与职业有关。中年以上华人通英文者大多是高中以上程度的白领阶层。

二　个人语言能力

生活在马来西亚华人区这个多语社会里的人，大多数都是高明的多语人。然而就多语能力而论，不同年龄、性别、方言母语、文化程度、职业的人都有明显差异。我们的问卷调查虽然还设计得不够仔细，回收材料也不够理想，但也可以看出一点眉目。

关于父辈的语言能力，回收的有效答卷只有 37 卷。无效卷子主要是漏（未填）和略（只写“方言”，未指出几种、何种方言）。有效卷中提供的样本有 68 例，掌握 3 种语言以上的达 65 例。具体分布如下：

方言区	样本	兼通语种（含华语、国语及各种方言）数及人数					
		2种	3种	4种	5种	6种	7种
福建、潮州话	33	2	12	13	5		1
客家话	15		2	6	5	2	
广东话	13		7	2	2		2
福州话	3		2			1	
海南话	2		1				
兴化话	2	1				1	
合　计	68	3	24	22	12	4	3

从回收答卷和本项有效卷数的比例来看，福建话区的有效卷还不到半数（67∶33），而其他方言则大多数答卷有效。如果说，填表粗疏不认真的偏偏都是说“福建话”或潮州话的学生，不大好解释。另一种可能是以福建话、潮州话为母语的中年人（答卷中的父母年龄均在 41—63 岁之间）确实通多语的较其他方言母语的少。如果这种可能是符合事实的，倒是有个合适的解释：福建话和潮州

话是较为相近的“闽南话”，说这两种话的人数相加，在华人总人口中占了很大比例。据1980年马来半岛华族人口统计，363万华族总人口之中，“福建”加“潮州”的人口达178万，占总人口的55%（林水檬、骆静山，1984:465）。可见，闽南方言在马来西亚的汉语方言中是使用人数最多的强势方言。在不同的方言的接触中，往往是操弱势方言的人学强势方言的多，而操强势方言的人学弱势方言的人少，这是显而易见的一般规律。近二十年间，强势方言广州话已经成了全广东省的共通语，潮州话和客家话在广东省内成了相对的弱势方言。全省的城乡各地，不论是潮汕人或客家人都在学用广州话，而原来操广州话的人就很少去学习客家话或潮州话。这种情况和马来西亚的诸方言的关系可以相互比照。

在父辈掌握双语的情形中还有一点值得注意的，这就是不同方言区的人在兼通的语言品种上是有差异的。

上述68份有效样本中，兼通英语的父辈，广东话为母语的大学程度1人；闽南话为母语的高中程度3人，大学程度2人；其余方言未有。这说明兼通英语的父辈都是文化程度较高的中年人。闽南话、广东话为母语的人要比其余方言区的人文化程度高些。

在兼通多种语言的父辈中年人中，不同方言区的人兼通的品类也有些不同，请看下表：

方言区样本总数	兼通华语的	兼通国语的	未通国语的		兼通福建话、潮州话的	兼通广东话、客家话的
			男	女		
福建、潮州话33	33	23	3	8	12	4
广东话13	13	7	2	4	4	9
客家话16	16	16	0	0	2	7
福州话3	3	1	1	1	0	0
海南话2	2	1	0	1	0	0

由此可见，在父辈中年人中，华语的普及度超过了国语。未通国语者主要是女性，显然是些文化不高的操持家务的家庭妇女，她们未受过学校国语训练，又与外界接触不多，所以未能掌握国语。表中兼通国语的人数按方言区分有差别，据我们访问了解，事实上与方言区关系不大。主要决定于华人社区之中或周边马来人住得多少，华人比例小的地方（如吉兰丹、丁加奴州）通马来语的就多。论历史，最早到马来西亚去的是福建人，他们与马来人通婚、通马来语的也多，论强弱势，福建话和广东话是强势方言，可能兼通马来语的比例会略低。以上数据可能不大精确。

在兼通的方言中，兼通福建话和潮州话或兼通广东话与客家话的也较多，这分明是因为前二者和后二者之间各自比较接近，学起来容易。自然，如果是婚姻组合，比如夫妻分别说福建话和客家话，或分别说潮州话、广东话、夫妻间的不同母语往往不论是否相近也总是兼通的。从总体上看，父辈（中年人）除普及华语之外，所掌握汉语方言的品种要比现在的青年人（大学生）更多样些。如前表所示有效卷 68 份中，掌握 3 种以上的达 65 份，掌握 4 种以上也有 41 份，其中还不包括兼通英语的。

关于青年大学生自身的语言能力，从所得数据也可以说明一些问题。请看以下对照表：

方言区	样本	第一语言华语第二语言国语	第一语言华语第二语言方言母语	第一语言为方言母语	第三、四语言为其他方言	第二语言为英语	第三、四语言为英语
福建话潮州话	64	28	33	3	9	12	30
客家话	13	1	11	1	2	1	5
广东话	16	7	8	1	4	3	12
海南话	3	1	2		1	1	1
福州话	2	1	1		1		2

从上表可以得到几个结论：

1. 青年学生中普遍以华语为第一语言；

2. 相当一些青年也都能掌握国语；

3. 大多数人还能使用方言母语；

4. 青年学生比父辈懂英语的明显增多；

5. 青年学生掌握其他方言不如父辈多。

至于不同的方言区的青年学生在语言能力上的差异，大概可以提出几条来说。第一，客家的学生掌握马来语明显较差，至少自我感觉不佳；他们掌握英语的人数不到一半，显然较之闽粤区的学生（三分之二或十分之九）少。这可能是因为客家人多半居住在小城镇或农村，年轻一代接受教育的条件较差，也可能与客家家庭的营生项目偏于体力劳动有关。据 1980 年大马半岛人口统计，不同方言区的人居住在大城市、大市镇和小市镇，农村的人口比例很不相同（林水檺、骆静山，1984：465，数字取到千）：

	大城市	大市镇	小市镇	乡村	共计
福建人	56.0 万	21.0 万	18.7 万	37.5 万	133.3 万
广府人	38.4 万	8.9 万	10.2 万	11.6 万	69.2 万
客家人	29.8 万	12.4 万	19.1 万	17.4 万	78.9 万

住在大城市和大市镇的福建人近六成，广东人达七成，而客家人只有五成左右。客家人大多住在城镇边缘靠近农村的地方，从事种菜、养猪等业，大抵与农业有关。在城区营商的也是些中药店、打铁店、中式牙医、小布店、洋货店等，大多也与体力劳动或山地耕耘（采药）等有关。（麦留芳，1985）

第二，从方言母语的保存来说，这些青年学生中保留得较好的是闽南话、客家话和广东话。从这些方言区的青年以方言母语为第一语言或第二语言的比例可以说明这一点。可见，这三种方言在马来西亚都可说是强势方言。然而为什么会成为强势方言，原因却是不同的。福建话和潮州话主要是人多势众，在二战前后，闽南话曾是东南亚各国华人之间的共通语。广东话是上个世纪50年代后借助电影、电视和录音、录像的粤语节目的力量而形成优势的。不少马来西亚华人(尤其是柔佛州一带)就是从电视和电影学来粤语的。至于客家话，更多的是出于文化的原因。客家人历来有尊重传统、恪守古训的观念，到处的客家话都有“宁卖祖宗田，不卖祖宗言”“宁卖身，不卖音”的俗谚。

三　语言交际状况

在多语社会里，绝大多数多语者之间在不同场合里使用什么语言进行交际？在这方面我们作了三个方面的调查。

1.　文化教育部门的语言应用情况

关于文化生活和学校中语言应用，所有的问卷答案都一样，无需罗列数据。

在文化生活方面，马来西亚的电台、电视台现在还有大约三分之一的时间播送华语节目(包括新闻及文艺节目)其中也有小部分福建话或广东话的节目。电影院还常有华语或粤语的影片放映，各种语种的影片放映时都附有包括华语在内的多种字幕。坊间出售的华语、粤语的录音、录像带不少。华文报纸和书刊不仅品类多，发行量也大。在文化管理上，政府的政策是比较开明的，能容许多种语文并存的。华语的不断普及、粤语影响的扩大、各种方言的继续存在和这种宽松的政策有着直接的关系。

在教育方面，政府提倡国语、发展国语应该是正确的国策，在承认历史的差异的前提下，贯彻普及教育马来人优先的政策也是合乎情理的；然而对于华文教育的种种限制则显然不利于发展多民族的文化，不利于提高国家和人民的素质。幸而马来西亚的华人多能自重、自主、自立，在多语多文化的社会之中选定发展自我的道路。华文学校里则有一批诚挚敬业的董事、校长和老师。在华文学校里普遍采用华语为教学用语，校园语言也倡导华语(方言实际上很少用)，同时也注意英语和国语的教育。这种做法是适应社会生活需要的，也得到家长和学生的欢迎。即使在国立学校里，华裔学生也常有"华文学会"的社团组织，开展教学华语、演讲、歌咏、话剧等活动。学校则设有华语的选修课，校园语言也没有限制，一般的华裔学生仍多用华语。

2. 家庭用语的差异

关于家庭用语，我们的问卷包括两个题目，一是不同辈分的人使用语言有无差异，一是谈论不同话题时使用语言有无差异。

(1)不同辈分的人家庭使用语言的差异

现将所得材料分别列述如下：

方言区	有效样本	皆用华语	皆用方言	华、方并用	父辈方言，平辈华语	父辈方言，平辈华、方并用	父辈华、方并用，平辈华语
福建、潮州话	58	11	5	11	25	6	
客家话	20	5	2	4	5		4
广东话	17	6	2	3	6		

从上表可以看出几个事实：第一，父辈习惯使用方言的较平辈多，年青一代方言有些淡忘了，有的即使懂也不爱说。在访问中，他们说，用华语更能达意。第二，不同方言区的情况有些差别。闽南话区父辈还有近六成的人不大说华语，而广东话区只有一半多些，客家话区只有近三分之一。闽南话因为是强势方言，中老年人中的使用频度自然更高。第三，两代人之间的语言可以有多种关系或趋同，求新的只用华语，守旧的只用方言；或求同存异老小各自说方言与华语，彼此交流则一方迁就另一方，开明的老辈与子女说华语，守旧的小辈与父母说方言，还有各执一端而相安的，老辈

说方言，小辈说华语，彼此也可以交流，因为虽然说起来不习惯，彼此之间是完全可以听懂的。

(2)不同话题的习惯用语的差异

方言区	有效样本	谈论社会			谈论商务			谈日常生活		
		华	方	华+方	华	方	华+方	华	方	华+方
福建、潮州话	54	41	4	9	34	9	11	24	9	21
客家话	13	9	4	0	6	5	2	5	3	5
广东语	11	7	3	1	4	7	0	4	4	3
总计	78	57	11	10	44	21	13	33	16	29

填表的青年学生大概是从切身经验来考察的，总的看来，谈论社会时用到的书面语、新词语多，当然使用华语便于表达，而日常生活则相反，有些方言词语更能达意。如果把老中青三代人的差异也考虑进去，情况就会更加复杂。

四 青年人的语言心态

面对着多语社会和多语交叉使用的学习过程和交际生活，青年知识分子的语言心态如何呢？我们进行了两方面的调查。

关于学习各种语言的态度和动机，从 114 份答卷中可以作出如下的统计：

所学语种	学习态度						学习动机					
	努力		一般		被动		奉命		需要		兴趣	
	男	女	男	女	男	女	男	女	男	女	男	女
国　　语	5	6	17	43	13	22	8	16	26	55	3	6
华　　语	23	23	18	49	0	1	1	5	15	37	18	34
英　　语	16	21	16	33	8	11	3	7	26	48	4	22
方　　言	9	7	23	55	2	11	2	11	14	34	16	26

方言的掌握主要是在学前语言习得时完成，后来在社会生活的使用中巩固和加强的，从未列为学校的学习科目，大多数人都是

自然完成的，区分其学习态度意义不大。在国语、华语和英语三者之中，努力学习最多的是华语，持被动态度最多的是国语；感兴趣最多的也是华语，奉命而学最多的也是国语。这种情形和我们的调查对象有关。不论是来自暨南大学留学的本科生或在南方学院就读的大专生，多数都是从华文“独中”毕业的。据了解，如果华裔就读公立的国语学校，升上大学的机会极少，今后的就业也困难，如在独中学好华语和英语，将来就业或出国深造都有更多的机会。造成重华语和英语而轻国语的情况和政府的政策有关，与社会需求有关，当然也有民族感情的成分。相对而言，学英语因为缺少语言环境，难度大些，但为了日后的深造和谋生还是很需要掌握的，认识到需要的有 74 人，近七成。努力学习的有 37 人，三成多。学习国语，周围都有听说读写的机会，只要平时稍加用心，掌握起来并不难。这也是造成重英语、轻国语的原因之一。

以上学习态度和学习动机还可以从性别差异作分析。114 份有效答卷之中，男生 41 卷，女生 73 卷。就学习态度的人次统计说，对各种语言学习感兴趣的有 88，态度被动的也有 45，男生则只分别是 41 和 23，由此可以看出女生学习语言较为情绪化，要么喜欢，要么讨厌，而男生较为求实。就努力学习的人次说，男生 53，女生 57，显然努力学习的男生多，这反映了女生在学习语言上天分高于男生的事实。

在那远隔千里的异国他乡，在华文教育受限制的情况下，在方言处于萎缩状态的情况下，对学习华语和方言感兴趣的还有那么大的比例，这说明华语和方言在马来西亚还有相当的社会功能和文化引力。

我们的调查对象可以说是新一代华人未来的精英了，问卷之中有他们对多语制社会生活的评价。此项内容有效答卷有 93 份(男 28，女 65)，统计结果如下：

问题	答案选取人数								
	有利			必要			无所谓		
采取多语制	男	女	合计	男	女	合计	男	女	合计
对民族团结和国家发展	14	39	53	10	24	34	4	2	6
对个人谋生和社会交往	16	45	61	9	17	26	3	3	6
对个人智力发展	11	30	41	4	22	26	13	12	25
要适应这种多语社会生活	很麻烦,负担重			不难,可自然获得			很有趣		
	男	女	合计	男	女	合计	男	女	合计
	20	50	70	5	9	14	2	8	10

马来西亚的多语社会是历史形成的。由于不同时代各方移民的入住,在马来西亚境内,除了国语(马来语)和华语之外,还有印度民族的淡米尔语,土著民族的巴卓语、依班语、杜顺语等等。华人移居马来西亚的数百年间,一直在适应着这个多语社会,随着社会观的变化,他们的语言观也在发生变化。总的看来是顺应着时代的潮流向前发展的。在流寓时代,大多数华人按方言聚居,其语言生活与故土无异。在侨居时代,因为与马来人有诸多交往,通婚现象也逐渐增多,许多华人学会了马来语;跟着中国本土现代民族共同语的形成和发展,东南亚华人也逐步掌握了普通话。在战后建立民族独立国家之后,华人迅速转变社会观,认同当地国家,选择当地国籍,效力于多民族的国家。在语言生活中,更努力地学习国语,为了现代化建设的需要也努力学习英语。马来西亚政府有关部门于 1970 年和 1980 年曾有过"十岁以上人口通晓各种语文的比率"的调查统计,马来半岛华族的具体表现如下:(林水櫋、骆静山,1984:467)

年份	总人数(单位:千)	马来语	其中(流利的、初级的)	英语	华语
1970	2202.2	37	(6　　31)	19	41
1980	2728.1	73	(21　　52)	31	96

这些数字就是我们上述结论的最佳证据。1980 年以来如有更新的资料一定是沿着这个方向获得更大的进步,这是自不待

言的。

问卷的答案统计证明,绝大多数青年知识分子是关心国家语文政策的,对于多语并用采取宽松政策是欢迎和肯定的。虽然增加学习负担,大家还是很愿意努力学习的。事实上,多学习一种语言就是多掌握一种民族文化,多获得一种信息源,这对于人的智力发展、知识结构的调整也是十分有利的,尤其是在儿童少年时代,增学新的语种并未加重学习负担。有将近半数的答卷者对此已经有了体会,这是十分难能可贵的。

马来西亚独立建国以来,政治、经济和文化都得到长足的进步,尤其是近二十年间,经济的发展更是举世瞩目。我们接触过的许多华人都很热爱他们认同的国家,愿意为它效忠。对于现行的政府的语文政策,虽然还有一些意见,宽松的政策大家是肯定和拥护的。时代在前进,世界在发展,马来西亚一定会跟着新世纪的步伐不断地现代化、民主化。面对着多语社会,国家的政策导向如能更有利于发展多民族语文以及多元的民族文化,使多种文化取长补短、互相补充、互相融合,协调发展,一定能够更快更好地把马来西亚建设成为繁荣昌盛的国家。

柔佛州华人的多语并用的语言生活在马来西亚有一定的代表性。不论是华人在总人口中的比例或是使用语言的品种和比重,多数州与此相仿。当然也有些州情况有别。例如,马六甲是福建人最早落脚之处,与马来人早有通婚传统,那里的"峇峇"社会多精通马来语而少说华语;在吉隆坡,广府帮多,市面通行广东话;在华人比例小的州也是国语比华语更普及;在东马的沙巴等两个州则又多了土著的小语种。

本课题的研究目前还没有机会到实地作广泛深入的调查。又由于我们经验不足,设计调查表格还不够完善,回收的份数也还偏少,所得数据并不十分理想。但是还是可以说明一些问题的。我们希望与当地同道作进一步的研究。

参考文献

林水檺、骆静山　1984　《马来西亚华人史》,吉隆坡:马来西亚留台校友会联合总会刊本。

郭振羽　1989　《新加坡的语言与社会》,台北:正中书局。

麦留芳　1985　《方言群认同——早期星马华人的分类法则》,台北:中研院民族学研究所刊。

崔贵强　1989　《新马华人国家认同的转向》,厦门:厦门大学出版社。

杨力、叶小效　1993　《东南亚的福建人》,福州:福建人民出版社。

杜远辉、张应龙　1991　《新加坡马来西亚华侨史》,广州:广东高教出版社。

[本文曾收入《东南亚华人语言研究》,李如龙主编,1999,北京语言文化大学出版社。]

地名词的特点和规范

地名词在语言的词汇里只是一个小类——专有名词中的类，但是它的数量却是很大的，现代汉语的地名词估计应有数百万之多。科学技术的现代化正在缩短着空间的距离，超越地方、民族和国家的界线，社会生活各方面的实践迫切地要求对数量庞大的地名词进行规范。本文试就现代汉语地名词的特点和规范原则做一些探讨。

地名词是地理事物的名称。它和语音里的其他词汇一样，都有一定的意义、一定的语音形式，在书面上还有一定的字形。观察地名词的特点，研究地名词的规范也可以从词义、语音和字形三方面入手。现依次讨论如下。

一　地名词的词义及其规范

现代汉语的词多数是合成词，地名词全是合成词。合成词的词义往往不能就字面意义去理解。地名词字面上一般具有人们赋予地理事物的某种描述意义，这主要是反映着人们对地形、地物及其地理位置的具体认识或是该地历史上发生过的某种事实。例如河北、山东、巢湖、马鞍山、海南岛是人们对自然地理(方位、形状等)的认识；白石桥、石灰窑、田心、庙前、石家庄是关于人文地理(人工地物、居民族姓等)的反映；杉岭、竹园、铜山、舟山渔场是有关经济地理的记录；校场口、岳坟、宣德群岛、志丹县、八一七路①是就社会历史上某个事件、人物、年代、遗迹而命名的。但是，也有些地名词并没有具体的描述意义，例如“无名高地”“第五生产队”；有的描述意义随着地理条件和人文情况的变迁已经名不副实，如“石灰窑”早已不烧石灰，“石家庄”姓石的人家并不多；许多反映历史陈迹的地名也早被人们遗忘。可见地名词的具体的描述意义在时过境迁之后往往无从稽考，只有它的基本意义——表示地理位置和主要社会特征的概括意义最为稳定，因而成为地名词义最重要的依据。地名词在词义方面的规范主要就是要使它的基本意义准确化。至于它的描述意义是否符合实际，在历史上有过什么变迁，这是历史地理研究的对象，而不是地名词义规范的范围。

关于地名词的词义规范，有一种流行的提法：“含义不好的地名必须更改。”所谓“含义不好”，通常指三种情况：历史上的统治阶级通过行政命令颁布的用来为自己歌功颂德、树碑立传或宣扬自己的观点的地名，反映落后社会现象或思想意识（如封建迷信等）的地名，带有侮辱性或粗鄙不雅的地名。其实，这还是值得讨论的。

正如斯大林所说的，“阶级影响到语言，把自己专门的词和语加进语言中去”，这种情况在地名词里也有，但是数量并不多，②有的使用一段时间后又被抛弃，恢复了旧名，有的具体描述意义过后就淡漠、模糊了。福建的闽侯县曾用出生于该地的国民党要人“林森”易过名，现在已经很少人知道；长安、永定、恩施、承德、武威、抚顺等命名时可能都是为某个王朝歌功颂德的；在三十万分之一的

---

① 福州市1949年8月17日解放，后来把福州市最长的一条马路命名为八一七路。

② 据统计，全国县、市一级专名历史上各朝代更改面一般是百分之一、二，隋朝更改最多，也只有百分之三、四。

地图上，全国以“太平”命名的达五十六处，可能也是为某朝代粉饰太平的，在几经沧桑之后，只有历史考证家才能知道它们歌颂的是谁家朝廷，此类地名并无更改的必要。至于仁化、人和、孝义、忠信、平等、博爱之类的地名也大可不必作为“封建主义”“资本主义”的东西加以取缔，语言中“仁政”“义举”“取信于民”“平等待人”等还在使用，而且并没有贬义。观音、龙门、神泉、佛山也不能当成“迷信思想”加以清除，且不论保存古迹、宗教信仰自由的政策还允许它们存在，俗话中还在说“观音脸”“菩萨心肠”，在著名诗句中还有“神女”“玉龙”等字样呢！像许墓、狗街、狐狸洞、裹脚巷一类地名似乎很不雅，其实本地人叫惯了并不感到不吉利或觉得不光彩，又何必去改它呢？有些小地方的充满旧意识的官用地名在社会上早就受到抵制。在福建省地名普查中我们发现不少这种情形。福清的“嘉儒”、永春的“儒林”，群众中一直称为“下桥”“牛林边”；泉州和南安因为出过状元，他们的出生地命过“台魁巷”“仁宅”的名，在群众中，有旧名的照呼旧名“上宅”，无旧名的则改音称“刣鸡巷”（刣，俗字，意为杀），漳州的“御史巷”先前确有过御史府的，百姓称之为“牛屎巷”。这类情况已经成了“一地多名”，应该另作清理。

在所谓“含义不好”的地名中，真正需要更改的其实只有用某些人的名字命名的，例如中正路、立夫岛；带有侮辱、歧视少数民族或大国沙文主义含义的，例如猺山、迪化、安东、镇南。这类地名20世纪50年代已经更改过一批，可能在小地方还有一些，数量肯定是不多的。我们不要过分强调地名词的具体描述意义好不好，为了保持地名的稳定性，可改可不改的地名尽量不改。

二 地名词的同义和多义现象及其规范

从词义的角度规范地名词，主要任务是解决一地多名的问题。

一地多名是地名词中的一种同义现象。地名词因为是地理实体的专有名称，为了确切，应该避免同义现象。常见的一地多名有四种。现将它们的特点和规范要求分述如下：

（一）简称。大地方的地名常常有简称。按照历史的习惯，保留国名、省市名的简称是必要的，如中、美、京、沪、闽、粤等，这对于航线、铁路的命名及其他必要的简称可提供方便。（如“中美建交”“京沪线”“闽粤边界”。）但是，简称是否有必要作为标准地名和全称并行尚值得研究。至少，一个城市有几种简称，或县城以下的小地名的简称是必须加以精简、清理的。像上海简称为沪、申，广州简称为穗、广，如果要给简称以法定性质则宜乎取其一种、淘汰另一种，以免造成混乱。

（二）别名。各地流行的别名是很多的。例如广州又称花城、羊城、五羊城，泉州又称鲤城、温陵、泉山、刺桐城。在非正式场合和文学作品中使用，无关大局，地名词典里也应该给予收录和注明的，但不必让它们都取得法定的规范地位。

（三）雅俗两名。地名词中的雅俗异名类似人名中的大名和乳名。这种情况在方言地区的中小地名中比较常见。除了上文提过的类型（嘉儒—下桥，御史巷—牛屎巷）之外，还有的是本来用方言词命名，大概文人学士们觉得俗气，另加了语音相近的雅名。福建省乡镇一级地名中这种雅俗两名就有数十处。举例如下：

厦门　集美，原来音义是“尽尾”

永春　蓬壶，原来音义是“肥湖”

长乐　首占，原来音义是“酒店”

莆田　西天尾，原来音义是“西墩尾”

沙县　夏茂，原来音义是“下墓”

在台湾，也有许多这类雅化地名。著名的台北基隆港原来是“鸡笼”的音义，至今本地的口语中还是这样称说的。这种雅名往往用于书面语、行政单位名称;俗名则在本地口语中通行。确定标准地名要处理这种异名现象,处理的办法可照顾本地大多数人的习惯,注意新旧说法的更替趋势,提出方案让本地人讨论通过。确定一种为规范,另一种说法可收在地名词典或地名档案中备查。

(四)行政单位名称和驻地名称不一致。由于行政编制的变动或驻地的迁移,各地都有一批行政单位名和驻地名不一致的。例如甘肃省庆阳地区不在庆阳县而在西峰镇,福建省晋江地区不在晋江县而在泉州市,东山县不驻城关而驻西埔镇。据统计,全国地区名称和驻地县名不一致的有二十余处,县市名与驻地名不一致的达三百余处,占县市数百分之十五以上。乡镇以下这种情况就更多了。在地名普查的基础上,应该做必要的调整,至少在县以上地名中消除这种异名,以免造成混乱。

地名词的另一种同义(异名)现象是汉语地名和兄弟民族语言地名或外国语地名的并存。前者存在于多民族杂居地区,根据当地居民的民族成分比例,参照历史习惯协商解决并不难,后者则属于另一种性质,应该另行处理。本国地名词和外国语译音地名词的并存是殖民主义、帝国主义侵略所造成的,这种有损我国家主权和民族尊严的外来地名无疑是必须清除的。从老沙皇到新沙皇,他们不但把侵占我国的领土(如海参崴、伯力)换上俄语地名,而且在我青、藏、蒙、新地区把"莫斯科山""克里姆林峰""解放者沙皇山""俄罗斯人湖"等地名强加于我国,蓄谋侵吞我边界领土。一些别有用心的人至今也还把我台湾省称为"福摩萨"。近年来越南当局则荒谬地捏造了一些越语地名强加给我西沙群岛。在沿海和内陆,百年来殖民主义者足迹所到之处也还有一些用外国人名字或外国语命名的地名在某些地图上沿用着。这都应该引起我们密切关注。

三　地名词的语音及其规范

从语音方面考察地名词的特点，研究它的规范原则，必须讨论三个问题：同音现象、异读现象和方音现象。

我国幅员广大，地名词数量很多，和其他语词一样，现代汉语地名词大多数是双音词，有限的语音组合要表示大量的地名，难免造成语音重合的同音现象。例如：

Lǐ Xiàn	礼县、理县、蠡县、醴县
Zhènyuán Xiàn	镇原县、镇沅县
Yìyáng Xiàn	弋阳县、益阳县

据《中华人民共和国分省地图集（汉语拼音版）》统计，县级以上地名同声同韵的就有148组，其中有24组是三个以上地名同音的，县以下地名的同音现象当然更多，它们在同级地名中都占有不小的比例。在拼音未通用之前，作为主要标准的汉字还可以把这些同音地名词区别开来，但是，我国在参加联合国地名标准化组织之后，必须按照国际规定，提供一套以汉语拼音方案为统一规范的我国地名罗马字母拼写法，怎样减少以至避免我国拼音地名的同音问题已经提到议事日程上来了。声调本来就是汉语的重要特征，为了减少同音地名，汉语拼音还是应该标注声调的，至少在同音混淆的范围内标调加以分化，其余只在地名词典上标，一般情况下允许省略。

地名词的同音现象中还有另一种情形：由于地理条件或历史背景相同或相近，命名方法相同，不少地名词不但同音，而且同形（用字相同）。连具体的描述意义也相同，只是抽象的概括意义不同，这便是"一名多地"的重名现象。例如"海门"在江苏省是海门县，在浙江省是黄岩县的海门镇，在广东省潮阳县有海门乡、海门湾。如果大小地名连着说，或带着通名称说，可能问题不大。但是，通名常常省略，大小地名也不一定连用，这就有可能引起误解。至于在邻近地区的同类型、同等级的重名，在交际中必定会造成许多不便和混乱。

经过几次官方的调整，目前全国范围内县以上的重名只是个别现象，如吉林省、吉林市，上海市、上海县，江西、江苏的清江市，江西、甘肃的东乡县；但是一个省内乡镇一级的重名现象就不少。据不完整的材料，广西有“太平”6处，山东有“张庄”5处，云南有“板桥”5处，四川有4个“太平”，5个“太平场”，6个“兴隆”，10个“观音”，7个“双河”，或“双河场”，4个“双河口”。如果包括行政村和自然村在内的重名，以福建为例，就有“岭头”57处，“东山”45处，“南山”43处，“半岭”40处，“东坑”“下洋”“濑头”各38处，“笔架山”24处。大量重名现象在“老死不相往来”的落后社会无关紧要，在国家统一、交通发达、文化提高的现代社会就很不适应了。在地名标准化的过程中，我们必须经过调查和协商，分化这种同音同形的重名，尽量做到全国县以上不重名，一个地区(市)内乡镇不重名，一个县内行政村不重名。

地名词的异读现象有两种，应作不同处理。

一种异读是表示不同意义的，在其他语词里也同时存在着。是“音随义转”。例如：

乐 lè：快～，～山县(四川)　yuè：音乐，～清县(浙江)

华 huá：中～，～容县(河南)　huà：姓～，～县(陕西)

大 dà：～人，～关县(云南)　dài：～夫，～城县(河北)

对于这类异读，根据本地习惯及其所表示的意义分别确定其标准音就是了，无须进行调整。

一种异读并不表示不同的意义，在其他语词也并不存在，只是地名词的习惯传承下来的异读。例如：

蚌　bàng 河～　bèng ～埠(安徽)　《集韵》:白猛切

泌　mì 分～　bì～阳(河南)　《广韵》:毗必切

台　tái 平～　tāi 天～县(浙江)　《唐韵》:土来切

番　fān～茄　pān～禺(广东)

六　liù～十　lù～安(安徽)　～合(江苏)

枞　cōng～树　zōng～阳(安徽)

侯　hóu 姓～　hòu 闽～(福建)

上例中注有反切的说明地名词的异读是保存古音的读法,其余或者是文白异读,或者是习惯异读。保留这类异读当然符合本地习惯,但是对于大多数外地人来说却是陌生的,认记很困难。根据精简异读字的精神,对于只见于个别地名的异读,尤其是县以上的大地名。只要本地同时可有两读便可以考虑加以整理,改读常见的音。如"闽侯"就字定音标为 Mǐn hóu,或就音定字改写成"闽候"。

方言地区的地名都有本地的方音,作为规范形式的现代汉语地名词,当然只能标注普通话标准音。按照一定的对应规律,把方言读音折合成普通话读音,这对于大多数方言地名并不存在困难。但是,有一部分用方言词命名的地名(往往是些小地方的名称)因为用字生僻,或字源未明,或者本来就有音无字,当地写法往往很混乱,这种地名定字困难,标音也就跟着成了难题。以闽方言区为例,"溪墘、田墘、山墘、海墘"是很常见的村名,"墘"是闽方言通行的俗字,意思是"边沿、旁",如果沿用这个方言字,按方言读音(福州[kieŋ²],厦门[kĩ²])折合成普通话标作"墘"qián,应该是合适的;福建陶瓷业早在宋元时代就十分发达,各地常有旧时所见瓷窑的村庄即以"瓷窑"命名,在闽南地区读为[hui² io²](厦门音),写训读字"磁窑";在闽东地区,读为[xai² iu²](福州音),写方言字"硋窑";在闽北地区,读为[xo⁵ iau⁵](建瓯音),写形声字"堌窑"。前者依训读字应注 cí,不合方言音;后者依方音折合注为"硋"hái 或

“垇”huí,用字不合普通话习惯,这就很费权衡了。再如闽方言方位词[kha¹](“下”的意思)也是地名中的常用字,从各地读音的对应看应是《广韵》的“骹”(口交切,胫骨近足细处)是写本字标为qiāo,还是按闽南的办法写训读字“脚”,标为jiǎo,还是按闽东的办法写近音字“跤、胶”,标为jiāo? 此外,像闽南的[ka¹le³nā²](意思是“傀儡林”),是取义作“傀儡林 kuǐlěilín”,还是取音作“加礼林jiālǐlín”? 闽东的[laŋ²a⁶]意思是“林下”,通常写作“兰下”,是就义改字标作“林下”línxià 或就音留字标作“兰下”lánxià? 这就应把用字和标音联系起来加以研究解决。

四 地名词的字形及其规范

在用字方面,地名词也有许多不符合规范化要求的复杂情况。这主要是异体字多,方言字多,生僻字多。

异体字是汉字的赘瘤,在文字规范化的过程中无疑是应该淘汰的。文化部和文改会1955年公布了《第一批异体字整理表》,1965年公布了《印刷通用汉字字形表》,有些地名词常用字的异体现象已经得到解决,例如,峰(峯)、溪(磎)、村(邨)、坳(坳)、岳(嶽)、晋(晉)、昆仑(崑崙)、吴(吳),等等。但是,还有不少地名词的异体字尚待进一步精简。

现存的地名词异体字有一类是因地而异的,即同样的音、义,在不同地区写法不同。例如“十里铺”“二十里铺”的“铺”是旧时的驿站,读音都是pù,不少地方又写作“堡”。同是“山间平地”的意思,各地也都读为ào,有的写成“坳”,有的写成“岰”,有的写成“岙”。在福建闽东、闽北常见的“墩”又写成“敦、垱、碭、当”,“窑”又写成“瑶、摇、瑶”;闽中、闽南的“陉”(《集韵》:户经切,山绝坎曰陉)又写作“行、岘、岩、硎”。这类异体字有时似乎可以起分化同音地名的积极作用，其实反而造成了音、义不明及字形难懂，有的又是未见于各种字书的俗字，只能徒然增加汉字总量，最好还是加以整理淘汰。

另一类地名词的异体字是因人而异的，即在本地人中也有不同的写法（上述例字中也有在同一个地方存在着异写的）。这类异体字有的是因为原字繁难，本地人随手写成同音字、近音字或简体字，如闽南把“澳”写成“沃”，“潭”写成“坛”，甚至把“澄”写成“汀”。在方言连读音变很普遍的闽东地区还可以发现一些因音变而造成的异体字。如福清县“西浦头”又写成“西埔流”[thau² → lau²]，“花生台”又写成“花莲台”[seiŋ¹ → leiŋ¹]，“卓坂”又写“卓满”[puaŋ³ → muaŋ³]，“东峤”又写“东佑”[kieu⁶ ieu⁶]，东峤村的两枚公章竟分别刻了两种字样。这类异体字平常流传于民间，有时也出现于正式文字，甚至已经上了地图，在地名词规范化过程中应该要加以清理的。

方言字是在方言地区通行的俗字。在方言地区，方言字也用于其他场合，但更常见的是用于人名地名。因为人名地名通常是用方言词命名或用方言音称说的，有的方言音有异读，有的方言词字源不明，人们便借用别字或另造新字来表示。例如：

圳：通用于广东、福建等地，如“深圳”“圳上”。广州音[tsɐn⁵]，厦门音[tsun⁵]，意为“田边水渠”。《字汇补》：“市流切，江楚间田畔水沟谓之圳。”闽粤用法与此字形、字义相合，但读音和反切不合。

塩：通行于闽北，如“塩前”“塩坡”“官塩”，建瓯音[phy⁶]，意指泥浆。《集韵》：“拍逼切，由也。”方言用法音义与字书所注均不完全符合。

埕：通行于闽东、闽南，如“埕边”“南埕”，福州音[tiaŋ²]，厦门音[tiã⁶]，意指庭院，应是“庭”[tiŋ²]的异读。

垵：通行于闽南。如“刘垵”“东垵”。厦门音[$uã^1$]，意指丘陵之间马鞍状的地形。字书未见此字。

在福建，这类和字书音义不合或未见于字书的方言字还有不少。

方言字使用范围有宽有窄，使用频率有高有低，在本地人当中普及程度也有不同，外地人当然都很难理解，因此，加与整理是必要的。整理时既不能全盘接受，也不能一概淘汰。一般说来，通名宜于从宽（适当保留一些），专名应该从严（基本上淘汰），通行面广、使用频率高、民间已普及的从宽，通行面窄、使用频率低、群众中不普及的从严。

方言字就是一种生僻字，但除了方言字之外，各地地名词还有一大批和字书上音、义相符却很生僻的字。这些字有的表音不准，难读，有的笔画繁多，难写，有的形体易混，难认。建国后为了群众使用的方便，县以上地名中的生僻字已经更换了一批，受到群众的欢迎。

目前，全国县级以上地名中难读、难写、难认的生僻字为数还不少。以安徽省为例，蚌（bèng）埠、六（lù）安、涡（guō）阳是读音生僻的异读字，亳（bó）县、颍（yǐng）上和毫、颖是形近易混字；歙（shè）县、黟（yī）县是专用于地名生僻字。这类字不少笔画还很繁，今后如果继续简化，这些字是首当其冲的。

至于县以下的地名用字中的生僻字就更多了。《现代汉语词典》所收的专用于地名的生僻字粗略统计约有400个。词典还没有收进的生僻的地名专用字还有多少？全国范围内搜集起来，数量一定是相当可观的。

地名词中的生僻字具有浓厚的方言色彩，这对我们理解地名的具体描述意义，研究地方的地理、历史和语言是很有价值的材料。我们在普查时无疑地应该把这些用字全部调查出来，记下来，存入地名档案。但是，大量的生僻字绝不能原封不动地采用，而必须经过一番分析研究，权衡利弊，区别对待，分别予以保留、选用或更换。一般说来，反映地理特征，符合字书上的音义的字应该适当放宽采用，反映历史背景和方言特点的可以从严，用同音或同义的常用字更换；流行广泛、使用频繁、群众熟知的从宽采用，群众生疏的罕用字则从严淘汰。经过普查应该全国汇总，分类站队，统一调整，按照一定原则核定各省地名用字表，经过一定法定审批手续，建立新的规范。处理上述问题。必须综合考虑几个原则。这就是(一)体现简化汉字的精神，既要注意简化笔画，又要注意有利于精简字数；(二)照顾群众习惯，保持地名的稳定性；(三)有利于地名的分化，做到科学化、准确化。

[原载《中国语文》1980年第3期。]

从地名用字的分布看福建方言的分区

地名用字的分布和地理环境有关，也和方言差异有关。最能反映地理环境特点和方言特点的是地名中的通名用字。本文就福建境内一些村镇地名的通名用字进行考察，并说明它和方言分区的关系。所考察的通名用字包括通行于几个方言区的常用字和一些只通行于个别方言区的特字。所依据的主要材料是福建省地图出版社1982年出版的《福建省地图册》(全书72图，68县市都有专图，各县的比例尺在1∶25万—1∶45万之间)。有些点还参考了1982年之后各县所编的《地名录》。对于这些地名用字的音义曾就若干有代表性的点向当地人作过调查。

常见的通名用字中有的是全国普遍通行的，例如：山、岭、溪、田、岛、湾，有的是全省普遍可见的，例如：洋、坪、坑、塘、潭、屿，从这些字都不容易看出方言的分区。有些字虽有方言特点，但各地音义不尽相同，例如"埔"的声调有平声、有上声，声母有送气，有不送气，"崎"有读平声、有读上声或去声。未必有共同的来源，这也不便于比较。本文不考察这两类用字。个别方言区的地名特字中有的是常用字的异写，并不反映方言特点，例如闽东地区把"树"写为"樖"，莆田地区把"岛"写为"砃"。本文也不讨论这类用字。

本文罗列全省的24个通名用字的分布，从这些字的分布可以看出福建境内闽客赣等大方言区之间的界线，还可以看出一些小区间的差别。这24个通名用字按字义相近可分为6组：1.家屋厝宅，2.坊地墩坂，3.墩坳埕垵，4.畲背兜墘，5.径寨埆垴，6.崃岌隔岩。下文先罗列地名用字分布的事实，再说明这些字的方言词义及其与方言分区的关系。

第一组 家屋厝宅①

【家】

光泽34处：毛～ 金～ 杨～ 柴～ 萧～ 傅～ 易～ 刘～ 张～山 邓～岭 黄～磜 危～塘 徐～坪

泰宁31处：曹～ 刘～ 晏～ 李～坊 余～岭 张～坑 夏～地 邓～坪 周～山 丘～排

邵武27处：谢～ 何～ 罗～ 龚～山 危～寨 吴～塘 丁～坪 余～坊 李～源 上里～

建宁24处：刘～ 朱～ 汪～ 郑～ 上饶～ 邹～庄 谢～湾 艾～磜 韩～园 张～边

清流18处：温～ 姚～ 吴～ 邓～ 汤～屋 巫～磜 兰～坑 黄～排 李～橑 陈～墩

宁化18处：吴～ 陈～ 楼～ 马～ 官～ 楼～嶂 伍～坊 吾～湖 安～磜 张～地 徐～坑

连城14处：卓～演 尧～畲 姚～坪 牛～山 张～营 黄～坊 吴～橑 池～山

龙岩9处：何～坡 易～邦 池～壁 陆～地 吴～坊

上杭8处：李～塘 蓝～渡 赖～斜 华～墟 苏～坡

长汀8处：李～坊 黄～地 中～坊 黄～营 廖～坊

明溪5处：官～ 赖～山 萧～山 丁～山

柘荣5处：何～山 苏～洋 游～边 秀～宅

霞浦5处：郑～山 王～洋 杨～溪 吴～洋

---

① 为节省篇幅，只举例证，未尽列各字用例。举例按出现次数多少顺序排列，例中用字以～代，下同。

政和 5 处:谢～　齐～洋　林～山　罗～地

崇安 5 处:胡～地　陈～垄　程～洲　土～后

建阳 5 处:彭～　李～坡　黄～店　施～垩

浦城 4 处:池～　吴～洋　叶～山

三明 4 处:吾～　杨～山　罗～山

永安 4 处:大～坊　罗～山　张～山

福安、南平各 3 处:苏～洋　徐～塘,曾～　刘～寨

将乐、闽侯、罗源、宁德、福鼎、周宁各 2 处:黄～地,禄～,施～坪,陈～旺,江～岭,吴～洋

顺昌、建瓯、沙县、永泰、福清、晋江、华安、平和、诏安各 1 处:饶～山,黄～山,陈～山,陈～,吴～山,许～弄,马～竹,横～田,林～

【屋】

长汀 22 处:谢～　周～　萧～　任～　聂～　汤～　廖～　卢～　丁～岭　刘～坑　梁～夫　杨～坑

武平 11 处:角～　林～　熊～　蔡～　毛～径　赖～凹　老～场　下廖～　何～石

连城 9 处:马～　蒋～　吕～　曾～　池～　李～坑

宁化 5 处:何～　连～　蔡～　黄～岭下

清流 4 处:曹～　卢～坑　马～坪　汤家～

永定、龙岩、诏安各 1 处:黄～,何～,官～

【厝】

惠安 23 处:柯～　邱～　外～　蒋～　蔡～　洪～坑　瓦～　长新～　社～　潘～　郭～　郑～　钟～

晋江 22 处:苏～　赖～　洪～　英～　西～　许～　古～　～仔　～上　塘～　内～　杜碑～

莆田 18 处:许～　梁～　戴～　胡～　田～　旧～　顶～　柳～　前～　炉～

南安 13 处:卓～　周～　～斗　大～　内～　洋头～　新～　演～头

诏安 13 处:白～　朱～　黄～寨　胡～　东～　尾～城　～仔　郭～寮

仙游 12 处:马～　杨～　毛～　赵～　～洋　石级～　岭～　新～寨

同安 11 处:蔡～　许～　欧～　洪～　张～　宋～

龙海 11 处:高～　洪～　祖～　东～　石～　颜～
厦门 10 处:郑～　孙～　何～　石～　草～　曾～垵
福清 10 处:潘～　陈～　江～　新～　南～　旗杆～
福鼎 8 处:周～　温～　张～下　旧老～　下～基
宁德 8 处:郑～　叶～　岭头～　油～里　韩～林
金门 8 处:罗～　林～　兰～　吴～　欧～　贤～
漳浦 8 处:曹～　林～　内～　新～　旧～　新崎～
罗源 7 处:潘～里　高楼～　方～塘　垱～
安溪 7 处:傅～　祖～　尾～　新～　杨～
明溪 7 处:马～　叶～　张～垄　谢～山
松溪 6 处:黄～　马～　新～　东～
建阳 6 处:詹～　丁～　江～　梁～
大田 6 处:何～　温～洋　陈～坑　元～顶
泉州 6 处:新～　尾～　洪～　后～
德化 5 处:许～　祖～屈　毛～
周宁 5 处:新～　岩～下　杨～边
霞浦 5 处:外～　里～　周～坑　方～城
浦城 5 处:管～　李～　严～坞　吕～坞(多写为处)
邵武 5 处:叶～　张～　新～　罗～巷
福州 4 处:陈～　潘～里　大王～
古田 4 处:廖～　钱～　卓～里
福安 4 处:陈～　康～　马～下
长泰 4 处:东～　斗～　祖～边
政和 4 处:陈～　李～　王大～
闽侯、长乐、闽清、屏南、寿宁各 3 处:马～　陈～,大～　方～,朱～　同安～,上～　罗～,刘～　外～
平潭、漳州、平和、云霄、沙县、将乐、泰宁各 2 处:韩～,新～,詹～,苏～田,应～,吴～地,黄家～
连江、永春、尤溪、南靖、三明、永安、清流、顺昌各一处:新～后,石～,林～坑,祖～,双～坪,吴～墘,江～边,杨～

【宅】

同安6 处:上～　大～　新～　后～　古～　郑～

尤溪 6 处:王～　后～　北～　上～　洪～　黄～

福安 5 处:古岭～　山岫～　日～　外～　～里

柘荣 5 处:宝鉴～　秀家～　前～　西～　～中

晋江 5 处:洋～　内～　郭～　上～　埔～

安溪 5 处:员～　黄～　林路～　黄伯～　路～

宁德 4 处:邑～　马～　溪～　增～

莆田 4 处:下后～　濑～　潘～　吴～

仙游 4 处:吴～　留～　林～　周～

厦门 4 处:东～　钟～

长乐、福清、泉州、大田、云霄各 3 处:新～　旧西～,前～　牛～,梧～　杏～,万～　新～,官～　～兜

福州、福鼎、霞浦、罗源、南安、金门、龙海、漳浦、华安、漳平、建瓯、浦城各 2 处:郭～,西～,前～,东～,西～,杨～,锦～,上梅～,高～洋,卓～,下～,大店～

闽侯、永泰、闽清、古田、屏南、寿宁、周宁、惠安、永春、长泰、平和、东山、诏安、南靖、龙岩、建阳、政和各 1 处:西～,丹～,潘～,～里,潘丘～,麻竹～,～头,后～,～内,后～,内～,彩～,建～,农工～,梧～,梧～,周～,富～

说明:

家、屋—厝、宅是用来区分客赣方言和闽方言的地名用字。

"家"的分布集中于客赣方言区,以闽西北角的赣方言区(旧邵武府)最为密集。各地读音多为 ka¹。闽语区中西部的闽北方言区和闽中方言区各县较多,是这一带方言受到客赣方言的影响的证据之一。其余闽方言地区只有个别的反映,可能是向普通话借用的结果。

"屋"是客方言词,房子叫"屋",家称"屋下",长汀音 u²,上杭音 vək⁷。它的分布集中于闽西客方言区。谢屋、周屋就是谢家村、周家村,牛屋是牛棚,老屋场是旧房基。在闽南方言区的诏安、龙岩有个别反映,那里的边界有客方言村落。闽方言里房子和家都不叫"屋"。

“厝”是闽方言的特征词，也指房子或家。福州音 tsʰuo⁵，厦门音 tsʰu⁵，建阳音 tsʰiɔ⁵。柯厝、许厝是姓氏地名，白厝、新厝、尾厝指的是房子。“厝”广泛分布在闽方言区各县。闽西北的赣语区（邵武府）和闽—赣过渡区（顺昌、将乐）原本也属闽语区，宋元以来赣人大量移居才赣语化，所以也有以“厝”为通名的村落，至今那里还把房子称为厝，邵武音 tɕhyɔ⁵。“厝”的说法未见于客方言区，清流一处位于东部边界，显然是闽语区的旧居民早期开发的村落。

“宅”仅见于闽语地区，客赣方言区未见。在闽语区出现频率没有“厝”高，这是因为方言中不如“厝”常用，一般又不单说，另外，“宅”原指单座房子（如黄伯宅），多用于小村落。例如福州市，据地名录所列，单是水部街道就有萧～、柳～、莲～、荷～，城区建新乡则有叶～、谢～、珠～、刘～、冯～、周～、张～、杨～、江边～。宅，福州音 thaʔ⁸，厦门音 theʔ⁸。

第二组　坊地墩坂

【坊】

宁化24处：黄～　张～　谢～　萧～　温～　洋～　夏～　曹～　巫～　小长～　丘～尾　伍家～　严～

长汀20处：刘～　童～　宋～　游～　郑～　梧～　龙头～　陈～塅　江～　廖～

泰宁19处：彦～　许～　岭～　上～　东～街　料～　新家～　李家～　井源～　新华～　高絮～

将乐17处：山～　择～　余～　洋～　吴～　良～　高山～　孙～　邓～～头

清流16处：陈～　赖～　孙～　黄～　余～　严～　尤～　甲童～　姚～　罗～

明溪13处：山～　新～　蜈～　罗～　沙～洞　上～　胡～　姜～　新华～

连城11处：罗～　张～　李～　朱～　林～　黄～　上江～　吴家～

武平 9 处:流～　定～　高～　林～　王～　连～

建宁 9 处:黄～　朱～　蒋～　大余～　下～湾　和德～

邵武 8 处:谢～　高～　朱～　河～　余家～

顺昌 8 处:连～　武～　山～　上～　樟儒～

永安 8 处:李～　罗～　魏～　小江～　大家～

上杭 5 处:陈～　黄～　古～　上锦～　和～

光泽 4 处:叶～　增～　李～　胡～

建瓯、建阳各 2 处:叶～,周山～

沙县、浦城、尤溪、龙岩、漳平各 1 处:山～,裴～,上三～,红～,吕～

【地】

明溪14 处:叶～　上～　坪～　张～　黄～　翁～　黄连～　洋～磜　天文～　大～

泰宁 13 处:上～　下～　留～　红～　余～　埉～　夏家～　李家～　张家～

清流 13 处:谢～　黄连～　小高～　中～　龙～　水～　马～　夹～　呈～

连城 11 处:大～隔　富～　小洋～　魏～　黄胜～　罗胜～　秀～　下罗～

将乐 11 处:曹～　杨梅～　上～　良～　黄家～　吴厝～　连～

南平 10 处:上～　大～　高～　吴～　茂～　大城～

建瓯 9 处:盛～　谢～　上～　稳～　小汴～　吴～洋

长汀 9 处:罗～　赖～　陈～　下兰～　黄家～　上～坪

武平 8 处:野～　梧～　林～　曹～　将军～　油心～

漳平 7 处:林～　田～　上陈～　林～　灵～　谢～

宁化 6 处:朱～　棠～　官～　山～　张家～

上杭 6 处:高～　大～　大吴～　茶～　小吴～

建宁 6 处:下～　落马～　陈家～　余家～

永定 5 处:田～　莱～　萧～　东门～

大田 5 处:洋～　丘～　上～　张～

德化 5 处:谢～　坪～洋　朱～　大上～

永春 5 处:桂～　蕉～　芦～　平～洋

安溪 5 处:莲～　炉～　祥～　阳～

永安 5 处:蔡～　岳～　苏～　吴～

尤溪 5 处:丁～　田～　真～　上～

沙县、政和、周宁、寿宁各 4 处:正～　罗～,郢～　罗家～,莲～　登科～,伴～　如冬～

顺昌、崇安各 3 处:洪～　光～,吴三～　胡家～

厦门、龙岩、建阳、福安、永泰各 2 处:官～　黄～,黄～　高～洋,陈～　黄～,象～　朱～坑,张～　田～山

金门、同安、三明、连江、宁德、福鼎各 1 处:大～,道～,定～,邵～,田～,梭罗～

【墩】

建阳34 处:郑～　葛～　徐～　黄～　范～　洋～　漳～　周～　社～　张～头　松溪～　吴～窠　壕～　六～　冯～　丘～垄　吕～

建瓯 24 处:江～　林～　叶～　穆～　龚～　徐～　范～　蓬～　曹～　连～　仁～　翠～　吴～　～洋

崇安 15 处:汪～　池～　吴～　合～　程～子　曹～街　良～　培～　江～　挂～

顺昌 15 处:洋～　连～　江～　钱～　余～　河～　沙～　路～　立～　阳～

浦城 12 处:横～　徐～　柳家～　大洋～　布～　前～　洋～　漳～　花～

松溪 10 处:潘～　李～　六～　周～　祖～　郑～　廖～　洋～坪

沙县 9 处:郭～　徐～　漳～　～头　珠～洋　吴～溪

南平 8 处:三～　场～　立～　田～　员～洲　黄～

永安、寿宁、霞浦各 4 处:上～　勾～坪,洋～　符家～,陈～　～后

宁化、古田、连江、福清各 3 处:旧～　饭罗～　二～　朱～,尖～　下～,黄～　～头

三明、周宁、罗源、闽清、惠安、尤溪、泉州、南安、金门、长泰、漳浦、云霄、龙岩各 2 处:翁～,周～,～湾,鹤～,～后,寨～,杏～,双～,田～,林～墟,～上,大～,楼～

将乐、明溪、泰宁、光泽、屏南、福安、宁德、福州、闽侯、仙游、晋江、安溪、德化、厦门、龙海、漳州、诏安、平和、华安、漳平各 1 处:松树～,西瓜～,～上,～头,山～,～头,石～,潘～,田～,乌～,英～,～坂,西～,～上,林～,

上～,浮～下,顶～,枫树～,云～

【坂】

漳平 10 处:珍～　白～　下～　钱～　赤～　犁田～　石～坑

安溪 10 处:大～　下龙～　墩～　白玉～　溪边～　顶～

龙海 9 处:东～　后～　蔡～　洪～　大～　下溪～

福州 8 处:后～　溪～　三角～　战～　大～　～洋

大田 8 处:林～　湖～　朱～　东～　大安～　有仕～

龙岩 7 处:长～　苏～　黄～　内～　溪～　竹子～

南安 7 处:～头　林～　中～　三～洋　～埔

长泰 6 处:前～　下～　埔～　～尾

云霄 6 处:草～　宅～　真珠～　徐南～

华安 6 处:草～　下～　寨～　溪南～

德化 6 处:西～　曾～　～仔　上～

连江 6 处:官～　东～　塘～　中洋～

永安 6 处:际～　上～　大～　长～

罗源 5 处:沙～　凤～　外～　陈洋～

三明 5 处:大～　洋～头　松树～　安居～

永春、惠安、莆田、宁德各 4 处:上～　苏～,驿～　张～,松～　蒲～,邑～溪～

泉州、同安、闽清、闽侯、福安各 3 处:高～　外～,诗～　陈～,前～　～东,江～　溪～,～中　湖塘～

漳浦、南靖、晋江、厦门、永泰、周宁、政和、沙县各 2 处:东～,草～,莲坑～,莲～,～尾,山头～,富～,上～

漳州、平和、尤溪、长乐、平潭、福清、屏南、建瓯各 1 处:香～,～仔,～面,漳～,上～,后～,前～,坪～

说明:

“坊”也是客赣方言常见的通名。这个流传数千年的“邑里之名”,在福建地区还大都保留上古时期的“重唇音”声母,多数读为 $piɔŋ^1$。闽北、闽中的闽方言地区以及顺昌、将乐过渡区也有较多的分布,这也是闽方言受害赣方言影响的例证。在闽南方言区读为 $paŋ^1$,写为邦或枋,应也是同源的。例如分布着客方言的龙岩就有苏邦、谢家邦、湖邦、红邦、上家邦、林邦,长泰有大枋、内枋。

福州旧城有著名的“三坊七巷”,衣锦坊、光禄坊、文儒坊等,应该是用书面语命名的,读的是文读音 huoŋ¹。“坊”在近代城市曾是常用的通名。

“地”集中分布于闽西客家地区,那里的方言“地”指地方,也指坟墓。有些带“地”的地名可能是因有坟墓而命名的。客家习俗对祖坟特别重视,所以作为命名之由。闽中闽北也较为多见,也与客方言影响有关。“地”作为共同语的基本词在其他地方有一定反映,这是可以理解的。

和“坊、地”相反,“墩、坂”主要分布在闽语区。《广韵》墩,都昆切,“平地有堆”;坂是阪的异写,府远切,“大陂不平”。闽方言有“涂墩”“山墩”的说法,指不高不大的土堆,坂则指坡度不大而范围较大的坡地。方言词义与《广韵》所训大体相同。“墩”多见于闽北、闽东,“坂”则多见于闽南,这与地形区有关,也与方言习惯有关。在闽北、闽东魂韵与唐韵相混,都读 touŋ¹,所以“墩”或写为“垱”。“坂”在闽语区也都读为双唇音,声母合上古音,福州音 puaŋ³,厦门音 puã³,说明这是流传数千年的旧读。

第三组　塅垇埕垵

【塅】

长汀6处:陈坊～　长～　田鸡～　山田～　罗坑～

连城5处:练保～　东溪～　溪背～　瑶上～

松溪5处:下～　南～　后～　胡厝～

泰宁、浦城各4处:坵～　羊牯～,黄泥～　西～

光泽、清流、武平、永定、屏南各2处:东～,陈家～,田背～,大洲～,峰～

邵武、将乐、明溪、宁化、上杭、周宁各1处:土田～,～上,乌石～,官～,横～,牛～

【垇】

长汀6处:打铁～　伯公～　南山～　～背　赤～背

永安5处:山～　大～　金竹～　松～洋

永定、崇安各4处:背头～　暗竹～　何～头,黄竹～　松～　圣旨～

邵武、光泽各3处:杨树～　葛～,石枧～　茅坪～

上杭、泰宁、连城各2处:当风～　深～里,外～　～头,漈～　洋～

武平、明溪、宁化、浦城各1处:～背,当兴～,南山～,～头

【埕】

南安5处:大～　下～　～边　～尾　石～

永泰、福鼎各4处:汤～　埔～　梧～,沙～　牛～　下东～

连江、霞浦、漳浦各3处:大～　筱～,牛～　大～,门口～　顶～

闽侯、宁德、建瓯、莆田各2处:院～　～头,南～　牛～科,石～　～后,汤～石～

福清、闽清、周宁、柘荣、南平、尤溪、大田、德化、永春、惠安、晋江、东山各1处:～边,莱～,牛～下,牛～,梗～,大～,京～,八～,姜～,～边,深～,白～

【垵】

南安13处:东～　后～　大～　侯～　西～　青～　上～　暗～　松柏～

泉州12处:竹头～　～内　莲～　奎～　前～　山～　长～　东～　西～姑～

晋江11处:白～　东～　苏～　吴～　前～　古～

同安9处:庄～　后～　～柄　大～　前～　新～

安溪6处:古～　九～　留～　双～　柴桥～

惠安5处:南～　后～　前～　下～　～固

厦门、东山各4处:新～　后～　曾厝～,后马～　城～　下～　前～

永春、德化各3处:刘～　马～,小～　梓～

华安、龙海各2处:青～　大～头,横～　埔～

漳浦、平和各1处:下～,～里

说明:

“塅坳埕垵”都是关于地形的通名用字。“塅”多见于客赣方言区,或写作“段”,方言里不单说,多数读为[$tuoŋ^6$],意指垦殖过的田片。据《长汀县地名录》。全县带“塅(段)”字的地名多达41处。“坳”也多见于客赣方言区,或写作“坳、凹”,读音或 au^1 或 $ɔ^1$,指山

间坳地，是大山间的可耕地。“塅、垇”也向闽北、闽中的闽方言区扩散，这也说明西片闽方言与客赣方言的关系。

“埕、垵”是闽方言区的俗字。“埕”可单说，指小块平地，福州音 tiaŋ[2]，厦门音 tiã[2]，晒谷场可说“曝粟埕”。其本字应该是庭(有时也写作庭)。埕遍见于闽语各区，垵多见于闽南方言区，指低山间的鞍部，范围比垇大，是低山丘陵中的可耕地。厦门音 uã[1]，有时也写作安，但与祈福地名的安不同。

第四组 畲背兜墘

【畲】

武平20处：坪～ 黄～ 大～ 上～ 洋～ 刘～ 茅～ 蓝～ ～坑 黄心～ 米筛～ 洪～

龙岩11处：黄～ 上～ 下经～ 冬瓜～ 杨家～ 郭～ 林婆～ ～背 罗～ 大高～

连城14处：官～ 何～ 江～ ～部 杨公～ 儒～ 湖佰～ 卢家～ 下～隔

崇安10处：杜～ 范～ 苦竹～ 吴家～ 周～ ～头

长汀9处：官～ 下～ 新～ 中～ 葛～ 黄麻～(据《地名录》有11处)

漳平7处：百种～ 罗～ 谢～ 郭～ 下～

建瓯6处：白～ 黄～ 坪～ 甘～ 大东～

建阳、永泰、上杭、南靖、云霄各4处：后～ 上～，后～ 长～，坪～ 上～，红～ 桂竹～，大～ 桃～

宁化、浦城、清流各3处：洋～ 增～，毛～ 周公～，林～ 赖～

永定、松溪、政和、邵武、建宁、沙县、尤溪、华安、诏安、安溪、南安各2处：段～，～头，下～，杨家～，珠家～，吉～，下～，官，鸡母～，新～，坝头～

顺昌、南平、三明、明溪、晋江、德化、仙游、同安、屏南、连江各1处：～村尾，曹～，吉～，苎～，西～，仁根～，黄～，茬～，葛～，利～

【背】

武平9处：田～ 磜～ 水口～ 凹～ 峰～ 山子～

永定8处：隔～ 岭～ 洋～ 小山～ 圆墩～

上杭 7 处:岭～　营～　寨～　大溪～　圩田～

清流 7 处:庵～　河～　田～排　坪～上　员山～

长汀 6 处:径～　赤凹～　洋～　塘～　赤径～

宁化 5 处:管～　社～　田～　柳子～

连城、明溪、建宁各 2 处:大坑～,丁～,嵊～

泰宁、龙岩、平和、诏安各 1 处:南山～,畲～,龙岭～,隔～

【兜】

尤溪7 处:山～　岭～　坎～　墓～　园～　洋～

福安 5 处:店～　江～　龙珠～　步～山

周宁、福清、仙游、惠安、南平各 4 处:溪～　岔～,岩～　岸～,礤～　石牌～,埔～　庄～,寨～　坑～

安溪、漳浦各 3 处:礤～　渊～,山～　庵～

屏南、古田、闽侯、闽清、连江、泉州、晋江、南安、大田、龙海、云霄各 2 处:井～,榠～,山～,柿～,里山～,白路～,山～,岭～,林～,场～,宅～

罗源、霞浦、永泰、莆田、永春、德化、厦门、龙岩、沙县、光泽各 1 处:岭～,北～,岭～,山～,军～,～林,安～,营～,岭～,～溪

【墘】

长泰5 处:下～　后～　戴～　大竹～

古田 5 处:新～　大～　上～　前～

屏南 4 处:前～　北～　上～　～头

闽侯、永泰、莆田、大田、德化、华安、崇安各 3 处:东～　马～,大～　溪～,南～　～顶,张～　炉～,西～　大～,高～　大～,大南～　黄～头

闽清、仙游、惠安、永春、龙岩、漳平、南靖、漳浦、云霄、南平、建阳各 2 处:南～,西～,港～,鲁光～,内～,黄土～,河～,草埔～,大坂～,～兜,上～

福清、平潭、尤溪、南安、安溪、龙海、平和、诏安、建瓯、沙县、明溪、将乐、浦城、政和、周宁、罗源各 1 处:草埔～,～屿,大～,大～龙,大～庵,田～,～仑尾,林～,凉～,牛栏～,横～,～滩,茅～,大～,南王～,南～

说明:

"畲"是福建主要少数民族的族称。从畲字在地名中的分布可以看出早期畲族的居住地。畲族自唐宋以来就聚居于闽西、闽南,史书中多有他们"刀耕火种"的记载。今闽南方言还有称无水山田

为“山畲”“畲地”的说法。畲字作为地名几乎遍布全省，可见畲民是早期福建境内的主要原住民，与上古时期的“百越”应有渊源关系。就分布的密度说，闽西最多，向闽北、闽南延伸后递减，而现今畲族聚居地闽东宁德地区反而少见，这说明畲族在历史上是自闽西、闽南向闽北迁徙，最后集中于闽东定居的。畲族人现在所使用的语言与闽西客家方言相近，这也说明他们在闽西地区定居的时间较早较长，因而发生了语言上的同化。“畲”有的地方写为“斜”或“佘”均未统计在内。

“背、兜、墘”都是方位词，严格地说并非地名的通名，但用方位词构成地名是地名中的常见现象，所以一并在此讨论。“背”的说法通行于闽西的客家方言。“上背、下背”就是上面、下面，“岭背”指山后，“河背”是河对岸。在上杭、永定一带，地名中的“堡”也读[pue^5]，与背同音，例如堂堡、朱堡。堡可能是“背”的雅化，本文暂未包括这些材料。从分布上看，除闽西客话区各县外，在赣语区，只偶见于建宁、泰宁，那里早先应该也是闽西客家的住地，在闽南地区仅见于龙岩、平和、诏安，那里的西沿至今还是客家人的住地。“背”的分布是最准确的客家分布的标志。

“兜、墘”是闽方言的方位词，分布于闽语各个小区。“兜”意为周围、旁边，各地读音为[tau^1]，“树兜”就是树的周围，该地早先必有大树作为标记。“山兜”就是山边，“溪兜”就是河旁。“墘”是闽语区普遍通行的俗字，福州音[$kieŋ^2$]，厦门音[$kĩ^2$]，建瓯音[$kyeiŋ^5$]，意为“边缘”，地名中有溪～、路～，口语中还可以说桌～、眠床～。“兜、墘”用作方位词未见于闽语以外诸方言，因此它的分布也可视为闽语区的可靠标志。“兜”在非闽语区仅见于光泽县的“兜溪”，可能指弯曲的河道，字义与方位词显然有别；“墘”见于明溪、将乐，那一带是闽方言和客赣方言的过渡区。

第五组　径窠坜垅

【径】

长汀6处：～口　～背　梅～　南田～　赤～背

云霄5处：大～　半～　大伯～　头～　～仔

武平4处：青～　直～　毛屋～　～子

上杭、永定、诏安、南靖、平和各3处：下～　禾石～，上～　～里，长～　厚～，～口　上半～，大～　半～

华安、龙海各2处：龙～　洋竹～，～内　～口

漳州、漳浦各1处：后～，～口

【窠】

建阳4处：白楼～　秋竹～　蔡～　楼下～

光泽3处：水竹～　蛟龙～　江家～

邵武、泰宁、明溪、沙县、南平各2处：下丈～　危家～，许～　双～树，黄～　长～，地～　大倍～，井～　水井～

将乐、顺昌、松溪、崇安、永安、清流、永定各1处：洋～垄，倖～，马～，燕子～，老虎～，下～，罗斗～

【坜】

建瓯19处（据《地名录》）：重～　室～　冯～　鲁～　潘～　红～　大～　高～　梅～　西～　～口　口～

崇安11处（据《地名录》）：倪～　南～　竹～　杉～　曹～　陈～　黄西～　下～坑　～屯

建阳5处：周～　岩～　重～　横～　杉～

浦城5处：盘～　上～　中～　下～　横～

永安3处：黄～　皇～　楮～坑

顺昌、将乐各2处：大～　宇～，元～　南～

明溪、沙县各1处：王～，横～

【垅】

建瓯12处：徐～　长～　东～　苏～　上～　垌～　谊～　仁～　～地

建阳6处:畲～　堳～　赤坭～　茶～　漳～
顺昌4处:沙～　大～　陈～　来～
政和、南平、将乐、泰宁各2处:常～　福～,江～　坑～,　朱～　各～,大～上　擎～上
沙县1处:大～

说明:

"径、窠"主要分布在客赣方言区,径多见于闽西客方言,闽南漳州地区也有反映,长汀音[keŋ5],从所构成的地名看应该就是指路径。在人烟稀少的年代,有较宽的大路就是重要的地理标志。窠多见于闽西北赣语区,闽西客话区和闽北方言区也偶有所见。邵武音[kʰu1],建阳音[kʰo1],也是一种地形的名称,指大山间的小块坳地,有的带"窠"的地名像是指鸟类的巢。

"埗、坜"多见于闽北方言区,"埗"音布,有时也写作"布"。"埗"未见于古字书,方言口语亦不单用,字音未明。"坜"音历,有时也写为"历",在泰宁写为"仂"。《集韵》入声锡韵:坜,又作历,"坑也,或省",今闽北方言已不单说,从有关地名所反映的地形看,大多是山间较为大片的坳地。

在建瓯县内还有七处带"墢"字地名:东～、官～、黄～、新～、书～、书～前、～墩。墢,建瓯音[py5],是建瓯话韵书《建州八音》所造俗字,注:"地名",从音韵地位看方言与吠同音,可能本字为"坺"。《集韵》去声废韵放吠切,"坡也"。附此说明。

第六组　崃岌隔岩

【崃】

长汀14处:黄泥～　杉子～　许屋～　牛牯～　中古～　珠子～　梅花～　大华～　～子上　坑～上
连城12处:凉山～　牛牯～　虎嫲～　石岩～　梅子～　凉伞～　大凹～　赖仙～

永安6处:黄坑～　天星～　天子～　尖风～　洋盘～

武平4处:古～　下～　～子脑　碧～背

上杭2处:大～　千龙～

宁化、建宁、诏安、漳浦、云霄各1处:池家～,黄坪～,大麻～,寮子～,夫子～

【岌】

永安15处:松林～　白石～　苏坑～　天子～　上坪～　枣树～　梅子～　茶子～　田～头　尾～宅

长汀7处:硬古～　东桃～　猴子～　马头～　洋背～　新田～　大～里

连城5处:牛尾～　郭坑～　赵公～　高贵～

上杭3处:马～凹　古杓～　龙古～

三明2处:大丘～　黄～

【隔】

安溪8处:佛子～　土楼～　代垄～　大～　山～　后～　英～内　～头

漳平6处:山羊～　乌石～　外～　仁～山　～顶

龙岩、南安、德化各2处:下～　～头,山～　～内,后～　十八～

武平、上杭、永定、连城、永安、华安、南靖、长泰、永春、平和、泉州各1处:梁山～,下～,～背,杨屋～,上洋～,下～,下～山,～口,岭～,山～,～外

【岃】

云霄、明溪各2处:柯～　乌～,石～　小～

仙游、长春、南靖、漳州、安溪、同安、永春、漳平各1处:横～,～尾,～坑,鲁～,～富,～后,～后,白～,陈～

说明:

"崠、岌"主要分布于闽西客方言地区,向闽中扩展,客方言称峰为崠,长汀音[toŋ5](读去声),据《长汀县地名录》,带"崠"字的山峰共有120座。"崠"见于《广韵》德红切,注:"崠如,山名。"音切未合。有的地方写为岽。"岌"长汀音[ien],应是刃(岃)的误写,指突起的高峰。

"隔、岃"多见于闽南方言区。方言中"隔"指平顶的山峰,厦门音[keʔ7],"岃"指带长形山脊,顶部较平的山,厦门音[kiã2]。《说

文》,"隔,障也"音古覈切,"径,山绝坎也",音户经切,音义俱合。隔有时又写为格,岝或写作珩、堈、硎。

关于福建境内汉语方言的分区,经过多年来的反复研究已有比较一致的结论。各区所包含的县市及其相互间关系如下:

闽东方言区,以福州话为代表,包括18个县市:福州、闽侯、长乐、福清、平潭、闽清、永泰、古田、屏南、罗源、连江、霞浦、宁德、福安、柘荣、福鼎、周宁、寿宁,其中福鼎、霞浦沿海有闽南方言岛。

闽南方言区,以厦门话为代表,包括23个县市:厦门、金门、同安、泉州、晋江、惠安、南安、永春、安溪、德化、大田、龙岩、漳平、漳州、龙海、长泰、华安、南靖、平和、漳浦、云霄、诏安、东山。其中龙岩、诏安、平和及南靖有客家方言,大田县内有"后路话"小区,属于闽南方言和闽中方言的混合体。

莆仙方言区:以莆田话为代表,包括莆田、仙游(新行政区划为两县两区),莆仙方言兼有闽南、闽东两区的特点,也有自身的一些特征,属过渡型方言。

闽北方言区:以建瓯话为代表,包括7个县市:建瓯、建阳、崇安、松溪、政和、南平、浦城。其中浦城县北三分之二地区属吴方言,南平市区有数万人说的是官话方言,东部一些乡镇通闽东方言。

闽中方言区:以永安话为代表,包括3个县市:三明、永安、沙县。在新兴工业城市三明市区,能说旧时的三元话的只占少数。

闽西客家方言区:以长汀(或上杭)话为代表,包括8个县:长汀、上杭、永定、武平、连城、清流、宁化、明溪,其中明溪县东部有闽中方言的影响。

闽西北赣方言区:以邵武话为代表,包括4个县市:邵武、光泽、泰宁、建宁。

顺昌将乐过渡区:属于赣方言与闽北方言的过渡方言,其中顺昌县东北部通行闽北方言。

尤溪过渡区：属于闽南、闽中、闽东闽北诸方言区的过渡方言，由数种小方言组成。①

上文所列24个地名用字的分布和以上所述方言区的划分大体可以互相论证。现将这些地名用字的分布按九个大方言区分别统计所分布的次数：

	闽南	莆仙	闽东	闽北	闽中	尤溪	顺将	赣语	客家
家	13		25	23	9		3	116	71
屋	2								52
厝	155	30	73	21	4	1	3	7	8
宅	49	8	35	6		6			
坊	2			5	8	1	25	40	98
地	33		15	28	10	5	14	19	75
墩	26	1	28	103	15	2	16	2	4
坂	99	4	40	3	13	1			
塅			3	9			1	7	20
垇				6	5			8	17
埕	14	2	26	3					
垵	77								
畲	43		2	28	3	2	1	4	56
背	3							3	46
兜	25	5	26	4	1	7		1	
崁	31	5	21	10	1	1	1		1
径	20			1			1	7	16
窠				8	3		2	7	4
坜				40	4		4		1
坾				22	1		6	2	
崠	3				6			1	38
岌				17					15
隔	26				1				4
峁	9	1							2

① 关于福建方言分区详情可参阅《福建省志·方言志》，方志出版社，1998年。

从24个地名用字的分布可以看出：

1. 属于方言词的地名用字的分布和方言区的界线最为一致。例如，厝、坂、埕、兜、墘，只见于闽方言区；屋、崃、背只见于客家方言区。

2. 非方言词但专用于地名的常用字的分布也往往反映方言区的界线。例如，家、坊多见于客赣方言区，墩多见于闽方言区。

3. 同一方言的小区之间，在地名用字的分布上也常常有自己的特点。例如，坜、坽、墩多见于闽北方言区，垵多见于闽南方言区。

4. 方言交界地带或历史上方言有过变迁的地区往往在地名用字的分布上出现兼有附近两个大区的两种情形。例如，龙岩县兼有闽南、闽西的特点，顺昌将乐片兼有闽客、闽赣的特点。客家区的明溪县有闽语地名用字，赣语区的泰宁县有闽语区的特点。

5. 邻近的方言区有时也有地名用字分布上的共同点，这可能是相互间影响的结果。例如，闽西客话和闽南话两区共有的隔和岽。

福建省汉语方言分区图

附注：
一、南平市区有北方话方言岛
二、浦城县北部是吴方言区
三、龙岩、南靖、平和、诏安、云霄等县西部一些乡镇通行客家方言
说明：
①闽南方言
②莆仙方言
③闽东方言
④闽北方言
⑤闽中方言
（以上是闽方言的次方言）
⑥客家方言
⑦闽赣方言
⑧闽、客、赣方言过渡带
⑨闽东、闽南、闽中方言过渡带
图例
省政府驻地
地区行署、市（地级）政府驻地
县、市（县级）政府驻地
省界
县、市界
方言分区线
台湾省

四个福建地名用字的研究

本文讨论四个福建省内的地名用字：拿（𡚸）、畓（坔、湳）、排（乑）、寮（橑、獠）。这些字主要分布在福建省的北部、西部和南部，我们从近几年的地名普查材料中了解了这四个地名通名用字在三十七个县（市）的具体分布，对它们在各地方言中的读音和含义进行了调查，然后拿它和台语（壮侗语族的壮傣语支诸语言）进行比较，从而说明这些通名是台语留给福建方言的“底层”。现在逐字报告如下：

拿（𡚸）

“拿（𡚸）”分布在武夷山区的邵武市和崇安、建阳二县，共有13处，在邵武、建阳写为“拿”，在崇安写为“𡚸”：

邵武市	拿口镇：	拿口溪	拿口村	拿口街	拿下村	拿上村
	张厝乡：	拿坑村	上拿坑村	下拿坑村		
	吴家塘村：	拿山村				
建阳县	书坊乡：	拿厝村	拿坑村			
崇安县	吴屯乡：	大𡚸村				
	岚谷乡：	青山𡚸村				

在邵武方言里，地名中的“拿”读为［na^2］，本地人已经不明白它的含义，“拿”在邵武话里还有两种音义：读为［na^1］，意为“拿取”，如说“拿来，拿去”，读［na^6］，意为“捕捉”，如说“拿人（抓人）、拿鱼（捕鱼）”。在《集韵》，拿写作“拏”（挐）”，也有平声“女加”和去声“乃嫁”两种反切，平声字下引《说文》注：牵引也，邵武话的［na^1］合于此切音义；去声字下注：“乱也”（《广韵》去声祃韵絮——按应

为"挐"——乃亚切:丝错乱也),邵武话的[na^6]音合此切,义有转移。作为地名的"拿",显然和这两种音义无关。崇安话的拿读[na^8],坖读[na^1],因为音义不同,所以另造了俗字。

这个拿(坖)应该就是广东广西的壮语地名用字"那(𦊵)"。关于两广的"那",前人已经有过不少研究,都认为就是壮语的"田"。① 李方桂的《台语比较手册》为原始台语的"水田"构拟为 naaA,②在现代壮傣语,水田还多数说 na^2。

壮语		布依语			傣语	
武鸣	龙州	羊场	八坎	剥隘	德宏	西双版纳
na^2	na^2	na^2	na^2	na^2	la^2	na^2

武夷山区的拿(坖)和壮傣语的 na^2 音义都是相符合。拿口就是田口,拿上就是田上,拿坑是洼地里有田园,大拿是有大片水田,拿山就是山田。

畓(垄、湳)

畓(垄、湳)分布在闽南地区,南靖、华安、龙海、云霄、平和五县共发现 17 处:③

南靖县	山城镇:	后畓底村	畓仔底村	大畓底林场
		畓公山	专业队	
	靖城乡:	畓顶水库		
	金山乡:	水车畓村	畓仔底村	大畓仔底山
	南坑乡:	大邦畓		
华安县	新墟乡:	畓尾村		
龙海县	榜山乡:	加畓坑村		
	东泗乡:	畓山底水库		
云霄县	后埔乡:	畓坪村		
	和平农场:	后畓村		
平和县	小溪镇:	畓里村		

① 参见徐松石《粤江流域人民史》,第 192 页,罗常培《语言与文化》第 65 页。

② 参见李方桂《A Handbook of Comparative Tai》,第 30、111、275 页。

③ 据中国文字改革委员会汉字处同志就福建 55 县材料统计,"畓垄"共出现 23 次。

畓(埊)是闽南的漳州—厦门地区所通行的俗字。1928 年上海大一统书局出版的漳州话韵书《谱补汇音》(石印本)第四卷甘部"上去"监字韵柳母下有三个同音字(实际上也是同义字):

埊,泥水深也

畓,田畓

湳:地名

又厦门会文堂木刻本《汇集雅俗通十五音》(也是漳州话韵书)在同样的音韵地位有"埊",注,"俗云～田";1894 年编印的厦门话韵书《八音定诀》①在湛韵柳母阴去调也收有"畓、湳";1915 年编、1932 年上海鸿文书局印行的潮州话韵书《击木知音》也在甘部柳母阴去调收有"畓,湳"。至今,闽南方言还有"田畓、畓田、深田畓"等说法。"畓"厦门音 lam^5,漳州音或读[$lɔm^5$]、[$lɔŋ^5$]。"田畓""畓田"指的是山区里的烂泥田,这种水田有时人畜陷下可达一米以上。闽南话的畓还可用作动词,意为"下陷"。徐松石《粤江流域人民史》提到的"凛,指水,或作榄、霖,海南岛写作湳",可能和闽南的"畓"是相通的。

在台语,也有一个 lam(或作 lɔm lum),意思也是烂泥或陷入烂泥,名词、动词兼用。李方桂《台语比较手册》构拟为 lom B_1:

siamese	lungchow	po-ai
lom B_1	lum C_1	lom $B_1$②

mud, to sink in mud

其他台语方言也有同样说法:

---

① 参见李如龙《〈八音定诀〉的初步研究》,《福建师大学报(社会科学版)》,1981 年第 4 期。

② 李方桂《台语比较手册(A Handbook of Comparative Tai)》,第 138 页,夏威夷大学出版社,1977 年。

武鸣壮语	lom^1	烂泥，下陷
者香、新桥、八坎布依语	$lɔm^5$、lom^5、lam^5	下陷
西双版纳傣语	lum^5	烂泥①

可见，闽南的畓和台语的 lom^5（lam^6）也是音义相同的关系词。带"畓"字地名的地方必有烂泥田，"畓坑"就是坡地上有烂泥田，"大畓"是大片的烂泥田。

排（乖）

"排（乖）"常见于福建省的西部和北部，多数写为同音字"排"，少数写会意字"乖"，在最常见的各县城关读音如下：

宁化	邵武	浦城	长汀	三明	泰宁
pha^2	$phae^2$	pai^2	$phai^2$	pe^2	$phai^2$

这个"排（乖）"在各地方言口语中已经不用，本地人也不了解它的含义了。带"排"字的地名多数是村名，有时也作为山名，从它的分布和专通名的组合关系不难看出，"排"的意思就是山。我们统计过的 37 个县市就有带排字地名 525 处，现就较为常见的 17 县市各举数例：

县（市）	出现次数	举例（括号中为所属乡镇名，所举用例除括号中表明山名外皆属村名）	
宁化县	70	茶山排（禾口）	中央排（中沙）
		黄泥排（安远）	南山排（泉上）
邵武市	65	竹山排（屯上）	早禾排（拿口）
		大排（桂林）	对面排（张厝，山名）
浦城县	65	五里排（官路）	牛场排（富岭）
		前山排（万安）	五里排尖（忠信，山名）
长汀县	40	张公排（铁长）	青山排（涂坊）

① 台语的材料还根据李方桂《龙州土语》《武鸣壮语》；喻世长等《布依语调查报告》；"中国少数民族语古简志丛书"中的《壮语简志》《布依语简志》《傣语简志》。

		杉树排(古城)	排子哩(庵结)
建宁县	38	廖家排(黄坊)	黄土排(里心)
		松树排(客坊)	横排(均口)
光泽县	37	张家排(华桥)	楮树排(李坊)
		排边(崇仁)	南排(茶富,山名)
将乐县	27	王府排(南口)	南排庙(黄潭)
		张公排(城关)	南排山(光明,山名)
清流县	23	田背排(东华)	铁坑排(沙芜)
		下排峤(嵩口)	高排(灵地)
上杭县	23	上排里(城郊)	横排(旧县,亭名)
		茶排里(混口)	竹子排(太拔,山名)
泰宁县	20	南排(梧城)	下边排(开善)
		排前(龙湖)	二十四排(新桥,山名)
建阳县	19	赤泥排(童游)	后排(书坊)
		上排子(徐市)	九仙排(莒口,山名)
永定县	17	洋头排(高陂)	乌鸦排(坎市)
		桐树排(合溪)	高排里(湖雷)
顺昌县	13	九龙排(洋墩)	宝山排(元坑)
		五里排(大干)	石排(水南,山名)
武平县	12	枫树排(城厢)	石排下(中山)
		赤沟排(中堡)	砾角排(永平)
崇安县	9	茅排(星村)	卷地排(下阳)
		埤头(吴屯)	三十六排(五夫,山名)
连城县	7	水竹埤(文川)	笋排下(宣和)
		草竹排(朋口)	石排(北团)
明溪县	7	青山排(枫溪)	埤下(瀚仙)
		烟林排(夏坊)	上楼埤岗顶(沙溪,山名)

这些县市都处于武夷山脉的杉岭、博平岭地区，属中、低山地和丘陵地带，大小山峰连绵不绝，人们通常是依山临水聚居的，许多村落便因山命名。以上例子把“排”读成山没有一条是不可理解的。“䂲”的写法也表明那里是山地。这一带的山多为土山，植被较好，因而有许多黄土排、茅排、松树排、赤泥排之类的名字。由于口语中山并不说排，所以有许多叠床架屋的地名：青山排、南山排、南排山。[①] 不过，许多山名都是直接用“排”作通名的（如九仙排、竹子排），这里说明了“排”的本来含义就是山。

同这个“排（䂲）”音义相当的在台语是 pu A_2。《台语比较手册》267 页有如下例词：

Tone Siamese Lungchow Po-aA_2 phuu puu

pooA_1 mountain

李方桂先生说，这个长音 o 或 u 可能是从复合元音 uo 演变而来的。据《布依语调查报告》，“土山”在各地的布依诸多说 po)，镇宁县的辜役，下响和盘县的赶场说 puə，都匀县的新桥说 pəu，都和剥隘的说法相近，也符合李方桂的推测，可能是同源词，《布依语调查报告》把它处理为汉语“坡”的借词，未必妥当，“坡”是滂母字，但在有送气音的布依语并不读 ph，而且变读为 əu 也不好解释。

福建境内的“排（䂲）”声母和声调都和台语的 poo A2 相符，韵母发生了变化，大概是由于它并没有被方言所借用，又缺乏适当的书写形式，“排”可能先是它的近音字，后来变成了同音字。

---

① 正如“雅鲁藏布江”的“藏布”就是藏语的“江”，“迈立开江”的“开”就是山头语的“江”。

寮(橑、獠)

“寮(橑、獠)”也是比较常见的具有通名意义的地名用字,主要分布于闽南方言区和客赣方言区,通常写为“寮”,少数也写“橑”或“獠”。它在这几种方言的口语中都可以单说,意指临时简易的棚子,可以是茅草棚(茅寮),也可以是木板棚(柴寮、板寮),还可以用瓦片盖顶而不一定有围墙(山寮、田寮、粪寮),在方言有代表性的县城读音如下:

南安	长汀	泉州	连城	邵武	泰宁
liau²	liɔ²	liau²	liɔ²	liau²	lau²

据不完全统计,在 37 个县市中带“寮(橑)”字的地名有 368 处。现就主要分布地区的 18 县市举例如下:

县(市)	出现次数	举　例	
南安县	67	顶寮(官桥)	坑边寮(岺苍)
		山寮(码头)	后畲寮(东田)
南靖县	39	桐子寮(龙山)	田寮坑(书洋)
		拍铁寮(金山)	长尾寮(靖城)
长汀县	34	油寮下(铁长)	黄草寮(红山)
		铸锅寮下(馆前)	告化寮下(古城)
漳平县	27	牛寮顶(芦芝)	石寮隔(赤水)
		溪寮坂(双洋)	路寮(永福)
泉州市	21	茶寮(清源)	后寮(罗溪)
		新寮(河市)	内寮(马甲)
宁化县	17	木寮下(城关)	黄山寮(湖村)
		瓦寮排(水茜)	新纸寮下(治平)
龙海县	15	头前寮(莲花)	鸭母寮(角尾)
		下寮(浮宫)	内寮(九湖)
华安县	14	和尚寮(新圩)	白鹤寮(高安)

		四寮(华葑)	枫坑寮(马坑,山名)
连城县	13	田橑(罗坊)	板橑(庙前)
		谢尾橑(文川)	石橑背(莒溪,山名)
漳州市	12	船寮(西桥)	草寮街(城市)
		铳寮尾(后房)	田寮(天宝)
诏安县	11	麻寮(太平)	下寮(桥东)
		军寮(深桥)	寮上湖(四都)
上杭县	11	牛寮背(城郊)	纸寮屋(庐丰)
		寮下(中都)	李寮山(古田)
清流县	10	竹瓦寮(林畲)	高寮尾(沙芜)
		寨下寮(赖坑)	马寮下(田源)
武平县	10	茅寮(岩前)	板寮(永平)
		上寮(东留)	粉寮下(城厢)
邵武市	9	黄家寮(沿山)	大柴寮(萧家坊)
		下寮(水北)	寄山寮(金坑)
长泰县	8	火烧寮(陈巷)	东寮(岩溪)
		石寮(枋洋)	内寮(青阳)
光泽县	7	庭寮(司前)	南山寮(止马)
		寮头、洪家寮(坪溪)	
泰宁县	7	坪寮(新桥)	寮前(上青)
		寮坑(大田)	茶寮(下渠)

“寮”见《广韵》萧韵落萧切,是“僚”的异体字,注:“同官为僚。”“橑”见于《说文解字》木部(卢浩切)注:椽也。显然,古籍上的字义和福建地名字“寮、橑”的含义都不相干,后者连音切也不合。福建地名的寮(橑)很可能也同台语有关。

《台语比较手册》132 页有:

enclosure,　Tone　Siamese　Lungchow　Po-ai

chicken coop　C_2　lau，　laau　laau A_2

台语的 laau A_2 表示的是围栏或鸡舍，这个意义和福建方言的寮是相通的。在闽南话，一般说，人用的棚子说 $liau^2$，如说草寮、茶寮、军寮；关牲畜的棚子叫 $tiau^2$，如说鸡寮、牛寮、猪寮。但是，有时 $liau^2$ 和 $tiau^2$ 也可以变读，如"粪寮"（田间堆放土肥的棚子）可说 $pun^5 liau^2 \sim pun^5 tiau^2$，可见闽南话的寮也是通围栏和畜舍两个意义的。语音上福建方言近于剥隘傣语，但往往有介音 i，这应该是中古以后的音变。寮通橑，原是四等字，四等字在早期汉语是没有介音的，①用寮来标 laau 也反映了四等字的这个特征。

以上四个地名用字有三个共同特点：(1)在古代汉语的字书里找不到适当的字源（如上所指出，寮、橑见于《广韵》，但音义不合），本地人或另选俗字（畓、坔、岙、垄、㙩），或采用近音字、同音字（拿、排、橑、寮）。(2)在台语都可以找到音义相对应并且相近似的词，有的连本义、引申义都相近（如畓：烂泥，陷下），用台语的词义去理解福建的地名都是切合实际的。(3)在目前还通行着壮傣语的其他地区也能发现这些音义相同的通名，尽管有的写法不同（例如两广地区的"那、罶、湳、寮、坡"）。② 根据这些情况，可以认为这些通名是福建方言和台语的关系词。

如果说关系词可有借词、同源词、底层之别的话，这些通名应该属于"底层"。它们既然在古代汉语是无可稽考的，就不可能是台语向汉语借用的词；又因谐音不但相对应而且相近似，一般说来

---

① 参见李如龙《自闽方言证四等韵无-i-说》，《音韵学研究》第一辑，中华书局，1984 年。

② 两广带"那"的地名很多，前人已经列举过。以广东为例，海康县有林排、排寮、文寮、林宅寮，惠东县有下排寮、巽寮、新寮，海丰县有排角、禾寮排，儋县有排浦、木排。另外，万宁县的石头蓼、海康县的新蓼也可能就是寮的异写。文昌县的崀头、琼山县的乌崀则可能就是"畓"。

也不能是远古的汉台语同源词;可见,这些通名显然是台语留给福建方言的"底层"。

从差异方面看,四个地名用字又可分为两类:"畲"和"寮"不仅见于地名,而且用于口语,那些地名可能是土著民族早已命名的,也可能是后来者命名的,这是一种借用。①"拿"和"排"则只见于地名,而不用于口语,而且本地人已经不明白它本来的含义,那些地名必是土著民族早已命名了的,这只是一种沿袭。分清这两种情况对我们认识地名的历史层次有重要的意义。我们还可以从语言学的角度作进一步考察,为什么有时借用,有时只是沿袭?这四个字的两种类型也可以给我们可贵的启发:"拿"和"排"在汉语中早有现成的说法"田"和"山",这类基本词汇是很少向外族语言借用的,这是语言间相互借词的惯例;而"畲"和"寮"则是南下的汉人到新区定居所碰到的新的环境和新的事物,原来的本族语言缺乏适当的说法,借用土著民族的语词就是十分自然的了。可见借词一是出自生活的需要,二是要具有原来语言所没有的新义。

正由于有这种借用和沿袭的不同,四个地名用字的分布也有不同的情况。属于借用的畲、寮的分布和方言区的界线是大体一致的:畲只见于闽南方言区,寮分布在闽南方言区和客赣方言区。属于沿袭的拿、排的分布则与方言区的界线无关,"拿"只见于客赣方言区和闽北方言区的各自一角,"排"则散见于闽北、闽中、闽赣、闽客四个方言区。为了说明这一点,现将四个字的分布按我们对福建方言的分区列表如下:

---

① 远古的同源词由于年代久远,各亲属语言经历过复杂的变化,读音往往只是对应而不近似,含义往往只有关联而不密合,例如 blam(孛览)与"风",klong(窟窿)与"孔"。

方言区	县(市) ＼ 地名字出现次数	拿	排	寮
闽赣方言	邵武	9	65	9
	光泽		37	7
	建宁		38	4
	泰宁		20	7
	将乐①		27	1
	明溪		7	1
闽客方言	宁化		70	17
	清流		23	10
	长汀		38	34
	武平		12	10
	上杭		23	11
	永定		17	5
	连城		7	13
闽中方言	永安		4	3
	沙县		15	1
②	顺昌		13	
	南平		3	2
	尤溪		2	6

方言区	县(市) ＼ 地名字出现次数	拿	排	寮	
闽北方言	浦城		65		
	建瓯		2		
	崇安	2	9		
	建阳	2	19		
闽南方言	德化			2	
	南安			67	
	泉州			21	
	长泰			1	
	漳丰			27	
	龙岩			6	
	南靖			39	11
	华安			14	1
	漳州			12	
	龙海			15	2
	平和			4	1
	云霄			7	2
	漳浦			2	
	诏安			10	
合计		13	525	368	17

L. R. 帕默尔早已说过："地名的考查实在是令人神往的语言

---

① 将乐和明溪除具有赣方言的特点之外，有更多闽方言的成分，也可视为闽方言与赣方言的过渡方言。

② 顺昌话和将乐、明溪一样，兼有闽北方言和闽赣方言的特点；南平城关是北方官话方言岛，四乡大体属闽北方言；尤溪处于闽东、闽南、莆仙、闽中、闽北诸方言的交界，境内方言复杂，因此这三个县暂未归入一个方言区。此外，永安境内有闽南方言，并与客方言交界，龙岩、南靖境内有客家方言，所以各地名用字的分布也比较复杂。

学研究工作之一，因为地名往往能提供出重要的证据来补充并证实历史学家和考古学家的论点。”①福建省内的这些通名既然是壮傣语的“底层”，它们就可以作为极好的活证据，说明福建曾是说壮傣语的民族居住过的地方。换言之，在汉人入闽之前，这里的土著是说壮傣语的。

根据历史的记载，汉人入闽前，这里是闽越人居住的地方。这些闽越人究竟属于什么民族？他们的后裔是现代的什么民族？关于这一点，历史学界还有一些争议。不久前，考古学家正在距离上述“拿坑、拿厝、大平”这些村庄的不远处——崇安县的兴田乡——发掘一个闽越人所建的城堡。“拿”是壮语地名，这是没有疑问的，至少可以说明武夷山区的“闽越人”和现代说壮傣语的民族是同祖宗的。几年前，韦庆稳曾指出，汉代的《越人歌》完全可以用壮语去通读和理解，“越人”就是今天壮族的前身。② 他的结论和我们这份报告所提供的情况可谓不谋而合。

如果联系古籍中关于中国南部古代少数民族的记载，有些线索还是十分耐人寻味的。《左传》不止一处有“濮”“夷濮”的记载；《越绝书》则有“莱”的记载，据梁钊韬教授的考证，“濮”就是布依的“布”，“莱”就是黎族的“黎”，“濮莱是百越民族的原始自称”。③ 在古时的象郡、牂柯郡，多有“主僚”“鸠僚”“濮僚”的记载，元明以后又有“百夷”“白夷”“摆夷”“白衣”的记载，一般认为“僚”和“摆夷”就是现在的傣族、布依、壮族等的祖先。④ 很有可能，本文提到的

---

① L. R. 帕默尔《语言学概论》中译本 134 页，商务印书馆，1983 年。

② 参见韦庆稳《试论百越民族的语言》，《百越民族史论集》，中国社会科学出版社，1982 年。

③ 参见梁钊韬《百越对缔造中华民族的贡献》，《百越民族史论集》，中国社会科学出版社，1982 年。

④ 参见汪宁生《古代云贵高原上的越人》，《百越民族史论集》，中国社会科学出版社，1982 年。

“寮”和史籍上的“僚”，本文所提的“排”和史籍上的“摆夷”“濮莱”是直接相关的。这些少数民族既然傍山（排）而居，住着简易的寮，不论是自称或他称，都可能用“排、寮”来代替该民族的称谓，正像“山民”“寮民”的说法一样。

然而，秦汉时代的越人号称“百越”，必定不是单一的民族。在福建境内大概也是多民族的，据唐宋以后的记载，这里还有畲族、疍家等少数民族，古时候他们可能各居一方，也可能杂处一地，两千年来又必定有融合、有争战、有迁徙，这是一个复杂的过程。几个台语地名用字的分布只能大体提供一种线索，让我们去追寻说壮傣语的先民的足迹而已。我们的研究只是开端，深信就这个课题进行全面深入的调查研究，必定可以为福建的民族史提供更加宝贵的资料。

［本文曾收入《地名与语言学论集》，福建省地图出版社出版，1993 年。］

福建省拿、畲、排、寮分布图

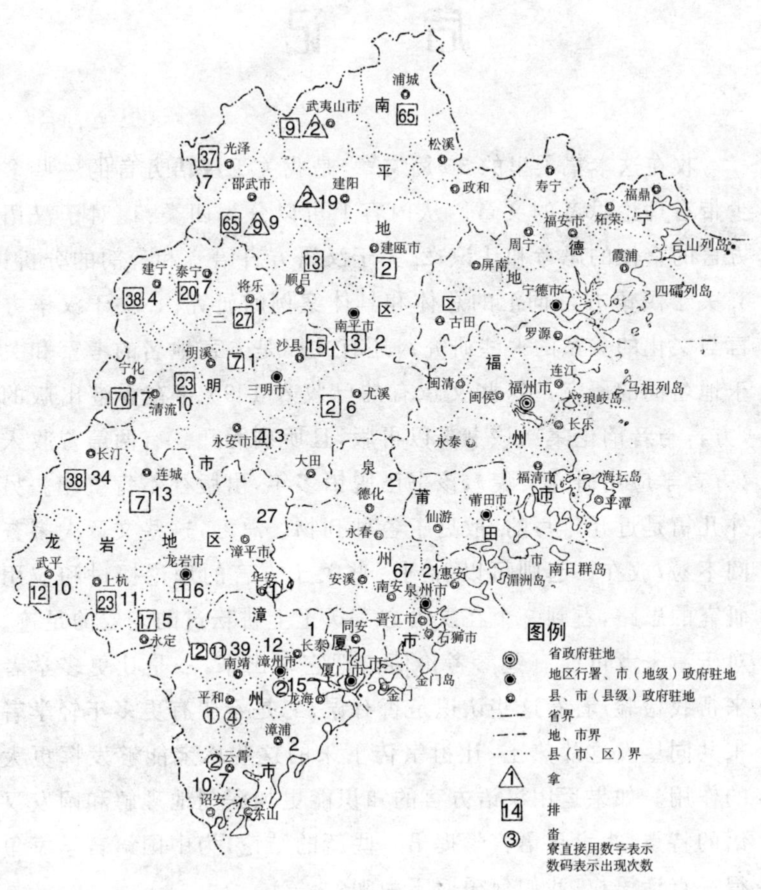

图例
省政府驻地
地区行署、市（地级）政府驻地
县、市（县级）政府驻地
省界
地、市界
县（市、区）界
拿
排
畲
寮直接用数字表示
数码表示出现次数

后　记

收在这本集子里的30篇文章,是我关于汉语方言的一些多少带有理论思考的文章。从内容上可以分为四类:1.对于汉语方言的整体的思考和认识;2.关于汉语方言语音和音韵的分析;3.关于汉语方言词汇的总体和具体案例的研究;4.关于汉语方言与文化的关系的一些研究。还有几篇是方言地名的考察和关于地名词的研究。这些文章有的已收入1996年在香港出版的《方言与音韵论集》,该书难以再版,且所剩无几。有两篇曾收入《方言学应用研究文集》,该书已脱销多年,出版社不肯重印。另外几篇是近几年写的,散见于各种刊物。总之,这些文章大多查阅不易,放在一起则可以看到一些关于方言的理论探讨和应用研究的思路,看到一个在汉语方言沃土上耕耘过的老农的足迹。对于后来者可能有些参考价值。把它印出来,一是让更多学者来帮我检验,看看这些认识是否有误;二是希望有更多年轻学者来共同垦发这片热土,让祖宗传下来的这些珍宝能够发挥更大的作用。如果运用汉语方言的知识能更加深刻地理解和阐发汉语的特点,为世界语言学提出一些新的结论,为中国语言学家争得一点话语权,我们何乐而不为呢?

读者如觉得这本书值得一读,请首先感谢商务印书馆把它列入出版计划,并和我一起感谢冯爱珍编审的热情帮助,在百忙之中承担了责编的工作。我还得感谢几位从我门下毕业的博士,特别是侯小英、徐睿渊、林天送三位,他们为我搜集整理这些文章,扫描、校订、编排，做得又快、又仔细，这不只是帮帮老师的忙，也是因为他们对汉语方言的研究有深切的理解和满腔的热情。

李如龙

于厦门大学白城寓所

2008年6月28日